中国社会科学院学部委员专题文集
ZHONGGUOSHEHUIKEXUEYUAN XUEBUWEIYUAN ZHUANTI WENJI

探寻中美关系的奥秘

陶文钊◎著

中国社会科学出版社

图书在版编目(CIP)数据

探寻中美关系的奥秘/陶文钊著.—北京：中国社会科学出版社，2014.6
(中国社会科学院学部委员专题文集)
ISBN 978-7-5161-4100-7

Ⅰ.①探… Ⅱ.①陶… Ⅲ.①中美关系—研究 Ⅳ.①D822.371.2

中国版本图书馆CIP数据核字(2014)第056656号

出版人 赵剑英
责任编辑 冯 斌
责任校对 石春梅
责任印制 戴 宽

出 版 中国社会科学出版社
社 址 北京鼓楼西大街甲158号(邮编100720)
网 址 http://www.csspw.cn
中文域名:中国社科网 010-64070619
发行部 010-84083685
门市部 010-84029450
经 销 新华书店及其他书店

印刷装订 环球印刷(北京)有限公司
版 次 2014年6月第1版
印 次 2014年6月第1次印刷

开 本 710×1000 1/16
印 张 29
插 页 2
字 数 461千字
定 价 88.00元

凡购买中国社会科学出版社图书,如有质量问题请与本社联系调换
电话:010-64009791

前　言

哲学社会科学是人们认识世界、改造世界的重要工具，是推动历史发展和社会进步的重要力量。哲学社会科学的研究能力和成果是综合国力的重要组成部分。在全面建设小康社会、开创中国特色社会主义事业新局面、实现中华民族伟大复兴的历史进程中，哲学社会科学具有不可替代的作用。繁荣发展哲学社会科学事关党和国家事业发展的全局，对建设和形成有中国特色、中国风格、中国气派的哲学社会科学事业，具有重大的现实意义和深远的历史意义。

中国社会科学院在贯彻落实党中央《关于进一步繁荣发展哲学社会科学的意见》的进程中，根据党中央关于把中国社会科学院建设成为马克思主义的坚强阵地、中国哲学社会科学最高殿堂、党中央和国务院重要的思想库和智囊团的职能定位，努力推进学术研究制度、科研管理体制的改革和创新，2006 年建立的中国社会科学院学部即是践行“三个定位”、改革创新的产物。

中国社会科学院学部是一项学术制度，是在中国社会科学院党组领导下依据《中国社会科学院学部章程》运行的高端学术组织，常设领导机构为学部主席团，设立文哲、历史、经济、国际研究、社会政法、马克思主义研究学部。学部委员是中国社会科学院的最高学术称号，为终生荣誉。2010 年中国社会科学院学部主席团主持进行了学部委员增选、荣誉学部委员增补，现有学部委员 57 名（含已故）、荣誉学部委员 133 名（含已故），均为中国社会科学院学养深厚、贡献突出、成就卓著的学者。编辑出版《中国社会科学院学部委员专题文集》，即是从一个侧面展示这些学者治学之道的重要举措。

《中国社会科学院学部委员专题文集》（下称《专题文集》），是中国社会科学院学部主席团主持编辑的学术论著汇集，作者均为中国社会科学院学部委员、荣誉学部委员，内容集中反映学部委员、荣誉学部委员在相关学科、专业方向中的专题性研究成果。《专题文集》体现了著作者在科学研究实践中长期关注的某一专业方向或研究主题，历时动态地展现了著作者在这一专题中不断深化的研究路径和学术心得，从中不难体味治学道路之铢积寸累、循序渐进、与时俱进、未有穷期的孜孜以求，感知学问有道之修养理论、注重实证、坚持真理、服务社会的学者责任。

2011 年，中国社会科学院启动了哲学社会科学创新工程，中国社会科学院学部作为实施创新工程的重要学术平台，需要在聚集高端人才、发挥精英才智、推出优质成果、引领学术风尚等方面起到强化创新意识、激发创新动力、推进创新实践的作用。因此，中国社会科学院学部主席团编辑出版这套《专题文集》，不仅在于展示“过去”，更重要的是面对现实和展望未来。

这套《专题文集》列为中国社会科学院创新工程学术出版资助项目，体现了中国社会科学院对学部工作的高度重视和对这套《专题文集》给予的学术评价。在这套《专题文集》付梓之际，我们感谢各位学部委员、荣誉学部委员对《专题文集》征集给予的支持，感谢学部工作局及相关同志为此所做的组织协调工作，特别要感谢中国社会科学出版社为这套《专题文集》的面世做出的努力。

《中国社会科学院学部委员专题文集》编辑委员会

2012 年 8 月

目　　录

序　　言

1964 年 7 月我从杭州大学外语系毕业，被分配到中国科学院哲学社会科学部（中国社会科学院前身）工作，迄今已经近 49 年了。现在要出文集，正好给了自己一个机会来回顾在社科院度过的学术人生。

一

我在杭州大学学的是俄语专业，分配到近代史所多少有点意外。原来当时中苏关系紧张，两国正在进行边界谈判，外交部需要近代史所提供学术支持。近代史所由副所长黎澍同志负责，组织了一个“近代史讨论会”（实际负责人是后来的近代史所所长余绳武同志），调集了全国各地从事中苏关系和中苏边界研究的学者进行有关中苏边界问题的研究。也是为了这个目的，近代史所在 1964 年春到全国各大学去招人。黎澍同志的主张是，研究中国近代史的不一定非得是大学历史系中国近代史专业的，也要招收学别的专业的。因此那年来近代史所工作的三十多人中有学历史、经济、哲学、文学和外语各个专业的毕业生。

当时全国农村正在开展社会主义教育运动，又称“四清”运动（清政治、清思想、清组织、清经济）。所有新来的同志与部分老同志于 1964 年 10 月去甘肃张掖搞了一期社教，回到北京，已是 1965 年夏天。当时国务院有规定，新毕业的大学生要下乡劳动锻炼一年。我们这一期社教顶替了半年劳动，还差半年。于是 1965 年下半年，我们又到山东黄县劳动了半年。劳动结束回到北京，已经是 1965 年冬。当时近代史所部分同志正在江西丰城搞社教，他们感觉人手紧缺，所里于是又增派部分同志，我也在被增派之列。我们到了丰城张巷公社。及至搞完这期“社教”，已是 1966

年6月初，“文革”已经开始了。所以在“文革”以前这两年，我实际上没有从事业务工作。

1970年5月我随近代史所绝大多数同志来到河南息县“五七干校”，并在干校待了两年，直至1972年5月回到北京。尼克松访华后1972年年中，北京人民广播电台开播了全国第一个英语广播讲座。我觉得自己作为一个专业外语工作者，只懂一门外语太欠缺了（大学里虽学过一点第二外语英语，但搞了多年运动也差不多还给老师了）。我坚持听广播讲座，从初级班到中级班跟了三年，认真听课，认真做作业，使自己的英语水平达到了基本可以阅读专业书籍的程度。我的英语就是在那几年里打下基础的。

从干校回来以后，近代史所一边继续搞运动，一边逐步恢复业务工作。我与翻译室的同志一起，翻译了几种关于中俄关系的历史书籍。当时近代史所有一个集体项目，编写《帝国主义侵华史》第二卷。那时可不像现在，一个所里没有几个重点项目。《帝国主义侵华史》第二卷是个重点项目。该书第一卷早在50年代就出版了，第二卷的写作由于各种运动拖了下来。这时所里恢复了这项工作，正需要青年同志参加。我加入了这项集体工作。我们的研究工作十分认真，对书稿进行反复讨论修改。我原本没有接受过历史研究的系统训练，在这项工作中我一边学一边干，摸索、琢磨从事研究工作的方法和门道，再加上丁名楠、张振鹍等老同志的传帮带，通过这项集体工作，我大概知道了该怎样做研究工作。

1981年，近代史所第一次分配到国家教委一名公派去美国进修的名额，所里让我去参加教育部的英语考试。这事来得突然，我从未经过正式培训，甚至没有戴过耳机，但考试还是一次顺利通过了。1982年10月到1984年10月，我作为国家公派学者去美国首都华盛顿乔治敦大学等处进修，并在国家档案馆、罗斯福图书馆、杜鲁门图书馆、斯坦福大学胡佛研究所等处研究20世纪三四十年代的中美关系史。这次公派出国进修是我一生工作的转折点。我从学俄语、用俄语转到了用英语，从从事翻译工作转到了从事研究工作。我深知这一机会来之不易，自己也已经到了中年，我节俭生活，刻苦学习，努力拓宽学术视野，使自己在英语和专业两个方面都有了较大的长进，为以后的研究工作打下了一个比较坚实的基础。

回国以后，我参加了中外关系史研究室的集体项目《日本侵华史》的编写工作。但自己有一种把进修期间的心得写出来的强烈欲望，于是开始了关于民国时期中美关系史的写作。我运用近代史所收藏的《美国外交文件》和其他丰富的资料，加上自己在进修期间搜集到的许多材料，经过几个寒暑完成了书稿，《中美关系史（1911—1950）》于1993年出版。书出版以后受到同行的普遍好评，近代史所老所长刘大年教授对此书颇为赞赏，特地给我打来电话表示祝贺，他也向近代史所的一些同志提到此书。他在后来推荐本书参加评奖时写道："作者在占有史料方面下了扎扎实实的功夫"，"全书言之有物，持之有据，没有空洞浮泛之词"，"议论中肯，恰如其分"，在坚持正确的研究方向和科学性方面"都是做得好的"。在写作该书的同时，我还发表了一批关于三四十年代的中美关系史的论文。收在本书中的中华人民共和国成立前的历史论文基本上是在这一时期完成的。

1993年底，本院各所领导班子换届。美国研究所老所长资中筠同志引退，王缉思同志担任所长。我当时正在英国伦敦大学东方学院做访问学者，研究抗日战争时期的中国对外关系。就在我即将回国时，12月23日，王缉思同志给我发来一份传真，告诉我关于我工作调动的消息：我被调到美国所任副所长。这又是我经历中的一个重要转变：从研究历史转到研究现状，从研究中国转到研究美国。我院国际片的各个所基本是研究现状的，我当然还可以继续研究历史，但如果不参与现状研究，对所里的科研工作连发言权都没有了。这次工作调动也给了我一个机会，可以把《中美关系史》继续写下去。在前辈和同仁的鼓励下，我又用了近10年时间，撰写了两卷《中美关系史》（由于家庭变故第二卷为合著），写到了2000年。这三卷本的《中美关系史》迄今仍然是国内研究两国关系的比较系统、全面和详尽的学术著作。到美国所工作后，我还主持翻译了《美国对华政策文件集（1949—1972）》（三卷六册）。之所以截止到1972年，是因为当时美国的档案解密到1972年。同时，我还撰写了大量跟踪现实中美关系的论文。本书中第二、三、四组论文大概都是到美国所工作后撰写的。

到美国所后，我的工作在三个方面展开：一如既往的学术研究；配合实际工作部门的政策咨询；以及直接服务社会的工作，如媒体采访，撰写报刊时评文章。

中美关系是我国外交的重中之重，问题特别多，学界和民众特别关心，看法也相当分歧。我坚持从国家的根本利益出发，来认识、分析和把握中美关系，以自己的学术研究为我国的外交服务。这十几年来，我多次参加有关实际工作部门的会议和活动，或承担它们的课题，为对美政策建言献策。

这些年来，媒体对学者的采访越来越多。我把它当成是宣传邓小平外交思想、宣传我国新时期外交政策、普及国际关系知识的机会，认真接受中央电视台以及其他媒体的采访，用具体生动的事例和语言点评时政，并在报刊上发表了大量关于国际政治尤其是中美关系的评论文章，取得了比较好的效果。

从 2006 年 12 月到 2010 年 1 月，在中日两国政府的倡导和支持下，中日两国学者对中日关系历史进行了共同研究。由于我过去从事中国近代对外关系史研究的经历，我也参加了由近代史所主持的这项工作。

简单回顾自己近 49 年的学术人生，我深切地感受到，自己的经历和一点点学术成就是与国家的命运密切联系在一起的，可以说，没有改革开放，就没有我的今天。我是抱着对国家、对人民感恩的心情来从事自己的工作的。

二

200 多年来的美国对华政策和中美关系情况十分复杂，两国各自的国情、东亚地区和国际的大环境都发生了很大的改变，但美国对华政策所追求的目标始终是：商品与资本的自由流动；信息与价值观的自由流动。

第一个“流动”比较清楚。到 19 世纪末，美国的工业产值已在资本主义世界雄居首位，美国实业界急于开拓新的市场，为了适应这一形势，海约翰国务卿提出了“门户开放”照会，美国是怕别国把中国瓜分完了，美国势力被排挤出这个潜力巨大的市场。当然美国还指望以它雄厚的经济实力，在中国市场的竞争中打败别的对手，占据较大的份额。但雄心是一回事，实际情况又是一回事。在中国经营多年的英国不会自愿退让，正咄咄逼人地向中国扩张的日本更不会善罢甘休。收入本书的《日美在中国东北的争夺》论述的正是20世纪头十年两国争夺的情况。美国顶不住日本的凌厉攻势，一次又一次向日本作出退让。直到华盛顿会议（1921—1922），美国才算联合列强，把日本扩张的势头遏制住了。但日本不甘心，才有九一八事变的爆发。及至太平洋战争结束，美国的机会来了：列强在中国的利益和影响或者削弱了，如英、法，或者几乎被驱逐了，如日、德，而美国在中国的影响却通过战时结盟大大增强了。美国实业界急于将这种政治影响转化为实实在在的商业利益，这正是《1946年中美商约：战后美国对华政策中经济因素个案研究》一文的主题。但中国内战爆发，国民党政权很快在大陆崩溃，《中美商约》的实施范围也仅限于台湾了。

中国的改革开放重新激起了美国商界在19世纪末、20世纪40年代对中国市场抱有的梦想。这三十多年来，美国商品在进军中国市场方面确实已经取得了巨大成功，中国已经成为美国一些大公司，如波音、通用汽车、摩托罗拉、可口可乐等公司的主要投资目的地和销售市场。如果说美国民主、共和两党的对华政策在有些方面有分歧，那么在打开中国市场方面是完全一致的。这也是2000年美国通过永久性对华正常贸易关系立法的原因。

第二个“流动”不像第一个“流动”那样直接。但一些美国历史学家如韩德早就指出，“门户开放”政策的支持集团不仅有商人和美国外交官，还有美国在华传教士。[①]美国是一个意识形态色彩非常强烈的国家，美国人自以为是“上帝的选民”，以美国的价值观改造世界是美国的“天定命运”。正如基辛格所说，没有一个国家像美国那样“一厢情愿地认定美国的价值观是放诸四海而皆准的”。[②] 中美之间的《望厦条约》、《天津条约》、《北京条约》、《蒲安臣条约》一次一次地强化美国在中国传教的特权。美国传教士从不讳言，他们的目的是要“教化”中国，也就是用美国

---

① 参见韩德《中美特殊关系的形成——1914年前的美国与中国》，项立岭、林勇军译，张自谋校，复旦大学出版社1993年版，第一章“门户开放支持集团的出现”。

② 亨利·基辛格：《大外交》，顾淑馨译，海南出版社1997年版，第3页。

的价值观改造中国。推广美国的价值观是美国外交的一个传统。直到现在，这也仍然是中美关系中的一个问题。也就是说，美国人不会放弃以自己的标准对别国包括中国的人权状况说三道四，而中国则一定不会接受美国干涉中国的内政，这个分歧将会长久存在下去。

这也不是说，两国之间在人权问题上就完全没有共同语言。中国也承认普遍的人权原则。在美国则有越来越多的人倾向于赞同中国的主张，把生存权和发展权包括在人权之内；如实承认中国在过去几十年来所取得的各方面的进步，包括物质生活、政治权利、公民自由等。[①]而且在不同的时期、不同总统任内人权问题在中美关系中的分量也是不同的。在 90 年代初有几年，美国是把对中国施压、迫使中国改变政策甚至改变领导作为一项政策选择的。现在显然不是这样。1997 年 10 月和 2009 年 11 月中美两国领导人的《联合声明》一再宣布，双方本着平等和相互尊重的精神处理在人权问题上的分歧。虽然美国并没有完全放弃对中国施压的做法，但双方在人权、民主和法治方面的对话和合作已经开始。

三

当前中美关系正处于一个新的节点。21 世纪头十年是中国崛起的黄金时期。中国享尽天时、地利、人和，现代化建设取得史无前例的发展。这里的“天时”是指世界经济全球化，中国加入世界贸易组织；“地利”是指美国聚焦于反恐、防止大规模杀伤性武器的扩散，朝鲜半岛的核问题成为中美关系发展的一个新领域；“人和”是指中国的睦邻政策收到成效，

① 早在 90 年代，美国一些有识之士已经就中美在人权问题上的争端提出了卓有见地的主张，何汉理的看法就是一个代表。他主张，中美两国要走出在人权问题上相互对立的僵局，美国要接受人权的更广泛的定义，既包括政治与公民权利，也包括社会与经济权利，包括生存权、发展权、受教育和就业的权利等；对中国的民主化不要急功近利，要有一个长期的看法，要有耐心，因为民主化是一个长期的渐进的过程，民主化要与社会、经济、教育、文化等许多条件相辅相成；美国的民主是美国社会的产物，中国会发展出美国人所不熟悉的民主制度；中美两国要确定在人权问题上的共同利益和分歧，其目的是为了使人权问题成为两国之间的合作领域，而不是对抗的领域。Harry Harding，“Breaking the Impasse over Human Rights”, in Ezra Vogel, ed., *Living with China. U. S. -China Relations in the Twenty - first Century* (New York: W. W. Norton &Company, 1997), pp. 173 - 183.

周边环境安定、祥和，中国成为周边国家的主要贸易伙伴。2001 年中国的 GDP 是 1.15 万亿美元，占美国的 12.8%，占世界不到 4%，居世界第六位；2011 年 GDP 达到 7.3 万亿美元，占美国的 48.5%，占世界 8.8%，居世界第二位。如中国这样大的幅员、这样多的人口、这样大的经济规模，以这样快的速度发展，这在世界历史上是没有先例的。在美国、在西方主流社会一个已经形成的共识是：再过若干年，中国的经济总量将超过美国。这样一种估计导致了美国人心态的变化。美国当惯了超级大国，“世界老大”的心态已经成为美国的政治文化，现在美国人似乎感觉到要当世界老二了。而美国这些年恰值多事之秋：“9·11”、两场战争、次贷危机、金融危机、债台高筑、财政悬崖、经济复苏乏力，等等。“美国衰落”的议论在美国、在国外应运而生。美国是不是真的衰落了，是一个可以继续讨论的问题，也将由今后的事实来加以证明。但有一点是肯定的，中美两国的实力差距在缩小，虽然绝对的差距仍然很大。美国民众产生了被中国赶上的危机感，尤其是在经济方面。过去 20 多年曾经一再冒头的“中国威胁论”现在比以往变得更现实、更突出。支持发展中美关系的美国民众比例有所下降，支持对华采取强硬立场的比例上升了。唯其如此，在 2012 年总统选举中，两党候选人才一再提到中国，比着对中国强硬。自然双方的争议也集中在经贸方面，贸易逆差、人民币汇率、知识产权等，而没有涉及安全、台湾等领域。因为民众关心的就是经济问题。

在这种新形势下，中美关系中的竞争性因素突出了。中美两国学者都注意到了这一点。但笔者认为，竞争性因素突出并不意味着竞争就是中美关系的主流，主流仍然是合作；也并不意味着竞争一定会发展成对抗。最近基辛格博士在美国《外交》杂志 2012 年 3/4 月号发表了题为《冲突是一种选择，但没有必然性》的文章。[①] 他认为，美中关系不应当被看作零和游戏，一个繁荣强大的中国的出现本身也不应当被假设为美国的战略失败。笔者认为有六个因素使中美两国的竞争不至于发展成对抗。第一，从大的趋势上说，虽然 30 多年来中美关系哪一年也不是一帆风顺的，但总

① Henry A. Kissinger, “The Future of U. S. – Chinese Relations: Conflict Is a Choice, Not a Necessity”, *Foreign Affairs*, March/April, 2012.

体来说是不断向前发展的，尤其是经济上的相互依赖使谁也离不开谁；第二，中美合作对国际社会应对共同威胁、对于全球治理越来越重要；第三，改善中美关系是美国两党的共识；第四，中美两国的民间交往是两国关系的稳定器，即便在两国政治关系产生困难的危机时刻这种交往也没有停止，而且帮助两国政府克服政治困难，推动两国关系继续前进；第五，在美国有一批战略家和前政府官员，如基辛格、布热津斯基、斯考克罗夫特等，一直在努力克服障碍，推动两国关系；第六，中国周边国家在经济上都要搭中国这班车，它们不愿意在中美两国之间选边。

针对中美关系的新形势，中国方面提出了建立新型大国关系的理念。先是习近平副主席在 2012 年 2 月访美时提出，后来胡锦涛主席在 5 月初第四次战略与经济对话开幕式上又加以强调，现在又写入了中共十八大的报告，成为中国的一项国策。建设新型大国关系是一种超越，对现有国际关系理论的超越，是今后中美关系的大课题，需要两国作出共同的努力，需要进行创新，理论创新、政策创新、方法创新，需要在实践中不断积累经验。笔者认为大致应该往三个方向努力：

第一，拓展共同利益，扩大两国关系的基础。无论在双边、地区还是全球层面，在许多问题上两国都是既有共同利益，又有分歧；既有合作，又有竞争。我们要挖掘合作潜力，扩大合作领域，以不断拓展的共同利益来使两国的纽带越来越巩固，在合作过程中增信释疑，也就是“扶正祛邪”。

第二，相互尊重彼此核心利益和重大关切。既然是两个国家，有不同的利益是自然的事情，有的利益可能甚至是相互冲突的。在这些问题上两国就要进行沟通、探讨、妥协、顺应，双方都会有所失，也都会有所得。

第三，建立危机管控、伤害管控机制。在过去，突发事件对两国关系损害甚大，将来这类事件也难完全避免。两国应积累经验和教训，建立和完善相应机制，不要让突发事件影响两国整体关系，影响的时间也要尽量短些。

四

收入本文集的 24 篇论文按照内容分为四组：新中国成立以前、新中国成立以后至改革开放之前、改革开放以后三个不同时期的中美关系，以及关于台湾问题的论文。论文是大致按照历史事件的先后而不是写作的顺序来排列的，以方便读者阅读。其中关于香港和美国中东政策两篇文章不在上述四大主题之中，但现在看来仍觉有价值，也收在这里。关于费正清的论文是我编辑《费正清集》[①]后撰写的，是对美国中国学的一个研究，也不算离题。笔者在选编本文集时，对个别论文内容有所增删，书中已有说明，对绝大多数论文只作了若干技术性的加工，如统一了注释体例，改正了错别字，论文出处也加以注明。

感谢中国社会科学出版社的曹宏举、冯斌同志对本书的出版给予了诸多协助，尤其是本书中写于20世纪90年代的论文都没有电子版，出版社帮忙录入，省了笔者许多麻烦。责任编辑陈雅慧同志细致阅读书稿，改正体例。对于他们的各种帮助，在此一并致谢。

“路漫漫其修远兮，吾将上下而求索。”学术研究没有止境，作为学术队伍中不算年轻的一员，我还要继续努力。

陶文钊

2013年1月15日

① 陶文钊编选：《费正清集》，林海、符致兴等译，天津人民出版社1992年版。

日美在中国东北的争夺(1905—1910)

一 两强相遇

日俄战争爆发五个月之后，日本外相小村寿太郎在给首相桂太郎的备忘录中写道："开战以前我们会满足于把朝鲜作为我们的势力范围并保持在满洲的既得利益。现在，既然战争不幸地爆发了……我们对朝鲜和满洲的政策就必须比过去的政策再前进一步。朝鲜应当实际上成为我们享有主权的地区，根据既定的政策与计划，我们应当建立实际上的保护关系，并应计划进一步地扩展我们的权利。满洲应当在某种程度上成为我们的势力范围，我们在那里的权利和利益应当得到保持并加以扩展。"① 小村对战前日本的意图说得不够坦率，但他却道出了日俄战争对日本在亚洲大陆扩张的意义。首先，日本第一次把一个西方大国打得落花流水，这使日本军国主义者趾高气扬。大限重信伯爵在战争中即断言，日本旗开得胜使日本人的心理产生了巨大变化。多少年来，日本人习惯于对西方的一切表示恭顺，总感觉不如白人，而通过战争，他们感到他们原先的自卑感是没有根据的。"日本人感到，战争证明，西方人做的事情没有一件是亚洲人不能做的，或者说西方人尝试的事情没有一件是亚洲人不能尝试的。"有的人提出，日本正在成为东方的样板国家，如同打败了波斯以后希腊成为西方文明的样板一样。更有甚者，有人挖空心思地从历史、语言、文字等方面进行论证，说日本人实际上同西方人同种，而不是同中国人同种，实际上

① Akira Iriye, *Pacific Estrangement: Japanese and American Expansion*, 1897 - 1911 (Cambridge: Harvard University Press, 1972), p. 93.

是雅利安人。总之他们认为日本是完全有资格与西方列强一起来争夺殖民地了。[①]

其次，日俄战争的胜利使日本大陆政策中的“亚洲使命感”强化了。本来就有人主张日本的使命是对衰败的中华帝国进行“启蒙”和“改革”，战争的胜利更使他们深信日本要对中国和亚洲其余国家进行“指导”。

再次，战前，日本固然早已在亚洲大陆进行扩张，但许多人强调东南亚、夏威夷和美洲大陆是日本经济扩张的适当区域，日俄战争改变了他们的想法。名噪一时的报人、时事评论家茅原华山的论调是颇有代表性的。他在《左右修竹》、《向上的一条路》等当时广为流传的著作中一再鼓吹“东亚经济帝国论”，写道：日本必须为其过剩人口、产品和资金寻找出路，并寻找粮食和原料的来源，如果可能，这些地方宁可是不发达地区，而不是先进国家，朝鲜、满洲和中国应当被合并入日本的经济体系，它们必须成为日本的“经济殖民地”，如果日本要继续其“不断发展的存在”，日本、朝鲜和亚洲大陆必须被合并到一个“经济帝国”之中，日本“注定要建立一个东亚经济帝国”。[②] 在日本事实上夺得朝鲜以后，满蒙就成了它在亚洲大陆扩张的主要目标。

在19世纪末20世纪初，中国东北是列强激烈争夺的舞台，两个主角是俄国和日本。日俄战争暂时解决了两国的矛盾，俄国势力退缩到了北满。美国在这一地区也有重大利益。东三省是美国商人，特别是棉纺织出口商的重要市场，美国输华棉纺织品的90%是销往这里的。[③] 1905年，通过牛庄输入的美国货比其他各国货物的总和还多。[④] 海约翰（John Hay）1898年的门户开放照会在很大程度上是针对俄国修建中东铁路并企图实行差别税率和运价提出来的。

---

① Akira Iriye, *Pacific Estrangement: Japanese and American Expansion*, 1897 - 1911, pp. 93, 98, 105.

② Ibid., pp. 97 - 98.

③ Warren Cohen, *America's Response to China* (New York: John Wiley & Sons, 1980), p. 60.

④ Raymond A. Esthus, *Theodore Roosevelt and Japan* (Seattle: University of Washington Press, 1967), p. 117.

正因为美俄在东三省有尖锐的利害冲突，美国在日俄战争中才或明或暗支持日本，在战争初期对俄国的失利不无幸灾乐祸之感。罗斯福在1904年2月10日的一封家信中异想天开地写道："我对日本的胜利特别高兴，因为日本在为我们打仗。"① 按照罗斯福当时的想法，"俄日之间的战争应当拖下去，让两个大国都尽可能地精疲力尽，而在缔结和约之后，它们冲突的地理区域仍然存在"。② 数个月后，他在对法国大使的一次谈话中说："照我看，最好的结局是俄国人与日本人双双受到削弱，继续面对面地互相牵制下去。"③

罗斯福承认日本应当获得战利品，这主要是指朝鲜，美国也通过1905年7月的《塔夫特—桂太郎协定》对朝鲜作出了完全的让步，同意日本"建立对朝鲜的宗主权"。④ 但对于中国东北却不然。日本夺取旅顺口后，1905年1月中旬，罗斯福在与日本公使高平小五郎的谈话中虽承认日本有权保有旅顺，但他同时表示，满洲应"在大国指导下"归还中国。3月日军攻陷沈阳，日本提出了取得俄国在满洲铁路的要求。罗斯福没有再坚持他1月份的主张，但仍于4月20日要求日本保证把满洲归还中国和尊重在满洲的门户开放。4天后，日本外相小村寿太郎被迫对美国政府作出保证。⑤

保证归保证，做起来可就是另外一码事了。在此后数年内，当美国雄心勃勃地企图在东三省扩展其实业利益时，一再遇到日本的阻挠，在三个重要回合中，连连败于日本之手。

二　三个回合

日俄战争刚刚结束，美国便想乘沙俄势力削弱，日本在南满立足未

---

① Elting E. Morison, ed., *The Letters of Theodore Roosevelt* (Cambridge: Harvard University Press, 1951), Vol. 4, p. 724.

② 罗斯福在1904年3月对德国大使斯滕伯格的谈话中如是说，见 *Theodore Roosevelt and Japan*, p. 38.

③ Raymond A. Esthus, *Theodore Roosevelt and Japan*, pp. 38 – 39.

④ 参见拙文《二十世纪初美日在东亚的竞争》，《世界历史》1992年第3期。

⑤ Tyler Dennett, *Roosevelt and Russo – Japanese War* (New York: Doubleday, Page and Company, 1925), pp. 158, 178 – 179.

稳，在东北扩张势力。美国联合太平洋铁路公司董事长哈里曼（E. H. Harriman）是最积极的代表人物。他在1905年春给美国驻日公使葛里斯康（Lloyd C. Griscom）的信中说："保护美国的商业利益使之免于将来被从太平洋完全排挤出去是至关重要的，而找到最佳方案的办法就是着手做点事情。"① 他所要着手做的是谋求建立一个环球运输系统：从日本获得对南满铁路的控制权，向俄国购买中东铁路，从而取得横贯西伯利亚以达波罗的海的铁路使用权，再开辟一条到美国的轮船航运线，接上横贯美国大陆的铁路，并与太平洋邮船公司和日本横渡太平洋的轮船联运。这一运输系统一旦建立起来，就把全球人口最多的四个国家连接在一起，它不仅能使美国取得在东方的支配地位，而且至少能满足欧亚两洲发达地区商业活动的需要，并以某种方式指导商业活动。他认为这"将是世界上最卓越的交通系统"。②

这个计划的第一步就是首先从日本手中取得对南满铁路的控制权。由于俄国的经营不善和战争的破坏，当时这条铁路的状况相当糟糕。而日本由于战争债台高筑，并且不能从俄国取得战争赔款，看来是根本没有资金对铁路加以维修改造的。哈里曼要用美国资本重修并重新装备南满铁路。他在葛里斯康支持下在东京积极活动，并于10月12日与桂太郎首相达成一项初步谅解备忘录，其中规定，日美组成一家合股公司，收买日本政府所获得的南满铁路及其附属财产，并将该铁路加以修复、改筑、延长；铁路财产归双方均等所有；公司并将在满洲兴办工矿企业。③ 备忘录订立后，哈里曼即向罗斯福作了报告。总统很有兴趣地表示："不管你什么时候能来这里，都要让我知道……我们何时能详细地讨论那些东方的事情。"④ 哈里曼在备忘录签字当天就踌躇满志地启程回国了。

三天之后，在美国谈判《朴茨茅斯和约》的小村寿太郎外相回到东

---

① George Kennan, *E. H. Harriman: A Biography* (Boston - New York: Houghton Mifflin Company, 1922), Vol. 2, pp. 1 - 2.

② 查尔斯·威维尔：《美国与中国，财政和外交研究（1906—1913）》，张玮瑛、李丹阳译，北京1990年版，第16页。

③ George Kennan, *E. H. Harriman: A Biography*, Vol. 2, pp. 13 - 15.

④ 威维尔：《美国与中国：财政和外交研究》，第17页。

京。他立即对备忘录提出异议，强烈反对把胜利成果的一多半卖给美国人，把日本人用财产和鲜血争取得来的商业市场向外国的竞争者敞开大门。于是，当哈里曼满怀希望地回到美国时，他刚在旧金山登岸，就从日本领事馆收到一份照会，要他“将此备忘录视作暂行搁置”。1906 年 1 月，在日本新一届内阁组成后，日本政府正式致电哈里曼，取消了备忘录。美国在与日本交手的第一回合中败下阵来。

清政府对于“龙兴之地”有被日俄瓜分的危险十分警惕。为了加强在那里的统治，于 1907 年 4 月宣布东三省地方制度实行改革，使之与关内各省一致，任命徐世昌为总督，唐绍仪为奉天巡抚。徐世昌实行“平均各国之势力，广辟商场，实行开放”的方针，其实是为了引进英美势力，与俄国抗衡。唐绍仪是《蒲安臣条约》后由容闳发起组织的中国第一次留学高潮中的留美学生，亲美，且有外交经验。清政府的想法和做法正中当时美国驻奉天总领事司戴德（Willard Straight）的下怀。

司戴德于 1901 年（时年 21 岁）从康奈尔大学毕业，1902—1904 年在中国海关任职，日俄战争中充当美联社和路透社记者，1905 年任驻汉城（今首尔）副总领事，1906 年 10 月调任驻奉天总领事。他雄心勃勃，年轻好胜，决心与日本进行一番角逐。

司戴德在东三省地方当局授意下，上任不久即提出了修筑新法铁路的建议，即从京奉铁路的新民厅筑一支线至法库门，以后再展至齐齐哈尔、瑷珲等地，以便与南满铁路进行竞争。清政府实行的改革和徐世昌、唐绍仪的任命更使司戴德认为事态在向有利于美国的方向发展，他认为这使“满洲的机会均等有了有力保证”。[①] 1907 年夏，他与唐绍仪进一步反复磋商，拟定了一个由美国资本（尤其是哈里曼）提供 2000 万美元贷款建立一家东三省银行的方案，作为东三省当局的财政代理行，该银行将具有极其广泛的功能，包括稳定币制、兴办实业、修筑铁路、开发农矿业和森林资源。8 月 7 日，司戴德与唐绍仪达成备忘录。司戴德毫不迟延，当天即致函哈里曼报告情况。他在日记中不胜喜悦地写道：“唐绍仪认可了草案。信寄出了！充满着无比巨大的可能性。方案一旦实行，则将意味着我们在

① 威维尔：《美国与中国：财政和外交研究》，第 32—35 页。

满洲的发展中起主要的作用。我们在中国的影响将会大大增长。”①

可惜这只是司戴德的一厢情愿。日本竭力阻挠修建拟议中的新法铁路。代理公使阿部守太郎、公使林权助从8月9日到11月19日向清政府外务部提出一次口头、三次书面抗议，强词夺理妄称该铁路有损南满铁路利益，违反了1905年11月至12月北京谈判会议录中有关记载，坚决反对清政府修筑该路。②

新法铁路计划在美国也进展不顺。由于经济萧条，哈里曼事业受到重大打击，使他不可能参与这一计划。清政府转而与英国保龄公司商洽，并于11月8日达成借款草合同。司戴德指望英国外交部支持保龄公司，但英国政府却不愿在这样的小事上与日本盟友争吵。新法铁路之议被迫搁浅。

1908年5月，美国国会议决退还庚款多收的1000多万美元。10月，清政府派特使唐绍仪访美。唐绍仪名义上是去就美国退还庚款溢款向美国政府致谢的，实际目的则是去洽商东三省开发贷款，并试探中、德、美三国结盟的可能性。

其时，美国一年前的经济恐慌已经过去，华尔街又有信心了，哈里曼又跃跃欲试，准备向东三省投资了。哈里曼希望在与唐绍仪谈判时有司戴德帮忙，罗脱遂将其召回美国。司戴德回国时带回了载有拟议中借款协定主要内容的备忘录。回国后，他积极为唐绍仪使美进行准备。

经过20世纪初列强关系在欧亚两洲的一系列调整，日、英、法、俄之间通过一系列的双边协定结成了一个协作网，只有美、德受到冷落与孤立，德国企图结成一个反协约。从1907年9月起，德皇威廉二世一再指示驻美国大使施滕博格（Speck Von Sternberg）向罗斯福试探德、美、中三国结盟在远东对抗四国的可能性。罗斯福笼统表示“将在大的远东问题上”与德皇“始终携手一道进行”，但同时认为结盟的“时机还没有成

① 威维尔：《美国与中国：财政和外交研究》，第35—36页；Herben Croly, *Willard Straight* (New York: Macmillan Company, 1925), pp. 241 -242.

② 王芸生编：《六十年来中国与日本》，生活·读书·新知三联书店1980年版，第4卷，第218—219页，第5卷，第78—85页。

熟，一个适当的机会还没有”。[①] 德皇也敦促清政府与德、美结盟。清政府固然希望得到德、美外交支持，却不敢公开反对四国协约，因而一直没有给予明确答复。而德皇却满有把握地告诉罗斯福，中国将提出三国结盟的建议。1908 年 7 月间，德皇接见《纽约时报》记者海尔（Willlam B. Hale），在近两小时的采访中，他强烈谴责英国与日本结盟是背叛了白种人，并称，德国不久将与英国开战。他信口开河，竟称，已经与美国达成支持中国反对日本的安排，中国官员唐绍仪正要去华盛顿商讨具体事宜。[②]

天下没有不透风的墙。虽然《纽约时报》没有发表这次谈话，日本人却已知道得清清楚楚，于是对唐绍仪使美也就格外警惕。9 日上旬，高平小五郎大使一再向罗斯福询及此事。罗斯福表示，德、美、中三国结盟“绝无可能”。[③]

10 月 25 日，高平向美国国务院提出，为了避免日美两国以后在太平洋上的困难处境，应该就两国在远东的关系达成一项换文。时任助理国务卿的司戴德指出，高平的草案中没有提到“中国的领土完整和行政统一”，这会使中国在日本的扩张面前无能为力，而维持满洲现状的条款将使日本与其他大国签订的那些承认日本在满洲享有霸权的协议合法化。但罗脱认为，在满洲日本比美国有更多的利益需要保护。最后他只是说服了高平在换文中加入“中国的独立与完整”。高平要求立即签字，罗脱说服他在唐绍仪到达之后签字。11 月 30 日，唐绍仪抵达华盛顿，中午罗脱向他出示了美日换文文本，下午 4 时，罗脱与高平在换文上签字。[④]

《罗脱—高平协定》共五条，基本内容是：两国维持太平洋地区的现状，尊重对方在该地区的属地，鼓励两国事业在该地区自由与和平的发

① 孙瑞芹译：《德国外文文件有关中国交涉史料选译》，商务印书馆 1960 年版，第 3 卷，第 30 页。

② Raymond A. Esthus, *Theodore Roosevelt and Japan*, pp. 259 – 260.

③ Raymond A. Esthus, *Theodore Roosevelt and Japan*, p. 261. 威廉二世的冒失把事情弄糟了。当《纽约时报》记者觉得事情过于重大，把采访情况向罗斯福汇报时，后者只是说，德皇“把他所设想的事情变成已经实现的事实了”，而没有断然否定此事。事情的过早泄露使罗斯福对日本大使作出了这样斩钉截铁的表示。

④ 威维尔：《美国与中国：财政和外交研究》，第 57 页，*Willard Straight*, pp. 274 – 275.

展；维护中国的独立与完整，维护各国在华共同利益以及工商业机会均等的原则。[①] 在史学界（尤其是在美国史学界）对这一协定的阐释和评价是有争议的。[②] 不管怎样，一个简单的事实是，这一协定中关于门户开放政策的阐述较之海约翰 1900 年第二次门户开放照会显然是倒退了。在那个照会中，海约翰提出了“保持中国领土和行政完整的原则”，[③] 这一次，由于日本的反对，美国不敢再坚持这项原则了。在美日交手的第二回合中美国又输给了日本。而唐绍仪使团还没有到美国，他的主要使命已经失败了。

1909 年 3 月，塔夫特（William H. Taft）继任总统，他正赶上美国经济危机之后的恢复时期，工农业生产持续回升，国内游资充沛，使他有可能实行金元外交。塔夫特又比他的所有前任和所有以前的国务卿有更多与东方打交道的经历。他认为美国对华政策应是更明确地回到门户开放原则。[④] 他的国务卿诺克思（Philander Knox）本人是银行家之子，历任大公司律师、董事、卡内基钢铁公司总顾问和参议员，是金元外交的热烈拥护者。他鼓吹：“每一个外交家都是商人”，[⑤] “今天的外交是为贸易效力的”。[⑥] 塔夫特、诺克思在中国推出的两个主要项目是，挤进湖广铁路借款和所谓“满洲铁路中立化计划”。本文只谈后者。

动议最初来自中国。日本继续在南满进行肆无忌惮的扩张，1909 年 9 月 4 日，逼迫清政府订立了两项条约，攫取了新的铁路特权和其他利权。条约签字前，清廷于 8 月 19 日对东三省总督锡良等发出一道谕旨，要他

---

① The U. S. Department of Stace, ed: *Foreign Relation of the United States. Diplomatic Papers* (*FRUS*), 1908, pp. 511 – 512.

② 保罗·瓦格写道：“在一个时候，历史学家认为协定是给了日本在满洲放手行动的自由权利，晚近的一些解释更贴近事实，这就是：‘这一换文仅仅是为了消除由 1906 年学校中的种族隔离和 1907 年的战争恐慌而产生的敌意的廓清迷雾的联合政策声明。’” Paul Varg: *The Making of a Myth* (East Lansing: Michigan State University Press, 1968), p. 156.

③ 丁名楠、张振鹍等：《帝国主义侵华史》第 2 卷，人民出版社 1986 年版，第 102 页。

④ Ralph E. Minger, *William Howard Taft and United States Foreign Policy* (Chicago & London: University of Illinois Press, 1975), p. 164.

⑤ Thomas A. Bailey, *A Diplomatic History of the American People* (New York: Meredith Cooperation, 1969), p. 530.

⑥ Michael Hunt, *The Making of a Special Relationship* (New York: Columbia University Press, 1983), p. 209.

“厚集洋债，互均势力”，挽救东三省危机。锡良和奉天巡抚程德全与他们的前任一样，也认为“非借外人之款不足经营东省，尤非借外人之力无由牵制日俄”。[①] 他们打算引进美国资本，建筑一条与南满铁路和中东铁路平行的锦（州）瑷（珲）铁路来同日、俄抗争。

司戴德当时已离开国务院，担任了美国银行团驻华代表。10 月 2 日，锡良、程德全与司戴德（代表美国及保龄公司）订立《锦瑷铁路草合同》，6 日，司戴德又赶到北京与保龄公司代表法伦许（John Martin Ffrench）签订合同。这两份合同规定，“中、美、英三国联络”组成铁路公司，分两期（锦州至齐齐哈尔、齐齐哈尔至瑷珲）建筑锦瑷铁路，美国财团提供建筑费用；保龄公司负责建造，但任用一名美国工程师，使用一半美国器材。[②]

受到这一交涉的鼓舞，诺克思提出了把所有东三省铁路中立化的方案，简单说来就是：包括日、俄在内的有关各国共同向清政府提供贷款，赎回东三省铁路，铁路由各有关国家参与管理；如果此建议不能完全实行，则从建筑锦瑷铁路入手，逐步扩大中立化铁路范围。11 月 6 日，诺克思将此方案首先向英国提出。[③] 国务院指望“得到英国的真诚合作”。但英国却以日本参加作为先决条件。

诺克思计划早已走漏风声，报刊作了披露，公众猜测纷纷。诺克思不得已于 1910 年 1 月上旬将其公诸于众。这对日、俄显然早已不是新闻。两国于 1 月 21 日同一天照会美国大使，宣布拒绝这一计划。[④] 法国作为俄国盟国“在中国与俄国达成妥协之前”反对这一计划。[⑤] 1910 年上半年，诺克思一再努力希望英国政府支持保龄公司，但英国政府不为所动，决计不去冒犯日本。

诺克思满洲铁路中立化计划和锦瑷铁路计划均告失败。

---

① 王彦威编：《清宣统朝外交史料》，第 9 卷，第 33—34 页。

② 王芸生编：《六十年来中国与日本》，第 5 卷，第 244—248 页。

③ *FRUS*，1910，p. 234.

④ *FRUS*，1910，pp. 249，251.

⑤ *FRUS*，1910，p. 269.

三　四点原因

美国之所以在与日本的竞争中屡遭挫败，有种种复杂的原因，主要可概括为以下四点。

第一，远东国际关系对日本有利。

20 世纪初的十几年是第一次世界大战以前大国进行重新组合的年代。日本以巧妙的外交手段，纵横捭阖，营造了对它有利的国际环境。

1902 年 1 月，日英缔结同盟条约，条约承认英国主要在中国，日本除在中国外还在朝鲜拥有政治及工商业的特殊利益；其中一方与别国交战，另一方严守中立，如果同盟国一方与两个或两个以上国家交战，缔约另一方应协助同盟国作战。这完全是针对俄国的军事攻守同盟，是日本发动日俄战争的主要外交准备。①

1904 年 4 月英法主要就非洲殖民地问题达成协定，建立了协约关系。

1905 年 8 月，日英缔结第二次同盟条约。英国承认日本“在朝鲜享有政治上、军事上、经济上的至高利益”，日本承认英国对“与保卫印度边界安全有关的一切具有特殊利益”。② 两个英日同盟条约是日本吞并朝鲜的主要外交准备。

1907 年 6 月，日法签订协定，法国承认朝鲜、中国东三省和福建为日本势力范围，日本承认法国对印度支那的统治，承认与印度支那相邻的中国省份为法国势力范围，承诺不支持越南的民族解放运动。日法协定具有重要意义。法国是俄国的盟国，有了日法协定，日俄妥协才有可能；它也促使了英俄之间达成协定。③ 1907 年 7 月，日俄缔结协定，日本承认北满、外蒙古为俄国势力范围，俄国承认南满和朝鲜为日本势力范围，两国确定了它们在满、韩、蒙的利害关系，进行了一次“蒙韩交易”，两国关

---

① Ian H. Nish, *The Anglo – Japanese Alliance: The Diplomacy of Two Island Empires*, 1894 – 1907 (London: Athlone Press, 1966), pp. 216 – 217, 226 – 227.

② Ian H. Nish, *The Anglo-Japanese Alliance*, pp. 331 – 333.

③ Ian H. Nish, *The Anglo-Japanese Alliance*, p. 359；信夫清三郎编：《日本外交史》上册，天津社会科学院日本问题研究所译，商务印书馆 1980 年版，第 349—356 页。

系趋于缓和。有学者指出，这一协定是“日本走向建立双重体系——在海上与英国结盟、在陆上与俄国结盟——的第一步”。[①] 1907 年 8 月，英俄就波斯、阿富汗和西藏问题订立协定。至此，在欧洲的英、俄、法三国协约已经形成，而在亚洲，日本吞并朝鲜取得了各主要大国的认可，它在南满的霸权也可确保无虞了。在这种国际大背景下，美国向日本的霸权挑战自然就举步维艰。诺克思的满洲铁路中立化方案又从反面促使了日俄接近，1910 年 7 月两国达成第二次协定。

第二，美国为了确保菲律宾的安全，宁可在东三省对日本作出让步。

19 世纪下半叶，日本企图向亚洲大陆扩张是自不待言的，也有许多人鼓吹向东、向南在太平洋上扩展势力。美西战争之中，鼓吹向菲律宾扩张的呼声更高。日本极有影响的《时事新报》发表社论说，菲律宾是日本向南扩张的关键，“如果我们继续派遣移民，在那里建立日本人的村庄和城镇，其结果几乎等于扩展我们帝国的边界”。要这样做，必须派遣若干军舰前往那里。[②] 美西战争的结果，美国夺得了夏威夷、波多黎各、关岛（马里亚纳群岛中最大的一个岛屿）、东萨摩亚以及菲律宾，这使日本向东和向南扩张遇到极大障碍，许多日本人为此感到愤愤不平。日本遂更加咄咄逼人地向亚洲大陆扩张。

美国占领菲律宾后，菲律宾成为美国防卫链条中最薄弱的一环。美国与菲律宾之间隔着浩瀚的大洋，如果日本真要进攻菲律宾，美国是否防守得住是很成问题的。罗斯福在 1905 年 5 月致函曾任菲律宾民事总督、时任陆军部长的塔夫特，要他尽其所能让参众两院议员注意苏比克湾海军基地的建设，为之多拨款项。为了确保菲律宾的安全，塔夫特于 1905 年 7 月与日本首相桂太郎达成协定，与日本进行菲韩交易。[③] 在《罗脱—高平

① Ian H. Nish, *The Anglo - Japanese Alliance*, pp. 360 - 361.《日本外交史》上册，第 351—352 页。

② Akira Iriye, *Pacific Estrangement*, p. 57.

③ 塔夫特在谈话中首先提出的就是菲律宾问题。谈话备忘录写道：“首先，谈到美国有一些亲俄人士，他们要使公众相信，日本的胜利是它针对菲律宾群岛的侵略的前奏——（塔夫特）表示，在他看来，日本对菲律宾的唯一兴趣仅仅是，这些岛屿置于一个像美国这样强大而友好的国家的管辖之下，而不是置于尚不适于自治的本地人的无政府状态之中，也不是落入某个不友好的欧洲大国手中。桂伯爵用最肯定的语言确认这种观点的正确性，并表示，日本对菲律宾不抱任何侵略性意图……”。*Roosevelt and Russo-Japanese War*, pp. 112 - 113.

协定》中说的“尊重对方在该地区的属地”即是日本再次保证，它对菲律宾和美国其他太平洋属地没有领土野心，而美国则应允日本在南满以“和平手段”放手扩展势力。《罗脱—高平协定》是美日之间又一次有予有取的交易。

第三，美国在东三省的退让是服从于美国调整美日关系整体需要的步骤。

在美国与东亚的关系中，白种人对亚裔黄种人的排斥是一个突出问题。美国对华工的排斥曾经持续了60年之久。在美日关系中也有类似情形。

日本对美国西海岸的大规模移民起自19世纪90年代，到1898年在美国大陆上已有2万多日本人。1905年，就在日本取得日俄战争胜利之时，西海岸的反日运动开始形成。1906年4月加州发生大地震，此后数月社会秩序混乱，排日运动有增无减。10月11日旧金山市教育局作出决定，禁止日本学生与白人学生同校上学；所有中国、日本和朝鲜孩子只能在一所专为东方人开的学校就读。此事引起日本强烈反应。《纽约太阳报》驻东京记者称，在他旅居日本的19年中，“从未见日本报界如此激愤地反对美国”，有的报刊甚至喧嚣准备与美国开战。日本政府强烈要求美国政府注意旧金山的事态，林董外务大臣不断催促驻美大使青木敦促美国政府迅速结束加州的歧视。[①] 罗斯福本人一直关注着加州的事态发展。1907年9月他派与日本政府有良好关系又熟谙远东事务的塔夫特再次访问日本。此后直到1908年2月，日美之间就限制日本人和朝鲜人前往美国本土、夏威夷的问题进行反复磋商，交换了七件照会，统称“日美君子协定”，通过日本主动限制对美移民，两国关系中的这一爆炸性问题大体得到解决。

在这种背景下，美国政府自然不愿再让东三省的问题妨害两国关系的调整。正如塔夫特在1907年10月18日给罗斯福报告中所说的：“他们（日本人）的注意力集中在中国，他们扩充了军队……但不是为了与我们打仗，而是为了中国，他们决心在中国事务中确保支配性的地位并取得任

---

① Raymond A. Esthus, *Theodore Roosevelt and Japan*, pp. 134 – 145.

何可能的商业让步”。[1] 既然如此，美国也就心甘情愿在满洲作出让步了。

第四，美国在东三省的让步与美国决策者的对华政策考虑有密切关系。

一个国家外交政策的制定和执行与决策者本身的思想意识、对国际形势的分析乃至意志和性格都有关系，尽管这些不是最终的决定因素。这一时期的美国对华政策也是这样。

美国政府内部对于美国对华政策有不同看法。葛里斯康和司戴德力主对门户开放作广义的解释，并力求其实现，驻华公使柔克义考虑更多的是这个政策受到的种种局限。战争结束后不久，葛里斯康即向日本提出，要重新开设奉天的美国领馆并在大连增开领馆，遭日本拒绝。为此葛里斯康致函柔克义说，满洲所有主要城镇都在日本控制之下，对日本商人是自由开放的，但别国商人却仍然遭到排斥，这“完全是不公平的，与门户开放原则背道而驰”。1906 年美国对东三省的棉花输出锐减，美国中国协会认为这主要归因于日本的排挤；但柔克义却认为这是战争物资储备过多造成的。他在 10 月间报告国务卿说，在满洲可能有歧视美国商人的事件，但没有一个特别的案件引起驻牛庄领事的注意。他相信，所有对满洲有兴趣的外国人“都将得到各种机会甚至受到劝诱在满洲分享充分的份额”。[2] 司戴德关于东三省的计划首先遇到的障碍不是日本人，而是柔克义。柔克义对司戴德的活动持悲观的看法，两人彼此反感。

在华盛顿，罗脱和罗斯福本人都不愿意在东三省与日本迎头相撞。司戴德与罗脱关于高平最初提出的换文草案的分歧意见上文已经提及。罗斯福虽然以奉行“大棒政策”著称，自己也承认是个扩张主义者，但他认为在东三省他不能与在这里经营多年、根基深厚的日、俄较量，他只能靠门户开放政策来促进美国的商业利益。而且他也意识到，军事力量与商业利益是紧密相连的，也就是说，美国在这里的商业利益也是很有限的。

诺克思满洲铁路中立化计划失败以后，塔夫特向他的前任请教对东亚

---

① Ralph E. Minger, *William Howard Taft and United States Foreign Policy*, p. 161.

② Paul Varg, *The Making of a Myth*, pp. 140, 146; Raymond A. Esthus, *Theodore Roosevelt and Japan*, p. 124.

的政策。罗斯福在 1910 年 12 月 22 日给塔夫特的信中把他的看法说得十分坦率和透彻，他写道：“我们至关重要的利益是不让日本人进入我们国家，同时保持日本的善意。另一方面，日本人至关重要的利益是在满洲和朝鲜。因此我们不要对满洲采取任何会使日本人有理由或没有理由地感到，我们敌视他们，或对他们是一种威胁，这对我们的利益乃是特别重要的……说到满洲，如果日本选择遵循与我们敌对的行动方针，我们是不能阻止它的，除非准备进行战争；而要在一场关于满洲的战争中取胜，则需一支英国舰队那样完善的舰队和一支德国陆军那样强大的陆军。在华门户开放政策是很好的东西，我希望它将来也是个好东西，只要能用一般的外交协定加以维持。但是，满洲的全部历史证明，如同在俄国和日本统治之下那样，一旦一个强国决定鄙弃这个政策，并且不惜冒战争的危险，那末，门户开放政策立即就会消失得无影无踪。”①

自然，门户开放政策毕竟没有消失得无影无踪，第一次世界大战后不久，美国就联合欧洲列强在华盛顿会议上暂时遏制了日本的扩张势头。日本不甘心被遏制，才有九一八事变的发生。而日本的称霸野心与美国利益终究不可调和，才最终导致了太平洋战争的爆发。

（原载《世界历史》1996 年第 1 期）

① Tyler Dennett, *Roosevelt and Russo - Japanese War*, pp. 320 - 321.

中美特殊关系与美国关于战后国际格局的构想

在反法西斯战争胜利基础上建立起来的国际格局是以美国为主导的新国际格局。美国的经济实力在全世界首屈一指，美国拥有的财富占了将近世界的一半，美国的军事力量遍及世界各地，美国决策者正式提出了“美国领导世界”的口号。这个格局是怎样建立起来的？在美国决策者看来，中国、在太平洋战争中建立起来的中美特殊关系在其中起什么作用？这是本文想要探讨的主要问题。

I

美国决策者为建立这样的国际格局，取得全球领导地位作了长期的努力，这可以从19世纪末美国提出门户开放主义说起。

门户开放主义是美国的一个大政策。1899年海约翰（John Hay）国务卿是针对当时列强瓜分中国、美国有可能被列强排除在中国市场之外这样一种具体情况提出这个政策来的。但如果放在历史的维度中，从更广阔的角度来看，其意义显然不止于此。当美国在19世纪下半叶崛起的时候，资本主义世界已经确立了一套国际秩序，那就是以赤裸裸的殖民战争、以领土掠夺和瓜分殖民地、以进行直接的殖民统治为特征的老的殖民体系。在这个体系中，美国处于边缘地位。美国在崛起过程中曾经在美洲大陆进行了领土扩张，但这种办法在海外却行不通。美西战争是美国挑战旧殖民体系的一个尝试。虽然美国取得了战争的胜利，但毕竟代价太大，而且美国可以对西班牙进行战争，但绝无可能与英、法、德国这样的强国进行类似的战争。这样，老的殖民体系无疑成为美国崛起的障碍，美国需要一种新的国际秩序，一种按照新的原则组织的、足以对抗和阻止竞争性帝国主义领土掠夺的国际秩序。这种国际秩序是开放的，而不是封闭的；它不是建立在征战和讨伐之上的，而是以资本和商品的自由竞争为基础的；它不是要设置保护主义壁垒，或寻求排他性的势力范围，而是把美国的自由主义原则运用到国际商业活动中去。自由的商业竞争恰恰就是门户开放主义的实质。

在什么地方可以来率先推行这种新的政策呢？在欧洲显然不行，旧的秩序在那里根深蒂固，而且与欧洲大国相比，美国是弱者。非洲已经成为欧洲严加控制的殖民地。南美本来就是美国的后院。英语国家几乎都是大英帝国的禁脔。于是美国把目光投向了东方，在这里寻找可以按照美国的设想来改造国际秩序、建立新的国际格局的机会。东亚正是这样的地方。在这里，旧的国际秩序正在分崩离析之中，而新的国际格局尚未成型，国际关系正在转型之中。以中国为中心的东亚国际体系经过了半个多世纪列强的不断侵袭已经土崩瓦解，清帝国本身正在衰落，西方大国和日本正在这里扩张势力，但没有一个国家居于绝对优势的地位，各国之间形成了一个脆弱的相对平衡。这种形势正是美国可以利用的。门户开放主义实际上就是美国试图在这里建立新秩序的尝试，是美国把自由主义原则运用到国际关系之中，以自由的商业竞争来取代争夺势力范围的老殖民主义外交。美国相信它可以在这场竞争中胜出，可以通过这种竞争首先在东亚和平地建立起一个由它主导的新的国际格局。①

美国建立新的国际格局的努力尤其体现在第一次世界大战后期，威尔逊（Woodrow Wilson）总统的十四点计划以及巴黎和会。十四点计划是美国第一次系统地提出了一个国际秩序的框架，其核心是以自由国际主义秩序取代近代以来欧洲的权力政治。从 17 世纪以来主导欧洲政治的权力政治原则导致了欧洲国家为追求国家权势进行无休止的战争。国家之间虽然有条约、协定、交往的规范，但维持和平基本上靠的是大国之间脆弱的力

① 参见王立新《美国的国际秩序观与远东国际体系的演变（1900—1945）》，陶文钊、杜瑞清、王旭主编《中美关系与东亚国际格局》，中国社会科学出版社 2003 年版，第 5—6 页。

量均势。一旦均势打破，战争便不可避免。[①]威尔逊试图以新的国际关系准则来构建战后世界，用威尔逊总统的高参豪斯（Edward House）的话说是要“按照我们的心愿完成对世界地图的重新绘制”，[②]并且使完全无政府的国际秩序能够有一套国际机制来进行约束，以避免一战的重演。这些原则中虽然没有门户开放的字样，但其实最重要的一条原则恰恰是以门户开放和自由贸易取代势力范围，取代分割殖民地。从国际格局的意义上说，这实际意味着欧洲老殖民帝国主导世界的时代走向结束，逐渐向着由美国主导国际政治的时代转变，正如威尔逊向国会发表宣言的第二天，1918 年 1 月 9 日《纽约论坛报》社论所说的，“在某种意义上讲……总统确定了美国世界政策和整个文明世界的国际政策的理想”。[③]欧洲国家既要抵制这套原则，更要抵制这个新的国际格局的肇始。威尔逊后来在巴黎和会的某些问题上，包括在中国山东的处理问题上，背离了自己提出的原则，美国参议院也拒绝加入国联，所有这些都意味着，仅仅通过一次世界大战还不足以为这样一种替代做好准备。

巴黎和会对中国外交是非常重要的。和会进行期间，中国民众对和会上关于山东问题的讨论表现了新的民族觉醒。正是在强大的国内舆论的支持下，出席和会的代表顾维钧才拒绝在对德和约上签字，从而成为近代中国外交史上的一个分水岭：中国终于结束了从鸦片战争以来在与列强交涉中不断重演始争终让的历史，此后，中国的外交不再以割地赔款和继续丢失利权为特征，而开始了逐渐收回利权的过程，也就是逐渐改变中国与列强之间条约体系的过程。需要指出的是，威尔逊的十四点计划对中国新的民族觉醒是有作用的。当时中国的先进知识分子如陈独秀、李大钊等都为之欢呼叫好，在中国知识界激起了实现民族独立和自由的幻梦。唯其如此，当威尔逊在和会上背弃了自己的原则，在山东问题上对日本让步时，

① 参见王立新《美国的国际秩序观与远东国际体系的演变（1900—1945）》，陶文钊、杜瑞清、王旭主编《中美关系与东亚国际格局》，中国社会科学出版社 2003 年版，第 8—9 页。

② 王绳祖主编：《国际关系史》第三卷（1871—1918），世界知识出版社 1995 年版，第 437 页。

③ 余志森主编：《美国通史》第四卷（1898—1929），人民出版社 2002 年版，第 424 页。

他们对美国的失望才如此之深。[①]

实际上在这个时期，除了美国挑战远东的现存国际格局外，日本也在力图改变这个格局。明治维新以后日本走上了军国主义道路，在亚洲大陆进行扩张是它的既定政策，建立一个日本称霸东亚的国际格局是日本大陆政策的最终目的。美国和日本都想按照自己的设想来塑造东亚国际格局，两种力量进行着明争暗斗。在20世纪初美日在这个地区有三次重要的交手，美国屡屡败下阵来：通过1905年的《塔夫特—桂太郎协定》，美国认可了日本在朝鲜的扩张；[②]通过1908年的《罗脱— 高平协定》，美国应允了日本在中国东北以"和平手段"放手扩张势力；通过1917年的《蓝辛—石井协定》，美国承认了日本在中国，尤其在与日本属地相接壤的部分有特殊利益。[③]美国在这些协定中所作出的承诺与门户开放主义的精神是背道而驰的，这些协定也可以说是美国从门户开放主义的倒退。这种情况说明了，虽然美国提出了门户开放的原则，但当它独自与日本过招时，它在东亚地区的实力还不足以对抗日本，于是就从自己的原则后退。美国的办法是借助其他大国的力量来一起制约日本的扩张。这就是1921—1922年的华盛顿会议和会后建立起来的华盛顿体系。

在华盛顿会议上美国联合其他西方大国，得以克服了日本的反对通过了由美国倡导的《九国公约》，基本上按照美国的意愿在东亚建立了新的国际秩序。第一，美国反对帝国主义的集团政治，拆散了作为远东帝国主义外交标志的英日同盟；[④] 第二，《九国公约》规定在涉及中国的重大问题上奉行协商一致的原则，从而标志以大国合作和协商来取代大国之间争夺势力范围的排他性的竞争这一原则基本得到确认；第三，门户开放原则

---

① 王立新：《美国对华政策与中国民族主义运动（1904—1928）》，中国社会科学出版社2000年版，第270—290页。

② Tyler Dennett, *Roosevelt and the Russo-Japanese War* (New York: Doubleday, Page and Company, 1925), p. 108.

③ "The Secretary of State to the Japanese Ambassador", November 30, 1908; "The Secretary of State to the Japanese Ambassador on Special Mission", November 2, 1917; The US Department of State, ed., *Foreign Relations of the United States. Diplomatic Papers* (*FRUS*). 1908, pp. 511 – 512; 1917, pp. 264 – 265.

④ 英日同盟是1902年缔结的，经过1905年、1911年两次续约，到1921年期满。日本希望继续维持这个盟约，实际上，这个盟约是日本过去在东亚进行扩张，包括进行日俄战争的一个依恃。美国坚决反对继续保持英日同盟。华盛顿会议拆散了这个同盟，这是美国外交的一个胜利。

得以制度化和国际化，中国代表第一次表示认同这个原则，各国代表也以国际条约的形式予以认同；[①]第四，日本从此受到约束，不能再为所欲为地进行扩张。[②]在华盛顿体系下建立起来的国际格局中，权力是比较均衡地在列强之间进行分配的。各个国家的利益都照顾到了，谁也不能享有独占的地位。美国之所以还不能像后来那样建立起支配地位，是因为美国的力量还不足以这样做。无疑，华盛顿体系仍然带有强权政治的色彩，中国代表的合理要求遭到拒绝，《民四条约》未能废除，条约体系没有受到根本触动，中国仍然处于无权地位。但比起以前的秩序来，这个体系仍然是一个历史的进步，它有助于东亚国际局势的稳定。如果这个体系能得以长期维持，中国或许是可以逐渐摆脱不平等条约体系，为自己的发展赢来一个比较好的国际环境的。

但华盛顿体系的原则与日本的大陆政策是水火不容的。日本一时隐忍，因为它的实力毕竟不能与列强联合的力量相比。但它显然不甘心长期忍受这个体系的束缚，它有朝一日要挑战这个体系乃是必然的。

Ⅱ

第一次世界大战以后资本主义世界保持了十几年的相对稳定，在东亚也是这样。涉及中国，在华盛顿体系的框架内，列强在稳定相互关系、鼓励以经济而非军事手段打交道方面是成功的。这个体系也对中国的民族主义表现得比较容忍，它试图通过对中国民族主义的让步来把中国纳入国际社会，国民政府发起的修约运动取得了一定的成功。但日本则从中看到越

① 实际上在《九国公约》中阐述的门户开放原则较之海约翰最初的照会有两点引申：由要求在列强的租借地和势力范围内的贸易机会均等引申为在中国全境的商务和实业机会均等，由保全中国的领土和行政完整扩展为尊重中国主权与独立及领土和行政完整。

② 华盛顿会议结束后不久，1922 年 3 月美国政府即向日本提出，《蓝辛—石井协定》承认日本在中国特别是在与日本属地接壤的部分享有特殊利益，这与《九国公约》原则不符，要求废止协定。日本起先予以拒绝，后经过长期谈判，被迫同意，两国于 1923 年 4 月通过正式换文取消了协定。可见美国可以按照《九国公约》迫使日本把先前已经吞下去的东西给吐出来。这可以看作是美国进行反攻的一个例子。见 "Message of the President Harding to Senate", March 8, 1922, *FRUS*, 1922, Vol. 2, pp. 591 – 599.

来越大的危险，修约直接损害了日本的侵略利益，任随这种趋势发展下去，日本建立地区霸权的企图就将无从实现。日本的军国主义势力迫不及待地要扭转这种趋势。20 世纪 20 年代末席卷资本主义世界的金融危机终结了资本主义世界的稳定，也为日本在东亚颠覆华盛顿体系提供了良机。这就是日本军国主义策动九一八事变的大背景。

深深陷入经济危机的美国和欧洲自顾不暇，没有可能采取强有力的措施来阻止日本的冒险行动，但它们也没有撒手不管。九一八事变后，日本极力把它大事化小，说成是“无关紧要的事”，而美国方面则把它视为一个“国际问题”，一个违反“通称为门户开放政策的这一有关中国的国际政策在内的条约和协定”的行为。1932 年 1 月 7 日史汀生国务卿发表的“不承认主义”声明是美国维护华盛顿体系的一个行动。声明对破坏这个体系的一切行为均视为非法，均不予承认。①虽然在当时美国没有可能单独或联合其他大国以实力阻遏日本的侵略行径，在表明态度时也显得比较软弱，但“不承认主义”的政策声明毕竟表明了一种原则立场，并保留了在以后适当的时候采取行动的权力。

自然，美国和其他大国软弱的反对不能阻止侵略者的步伐。日本侵略者得陇望蜀，霸占东北后又觊觎关内，向华北扩张势力。国民政府内的亲英美派指望通过加强与欧美的政治、经济关系来抵制日本，与美国谈定了棉麦借款，又争取与国联加强技术合作。对于国民政府的这类行动日本都极其敏感，坚决反对。1934 年 1 月 23 日，广田外相在议会发表外交方针演说，赤裸裸地反对英美在华势力，声称日本是“维持东亚和平的唯一基石”，要求各国明白理解日本的现实地位，并明目张胆地表示今后将推行“亚细亚门罗主义”，把称霸亚洲的野心和盘托出。4 月 17 日，外务省情报部长天羽英二在接见记者时更露骨地宣称，“如果中国采取利用其他国家排斥日本、违反东亚和平的措施，或者采取以夷制夷的排外政策，日本就不得不加以反对”，“各国对于中国想采取共同行动，即使在名义上是财政的或技术的援助，必然带有政治意义”，将给中国、东亚“甚至对日本

---

① “Memorandum by the Secretary of State”, January 7, 1932, *FRUS*, 1932, Vol. 3, p. 8.

也会带来严重后果，因此，日本在原则上不得不对此表示反对”。[①]这是一个公开挑战门户开放政策和《九国公约》条文和精神的声明，日本俨然自命为中国的主宰，似乎中国与外国的关系都要听命于日本，而且特别反对各国共同行动，而《九国公约》的精神就是列强在涉及中国事态时要采取共同行动 。这就迫使英美出来表态。英国于4月23日对日本提出照会，表示《九国公约》不能由哪个签字国单独宣告废除。28日，赫尔国务卿也就此照会日本说：“中美关系，正如美国与日本及其他国家的关系一样，是受普遍公认的国际法准则及美国所加入的各项条约支配的”，“在涉及其他国家的权利、义务和合法利益的情况下，没有一个国家能够不经其他国家的同意，而得以达到它自己的企图”。[②] 这个照会只是极其一般地重申了《九国公约》的精神和美国将保护其在华利益的愿望，它是比“不承认主义”更软弱的一个政策声明。深陷在大衰退中的美国自顾不暇，根本没有想过如何阻止和惩罚侵略者，它力求不刺激日本，避免与日本的任何摩擦。

日本发动全面侵华战争以后，随着它军事征战的得逞，在颠覆华盛顿体系方面也越走越远。1938年11月初，日军先后占领广州和武汉，日本以为这是侵华战争的一个转折点，遂公开抛出了“建设东亚新秩序”的口号。近卫内阁于11月3日发表了第二次对华声明，公然声称：“帝国所期求者即建设确保东亚永久和平的新秩序。这次征战之最后目的，亦在于此。”声明狂妄要求中国“分担这种建设东亚新秩序的责任”，要求“各国……正确认识帝国的意图，适应东亚的新形势”。[③] 这个照会公开提出了建设新的国际秩序的要求，表明日本从实践和理论上都已经与华盛顿体系彻底决裂，完全抛弃了门户开放的原则。它不但要求中国做这个体系的顺民，而且要求列强也都要服从日本的旨意。显然这是一个比《天羽声明》

① 日本外务省编：《日本外交年表并主要文书（1840—1945）》（下），东京：原书房1977年版，第284—285页。

② “The Secretary of State to the Ambassador in Japan (Grew)”, April 28, 1934, *FRUS*, *Japan*, 1931 - 1941, Vol. 1, pp. 231 - 232.

③ 复旦大学历史系近代史教研组编：《中国近代对外关系史资料选辑》下卷第2分册，上海人民出版社1977年版，第93页。

更狂妄、更肆无忌惮的声明。连罗斯福政府内的亲日派如驻日大使格鲁都感到，这个声明是日本官方宣布的政策“发生突变”的标志。以前，虽然日本在侵略中国方面步步进逼，但口头上总是说要遵守门户开放和机会均等的原则，要尊重美国和列强在华利益，这一回，日本却什么掩饰都不要了。[①] 11 月 18 日，有田外相在给美国的照会中更赤裸裸地宣布，日本不再坚持门户开放原则。美国忍无可忍，一个多月后，12 月 30 日，格鲁奉命向有田外相递交了一份长长的照会，严厉驳斥了“东亚新秩序说”。照会说：

> 美国政府知道形势已经改变，美国政府同样知道，许多改变是由日本的行动所造成的。但是美国政府不承认，任何一个国家有必要和有理由，在一个不属于它主权范围的地区内，规定一个“新秩序”的条件和状况，并自命为这个“新秩序”的掌权人和代言人。

照会还暗示，美国将用实际行动来维护美国在华利益，维护门户开放的原则。[②]

随着日本侵略战争的扩大，日本在建立独霸东亚的“新秩序”方面越走越远，从中国到印支，进而到东南亚，日本与美国和西方列强的矛盾越来越尖锐，太平洋战争的爆发乃是不可避免的。

Ⅲ

太平洋战争从参战者的角度来说是日本与美、英、中、荷之间的一场战争，但从国际体系的角度来说则是日本谋求建立的“东亚新秩序”与华盛顿体系之间的冲突。太平洋战争的胜利使华盛顿体系得以恢复。战后初期东亚的国际秩序可以说是对 20 年代国际秩序的回归，威尔逊主义中的

---

① 约瑟夫·格鲁：《使日十年——1932—1942 年美国驻日大使格鲁的日记及公私文件摘录》，蒋相泽译，商务印书馆 1983 年版，第 273 页。

② “The Secretary of State to the Ambassador in Japan (Grew)”, November 4, 1938, *FRUS*, *1938*, Vol. 3, p. 368.

国际合作、民族自决、集体安全、自由贸易等思想都在战后复活。[1]但战后初期的国际格局又不是20年代格局的简单恢复。毕竟经过了30年代的大衰退和孤立主义，经过了一场大战，各国的情况和国际关系都发生了许多变化。

太平洋战争爆发后，美国政府一方面进行战争，另一方面就开始规划战后世界的格局。国务院成立了专门的班子，一个国家一个国家、一个地区一个地区地进行研究。罗斯福总统对战后国际格局更有他自己的看法。在他的构想中有三个支柱。第一是消灭殖民帝国。几十年前美国就希望消灭老殖民帝国了，因为它是美国崛起的障碍。美国提出的门户开放主义可以说也是对老殖民主义的一个挑战。但当时美国显然没有实力在全世界这样做。现在经过大战，殖民地半殖民地人民的民族觉醒空前高涨，罗斯福预见到战后民族独立运动的浪潮，认定英、法、荷老殖民帝国是不能再继续维持下去了，英国人、法国人、荷兰人不能在盟军把日本人赶跑以后重新回到他们原来的殖民地去。他反对丘吉尔复活大英帝国、反对戴高乐复活法兰西帝国的企图。这就给美国势力的扩张提供了很大的空间。在这一点上，美国将面临与英国的严重分歧。丘吉尔对罗斯福的加勒比问题首席顾问查尔斯·陶西格说，“各国依靠它们的传统生存，否则就会灭亡。只要我还活着，我们就要坚持传统，毫不放松地保持帝国的完整”。丘吉尔在1942年11月9日的一次演说中说：“让我把话说清楚，以免在任何方面产生任何误解。我们就是要坚持不让。我当国王的首席大臣不是为了来葬送英帝国的。”在德黑兰会议上，丘吉尔也表示，英国不想取得任何新领土，但希望保持它原有的领土和重新要回从它手中被拿走的领土，他不会不经过一场战争而被迫放弃任何东西。[2]罗斯福不无理由担心，“我们战后将会同英国发生的纠纷，也许比目前同德国发生的纠纷还来得大”。在这一方面，罗斯福需要同盟军，而中国恰恰就是最好的同盟者。中国经受过一个世纪的外国资本主

① 王立新：《美国的国际秩序观与远东国际体系的演变》，陶文钊、杜瑞清、王旭主编《中美关系与东亚国际格局》，中国社会科学出版社2003年版，第19页。

② Robert E. Sherwood, *Roosevelt and Hopkins. An Intimate History* (New York: Harper and Brothers, 1948), pp. 656, 790.

义的压迫与剥削，在这个问题上毫无疑问会与美国站在一起。更何况，蒋介石希望战后收回香港，罗斯福表示赞成。不仅如此，罗斯福还设想，战后对于与宗主国脱离的殖民地和托管地将建立起一套战后的国际托管制，联合国家的三四个成员国将分别对于所隶属的地区民族负有责任，直至这些民族准备自治为止。中国作为一个西太平洋的大国，也将在托管制度的建立和实施方面起重要作用。①

第二是势力范围。门户开放原则与势力范围是相对立的，罗斯福本人也不喜欢这种制度。但反法西斯战争是联合国家一起打赢的，尤其苏联起了很大的作用。苏联的利益和安全考虑无疑应当予以照顾。他认为苏联“以空间换安全”的想法是可以理解的，也就是说，他认定，势力范围是美国没有力量去消灭的现实问题。正如美国外交家凯南（George Kennan）所说，由于第二次世界大战的后果，无人能阻止苏联在西部边界建立起“一条宽广的军事和政治缓冲地区……除非付出另一次政治的代价，那将是不可思议的”。在开罗会议上，蒋介石担心战后苏联企图“赤化中国”和吞并中国部分领土，罗斯福为了解除他的顾虑，答应争取斯大林赞同《开罗宣言》，并讨论苏联在远东的领土目标。同时，罗斯福还希望中国成为平衡苏联的一个重要力量，他对英国外相艾登说，“在任何同苏联的严重的政策冲突中，中国无疑将站在我们一边”。②

第三是美国领导下的大国体制。他主张，战后建立一个以联合国家为基础的维护和平的机构，这是一个世界普遍性的而不是区域性的组织。罗斯福认为，创建一个新的世界安全组织是美国持久地参与世界事务的必要条件。没有这个组织，美国的舆论会认为只是重演传统的力量均势和势力范围的外交，而不能指望会出现一个合作的、和平的世界。这种情况可能最终导致孤立主义的复活。第一次世界大战以后，美国重新回到了孤立主义，罗斯福经过了十分困难、顽强的斗争，最终是日本对珍珠港的袭击才使美国摆脱了孤立主义的。他要保证使美国不会再回到孤立主义去。联合

---

① Robert Dallek, *Franklin D. Roosevelt and American Foreign Policy*, 1932 – 1945 (New York: Oxford University Press, 1979), pp. 390, 428 – 429.

② Ibid., pp. 428, 534, 390.

国恰恰就提供了这样一种保证。那么对罗斯福来说，联合国就不仅仅是提供了一个使苏联同西方进行广泛合作的平台，而且还会保证美国一开始就参与战后对外事务。[①]

罗斯福毫不怀疑，美、英、苏、中"四个警察"应当在这个国际组织中起到支配作用，这个"警察组"是这个国际机构的核心，它"将有权直接处理对和平的任何威胁"或任何需要采取行动的突然出现的紧急状况。而美国将起领导作用。罗斯福认为这是美国的历史使命。他在开罗会议期间对儿子说，"美国将不得不出面领导，领导并运用我们的斡旋进行调节，帮助解决其他国家之间必然产生的分歧……美国是能在世局中缔造和平的唯一的大国，这是一项伟大的职责"[②]。

罗斯福把中国列作"四个警察"之一，把中国看作大国是从长远来看问题的。他认为最好把四亿中国人民当作朋友，而不是使他们成为可能的敌人。他认为中国至少是一个潜在的大国，而在25年到50年内中国就能实现大国的地位。他对国务卿斯退丁纽斯（Edward T. Stettinius）说："我们的政策是基于如下的信念的，那就是尽管中国暂时还贫弱，而且有可能发生革命和内战，但是四亿五千万中国人民有朝一日总会统一和现代化的，总会成为整个远东的最重要的因素。"在罗斯福设想的这个由美国领导的国际格局中，一个"稳定的"、与美国友好的中国是不可缺少的，它是美国在东亚的主要盟友，是东亚的主要稳定因素，它将与美国一起对付太平洋地区的其他大国：苏联、英国以及可能东山再起的日本。他认为，中国可能在太平洋上成为一个监督日本的十分有用的国家。他认定，"美国的远东政策应以中美两国政策的紧密合作为基础"[③]。

正是出于这种考虑，罗斯福从太平洋战争一开始就不顾丘吉尔和斯大林的反对，采取措施，着手构建中美两国的特殊关系。这些措施包括：在《联合国家宣言》中第一次将中国列为四大国之一，废除与中国旧有的不

---

① Robert Dallek, *Franklin D. Roosevelt and American Foreign Policy*, 1932 – 1945, p. 508.

② Ibid., p. 434 – 435; Elliott Roosevelt and James Brough, *A Rendezvous with Destiny: The Roosevelts of the White House* (New York: G. P. Putman's Sons, 1975), p. 345.

③ Robert E. Sherwood, *Roosevelt and Hopkins*. p. 716; Sumner Welles, *Seven Decisions That Shaped History* (New York: Harper and Brothers, 1951), p. 151.

平等条约，不顾苏联和英国的坚持将中国作为《关于普遍安全的宣言》的签字国，在开罗会议期间对蒋介石的礼遇，敦巴顿橡树园会议两个阶段的安排，中国成为联合国创始会员国之一和安理会常任理事国，等等。在战后远东的安排方面，他特别重视蒋介石的意见。当苏联和英国对他这种态度不以为然时，他坚持己见而不动摇。他还对澳大利亚驻美国大使说，丘吉尔对中国的看法落后了 40 年。

Ⅳ

支持蒋介石的领袖地位是罗斯福对华政策的基本点，也是他要构建的两国特殊关系的基石。

早在太平洋战争爆发之前，罗斯福就派他的行政助理居里访问中国，实地了解中国的情况，并提出对中国进行租借援助的方案。居里在 1941 年 3 月 15 日向总统递交了一个报告，报告的结论是：

> “既然中国实际上还是独裁政治，蒋介石本人就在我们的对外政策中占有首要的必不可少的地位。我相信，只要我们给中国以与英国同等的待遇，并从您本人表现出更多的友谊的证据，他对美国，尤其是对您感情上的依附与钦佩是可以大大增长的……美国现今在中国享有的重大影响不仅可以用来在狭义上促进美国的利益，而且……可以用来指导中国在战后时期发展为一个大国。中国现正处于十字路口。它可以发展为一个军事独裁的国家，也可以发展为一个真正民主的国家。如果我们明智地发挥我们的影响，我们就可以通过发动政治、社会和经济的改革使事态朝着后一方向发展……”①

罗斯福自然可能从各种不同的途径得到关于中国的情报，包括卡尔逊上尉，但居里的报告对于他了解中国具有重要意义。因为居里是他身边的人，或者可以说是他的亲信，是他专门派去中国进行调查的。从现在的历

① “Mr. Lauchlin Currie to President Roosevelt”, March 15, 1941, *FRUS*, 1941, Vol. 4, pp. 94 – 95.

史资料中，我们还看不到在此之前曾经有人这样比较系统地向罗斯福提出关于中国的意见。居里在这里提出了三点非常重要的看法：第一，中国是独裁政治；第二，支持蒋介石的领导地位、与蒋介石的关系是美国建立与中国特殊关系的关键；第三，中国可以在美国指导下发展成现代化民主国家。这个结论中有对的部分，但居里和罗斯福显然没有看到其中自相矛盾的地方，即蒋介石只要权力，不要民主；美国愈支持他，他就愈加有恃无恐，民主政治只是美国的一种幻想而已。也许是罗斯福接受了居里的建议，也许是两者的看法不谋而合，从以后的情况看，居里的主张正好是以后美国的对华政策。

由此出发就容易理解罗斯福在处理蒋与史迪威关系中的态度了。罗斯福当然希望中国多为反法西斯战争作出贡献，从军事的角度来考虑，他对蒋是不满意的，他支持参谋长联席会议，支持史迪威的主张，甚至几次对蒋施加压力。但当蒋与史迪威的矛盾发展到不可调和时，当事情不再仅仅是军事问题，更主要的是政治问题，甚至可能损害蒋的领导地位时，他就毫不犹豫地支持蒋，召回史迪威。在罗斯福的政策考虑的天平上，这两者不是等量的。他在 1943 年 3 月给马歇尔的一个备忘录是很说明问题的："我们大家必须记得，委员长是历尽艰辛才成为 4 亿人民无可争议的领袖的"，他在短短的时间内在中国取得的成就，我们要几个世纪才能做到。罗斯福认为，蒋不仅是战时中国的领袖，而且也是能"在战后把中国人民团结在一起的唯一领袖"。[①]实际上，召回史迪威是一个推迟了的决定，此前他已经考虑过是否要召回史迪威了。

这种把蒋当作中国化身的政策是有致命伤的，那就是使美国的对华政策变得生硬、僵化，失去了进行调整的应有空间，尽管美国不支持蒋的许多做法，但到头来还是必须支持蒋。结果是蒋取得了美国对华政策的主导权，牵着美国的鼻子走，使战后美国对华政策与蒋一起遭到失败。

---

① Charles Romanus and Riley Sunderland, *Stilwell's Mission to China* (Washington, D. C.: Government Printing Office, 1951), p. 279; Sumner Welles, *Seven Decisions That Shaped History* (New York: Harper and Brothers Publishers, 1951), pp. 151 – 152.

V

特殊关系的构筑是双向的。如果说罗斯福要借重中国来实现他的战后国际格局的设想，那么国民政府从九一八事变以后就认定，要依靠英美来抵制日本，从抗日战争一开始就瞄准了美国，要与之建立特殊关系。

国民政府虽然是由多个派系组成的，但亲英美派无疑是主流派别。日本对中国的侵略使国家和民族面临亡国灭种的大祸，也使国民党政权面临生死存亡的考验。在这种情况下，亲英美派在党内的进一步得势乃是理所当然的事。九一八事变后，西方列强虽然没有多少具体行动，但美国政府还是发表了“不承认主义”的声明，以明确、肯定的语言反对日本用武力手段侵占中国领土，损害中国主权，国民政府对声明表示欢迎，并保证不与日本订立违反门户开放原则的条约或协定。[①]这是中国从国际社会听到的最令人鼓舞的声音。“不承认主义”的声明也促使了国联在 1932 年 2 月 24 日以全票（日本除外）赞成通过了《国联特别大会关于中日争议报告书》，以比《李顿报告书》更明确的语言谴责日本发动九一八事变、制造伪满洲国的行径，并要求日本按照国联已经作出的决议把军队撤到“铁路区域”之内。美国对这一报告书明确表示支持。[②]虽然罗斯福当政之初全力以赴地实行新政，应对经济大衰退，对于中国的事态没有积极介入，但在政治上，赫尔国务卿发表声明，驳斥了日本外务省情报部长天羽英二推行“亚细亚门罗主义”的狂妄言论；在经济上，罗斯福希望通过对棉麦贷款来表示对中国的支持，1936 年达成的《中美白银协定》从客观上增加了中国发行法币的外汇准备，避免了一场行将爆发的全国性金融危机，也有助于维持抗战初期中国政府的财政状况，因而是对中国抗战的一种帮助。

卢沟桥事变后最令中国人鼓舞的来自国际上的声音是罗斯福在 1937 年 10 月 5 日发表的“免疫隔离”演说了。蒋介石在两天后对美联社记者

---

① 中国国民党中央委员会党史史料编撰委员会编，罗家伦、黄季陆主编：《革命文献》第 34 辑，总第 7798 页。

② 陶文钊：《中美关系史（1911—1949）》上卷，上海人民出版社 2004 年版，第 132 页。

发表谈话称："今美总统已发表其伟论，对于人权与和平均有阐明，足令我人确信，凡坚持正义者，必可如愿以偿。"①虽然由于当时美国国内的孤立主义势力十分强大，罗斯福本人也很快从自己的表态后退了，但其客观影响却已经产生了。在30年代后期，罗斯福积极地谨慎地与国内的孤立主义进行斗争，使美国政策逐渐向着援华制日的方向转变，一直到对日本实行全面禁运。即使在1941年的美日谈判中，美国也是说归说，做归做，虽然与日本谈判妥协方案，但对日本的制裁没有放松，对中国的援助没有犹豫。

1938年上半年，国民政府对于抗战时期的外交进行了检讨和分析，中心问题是哪个国家最靠得住，是中国在抗战中的主要依靠对象。分析来分析去，蒋介石的结论是：英国老谋深算，说之匪易；俄亦自有国策，求援无效。唯美为民主舆论之国，较易引起义侠之感，且罗斯福总统确有解决整个远东问题之怀抱。如舆论所向，国会赞同，则总统必能有所作为。②也就是说，早在抗战的第一年（如果不是更早），蒋介石就认定了要依靠美国，要与美国建立特殊关系。

为此，国民政府作出了一系列努力。蒋介石一再接见美国大使，敦促美国对日实行禁运，促使美国与中国结盟；他派出了"美国通"胡适任驻美大使，后来又加派宋子文加强对美工作，争取租借援助。居里首次来华时，蒋介石表示了对罗斯福总统的绝对信任说："远东和平，除交战国双方愿出席以美国为主席之和平会议外，绝无实现之可能"，"可以肩负此收拾大战残局之大任者，实唯罗斯福总统一人而已"。他信誓旦旦地保证，他决不对日妥协，定与美国保持步调一致；在战后，与美国密切合作，并称，"中美两国战时之合作实为两国战后更密切合作之初步"，也就是说，无论在战时还是战后，他都遵从美国的领导。③

开罗会议对于中美特殊关系的建立意义非同一般。这是蒋介石在大战

① 中国国民党中央委员会党史委员会编印：《先总统蒋公思想言论总集》，第38卷，台北1984年版，第100页。

② 张其昀：《党史概要》第三册，台北1951年版，（总）第1325—1327页。

③ 《驻美代表宋子文自华盛顿呈蒋委员长报告已代聘居里先生来华考察经济币制情形电》，1942年1月20日，秦孝仪主编：《中华民国重要史料初编——对日抗战时期》，《战时外交》（一），第533页。

期间唯一参加的盟国首脑会议，是他与罗斯福唯一的会晤，是安排战后远东秩序的至关重要的会议，会议达成的《开罗宣言》以明确的措辞认定台湾战后回归中国，使中国的统一得到了庄严的国际保障；讨论了战后对日本的处置，为以后《波茨坦公告》提供了基础；讨论了战后的中日关系、中美关系、中苏关系；讨论了关于朝鲜、越南与泰国的问题。罗斯福在会议期间对蒋介石优礼有加，他屡屡撇开丘吉尔，去同蒋介石谈话，使蒋切身感受到美国为提高他所领导的政府的地位所作出的努力。在战后远东问题上，罗斯福尤其重视蒋的意见，并表示，为维护太平洋的安定与和平，防止外来侵略，战后中美两国应作出某种安排，实行相互支援；双方谈定，两国就亚洲事务作出决定前应相互磋商。① 蒋在从开罗启程返国时让宋美龄给罗斯福留下了一封亲笔信，其中说："委员长要我告诉您，他对您所做的和正在做的一切是多么感激……他希望您把他当作一位可以信赖的朋友。"②这段话不止是外交礼节，而且是蒋的心里话。两国领导人的这次会晤是中美建立特殊关系的一个标志性事件。在反法西斯战争已经曙光初露之际，两国领导人的这次会晤为战后亚太地区的秩序，也就是为罗斯福关于战后世界的构想在远东的落实奠定了基础。美国为这个格局已经努力了 40 多年，现在经过大战，中美特殊关系建立了起来，这个国际格局也水到渠成了。

Ⅵ

著名美国传记史学家达莱克说：1944 年，罗斯福感到没有把握的一切事物中，最使他忧心忡忡的莫过于中国问题了。罗斯福对中国有两点担心：第一，中国在战争中能不能坚持下去；第二，战后中国会不会出现内战，蒋介石能不能在内战中幸存下来。随着战争临近结束，第一种担心逐渐消失，而第二种担心则越来越强烈。罗斯福在 1943 年 9 月一次对副国

---

① 梁敬錞：《开罗会议与中国》，第 39—41 页。

② Herbert Feis, *The China Tangle. The American Effort in China from Perl Harbor to the Marshall Mission* (Princeton University Press, 1953), p. 109.

务卿韦尔斯的谈话中对战后国共关系表示了深深的忧虑，他说，战后最麻烦的地方是中国，中国极可能爆发内战，从而把苏联和西方国家都卷进去，形成西班牙内战那样的局面，只是范围要大得多，危险性要严重得多。[①]关于中美特殊关系和战后远东政策的蓝图是以蒋介石政权的稳固为基础的。如果中国爆发内战，威胁到这个政权本身的生存，他希望中国在亚太地区发挥的作用自然就无从谈起；不仅如此，在中国还有可能产生一个亲苏的政权，并对战后的美苏合作带来严重挑战，从而影响大国体制的实现。无论是从意识形态角度出发，还是从国际格局中的权力分配出发，罗斯福都不能欢迎出现一个中国共产党政府的前景。[②]但他通过各种途径（包括卡尔逊的报告、斯诺等美国记者的报道等）又了解到中国共产党在抗日战争中崛起的情况，知道这股势力是国民党政权强有力的挑战者。为了实现他把在战争时期建立起来的美中特殊关系服务于美国利益的期望，他要竭力防止中国出现内战。

罗斯福为此采取了一系列措施。他在开罗会议期间当面对蒋表示，"趁着战争还在进行时，就同延安的共产党成立一个联合政府"。[③] 1944 年 6 月，他又派副总统华莱士去中国，试图说服蒋介石同共产党人达成协议，建立起一个联合政府。他甚至要华莱士告诉蒋，他本人乐意在国共之间进行斡旋。蒋虽然对美国把中共视为民主主义者的看法表示异议，但表示愿以政治方法解决共产党问题。[④]罗斯福采取的最主要措施是派赫尔利去中国调处国共关系。

美国对赫尔利的调处与战后马歇尔的调处的设计是一样的，都是要让蒋介石让出一部分权力，把共产党拉进政府，而共产党则放下武器，取消独立的武装，从而消除中国内战的危险。日理万机的罗斯福不可能对赫尔利详尽阐述他的政策，国务院也没有给予具体的指示，赫尔利因此就有了便宜行事的大权。

---

① Sumner Wells, *Seven Decisions That Shaped History*, p. 152.

② Robert E. Sherwood, *Roosevelt and Hopkins*, pp. 485, 489, 499, 536.

③ Elliot Roosevelt, *As He Saw It* (New York: Duell, Sloan and Pearce, 1946), p. 164.

④ *United States Relations with China. With Special Reference to the Period* 1944 – 1949. Released by the Department of State in August 1949. pp. 56 – 57.

在分析赫尔利调处时，研究者常常会批评他出尔反尔：起先同意了中共的五点方案，后来又支持蒋介石的三点方案，并且迫使共产党接受这个方案。赫尔利的这种态度也不奇怪。他求功心切，一看中共没有拒绝他调停，还主动提出方案，他就觉得快要大功告成了；他对中国政治实际了解很少，对于“中共参加政府”与“联合政府”的根本差别并不清楚。但有一点他是十分清楚的，那就是要支持蒋介石的领导地位。所以他实际上是以蒋介石的好恶为他的好恶，以蒋的标准为他的标准。而当美国大使馆的一些政治官员和国务院的一些官员反对他片面支持蒋介石的政策，两者发生辩论时，罗斯福自然站在了他的一边。①

赫尔利与美国职业外交官的对华政策辩论是战后美国对华政策大辩论的开始，而不是结束。战后数年中，在杜鲁门政府与共和党控制的国会之间、在国务院与军方之间一直在进行着这样的辩论，辩论的基本点一直是：要不要无条件地支持蒋介石的领导地位。美国对华政策也一直处在这样的难以解脱的矛盾之中。其根本原因就在于，从抗日战争到解放战争，中国是处在酝酿了上百年的政治大变动之中，美国没有看清楚这种政治大变动的局势，难以明确决定其对华政策。

赫尔利的调处与战后马歇尔的调处一样，是中美特殊关系的一种体现。在近代中国的历史上，从来没有一个外国对中国的内政介入有如此之深，也从来没有一个外国与中国的关系有着如同战时建立起来的中美关系对中国的未来和前途这样大的影响。

Ⅶ

大战以后建立起来的雅尔塔体系基本符合本文上面所讨论的罗斯福对战后世界的设想。但在东亚，这个体系却是以损害中国利益为代价的，因此也在某种程度上损害了中美关系。这说明，第一，在罗斯福看来，为了建立新的国际格局，与苏联的妥协比维护中国利益更重要；第二，中国还不是真正意义上的大国，或者说，仍然是大国棋盘上的筹码。

① 见陶文钊《中美关系史（1911—1949）》上卷，第263—269页。

罗斯福之所以敢于自作主张向苏联作出让步，是因为在开罗会议上蒋介石已经请求罗斯福帮助他同苏联和解。而美国公众会认为，对苏联关于中国的领土要求作出让步，会使战争早日结束，使美国人的生命少受损失，并使战后中国获得和平与安定，这是值得做的。他认为这个协定是保留一个贫弱的但稳定的中国作为国际舞台上的合作盟国的最后最好的希望。同时他还希望美苏共同努力来保证中国的统一。①

斯大林与罗斯福都担心中国会爆发内战，但两者的估计却大不一样。罗斯福担心蒋介石的政权会在内战中垮台，这样他为建立中美特殊关系所作出的努力就会前功尽弃。斯大林却担心共产党打不过国民党，国民党政府会反对苏联对满洲和外蒙古的要求；或者共产党取得了胜利，但对苏联的边界要求和对苏联在世界共产主义运动的领导权提出挑战。因此苏联在雅尔塔会议上显然同意罗斯福调停国共冲突、成立联合政府的建议。②

蒋介石是在雅尔塔会议几个月后才知道罗斯福与斯大林在雅尔塔达成的协议的。在大战临近末尾时中国的利益又一次被出卖了，这与巴黎和会上威尔逊总统出卖山东的情况多少有些类似。但蒋介石吞下了这个苦果，一则是因为他对美国的依赖是如此之深，他不能违逆美国的意志。在中美这对特殊关系中，中国是小伙伴，这是一个事实；二则，他也能从这种利益的出让中得到收益，那就苏联支持国民党而不支持共产党。后来通过艰难的谈判，终于在《中苏友好同盟条约》中落实了雅尔塔会议关于远东的协定。

当罗斯福在设想战后世界格局时，他毫不怀疑，与苏联的合作是可以继续的。在雅尔塔会议上，罗斯福与斯大林在战后格局的所有重大问题上都达成了协议。正是为了与苏联的合作，罗斯福在一系列重要问题上向苏联作出了让步，如波兰边界的重新划分、在未来国际组织中四大国的否决权、白俄罗斯和乌克兰作为联合国的成员国等。罗斯福认为这是与苏联合作必须付出的代价。雅尔塔会议留给罗斯福的印象是，“俄国人已经证明，

---

① Elliot Roosevelt, *As He Saw It*, p. 164; Robert Dallek, *Franklin D. Roosevelt and American Foreign Policy*, 1932 - 1945, pp. 519 - 520.

② Robert Dallek, *Franklin D. Roosevelt and American Foreign Policy*, 1932 - 1945, p. 518.

他们可以是通情达理和有远见的”，因此当罗斯福离开雅尔塔返回美国时，他完全没有怀疑，在战后美国是可以与苏联一起生活，和平共处的。罗斯福的政策在美国国内得到了广泛的支持，绝大多数美国人相信，虽然美苏两国有不同的政治体制、经济生活和意识形态，但两国仍然能够在战后合作。而斯大林对于在雅尔塔会议上达成的安排也是满意的。在罗斯福逝世时，斯大林立即再次向美国做了保证，他渴望在合作的基础上同美国继续维持关系。因此可以说，罗斯福在生前完全没有预料到战后会发生冷战。①

美蒋之间的特殊关系也没有能够阻止中国的事态按照它自己的规律发展。抗日战争结束后仅仅 4 年多一点时间，中国革命就在大陆取得胜利，国民党被迫退守台湾。但那是另一时期的历史了。

（原载杨天石、侯中军编《战时国际关系——中日战争国际共同研究之四》，社会科学文献出版社 2011 年版）

① Robert E. Sherwood, *Roosevelt and Hopkins*, pp. 870, 883, 889; Robert Dallek, *Franklin D. Roosevelt and American Foreign Policy*, 1932 - 1945, pp. 519 - 520.

缅甸战役与中美英关系

太平洋战争爆发后，虽然成立了中国战区，但中国没有派代表参加美英联合参谋长会议，美英两国也没有具体讨论过中国大陆的战略指挥和部署，中国基本上仍是独立作战。盟国也没有地面部队在中国大陆作战。在军事方面，中国与盟国发生关系最多的是缅甸战役。盟国之间在缅甸战役问题上的合作与纷争构成了大战期间中国对外关系的重要方面。

一　缅甸保卫战失败：中美关系第一次危机

珍珠港事变后，蒋介石立即致电罗斯福、丘吉尔、斯大林，建议在重庆召集东亚联合军事会议，协调各国作战。12 月 23 日，中、美、英三国联合军事会议在重庆举行，英国代表是驻印英军司令、陆军元帅韦维尔（Archibald Wavell）。会上开始暴露了盟国间战略观点的分歧。与英国生死攸关的战场是欧洲。在亚洲，英国考虑得更多的与其说是战胜日本，不如说是如何维持、恢复它的殖民帝国。当时，缅甸尚未陷落，英国考虑的是如何用英国力量保住缅甸。缅甸丢失以后，它关心的是如何防卫印度，并由英国军队打着他们撤退时的旗帜去收复缅甸。它不想让美国军队在它先前的殖民地作战，担心美国影响将取而代之。它也不愿让中国军队在缅甸作战，除了中缅之间有未定边界外，它担心中国参战会刺激这一地区民族主义情绪的高涨，鼓励脱离英国的倾向。战时常驻重庆的美国著名记者白修德（Theodore White）写道："英国人进行着两场互不相干的战争。在欧洲，他们光荣地为人类的自由和摧毁纳粹奴役制度而战；在亚洲，他们为维持现状，为大英帝国，为殖民主义而战。"[①] 话虽尖刻，却不无道理。在此后两三年中，中英之间、美英之间在缅甸战役问题上争吵不断，也就不难理解了。

当时，中国的全部海岸均已为日军占领，美国援华的租借物资是在仰光登陆、经由滇缅路输入中国的。中国方面理所当然关心保卫缅甸问题。但韦维尔却说，中国只要将已在东缅孟扬的第九十三师一个团的实力增至一个师，就不用派更多的军队入缅作战了，英国所需要的是在缅甸待运来华的美国援华租借物资。中方不同意调拨援华物资。会议没有取得什么具体结果。

1941 年 12 月下旬，日军开始空袭仰光。1942 年 1 月 20 日开始，日本陆军从泰国向缅甸进攻。英国军方在日军攻势开始前一天才应允中国第六军入缅，接着，中国又派出第五军、六十六军分道援缅。

中国战区成立之后，蒋介石要求美国派军官赴华参加联合参谋部。蒋介石的本意是要美国派一个能帮他得到援助而不过问军事决策的顾问，美国却派来了"中国通"史迪威（Joseph Stilwell）将军。陆军部长史汀生（Henry Stimson）在 1 月 19 日致宋子文函中列举了史迪威的职能，其中包括："监管所有美国对华军事援助事宜；在蒋介石统辖下，指挥所有在华的美国军队及委员长拨给指挥的中国军队；代表美国参加在华的一切国际军事会议；担任蒋介石的参谋长；改善、维持并控制中国境内的滇缅公路。"2 月 2 日，陆军参谋长马歇尔（George Marshall）代陆军部拟的指示为史迪威规定的使命是："改善美国对中国政府援助的效果以便进行战争，帮助提高中国陆军的战斗效能。"[②]

史迪威经印度、缅甸于 3 月 4 日抵重庆，11 日入缅指挥作战。史迪威入缅前，曾于 3 月 6、9、10 日三次受到蒋介石接见。3 月 8 日，仰光沦陷，蒋介石对缅甸保卫战信心已失大半。他在与史迪威谈话中说，第五、六两军入缅的目的，原在固守仰光，"仰光已失，我军入缅之目的已不存在"，而他对光复仰光是不抱什么希望的；再者，"敌或将乘我入缅之隙，

---

① Theodore H. White and Annalee Jacoby, *Thunder out of China* (New York: William Sloan Association, 1946), p. 152.

② The US Department of State, ed., *United States Relations with China. With Special Reference to the Period* 1944 – 1949 (Washington, D. C.: Government Printing Office, GPO 1949), p. 469; Charles F. Romanus & Riley Sunderland, *Stilwell's Mission to China* (Washington, D. C.: GPO, 1953), p. 74.

由越南袭我云南，苟此举得手，滇省告急，大局将不堪设想”，因此要考虑到“调回入缅部队以固滇省及长江流域之防务”的问题。他还一再嘱咐，第五、六军是中国军队之精锐，一旦失败，不但缅甸反攻无望，而且将影响中国抗战全局，“决定全部军心之振颓……影响全国人民之心理”，因此“我军此次入缅作战能胜不能败”。从这一番分析形势、交代任务中，人们确实弄不清楚，他到底是要史迪威到缅甸去指挥作战，还是把部队撤回来；到底是要竭力把仗打胜，还是保存实力，使其精锐部队不受损失。史迪威想的没有蒋介石那么复杂，他认为缅甸对中国比对英国更重要，英国的目的是保卫印度，它需要的只是在印度面前筑起一道屏障，而中国却需要仰光这个出海口保障供给。他力主全力以赴收复仰光，重新夺回这个出海口；实在反攻不成，则退守曼德勒以东高地，控制北缅。① 可见蒋介石与史迪威在缅甸保卫战的指导思想上就有很大分歧。

在缅甸保卫战中，中国远征军激于民族义愤，同仇敌忾，士气旺盛，有不少可歌可泣的事迹。但由于日军兵员数目和装备均占优势，盟军缺少空中掩护，后勤供应困难，英军士气消沉，盟军指挥机构内部矛盾重重，各部队配合协调不力，缅甸当地人敌视英军等诸多原因，盟军战败。② 5月上旬，日军分别进到我国云南省境内怒江西岸和缅印北部边界。

缅甸保卫战进行过程中，史迪威与蒋介石就互不满意；战役失败后，两人又互相指责。史迪威批评蒋的“战术思想非常离奇”，坚持要部队在曼德勒安营扎寨；批评蒋虽然口头上答应他指挥全部入缅中国军队，实际上却遥控指挥，或者对他指手画脚，甚至一天中提出三种不同的办法，朝令夕改；或者越过他直接向部队发号施令，致使部队不听调遣，贻误了战

① 中国国民党中央委员会党史委员会编印、秦孝仪主编：《中华民国重要史料初编——对日抗战时期》，第三编《战时外交》（以下简称《战时外交》）（三），台北 1981 年版，第 568—572 页；Charles F. Romanus and Riley Sunderland, *Stilwell's Mission to China*, pp. 97—98；Theodore H. White, ed, *The Sitlwell Papers* (New York: William Sloan Association, 1948), pp. 50 – 56.

② 当时入缅参战的第五军军长杜聿明回忆说：“英国是宁愿把缅甸丢给日寇，而不愿让给中国”，“它是利用中国军队来掩护它的安全撤退，并不希望中英并肩与日寇决战，更不是为了保全仰光这个海口”。刘琦等编：《远征印缅抗战》，中国文史出版社 1990 年版，第 35—36 页。

机。史迪威感觉“受制于人，精神负担太大”。[①] 蒋介石在给国民政府驻美军事代表团团长熊式辉的密电中责备史迪威“以十五年以前之目光视我国家与军人，故事多格格不入”，并说，缅甸战役失败“全在战略之失败”，且史迪威“不重视组织与具体方案及整个实施计划”，战役失败后未经请示报告“竟自赴印度，并擅令我军入印”，又诿过于中国高级将领，“逃避责任以图自保”。[②] 史迪威与蒋介石之间矛盾尖锐化。

蒋介石不仅对史迪威不满，而且对美国不满。其原因有三：

1. 美国援华物资太少。1941 年 4 月，罗斯福决定向中国提供价值 4510 万美元的首批租借物资。1941 年运交的物资总价值为 2582 万美元，占美国全部租借物资的 1.7%。[③] 这充分体现了美国“欧洲第一”的政策。太平洋战争爆发后，供应状况更不如前，许多援华租借物资在来华途中被转运别的战场。又由于运输条件的困难，到 1942 年晚春，在美国积存的援华租借物资达 1419 万吨，在印度积存的达 4.5 万吨。[④] 军火分配委员会便开始把这些物资转拨他处，并削减中国在租借物资中本来就极少的配额，这自然更引起蒋介石的强烈不满。

2. 美英联合参谋长会议和军火分配委员会中没有中国代表，蒋介石认为这是对中国的轻慢。4 月 19 日，他电令宋子文向罗斯福当面呼吁。他痛切地说：

> “如果英美联合参谋团联席会议与物资分配之机构不能扩大，使中国得以参加，则中国在此次战争中，只是一种工具而已。甘地告予谓英美对于东方民族，总未尝以平等相待，英美迄今未许中国参加 CCS 就是一例。我们在作战中所受之遭遇已经如此，则在战后和平会

① 塔奇曼：《史迪威与美国在华经验》，陆增平译，王祖通校，商务印书馆 1984 年版，第 389—390 页。

② 《战时外交》（三），第 603—604 页。

③ Arthur N. Young, *China and Helping Hand*, 1937 – 1945 (Cambridge: Harvard University Press, 1963), p. 147；参见拙著《中美关系史（1911—1950）》，重庆出版社 1993 年版，第 225—126 页。

④ Charles F. Romanus & Riley Sunderland, *Stilwell's Mission to China*, p. 159.

议席上，又当如何?”①

3. 美国援华租借物资由史迪威监管。美国援苏、援英租借物资都是由苏、英自由支配的，唯独援华租借物资不能由蒋介石自由支配，他认为这又是对中国的歧视。7 月 2 日，他指示宋子文与美国政府重新协商，明确史迪威的职权。他认为史迪威作为中国战区参谋长，其工作并不包括获取器材在内；另一方面史迪威又以美国总统代表资格管理租借物资，这是自相矛盾的规定，史迪威“在中国战区内既任参谋长职务，则其所有其他地位皆不能适用，否则必致军事、政治皆发生不良之结果”②。罗斯福要马歇尔作出答复。马歇尔 7 月 14 日回复宋子文说，根据法律，史迪威是总统代表，有与参谋长不同的身份；即便召回史迪威，其继任者对援华租借物资的权力依旧不变。蒋介石得知此讯后的恼怒是可想而知的，他愤愤地说，如果总统打算给他这样的信息，那中国战场就完蛋了。③

这时中美矛盾的一个导火线是原驻印度的第十航空队的转移。其时北非军情十分危急，美国决定向那里调兵遣将。6 月 25 日，史迪威接到命令，第十航空队全部重型轰炸机飞援埃及，同时正在来华途中的一个 A－29 轻型轰炸机中队也改赴埃及，转拨英军。次日，蒋介石听了史迪威的报告后咄咄逼人地责问：“罗斯福总统来电明言已令将美国空军第十军由印度调来中国作战。想令出必行，岂容擅改。若谓埃及局势严重……我浙赣态势亦至危急”，“事件之转变，足证中国战区未被重视……予深愿详知，英、美是否尚以此中国战区为同盟国之战区耶?”④ 史迪威无言以对，他的处境困难至极。27 日，罗斯福来电进行解释，但这不能丝毫平息蒋介石的怒气。29 日，蒋介石向史迪威提出保持中国战区“最低限度之需要”三项：（1）8、9 月间美国派三个师到印度，与中国军队合作，恢复中缅之间

① 梁敬錞：《史迪威事件》，台北 1971 年版，第 65 页。CCS 是 Combined Chiefs of Staff 的缩写，即美英联合参谋长会议。

② 《战时外交》（三），第 610 页。

③ Charles F. Romanus & Riley Sunderland, *Stilwell's Mission to China*, p. 175; Theodore H, White, *The Stilwell Papers*, p. 127.

④ 《战时外交》（三），第 168 页。

交通；（2）8月份起经常保持第一线飞机500架；（3）8月份起保持每月空运租借物资5000吨。蒋介石威胁说，否则，“中国战区将无法支持”。[①]

总之，缅甸保卫战失败后，1942年6、7月份，中美关系出现了两国结盟以来的第一次危机。为了缓解两国间的紧张关系，罗斯福决定派他的行政助理居里（Lauchlin Currie）再度访华。

缅甸保卫战失败后，5月31日，蒋介石就电邀罗斯福的亲信顾问霍普金斯访华，并邀居里同来。但罗斯福不能让霍普金斯离开。居里自告奋勇，表示愿再次访华，并进行了充分的论证，称这次访问将“加强蒋的地位”，“使蒋及其他政府官员对美国战争努力之重要性加深印象”，并实地了解中国、印度的心理、经济、军事状况，改善史迪威与中国军队之间的关系，等等。[②]

7月20日至8月7日，居里访问重庆，与蒋介石会谈达14次之多。谈话内容十分广泛，涉及中国政治、经济、财政、军事、战时盟国关系、战后中国复兴。居里解释说，中国不参加联合参谋长会议，不涉及对中国待遇问题，苏联也没有派代表参加此种会议，一则，因为它没有剩余物资可供盟国分配；二则，它可以独力支持战争，而无须与盟国磋商，中国不参加系出于同样理由。蒋介石诉说了对史迪威的种种不满，居里劝解说，史迪威的双重身份，事关“美国国家之威望与体面”，美国军方是一定会坚持的，希望蒋介石不要对此再提异议。史迪威在美国军界地位甚高，颇得马歇尔器重；而且他刚刚拟订了反攻缅甸的计划，他希望蒋介石不要提出把史迪威调回美国的要求。[③] 居里的访问安抚了蒋介石，再说蒋当时确实也离不开美国的支持，发脾气是一回事，现实的政治、军事需要又是一回事，居里来访也就给蒋介石铺了台阶。8月4日，史迪威与居里一起见蒋介石，这是7月2日以来蒋第一次接见史迪威，表示两人的矛盾得到缓解。太平洋战争时期中美关系中的第一次危机算是过去了。

对于蒋介石提出的三项要求，美方经过反复考虑，决定尽量予以满

① 《战时外交》（三），第173—174页。

② 居里给罗斯福的报告，1942年6月3日，The U. S. Department of State, ed., *Foreign Relation of the United States. Diplomatic Papers* (*FRUS*), *1942*, *China*, pp. 62 - 63. 居里曾于1941年2月首次访华。

③ 《战时外交》（一），第635—668等页。

足。10月12日，罗斯福致电蒋说，500架飞机的要求将努力设法满足；1943年初将为“驼峰”空运新增100架运输机，只是不能派地面部队来缅印战区作战。[①] 三项要求达到了两项，蒋介石也只好暂时满意了。

二　是否反攻缅甸？美英军事首脑争论不休

缅甸保卫战失败后，中国对外的陆路、海路交通完全被切断，对中国的供给线只剩下了从印度英帕尔飞经喜马拉雅山抵云南的“驼峰”空运。这条飞越世界屋脊的航线是世界上最危险的运输线。空运在7000多公尺的高空进行，航程长达800多公里，气候条件恶劣（热带的季风雨和世界屋脊的冰雪），飞机还可能遭到日军的攻击，加之可以提供的运输机有限，开始时每月空运物资不过几十吨，对于如此广大的中国战场真是杯水车薪。而在英帕尔，美国援华租借物资却堆积如山。针对中国战场与外部世界相隔绝这种困难局面，美国陆军部作战司于5月26日提出了一个意义重大的问题：“保持中国参战”。史迪威和作战司分析了中国战场的形势，认为“重新开始经仰光向中国运送军火是极端重要的”，如不采取措施重新打开缅甸，美国援助中国的承诺就没有意义，“保持中国参战”的政策便难以实现。1942年7月，史迪威提出了收复缅甸的计划，这就是：英国海军和两栖作战部队控制孟加拉湾，并在仰光登陆；英印军、中国驻印军从印度向瑞保、曼德勒方向进攻；中国军队同时从云南向腊戍、曼德勒方向进攻；美军为战役提供空中掩护，如有可能，派地面部队与英军并肩作战。他认为，一旦收复缅甸，每月能通过仰光运入三万吨作战物资，六个月后便能帮助中国缓解局势。他要求陆军部向英国施加压力，争取英国同意在1942年雨季结束后反攻缅甸。参谋长联席会议接受这一建议，认为可在即将到来的旱季（1942年10月至1943年5月）收复缅甸。[②]

但英国军事首脑反对这一计划。首先，他们对中国战场和中国军队估计甚低，认为“不可能把中国人武装起来发动进攻，中国不可能牵制更多

① Charles F. Romanus &Riley Sunderland, *Stilwell's Mission to China*, p. 224.

② Ibid. , pp. 179 - 183, 223.

的日本师团”；其次，他们认为即使中国撤出战争，也不会对大局有多大影响，因为“日本占领区的严重的治安问题永远存在，因此不可能有大批日军腾出手来”；再次，要打开滇缅交通，必须收复全缅甸，而在1943年春季以前英国不可能调集所需的舰只和登陆艇。[①] 在9月的美英联合参谋长会议上，英方提出，1943年4月之前不可能调集反攻缅甸所需的兵力，尤其是两栖作战力量。而5月，缅甸的雨季就将开始，因此1943年10月是可能在缅甸进行大规模作战的最早时间。1942年至1943年冬春英军只准备发起有限进攻，目标是夺取阿恰布。总之，英国军事首脑设想的收复缅甸是一场纯粹由英国人进行的战争。[②]

美国参谋长们坚持，收复缅甸必须是英、美、中三国联合的军事行动——英、中两国的地面部队，英国的海军和美国的空中支援。在1943年1月中、下旬的卡萨布兰卡会议上，缅甸战役是主要议题之一。美国军事首脑决心让英国承诺在1943年秋季发动缅甸战役。其时，太平洋上的美军正在瓜达尔卡纳尔岛和新几内亚的丛林中与日军进行艰难的旷日持久的争夺战。这表明，经过从澳大利亚向北伸展的一系列岛屿来进攻日本，比从经过缅甸、中国的路线困难得多。而且美国军事首脑相信，击败日本唯一经济的办法是动员中国巨大的人力资源对付日本。[③] 美国海军参谋长金（Ernest King）上将指出：“在欧洲战场，从地理位置和人力资源方面来看，俄国处于最有利的地位对付德国。在太平洋，中国对日本有类似的关系，我们的基本政策应是为俄国和中国的人力资源提供必要的装备，使他们能够作战”，而缅甸战役正是“朝着这个方向采取的一个步骤”。[④] 马歇尔甚至威胁说：“除非实施缅甸战役，否则他感到在太平洋上随时都可能

---

① “Draft Telegram to Joint Staff Mission”，原件藏英国公共档案馆，CAB 79/22，Public Record Office.

② Grace P. Hayes, *The History of the Joint Chiefs of Staff in World War II. The War Against Japan* (Annapolis: Naval Institute Press, 1982), pp. 235—238；联合参谋长会议第40次会议（1942年9月18日）记录，CAB88/1.

③ 麦克尼尔：《美国、英国和俄国——它们的合作和冲突（1941—1946年）》，叶佐译，上海译文出版社1978年版，第409页。

④ 联合参谋长会议第58次会议（1943年1月16口）记录，原件藏美国国家档案馆，RG218，Records of JCS，Box 169，NARS.

出现使美国不得不遗憾地取消对欧洲战场的承诺的新形势。”[①] 英方又称，缅甸战役的两个瓶颈是海军掩护和登陆艇。美方表示，美方计划人员对缅甸登陆作战所需的登陆艇的型号和数量进行了估计，这些登陆艇美国可于1943年11月造出，何况现在已有部分登陆艇可以提供。至于海军，缅战还有10个月准备时间，英国可以在此期间调集足够海军，金上将还承诺从太平洋战场调遣美国海军支援英军。英国参谋长们还摆了许多别的困难，诸如为了保障侧翼，就要占领毛棉和泰国西海岸的机场，等等。[②] 但在美方坚持下，会议还是暂定于1943年11月15日发动缅甸战役，具体问题待夏季再作决定。

1943年5月，美国参谋长联席会议对战争的总设想是：“（1）与俄国和较小的盟国合作，迫使欧洲的轴心国无条件投降；（2）同时，与我们的盟国合作，在太平洋并从中国对日本保持并坚持不断地施加压力；（3）然后，与太平洋大国合作，如果可能并与俄国合作，运用美国和英国的全部资源迫使日本无条件投降。”[③] 美国军事首脑关于战胜日本的战略构想是：美军从太平洋方面进展，经苏拉威西海，夺取菲律宾，进攻香港地区；中、英军队在中缅印战场发起反攻，夺取缅甸，与美军在香港地区会合；然后向日本占领的华北进军，并进而从华北向日本本土发起持久的、系统的、大规模的进攻，从而迫使日本投降；即使未能达此目的，也将大大削弱日本军事力量，以减轻盟军在日本本土登陆的困难；对日本的全面进攻只有在持续的轰炸削弱了日本的战斗力后才能进行，而这种轰炸只能以中国为基地。[④] 可见，在当时美国参谋长们的战略考虑中，中国既是对日本进行空袭的基地，又是最后进攻日本本土的基地。既是如此，收复缅甸或至少恢复对中国的陆路供应线自然就至关重要了。

但英国军事首脑却更加强烈地反对缅甸战役。丘吉尔为5月的华盛顿

---

① 联合参谋长会议第59次会议（1943年1月17日）记录，同上档案。

② 联合参谋长会议第60次会议（1943年1月18日）记录，同上档案。

③ 联合参谋长会议第83次会议（1943年5月7日）文件，附件一。*Global Strategy of the War. Views of the US Chief of Staff*，RG218，Box170.

④ Joint Strategic Survey Committee, *Plans*, *Combined Planning for the Defeat of Japan*, RG218, Box 295; Michael B. Kublin, *The Role of China in American Military Strategy from Pearl Harbor to the Fall of 1944* (Ann Arbor: University Microfilms International, 1984), pp. 147 - 148.

会议准备了一个很长的文件阐述英国的观点。他“讨厌丛林”，他认为“进入遍处是沼泽的丛林中打日本人，正像走入水中打鲨鱼一样，更好的办法是，把它诱入圈套，或在钩子上捉住它，然后将它拖上干地，用斧子把它劈死”①。他提议在苏门答腊和马来半岛进行水陆两栖作战，以替代缅甸战役。美国参谋长们认为，“中国的地理位置和人力资源对于战胜日本是至关重要的，我们必须加以利用。中国垮台将大大延长战争并极大地影响我们对日本的整个态势”，因此“必须为中国做点什么”。英国参谋长们的观点是针锋相对的。他们认为，“欧洲对德国成功的战役可能使俄国在远东帮助我们”，缅甸反攻战诚然可以鼓励中国的士气，但如果缅甸战役失败，那就比不进行这场战役更糟。即使收复了缅甸，其实际效用也是有限的，必须经过六个月的整修才能使滇缅公路达到月运量1万吨，而当时“驼峰”空运已达每月6000吨，再建几个机场，使空运达到每月1万吨比收复缅甸有把握得多。因此，保持中国参战的最好办法是增加“驼峰”空运，增强陈纳德（Claire Lee Chennault）将军的空军力量。② 由于英国军事首脑的坚持，缅甸战役被推迟到了1944至1945年的冬春，在1943年雨季之后的军事行动是：英军和中国驻印军从印度方面进攻缅甸，而中国军队由云南方面发起进攻，以便尽量牵制日军，保护对华航线，并作为打通滇缅路的主要步骤。

三　缅北反攻战开始：中美关系第二次危机

1943年11月的开罗会议是蒋介石参加的唯一的盟国峰会，会前中国方面作了充分准备。史迪威代表中国战区拟订了积极进行对日作战的方案。

但在缅甸战役问题上，中美与英国分歧依旧。首先，丘吉尔瞧不起缅甸战役。他觉得只有西西里战役才值得进行陆海军协同作战，而缅甸战役

① 丘吉尔：《第二次世界大战回忆录》，第4卷，《命运的关键》，北京编译社译，商务印书馆1975年版，第1161页。

② 联合参谋长会议第85次会议（1943年，5月15日）记录，原件藏英国公共档案馆，CAB88/2。

不能与之同日而语。蒋介石反驳说："缅甸是整个亚洲战役的关键"，收复缅甸后日本的下一个阵地是华北，然后是东北，失掉缅甸对日本将是个重大打击，日本一定会顽抗到底。其次，丘吉尔认为，在意大利投降和其他一些海军行动胜利之后，英军将在印度洋集结强大海军，这种海上优势就能保障盟军的交通线，并威胁日军的交通线，因此有没有海军配合作战不是缅甸战役成败的关键。蒋介石坚持，要收复缅甸，必须南北夹攻，英军必须在孟加拉湾发动两栖作战，他说，缅甸反击战的成功不仅取决于在印度洋上集结海军力量，而且取决于海陆军同时协调行动，否则敌军将从南缅登陆进行增援，而只有海军作战才能制止这种增援。但丘吉尔却认为日军不可能向孟加拉湾派遣什么海军。丘吉尔又提出其他种种困难，诸如为进行孟加拉湾两栖作战许多舰只要添加专门装备，要使之适应热带气候，等等。[①] 美国军方认为，蒋介石主动提出了积极运用中国人力资源打击日本的计划，对此应加以鼓励，因此，虽然丘吉尔和英国参谋长们固执反对缅甸战役的计划，罗斯福仍然向蒋介石保证，于 1944 年 3 月发动缅甸战役。[②]

在第一次开罗会议后紧接着举行的德黑兰会议上，由于斯大林的坚持要求，美、英承诺于 1944 年 5 月发动横渡英吉利海峡、解放法国的战役。就在这次会议上，斯大林还亲口保证，苏联将在结束对德战争后三个月参加对日作战。会后，美、英首脑和参谋长们回到开罗。丘吉尔提出，孟加拉湾的两栖作战应推迟到 1944 年秋季进行，理由是：（1）由于苏联答应参加对日作战，盟国将在西伯利亚得到比在中国更好的基地，东南亚的军事行动便失去了部分价值；（2）为了进行横渡海峡作战，英国不可能调集足够的登陆艇和海军力量进行孟加拉湾两栖作战。[③] 罗斯福和美国参谋长们认为，刚刚答应了蒋介石的事岂能反悔，他"像骡子一样倔强了四天"，

① 联合参谋长会议（1943 年 11 月 23 日）记录。US Department of State, ed., *Foreign Relations of the United States. Conference of Cairo and Tehran, 1943*, pp. 314 – 315.

② Conference of Cairo and Tehran, 1943, p. 430；丘吉尔：《第二次世界大战回忆录》，第 5 卷，《紧缩包围圈》，北京编译社译，第 499—500 页。

③ Herbert Feis, *The China Tangle. The American Effort in China from Pearl Harbor to the Marshall Mission* (Princeton: Princeton University Press, 1953), p. 118.

最后还是向丘吉尔作了让步。12 月 5 日，他把这一情况告知蒋介石，并提出两种方案以供选择：或者在没有孟加拉湾两栖作战配合的情况下照样进行缅北作战，或者把缅北反攻战推迟到 1944 年 11 月与两栖作战同时进行。①

这份电报简直是给蒋介石当头浇了一盆冷水。蒋介石在数日后的回电中抱怨说，开罗会议之前，已有人对美英听任中国单独撑持对日作战表示怀疑和不满，《开罗宣言》的发表完全扫除了这种疑虑；现在盟国又要改变战略，他担心国民的“反响为如何之失望”，他认为中国“无论军事与经济危局，决不能支持至半年之久，更不能待至明年 11 月以后”，他警告罗斯福：“中国不能继续支持之结果为如何?”唯一可能的解决办法是美国保证贷予 10 亿美元，并增加“驼峰”空运，从 1944 年起至少每月 2 万吨。17 日，他再次致电罗斯福，表示宁愿把缅甸战役展期到 1944 年 11 月。②

但是缅北反攻战实际已于 10 月下旬开始。在印度经过训练、装备精良的新二十二师、新三十师、新三十八师的精神和物质素质都大大提高，于 12 月 18 日攻下敌军重要据点于邦。但是驻印军毕竟兵力有限，日军的抵抗又极顽强。统率驻印军的史迪威深知，如果没有中国军队从云南入缅作战，对日军实行东西两面夹攻，缅北反攻战的胜利是难以想象的。12 月 19 日他致函马歇尔，要求总统劝诫蒋介石派部队入缅作战。21 日，罗斯福致电蒋介石说，关于贷款问题，财政部正在考虑之中；关于增加空运，正有 100 架大型运输机在来华途中或准备调往中国战区，加上这些飞机，每月运量可达 12000 吨；同时，罗斯福要求蒋介石命令驻滇部队随时准备入缅参战。③

罗斯福这份电报没有完全同意蒋介石提出的要求，后者显然不满。蒋 23 日回电继续大发牢骚，说：“盟军战略置中国战区于不顾，已引起各方严重之误会。”他毫不客气地拒绝再派兵入缅，说他能用于缅甸战役的部

---

① *FRUS*, 1943, China, p. 178.

② 《战时外交》(三)，第 287—289 页。

③ Charles Romanus & Rilly Sunderland ed., *Stilwell Papers*, Vol. 4, pp. 1284 - 1285.

队都已经交给史迪威了，并重申他在开罗提出的警告：反攻缅甸如局限于北缅，而“无大军于南缅登陆协助，以侧击敌军，乃为自觅其败亡”。[①]

29 日，罗斯福第三次致电蒋介石，再次强调，中国“驻滇部队对敌人施加一切压力具有重要意义”。他语带威胁地说，最近准备把大批物资运到中国装备驻滇部队，但调集物资的快慢取决于这些部队的使用情况。这种与蒋介石讨价还价、有予有取的策略是史迪威、马歇尔一直建议采取的，但罗斯福曾经明白表示拒绝。1943 年 5 月 8 日罗斯福在一封不同寻常的给马歇尔的长信中强调说，“委员长是历尽艰辛才成为四亿人民无可争议的领袖的”，“美国不能用对待摩洛哥苏丹的态度来对待委员长”。[②] 而罗斯福 29 日的电报则表明，当时出于紧迫的军事需要，罗斯福实际上同意了使用马歇尔、史迪威的策略。但蒋介石在 1945 年 1 月 9 日回电中却只谈别的事情，避而不提派驻滇军入缅事，并对“本年秋季以前，对于重开滇缅路已无希望”继续抱怨不已。[③]

事情没有解决，美国方面继续进行催促，罗斯福在 15 日的电报中再一次警告说：“如果驻滇部队不能动用，则我方似应暂停经由有限的交通线向其调运重要作战物资，并将削减在印度存放的武器弹药数量，只保留能用来对敌作战的部分物资。”[④] 罗斯福——实际上是美国军方——态度越来越强硬，蒋介石也不示弱。他半个月没有作答，然后迟迟于 2 月 2 日复电说，他仍然信守开罗会议的诺言，只要有大规模的两栖登陆作战，他就派驻滇部队入缅作战，并称这是照罗斯福 1943 年 12 月 5 日的电报行事的。[⑤] 蒋的回电是很高明的以攻为守：第一，背弃在开罗所作的诺言的是罗斯福而不是蒋介石；第二，罗斯福自己提出两种可能让蒋选择，蒋选了其中之一，而现在罗斯福却要逼着蒋照另一种可能行事，就情理而言，确乎是罗斯福理亏。罗斯福似乎难以再说什么，两人之间的电报“拉锯战”

---

① 《战时外交》（三），第 291 页。

② Charles Romanus & Rilly Sunderland, *Stilwell Mission to China*, p. 279.

③ 《战时外交》（三），第 294 页。

④ Charles Romanus & Rilly Sunderland, ed., *Stilwell Papers*, Vol. 5, p. 1847.

⑤ Charles Romanus & Rilly Sunderland, *Stilwell Command Probem* (Washington, D. C.: GPO, 1956), pp. 300 – 301.

暂告一段落。

3 月上旬，驻缅日军对英帕尔地区发起进攻。日军早就企图进攻印度，但选择这时进攻，无疑有围魏救赵的企图，即以攻印度来保缅甸。史迪威和东南亚战区盟军司令蒙巴顿（Louis Mountbatten）都认为只有中国驻滇军队入缅作战才不致使印缅形势逆转。3 月 17 日，蒙巴顿同时给罗斯福、丘吉尔发去一份长电报。[①] 20 日，罗斯福在“休战”一个半月之后致电蒋介石说，驻印军已给日军重创，英军在破坏日军交通线、击毁敌机方面也取得重大成效，“缅北之形势已到达一重要阶段”，如果驻滇军队入缅作战，驻印军即可夺取缅北重镇密支那；否则，日军若从与中国驻滇军队隔怒江对峙的日军第五十六师团中抽调援兵，则将从现今的劣势中恢复过来。[②] 这份电报仍然不能打动蒋介石。他 3 月 27 日回电说，中国对盟国最主要的义务有两项，一为尽力保持中国战区现在之阵地，作为盟国轰炸日本本土之基地；二为在盟国海陆军迫近中国海岸时，中国陆军与之配合，共同作战，以巩固中国作为进攻日本的基地。现在中国战区对敌正面战线没有十分把握，中国主力军队绝无可能由云南发动进攻。但既然罗斯福一再催促，蒋介石决定给罗斯福一个面子，表示“此虽非中国任务内之事”，但他也勉为其难地同意抽调军队空运至印度，增加史迪威指挥的驻印军的兵力。[③] 4 月间，第十四、五十师飞调战场，编入驻印军序列。

3 月底，中国驻印军正在孟拱河谷浴血奋战，史迪威在给马歇尔的报告中继续催促驻滇军入缅参战。4 月 3 日，罗斯福给蒋介石发去一封口气强硬、措辞严厉的电报，其中说：“令我不解的是，由美国装备武装起来的你的 Y 部队面对实力空虚的五十六师竟不敢进军”，“在过去一年中我们装备训练了你的 Y 部队，如果他们不能用于我们共同的事业，那么我们飞运装备、提供教练人员的最紧张的努力仍未被证明没有白费”。这是罗斯福催促蒋介石派兵的第六封电报。10 日，马歇尔指示史迪威，除非驻滇部队入缅参战，对它的租借援助暂予停止。史迪威命他常驻重庆的参谋长

---

① Charles Romanus & Rilly Sunderland, *Stilwell Command Probem*, pp. 305 - 306.

② 《战时外交》（三），第 285—286 页。

③ 同上书，第 287—288 页。

贺恩（Thomas G. Hearn）立即执行。贺恩随即向陆军部建议，把驻缅部队该得的734吨租借物资转拨第十四航空队，他还打算随之采取其他措施。[①]军政部长何应钦等获悉此事，请求贺恩暂缓两天采取行动。14日，国民政府答应派远征军入缅作战，中美之间又一次危机总算过去了。

四 政治与军事：战时中美关系发展的曲线

1942至1944年的中美关系有起有落，大致可以用这样一条曲线来表示：

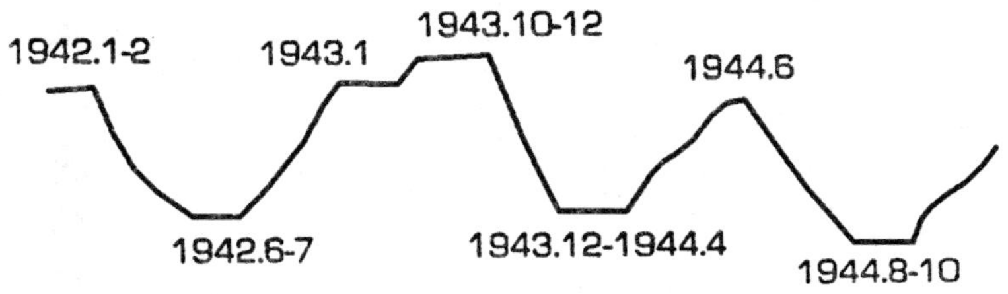

这三年间，中美关系有四个好的时期、三个差的时期。好的时期中，第一个是1942年1月1日《联合国家宣言》的发表至2月5亿美元贷款的达成；第二个是1943年1月中美新约签订；第三个是同年10月四大国普遍安全宣言的发表到11月的开罗会议、12月初《开罗宣言》的发表；第四个是1944年6月美国副总统华莱士（Henry A. Wallace）访华。这四个时期中，开罗会议是中美关系的最高潮，而华莱士访华只是中美关系的一种恢复。差的时期中，本文详细叙述了其中的第一、二个，第三个，也是中美关系中的最低潮是1944年8月至10月的史迪威事件，关于这一事件，需要专文讨论，此处不准备涉及。[②]从这条变化曲线中可以看出，中美两国关系的密切主要是由于政治上的原因，而两国关系中的紧张与恶化则都与缅甸战役有关。罗斯福从战时合作和战后世界秩序考虑出发，不顾英国和苏联的异议，竭力提高中国的国际地位，拔高蒋介石作为大国领袖

① Charles Romanus & Rilly Sunderland, *Stilwell Command Problem*, pp. 310 – 312；梁敬錞：《史迪威事件》，第195—196页，Y部队即后来作为远征军入缅的驻滇部队。

② 见《中美关系史（1911—1950）》，第7章第1节。

的形象，这与国民政府的利益、与蒋介石的愿望完全一致。正是在这一基础上，建立起了美国政府与以蒋介石为首的国民政府的特殊关系。[①] 而在军事方面，作为盟国，双方的共同利益无疑是基本的、首要的，但各自又有不同的考虑，有各自特殊的利益，涉及诸如派兵参战、租借援助、指挥权问题等具体事情时，就常常出现矛盾，甚至闹到尖锐对立的地步。这种矛盾和冲突恰恰构成了两国战时关系的复杂性，使两国的战时合作走过了崎岖坎坷的路。究竟在这些问题上谁是谁非，则要具体问题具体分析。本文以阐述史实为主，也试着作了些分析，对许多问题是可以进一步探讨的。

至于这三年间的中英关系，那么我们连这样一条曲线也画不出来，因为中英关系从来没有像中美关系那么好过。丘吉尔的殖民主义立场与他反法西斯的立场同样牢固，他对蒋介石 1942 年 2 月访问印度，企图调解印英当局与国大党的关系十分反感；他对罗斯福把中国作为四大国之一不以为然；英国对华 5000 万英镑贷款谈了近两年半，谈判中间疙瘩、障碍丛生；1943 年 1 月中英新约的签订算是中英关系最好的时候了，但这也只是一朵苦涩的花：双方在九龙租借地问题上争持不下，谈判险些告吹。自然中英之间毕竟还是合作了几年，毕竟谈成了贷款，在缅甸战役中也是有合作的，但战时中英的合作无论从政治上还是从军事上确实都是十分勉强十分艰难的。

（原载《美国研究》1994 年第 4 期）

① 见《中美关系史（1911—1950）》，第 6 章第 2 节。

40 年代中美关系史上新的一页

——美军观察组在延安

1944 年 8 月 15 日，中共中央机关报《解放日报》在第一版发表了题为《欢迎美军观察组的战友们》的社论。社论满怀希望地指出，美军观察组工作的成功“会使美军统帅部对于中国共产党始终坚持团结抗战、实行民主的政策和共产党领导下的敌后抗战力量，获得真实的了解，并据以决定正确的政策”，从而“增进中美两大盟邦的团结，并加速最后战胜日寇的进程”。毫无疑问，美军观察组来到延安，是 20 世纪 40 年代中美关系史上的一件大事，值得好好研究。

一

从 1939 年以来，国民党对陕甘宁边区不但实行军事包围和经济封锁，而且实行政治与新闻的隔离与封锁。它不许中国共产党发表战报，不许边区报纸在国民党统治区发行，不许中外记者参观边区，不许边区内外人民自由往来。同时，它又欺骗舆论，蒙蔽盟邦，给中国共产党及其领导的抗日武装横加了种种罪名。

中国共产党同国民党的这种封锁进行了各种形式的斗争，力图让全国人民和盟国人民了解事实真相，争取他们的同情和支持。中共常驻重庆代表周恩来在与美国官员接触中一再表示，欢迎美国政府派代表访问延安和敌后解放区。1942 年 8 月，美国总统罗斯福的助理居里（Lauchlin Currie）第二次访华时，周恩来致函居里说明此意。11 月，周恩来等在与美国使馆参赞范宣德（John Carter Vincent）、中缅印战区司令部政治顾问谢伟思

(John Service) 的谈话中介绍了国共关系的状况，并表示“外国（指美国）对国民党的影响”可以对改善形势有所帮助[①]。1943 年 3 月，周恩来在与戴维斯（John P. Davis, Jr.）的谈话中又一次表示欢迎美国政府派一批军官作为观察员去陕西、山西等地搜集情报。他还指出，应当一开始就告诉国民党，这个观察组不是临时性的，而是常驻性的[②]。

驻华美国外交官出于加速反法西斯战争进程和维护美国利益的考虑，认为周恩来的建议是可取的。谢伟思在 1943 年 1 月、戴维斯在 6 月和 1944 年 1 月一再提出派一个观察组去延安和华北、西北敌后的主张。他们的报告产生了预期的效果，1944 年 2 月罗斯福决定派一个观察员小组去共产党控制地区。美国政府的这一决定基于政治和军事两方面的考虑。

首先，抗日战争以来，美国密切注视着国共两党的关系。美国不愿中国沦为日本独霸的殖民地，希望中国抗战坚持下去，希望国共两党通过和平途径解决分歧，而不消耗抗日力量。1941 年 1 月皖南事变发生后，美国国务院公开表示，美国对中国国共两党内争予以关注；美国政府推迟了拟议中五千万美元贷款的交付，以此向国民党施加压力。2 月，居里奉派来华。他向蒋介石转达了罗斯福的口信：希望国共两党“能排除异见，为抗日战争之共同目标而加紧其团结”。1942 年 10 月罗斯福私人代表威尔基访华时又一次表示：“深盼……在战时及战争结束时，勿与中共有严重问题之发生。”美国政府的这一系列表态对于国民党是一种制约，蒋介石只好向美国保证：“中国绝无发生内战或内部分裂之危险。”[③]

大战愈临近结束，罗斯福对战后世界事务考虑愈多，对中国国共两党的关系便愈加关切。他在 1943 年 9 月与副国务卿韦尔斯（Sumner Welles）谈话中说：“战后没有一个地方比中国更可能产生困难”，他十分担心中国爆发内战，美国、苏联都被牵扯进去，形成与西班牙内战时十分相似的形

---

① The U. S. Department of State, ed., *Foreign Relations of The United States. Diplomatic Papers* (*FRUS*), 1943, *China*, p. 197. 中缅印战区司令部的四名政治顾问是戴维斯、谢伟思、卢登（Raymond Ludden）、埃默森（John K. Emmerson）。

② *FRUS*, 1943, *China*, p. 214.

③ 《中华民国重要史料初编》第 3 编，《战时外交》第 1 卷，台北文物供应社 1981 年版，第 543、550、768、638、164 页。

势，但“规模要大得多，危险性也要大得多”①。于是罗斯福利用1943年11月在开罗与蒋介石面晤的机会告诫他，当战争还在进行时，他就应当与共产党人组成联合政府。如今，罗斯福接受驻华外交官的建议，向中国共产党伸出手来，这一方面是在和平解决国共分歧问题上向国民党施加压力，另一方面是为了进一步了解中国共产党的情况，以便把国共两党拢在一起，组成符合美国意愿的联合政府。

其次，美国政府更直接的考虑是军事上的需要。美国对国民党在抗战中的表现是不满意的。居里、威尔基访华时都曾提到，美国援华租借物资被国民党将领“囤积起来，并不应用，现驻西安一带之部队，始终保存实力，不预战事”②，等等。通过与中共建立直接的联系，美国是要给国民党一个刺激，促使其积极抗日。此其一。美国军方许多人当时还考虑在中国沿海登陆，以歼灭中国大陆上的日本陆军主力，并以中国作为包围、进攻日本的基地。而沿海地区是共产党领导的抗日武装的活动区域；要在沿海登陆，必须有中共的配合，必须获知中共军队各方面的详细情报。此其二。为了最后打败日本，美国需要驻华日军的详细情报。国民党军队能提供的这类情报很少，美军必须直接派人到敌后根据地去。此其三。

正是出于以上种种政治和军事上的考虑，罗斯福于1944年2月9日致函蒋介石，第一次提出了派美军观察组去陕西、山西等地的要求。蒋介石22日答称，他同意“视察团前往中央政府政治力量”以及国民党军队“驻扎各处”③，实际是拒绝派观察组去延安的要求。蒋介石还不厌其烦地向史迪威（Joseph W. Stilwell）的参谋长贺恩（Thomas G. Hearn）解释他拒绝的理由。

罗斯福没有就此罢休。他在3月、4月又两次向蒋介石重申上述要求。史迪威则将训练国民政府空军的计划暂时搁置起来，以此向蒋施加压力。

1944年6月，美国副总统华莱士（Henry A. Wallace）访华。华莱士在6月21日、22日与蒋介石的会谈中反复提出派观察员去延安的问题，

① Sumner Welles, *Seven Decisions That Shaped History* (New York: Harper and Brothers Publishers, 1951), pp. 151 – 152.

② 《中华民国重要史料初编》第3编，《战时外交》第1卷，第543、550、768、638、164页。

③ 同上。

但屡遭拒绝。华莱士与陪同他访华的国务院中国科科长范宣德商量后，决定用把政治问题和军事问题分开的办法再次向蒋介石提出要求。6 月 23 日上午，华莱士反复强调美军对日作战的需要，并说，国共两党的和解问题和美军获取情报是两码事，应当分开处理，蒋介石总算勉强同意了派美军观察组去延安的要求。

中缅印战区司令部经过紧张准备，于 7 月 22 日、8 月 7 日向延安派出观察组两批各九人。观察组组长由在中国生活了 20 年、通晓中文、当时任战区情报官员的包瑞德（David D. Barrett）上校担任。成员中有步兵、信号兵、航空兵、军医等，分属于美国陆军、空军、海军、战略情报局各系统。他们中多数人有长期在中国生活和工作的经历。谢伟思和卢登（Raymond Ludden）也作为观察组成员来到延安，他们负责提供政治性报告。当谢伟思 10 月奉召回华盛顿时，戴维斯来延安顶替他，逗留了一个多月。

二

观察组到延安后，中共领导人积极对其开展工作。仅在头两个月中，八路军、新四军领导人就向观察组全体作了 10 个报告。

八路军参谋长叶剑英：华北敌后形势概述；八路军、新四军的发展与组织；

八路军副总司令彭德怀：七年来在华北抗战的概况（历时 3 天）；

115 师副师长兼政委聂荣臻：关于晋察冀边区；

新四军代军长陈毅：关于新四军；

120 师师长、陕甘宁晋绥五省联防军司令贺龙，120 师政治部主任甘泗淇：关于晋绥边区；

晋冀鲁豫边区政府主席杨秀峰：关于晋冀豫和冀鲁豫边区；

前中共北方局山东分局书记朱瑞：关于山东军区；

115 师师长林彪：八路军的训练；

八路军政治部主任罗瑞卿：中共军队中的政治工作（分 3 次讲完）。

从 1944 年 7 月到 1945 年 3 月，中共中央和八路军、新四军领导人毛泽东、周恩来、朱德、彭德怀、叶剑英、陈毅、罗瑞卿等分别多次接见包瑞德和谢伟思，与他们进行了坦率、亲切的交谈。谢伟思还单独会见了聂荣臻、林伯渠、杨秀峰、刘少奇、博古、南汉宸等[①]。

上述报告和谈话综合起来主要有以下几个方面的内容。

（一）全面系统地介绍了中国共产党及其领导的抗日军民坚持敌后抗战，建立、巩固和扩大根据地，进行人民战争的生动事实。

（二）表示愿意积极与美军合作，在中国抗日战争和世界反法西斯战争中作出更大贡献。中共领导人表示，从海南岛到山东半岛，中共领导的军队都能有效地打击敌人，帮助美军登陆并建立起滩头阵地[②]。他们还建议，应当制定美军与中共军队长期合作的计划，观察组或类似性质的组织当是常驻性的，还应在延安以外各根据地派驻小分队[③]。

（三）介绍了中国共产党在各边区实行民主政治的情形。

（四）阐述了国共两党关系的历史，指出国民党反人民的政策必将导致战后中国的内战。毛泽东与谢伟思多次谈话的主题都是对战后中国形势的估计及美国应采取的政策。毛泽东指出，国共谈判取得成功的希望甚微，国民党不可能对政府进行令人满意的改组，如果国民党现领导维持不变，“那就会出现国民党挑动的内战”，“抗日战争一结束，国民党进攻共产党最危险的时刻就将到来”。毛泽东坚决表示，中国共产党人反对内战[④]。

（五）希望美国运用其影响制止国民党发动内战，一旦内战爆发，希望美国保持中立，不要片面支持蒋介石。毛泽东分析了第二次世界大战以来中国对外关系的变化指出，国民党十分依赖美国，它“对美国只能俯首听命”，因此美国可以对中国局势的发展起很大作用，“制止中国内战的希望在很大程度上——比过去任何时候都大得多的程度上——取决于外国的

---

① 包瑞德 1944 年 9 月 28 日的报告，原件藏美国国家档案馆；Joseph W. Esherich, ed., *Lost Chance in China. The World War II Despatches of John S. Service* (New York: Random House Inc, 1974), pp. 132, 134, 143, 200, 208.

② 包瑞德 1944 年 9 月 30 日的报告，原件藏美国国家档案馆。

③ 包瑞德 1944 年 8 月 27 日的报告，原件藏美国国防部军事史中心。

④ *Lost Chance in China*, pp. 305, 287, 289.

影响，尤其是美国的影响”。毛泽东还指出，一旦国民党挑起内战，它将尽可能争取美国援助；他希望美国不让蒋介石在内战中使用美国新式武器装备，不要支持国民党政府这个腐朽无能、失道寡助，只能与北洋军阀政府相比的政府①。

为了便于观察组更多了解情况，搜集敌军情报，中共方面采取了各种措施。八路军司令部与观察组共同组成了空军小组，负责处理有关空军的情报。领导机关还下令在晋东南、山东和苏中建造三个简易机场，以加强延安与各敌后根据地的联系，改善情报工作。

领导机关还组织观察组到各部队进行访问，使其深入了解部队的军事素养和作战能力。观察组成员还被邀请去讲解训练方法和有关的军事常识。包瑞德和海军上尉希契（S. H. Hitch）就美国陆军训练方法、美国海军的发展、如何识别日本军舰和商船等专题向八路军指挥员作了数次报告，陆军少校彼得金（Wilbur J. Peterkin）就爆破材料的使用向八路军一千多官兵作了专题演讲和实物演示。

观察组成员除在延安地区活动外，还分批到华北各抗日根据地进行实地考察。1944 年 8 月 23 日，军医卡斯伯格（Melvin A. Casberg）少校前往晋绥根据地察看前线部队的医疗情况。9 月 14 日到 11 月 5 日，另外三名观察组成员在晋绥根据地参观访问，察看紧急着陆地点，探索破坏日军和进行情报工作的可能性。1944 年 10 月至 1945 年 2 月，卢登等花了四个月时间，行程 1200 英里，访问了晋绥和晋察冀根据地。空军上尉惠特尔西（Henry C. Whittlesey）在 1945 年访问太行山区时不幸与敌遭遇献出了年轻的生命。

观察组对于中共所作的安排十分满意。包瑞德在报告中说：“共产党当局给予了观察组最热心的合作”，他们“毫不犹豫地向我们提供任何方便，在他们控制的任何地区与我们合作，对美国人的旅行未加任何限制。②”

观察组成员从国民党统治的大后方来到解放区，耳目为之一新，真是

① *Lost Chance in China*, pp. 305, 298, 289.

② 包瑞德 1944 年 8 月 17 日和 9 月 5 日的报告，原件存美国国防部军事史中心。

见所未见，闻所未闻。他们主要根据自己的观察和思考，并根据在延安生活了一些时候的外国人，在敌后遇难又被营救而护送到延安的美军飞行员所提供的情况，写了大量报告。观察组在头两个月（截至9月27日）发送和准备发送的报告有112份之多，其中多数是军事情报，但也有相当多的政治性报告。后者大多出自谢伟思之手，他在1944年的四个多月中（7月至10月）就写了51份报告，1945年2月至4月又写了26份（与人合写的不计在内）。[①] 包瑞德、戴维新、卢登等也写了不少政治性报告。他们在其中阐述的观点代表了观察组所有成员的共同看法。

观察组的政治报告内容广泛，主要有以下几个方面。

（一）他们相信共产党是真心抗日的，中共领导的人民武装是有战斗力的。包瑞德从与中共领导人接触中得到的一个“十分肯定的结论”是，打日本人是他们的“最感兴趣的”事情之一。他虽然甫到延安，但他有在中国服务多年的经验，因而可以根据在延安的耳闻目睹准确评价共产党军队。他认为，“这是一支年轻的、经过战斗锻炼、受过良好训练、伙食服装都不错的志愿军队，这支队伍素质极好，情报工作水平很高，士气旺盛”[②]。谢伟思在他的报告中也指出，在延安“士气很高……在这里没有失败主义，只有信心，在这里没有厌战情绪”，只有“冷静的自信和自尊”[③]。

（二）他们建议美国向八路军、新四军提供武器，与之联合作战。包瑞德指出，中共军队自1941年以来没有得到任何供应，完全靠自制和从日军缴获的武器武装自己，却能抗击大部侵华日军，可见，“只要给予一些简单的武器援助”，就能大大提高其战斗力，“给日军造成任何中国军队所未给予的大的杀伤”；如果他们得到充足的供应“那就一定可以……收复许多重要地区，严重破坏（日军）铁路和交通线”，“并可击溃大批伪军或迫使其投诚”，从而加速最后胜利的到来。为此，他一再建议中缅印

① 包瑞德1944年9月28日报告，原件存美国国家档案馆；John S. Service, *The Amerasia Papers: Some Problems in the History of US-China Relations* (Burkeley: University of California Press, 1971), pp. 193 - 199.

② 包瑞德1944年7月30日、9月30日的报告，原件存美国国家档案馆。

③ *Lost Chance in China*, pp. 18 - 187.

战区司令部立即决定向中共军队提供援助的问题。他还指出，八路军、新四军能在情报工作方面给美军以极大帮助。为了改善情报工作，他建议向中共各军区司令部提供无线电台，并派驻懂中文的美国军官，直到战争结束。①

（三）他们确信共产党控制了敌后广大农村，确信共产党是得到人民拥护的。到 1945 年春，观察组成员和被营救的美军飞行员几乎走遍了华北和华中所有重要的敌后根据地；共产党领导的武装力量在上海、汉口、广州、南京、太原等大城市附近都成功地营救了美军机组人员，有一百多个美国人安全通过了日军控制的铁路线。谢伟思从这些事实中得出结论，共产党控制着华北和华中的敌后广大农村。他说："我们以前认为这是'日军占领的'地区，这个概念需要修正，日本人只占领了狭窄的地带，其他地方是我方力量所控制的。"观察组认为共产党能在敌后坚持下来并得到发展的最基本条件是，"共产党得到当地百姓的完全支持"，"人民与八路军完全团结一致"②。卢登认为，一个政权得到人民如此广泛、积极的支持，这"在中国近代史上是没有先例的"。③

（四）他们把共产党与国民党进行对比，确信中国的未来属于共产党。他们认为国民党的领导政治上盲目，完全自私，而共产党的领导"坚定自信"、"廉洁奉公"，"有着伟大的作为领导者的能力和品质"，他们"高于当代中国任何别的群体"；当中国其余地方的局势正在恶化，国民党愈来愈虚弱时，"共产党……正在变得愈来愈强大"，他们由此得出结论："中国正处在蒋介石向共产党交权的边缘"；"中国共产党人将在中国存在下去，中国的命运不是蒋的，而是他们自己的"。④

（五）他们反对美国政府片面支持国民党的政策。戴维斯、谢伟思指出，美国"不能无限期地担保一个政治上破产的政权"。美国片面支持蒋介石只能加速中国内战的爆发，而这场内战对中国、对远东和平以及美国

---

① 包瑞德 1944 年 7 月 31 日、8 月 18 日、7 月 24 日、9 月 28 日的报告，原件存美国国家档案馆。

② *Lost Chance in China*, pp. 244 – 246, 253；包瑞德 1944 年 8 月 14 日报告，原件存美国国家档案馆。

③ *FRUS*, 1945, Vol. 7, p. 203.

④ *Lost Chance in China*, pp. 192 – 198, 217, 271, 182；*FRUS*, 1944, Vol. 6, pp. 696 – 671.

在华利益都是灾难性的。他们建议全面支持国共两党，推动中国政治潮流向达成联合政府的方向发展①。

三

1944 年 9 月，罗斯福派赫尔利作为其个人代表来华。赫尔利认准了支持蒋介石、支持以蒋介石为首的国民党政府这一美国对华政策的基本点，促使美国政策继续沿着片面支持蒋介石的方向发展②。美军观察组反对赫尔利的所作所为，继续写报告阐发他们的主张，戴维斯还直接把他们的报告寄给霍普金斯（Harry Hopkins），赫尔利因此把他们看作眼中钉，必欲除之而后快。

他首先在 1945 年初把戴维斯赶出了中国。在包瑞德奉魏德迈、参谋长麦克卢尔（Robert B. McClure）之命于 1944 年 12 月 15 日和 27 日与中共初步探讨军事合作的可能性后，赫尔利抓住这个把柄，诬告包瑞德，声言存在着一个“由史迪威将军、高斯（Clarence E. Gause）大使以及他们的代理人和官员酝酿的”阴谋，其矛头是针对蒋介石和他本人的，并认为这是中共拒绝重开谈判的原因③。结果包瑞德晋升准将的提名被撤销了，1 月中旬他还被免除了观察组组长的职务。当谢伟思于 1945 年 1 月中旬重返中国住所时，赫尔利威胁谢伟思，如果他“越过”大使，去向华盛顿报告情况，他就将落得戴维斯一样的结局。但谢伟思没有缄默。他和卢登及其他驻华职业外交官一起藐视赫尔利的淫威，不屈不挠地陈述他们的主张。

2 月 19 日，赫尔利和魏德迈回国述职。2 月 28 日，一份由谢伟思起草，经美国使馆全体政治官员讨论、签名的报告发往了国务院。报告指出，赫尔利来华以来事态发展使蒋介石盲目乐观，以为自己很有力量，因而不愿作任何妥协；共产党对此作出了反应。这种状况发展下去，将加速

---

① *Lost Chance in China*, pp. 320 – 324.

② 详见拙稿《赫尔利使华与美国政府扶蒋反共政策的确定》，《近代史研究》1987 年第 2 期。

③ Michael Schaller, *U. S. Crusade in China*, 1938 – 1945 (New York: Columbia University Press, 1979), p. 205.

中国灾难性内战的爆发。他们建议："总统以明确的语言告诉委员长，军事上的需要要求我们向共产党人及其他能援助对日作战的适当集团提供补给并与之合作，我们将为实现这一目标而采取直接的步骤。"并以此向中国各政治派别及苏联表明，美国对华政策是中立的，而不是无条件支持蒋介石①。

赫尔利与观察组的这场辩论事关重大。美国对华政策当时正处于十字路口。观察组希望美国政策向左转，即进一步发展已经与中共建立的关系，同时逐渐疏远蒋介石，使美国在战后中国事态演变中处于一种比较超脱、比较主动的地位；赫尔利要使美国政策往右转，使美国完全和蒋介石结合起来，帮助他排斥异己力量，维护独裁统治。由于罗斯福认定蒋介石是战时和战后中国的唯一领袖，是美国最可信赖的盟友，他支持了赫尔利，赫尔利成了这场政策辩论的胜利者。他在4月2日重返中国之前在华盛顿举行记者招待会，公开宣告了美国政府扶蒋反共的政策。

厄运很快降临到谢伟思的头上。4月4日，他奉命离开了延安，结束了他在观察组的使命，也永远结束了他在中国的外交活动，而正等待着他的是一系列的不幸。

此后，美军观察组仍然留驻延安，但它已完全不是先前那个积极反映中国实际情况并提出独立见解的观察组了②。

四

美军驻延安观察组积极活动的时间虽然不长（1944年7月至1945年3月），但它在中美关系史上的意义是不可低估的。

首先，这是中国共产党第一次和美国政府建立了直接的、半官方的联系，是中国共产党第一次和美国外交工作的实践，是一次成功的实践。

中国共产党对于美军观察组来延安给予高度重视和诚挚欢迎。1944年

① *Lost Chance in China*, pp. 358 – 363.

② 1946年4月，观察组结束工作，观察组组长耶顿（Ivan Yeaton）和部分成员离开延安，其他人员转归北平军调部领导，并于6月24日正式命名为延安联络组，该年冬撤离延安。

8 月 18 日，中共中央专门发出《关于外交工作的指示》，其中指出：“这次外国记者、美军人员来我区及敌后根据地便是对新民主主义中国有初步认识后有实际接触的开始。因此，我们不应把他们的访问和观察当成普通行为，而应把这看作是我们在国际间统一战线的开展，是我们外交工作的开始。”[①] 指示简单回顾了近代中国对外关系的历史，要求从事外事工作的干部增强民族自尊心和自信心，站稳民族立场。指示并对外交工作的具体开展作了细致的规定。负责外事工作的军委秘书长杨尚昆向工作人员作了具体布置。中共中央的正确指示和周到缜密的安排保证了这次外交工作的顺利开展。

中共中央和八路军、新四军的领导人在对观察组的多次报告的谈话中表现了坚定的原则性和高度的灵活性，中共领导人指出，中国共产党是完全独立自主的政党，不受任何外国势力的支配，包括苏联和美国在内。他们在表示希望与美军进行军事合作时，没有直接要求援助。观察组成员把中共的态度与国民党不放过任何机会要枪要钱的情况两相对照，对于中共领导人独立自主、不依赖外援的精神印象很深，中共欢迎美国的援助，但当赫尔利、魏德迈（Albert C. Wedemeyer）提出以中共接受蒋介石的三点提案作为提供武器的交换条件时，毛泽东在 1944 年 12 月 8 日与包瑞德的谈话中毫不含糊地申明，“不能指望我们付出这样的代价”，“我们不像蒋介石，我们并非必须要别的国家的支持，我们能够挺立着像自由的人们一样靠自己的双脚行走”，“即使美国不给我们一支枪、一发子弹，我们仍将继续和日本人战斗”[②]，表明了中国共产党人的严正立场。

中共领导人本来希望美国政府实行清醒现实的对华政策，抑制国民党发动内战的企图，进而希望美国能帮助战后中国的经济复兴。但当美国政策向着与此相反的方向发展时，毛泽东坦率地告诉包瑞德：“美国要继续支持蒋介石这个腐朽架子，那是美国的权力，然而我们相信，不管美国能做什么，蒋介石注定要失败。”表现了共产党人的凛然正气和必胜信念。

---

① 金城：《延安交际处回忆录》，中国青年出版社 1986 年版。指示中说的外国记者指 1944 年 6 月 9 日到达延安访问的六名美、英、苏记者。

② *FRUS*, 1944, Vol. 6, pp. 727 – 732.

毛泽东还满怀希望地表示："对于美国人民，时间将证实我们的事业是正义的"，"美国人民将会赞同我们的行动"。[①] 这一预言已经被后来的事态发展所证实。

其次，美军观察组戳穿了国民党的欺骗宣传，报道了中国共产党的真实情况，使它在军事上不敢对根据地轻举妄动，这对于在抗战末期维持统一战线、遏制蒋介石的内战野心有一定作用。正因为如此，国民党对观察组又恨又怕。赫尔利来华后，国民党针对他爱好虚荣、专横跋扈的特点，在对他万般奉承的同时，竭力诽谤观察组成员。当谢伟思 1944 年 10 月下旬回华盛顿时，宋子文告诉赫尔利，是戴维斯把谢伟思派回去，让他与史迪威一起去建议美国政府撤销对国民党的承认，改而承认延安。他要求赫尔利把戴维斯撵出中国，还说，蒋介石以为戴维斯早就离开中国了。戴维斯 1944 年 12 月中旬从延安回重庆时，宋子文又对赫尔利说，据国民党驻延安的情报官员报告，戴维斯要共产党别理睬赫尔利这个老糊涂[②]。国民党确实达到了借刀杀人的目的，但观察组的声音毕竟已经传播出去了。

再次，美军观察组的大量报告对美国政策有一定影响。

这些报告首先在驻华外交人员和军事人员中广泛流传，并"产生了激动人心的影响"，使他们都想争取机会到延安去看一看。财政部驻重庆代表弗里德曼（Irving Friedman）还把一些报告的副本寄给了财政部长摩根索（Henry Morgenthau）[③]。罗斯福本人也看过观察组的报告，并从中得到深刻印象。最同情观察组的莫过于国务院中国科了。中国科科长（后远东司司长）范宣德在战后美军驻华顾问团、美国对华租借援助、马歇尔使华的方针等一系列问题上均有自己的看法，这些看法是影响美国对华政策诸多因素中的一个因素。

最后，观察组的报告也影响了美国公众舆论。

自从斯诺（Edgar P. Snow）1936 年、卡尔逊（Evans F. Carlson）1937 年至 1938 年访问解放区以来，直到 1944 年夏天没有一个美国记者、军人

---

① *FRUS*, 1944, Vol. 6, pp. 727 – 732.

② John P. Davis, Jr., *Dragon by the Tail. America, British, Japanese, and Russian Encounters with China and One Another* (New York: W. W. Norton & Company, 1972), pp. 377, 385.

③ Michael Schaller, *U. S. Crusade in China*, 1938 – 1945, pp. 188 – 189.

或外交官访问过延安及敌后根据地。美国人民对中国共产党所知甚少。而《时代》周刊等杂志则大肆宣扬蒋介石的“英雄形象”，把他作为中国的“化身”。谢伟思的不少报告在《美亚》杂志上发表，给美国舆论界吹来一股清新的风。这些报告和访问过延安的美国记者的报道使美国人民开始了解中国的事实真相。1945 年下半年至 1946 年，美国许多个人和团体纷纷写信、打电报给国务院和白宫，“抗议用美国兵和美国武器干涉中国事务”，要求尽快撤回驻华美军，停止对华租借援助，并要求美国政府“运用其影响去取得中国在民主联合政府基础上的联合”①，从中我们可以明显看到观察组的影响。

毫无疑问，美军观察组成员是站在美国利益立场上考虑问题的。但他们都是中、低级军官和外交官，比较年轻，身临其境，了解中国的真实情况，因此对中国局势和美国对华政策提出了比较客观、比较现实，而又具有远见卓识的看法。他们中多数人在以后若干年中仍然坚持自己的主张，并为此付出了代价，失去了晋升的机会，甚至被诬陷、被清洗、被逮捕，备受磨难。但他们为中美两国人民的友谊和两国关系的健康发展所作的真诚努力，将永远为人们所铭记。

（原载《党史研究》1987 年第 6 期）

① 原件藏杜鲁门总统图书馆，杜鲁门文件，总统公务档，第 633 匣。

赫尔利使华和美国政府扶蒋反共政策的确定

帕特里克·赫尔利（Patrick J. Hurley）于1944年9月作为总统个人代表使华，同年11月17日任驻华大使，到1945年11月27日辞职，历时一年两个多月。这期间，世界形势和中国形势都发生了巨大变化，特别是赫尔利使华的前半年，美国对华政策经历了由战时的援蒋抗日到战后的扶蒋反共的转变，赫尔利作为这种转变的具体实行者，他的使华自然引起人们特别的兴趣。同时，当时情况复杂：由于罗斯福个人的工作作风——他崇尚个人外交，信任他的特使超过国务院的职业外交官，他极少向人敞开心扉，以致有人说，“谁也不确切知道，总统头脑里到底想的是什么”[①]；也由于赫尔利个人的品质和作风——他爱出风头，爱虚荣，无知而又傲慢，以致使人感到“围绕着赫尔利的一切行径有许多令人无法正确估计的事件”[②]，有些事情的真相有待进一步弄清，对更多的事情有待作出更有说服力的分析和评述。本文将集中讨论赫尔利使华前半段（罗斯福在任期间）的三个重要问题：史迪威（Joseph W. Stilwell）事件、两次国共谈判和关于美国对华政策的辩论。笔者认为，美国战后的对华政策正是通过这些事件一步一步确立起来的。

一　史迪威事件

虽说史迪威自1942年3月来华以后与蒋介石素有矛盾，1944年夏秋

① Barbara Tuchman, *Practicing History. Selected Essays* (New York: Macmillan Company, 1981), p. 197.

② Michael Schaller, *U. S. Crusade in China*, 1938 - 1945 (New York: Columbia University Press, 1979), p. 197.

的史迪威事件的直接起因却是国民党军队在豫湘桂战役中的大溃败。1944年7月7日，罗斯福接受参谋长联席会议建议致函蒋介石，要求蒋任命史迪威“指挥一切中美军队，并授予他协调和指挥作战行动的全部责任和权力”，以为非此不能挽救中国军事形势。次日，蒋复函表示原则同意，但认为需要有一准备时期，并请罗斯福派遣一位他“完全信任的、具有政治远见和能力的、有影响的个人代表”来华，以调整其和史迪威之间的关系。此后一个多月，蒋采取拖延战术。9月6日，赫尔利作为总统个人代表来华。促使罗斯福进一步对蒋施加压力的是缅北战事。蒋介石要求史迪威调在密支那的驻印军（X部队）去攻八莫，以解龙陵卫立煌部队（Y部队）之围，并称，否则他就撤回Y部队去保卫昆明。史迪威认为这将使打通中缅印公路的一切努力付之东流。9月19日，罗斯福发了一份措辞严厉的电文给蒋，要求他授权史迪威“毫无约束地指挥”中国部队，并立即增援Y部队。10月2日，蒋介石在中央执委会会上表示断然拒绝任命史迪威为野战司令官。10月18日，罗斯福同意召回史迪威，并任命魏德迈（Albert Wedemeyer）为中国战区参谋长和驻华美军司令。史迪威于10月22日离华，途经缅甸、印度返美[①]。

下面将集中讨论两个问题：为什么罗斯福起先如此强硬地要求蒋介石任命史迪威指挥一切中国军队，后来却向蒋退让，召回了史迪威？赫尔利在这个事件中起了什么作用？

事情要从美国大战期间的对华政策说起。国务卿赫尔说过：“对于中国，我们有两个目标：第一是有效地共同进行战争。第二是为了准备一个战后（国际）组织以及建立东方的稳定和繁荣，承认并促使中国成为一个与西方三大国俄国、英国和美国具有同等地位的主要大国。”[②] 这就是说，美国对中国有一个战时的短期政策和战后的长远考虑。

短期政策比较简单，就是“维持中国继续参战”。美国军方认为中国继续参战从军事上来说可以把“相当数量的日军牵制在中国”，从而减轻

① Charles Romanus and Riley Sunderland, *Stilwell's Command Problem* (Washington, D. C.: Government Printing Office, 1955), pp. 383, 445 – 446, 468 – 469.

② Cordell Hull, *The Memoirs of Cordell Hull* (New York: Macmillan Company, 1948), Vol. 2, p. 1583.

太平洋战场美军的压力，从心理上来说，它对“影响亚洲人民对联合国家的态度肯定是有帮助的”。军方还认为，经过多年残酷战争，中国有“极大的厌战情绪”，“某些阶层”甚至“愿意与日本合作”，但是，“只要有蒋介石在，中国与日本单独媾和的可能性就不会出现”。[①] 这也正是罗斯福本人的看法。1943 年 9 月，他在与副国务卿韦尔斯的谈话中说：尽管委员长的军事眼光可能有局限，他的军队仗打得不好，但他是战时能使中国军队在战场上打日本人、战后能把中国人民聚拢在一起的唯一领袖。[②] 1944 年 5 月，罗斯福又要哈里曼（W. Averell Harriman）向斯大林转达这样的口信：蒋是使中国能够团结一致的唯一人物，因而他的政府不应遭到破坏[③]。总之，在罗斯福看来，要达到使中国继续抗日的战时目标就要支持蒋介石的领袖地位。

罗斯福对中国的长远打算是他关于战后世界格局构想的组成部分。关于后者，罗斯福有这样一些考虑：(1) 大国体制。他深信战后世界事务将在大国控制的体制下解决，美、英、苏、中“四个警察”应当起支配作用。在大战期间，苏、英常常意见不一，有时关系闹得颇为紧张，美国则常常充当调解人的角色。如果战后继续维持这种局面，中国又站在美国一边，那么美国实际上就凌驾于其他三国之上了。(2) 势力范围。罗斯福在雅尔塔会议前夕的一次国会会议上坦率地说，势力范围是美国没有力量去消灭的现实问题[④]。美国的目标是力求缩小别国的势力范围，扩大自己的势力范围。中国长期以来是各帝国主义共管的半殖民地。经过战争，别国的势力不是被摧毁了就是被削弱了；而且在战争中美国通过共同作战、提供军事、财政援助等途径已经同中国建立了特殊关系；美国认为，战后中国的重建离不开美国，这样，美国既需要也可能把中国保持在它的势力范

---

① Joint Intelligence Committee: China's Relations to the US in the War Against Japan, December 29, 1943，原件藏美国国家档案馆（RG319, ABC Decimal File, Box I, NARS）。

② Sumner Welles, *Seven Decisions That Shaped History* (New York: Harpers & Brother, 1951), p. 151.

③ W. Averell Harriman, Special Envoy to Churchill and Stalin, 1941 – 1946 (New York: Random House, 1975), p. 311.

④ Robert Dallek, *Franklin D. Roosevelt and American Foreign Policy*, 1932 – 1945 (New York: Oxford University Press, 1979), p. 507.

围之内。当苏联在亚洲扩张势力时，中国则应成为抵制这种扩张的缓冲地带。(3) 消灭殖民帝国。罗斯福预见到战后民族独立浪潮的高涨，认定英、法、荷老殖民主义帝国不能再继续维持下去，香港应当归还中国。这是一箭三雕的招数：它在客观上符合原殖民地国家人民的愿望，能博得他们的好感，它在缩小英、法等国势力范围的同时，能使美国乘虚而入，扩张其势力。罗斯福预见到英、法、荷企图维护旧的殖民体制，英国尤其如此，它将企图恢复在香港、新加坡、上海和广州的权益，将同美国产生矛盾，也将遭到中国的反对，中国自然会同美国站在一起。这三个方面集中到一点，罗斯福毫不怀疑，美国将在战后世界居于领导地位。他在开罗会议前夕踌躇满志地对他儿子说："美国将不得不出面领导，领导并运用我们的斡旋进行调解，帮助解决其他国家之间必然产生的分歧：俄国与英国在欧洲，英帝国与中国、中国与俄国在远东。我们有能力做到这一点，因为我们是大国，是强国……美国是能在世局中缔造和平的唯一的大国，这是一项伟大的职责。"①而在罗斯福谋求世界"领导"地位的构想中，一个"稳定的"、对美国"友好的"中国是不可缺少的，它将作为美国最密切的盟国，对付太平洋地区的其他大国：俄国、英国以及东山再起的日本②。因此，罗斯福认为，"美国的远东政策应以中美两国政策的紧密合作为基础"③。

那么，谁能充当战后中国的领袖呢？首先，这样一个中国不可能是共产党掌权的国家，一个共产党政权不可能支持美国的"领导"地位；其次，美国看不到在国民党内有比蒋介石更强有力的领袖，因此罗斯福认为蒋也是能"在战后把中国人民团结在一起的唯一领袖"④。罗斯福的儿子埃辽特这样评价他对蒋氏夫妇的态度：他对他们"表现出温和，他让自己相信蒋氏夫妇是懂得在战后中国实施民主的承诺的"⑤。这样美国政府就把美国战后在中国和太平洋地区的利益与支持蒋介石政权结合起来了。

---

① Elliott Roosevelt and James Brough: *A Renderzvous with Destiny: the Roosevelts of the White House* (New York: G. P. Putman's Sons, 1975), p. 345.

② Robert Dallek, *Franklin D. Roosevelt and American Foreign Policy, 1932 - 1945*, pp. 429 - 430.

③ Sumner Welles: *Seven Decisions that Shaped History*, p. 151.

④ Ibid., p. 151.

⑤ Elliott Roosevelt and James Brough: A Renderzvous with Destiny: the Roosevelts of the White House, p. 336.

蒋介石在大战期间的历次表态也使美国相信其选择是正确的。蒋介石对罗斯福不顾苏联、英国的揶揄、反对，把中国作为四大国之一十分感激。1943 年 2 月宋美龄访美时，就向霍普金斯（Harry Hopkins）表示，蒋介石政府在战后支持美国，它将在和平会议上同美国站在一起，因为它信任罗斯福及其政策[①]。开罗会议期间，蒋介石向罗斯福表示，日本投降后，只让美国军舰而不让英国军舰开进中国港口[②]。蒋在离开开罗时，又让宋美龄给罗斯福临别留言，以表发自肺腑的感激。蒋介石对罗斯福的这类表示不胜枚举。

既然支持、扶植蒋介石与美国战时和战后的利益关系如此密切，罗斯福在史迪威事件中最后对蒋的让步就不难理解了。

罗斯福在 1944 年 7 月、9 月一再向蒋介石提出任命史迪威指挥一切中国军队的要求，是基于对日作战的紧迫的军事上的需要的。这不是一项深思熟虑后采取的行动。本来美国的一项“基本政策”就是“为俄国和中国的人力资源提供必要的装备，以便使他们能作战”[③]。现在国民党军队却消极避战，这自然不能不引起史迪威和参谋长联席会议的强烈不满。他们希望能通过史迪威的指挥，调动更多的中国军队（包括围困陕甘宁边区的 30 万大军和部分中共部队）对日作战，希望不要多少美军在中国登陆就能把日军赶出亚洲大陆。而在大战期间，美国的外交政策常常是由军方主导制定的。但当蒋介石坚决拒绝任命史迪威时，罗斯福就不能不从更多的方面、更长远的角度来考虑问题了。

从军事上说，丢掉了湖南、广西的空军基地，还有云南、四川的基地可用，而且当时“中国东南的空军基地并不是有效攻击日本的唯一的主要空军基地”，由于美军在太平洋战场反攻的迅速进展，当时美国空军已经可以从菲律宾吕宋岛起飞轰炸日本本土；再说空军基地也“不是中国对盟国的战争努力所作出的最主要贡献”，中国战场牵制日军的作用依然存在，

---

① Robert Sherwood, *Roosevelt and Hopkins. An Intimate History* (New York: Harper and Brothers, 1948), p. 706.

② Elliott Roosevelt: *As He Saw It* (New York: Duell, Sloan and Pearce, 1946), pp. 164 - 165.

③ Charles Romanus and Riley Sunderland, *Stilwell's Mission to China* (Washington, D. C. : Government Printing Office, 1953), p. 270.

美国政府尤其注意的是，“亚洲人抵抗别的亚洲人的入侵在政治上和心理上是极为重要的”。因此正是1944年8月美国联合情报委员会在一份报告中再一次强调指出：“由于种种理由，以相当的代价维持蒋介石的威信和抵抗能力是必要的。”① 召回史迪威，固然使得美国增强中国军队抵抗能力的努力受到一次挫折，但这可以通过别的途径加以弥补（下文将要提到），要紧的是维持蒋介石的威信。

更重要的是长远的政治上的考虑。从太平洋战争爆发以来，美国已经为支持蒋介石政权作了大量投资，美蒋之间已经建立起一种特殊关系。美国政府如在史迪威问题上继续向蒋施加压力，便会交恶于蒋，危及这种特殊关系。当时的形势是：国民党内有蒋介石的反对派（美国驻华外交官认为李济深、龙云等可能公开站出来反蒋），外有共产党；加之日本人的军事进逼还在继续，在这种情况下，史迪威事件上的僵局只能使内外交困的蒋政权的处境更加困难，这自然有违美国的本意。为了维持蒋介石的威信，不使美国已经作出的支持蒋介石的努力前功尽弃，美国政府没有什么选择的余地，只能对蒋让步。

论者常以罗斯福面临第四届总统大选作为一个理由来解释这种让步。其实，即使当时不是大选时节，最终的结果也不会有什么不同。但事情可能再拖延一些时日。面临大选仅仅促使罗斯福迅速作出召回史迪威的决定。

有论者认为，自从召回史迪威以后，罗斯福就放弃了中国战场。其实不然。正是从1944年夏天起，由于收复了密支那，使空运可以在较往南的航线进行而不必担心日军的攻击，从而降低了飞行高度，缩短了距离，空运物资逐月增加；1945年1月，史迪威公路全线通车，再加油管的运输量，三项总和，1945年1月至8月援华租借物资达496900吨，而1942至1944年三年租借物资总和才322118吨②。魏德迈利用这些物资加紧训练

① Joint Intelligence Commiltee, “The Political Effect of Present Japanese Operations in China”, 原件藏美国国家档案馆（RG218, Box563, NARS）。

② Arthur Young, *China and Helping Hands*, 1937 – 1945 (Cambridge: Harvard University Press, 1963), p. 340; The U. S. Department of State, ed., *United States Relations with China. With Special Reference to the Period* 1944 – 1949 (*The China White Paper*, Released August 1949), p. 27.

国民党军队，以致蒋介石夸奖他“在中国实行了能以赢得胜利的革命性变革”[①]。事实正如总统行政助理埃尔西（George Elsey）中校1944年11月写的题为《总统与美国对华援助》的报告中所说的，“苏联在打败德国后参加对日作战的决定降低了中国作为未来行动基地的意义”，但“这没有影响总统支持中国的决定”[②]。这不仅是为着战时的需要，也是为着长远的目标。按照斯大林的设想，苏军不但要在东北，也要在关内作战，而且“主要的战斗不在东北”，苏军将向张家口、北京进军[③]，对于苏军参加对日作战，美国抱着一种矛盾的心理，它既想让苏军参战，以减少美军伤亡，又不愿看到苏军像在一些东欧国家那样成为中国的解放者。当总统特使哈里曼在1944年11月10日向罗斯福描述斯大林的上述设想时，罗斯福情不自禁地问道：“如果俄国人进入中国，他们还肯出来吗？”美国军方也为此感到担心。美国希望把苏军的军事行动限制在关外[④]。显然国民党军队愈强大，美国在对日作战最后阶段有求于苏联的就愈少；同时增强国民党的军事力量对于战后维护其政权也是绝对必要的。可见为着战时和战后的目标罗斯福并没有放弃中国战场。

那么，赫尔利在史迪威事件中究竟起了什么作用呢？

赫尔利在来华的头半个月中，曾力图说服蒋介石接受罗斯福的要求。但当他认准蒋介石决心撵走史迪威后，便完全站到了蒋的一边，对史迪威进行中伤。

他在9月16日与宋子文的谈话中曾经以他固有的傲慢断然拒绝宋关于由蒋介石控制租借物资的要求，可是他在9月24日却对蒋说：“我曾明告史迪威，美国运华租借物资于理应即全部奉于委座候其分配始合正办，今仍握于伊之手中，妨及委座威望，殊属错误”，云云，前后判若两人[⑤]！赫尔利这种见风使舵的说法自然只能更坚定蒋介石要求召回史迪威的决

① Albert C. Wedemyer, *Wedemyer Reports*! (New York: Henry Holt and Company, 1958), p. 340.

② George Elsey, “The President and the US Aid to China”, 原件藏罗斯福总统图书馆（Map Room Files, Box 165, FDR Library）。罗斯福看完此件后说，写得“好极了”。

③ Herbert Feis, *The China Tangle. The American Effort in China from Pearl Harbor to the Marshall Mission* (Princeton: Princeton University Press, 1953), p. 230.

④ W. Averell Harriman, *Special Envoy to Churchill and Stalin, 1941 – 1946*, pp. 370, 397.

⑤ 梁敬錞：《史迪威事件》，商务印书馆1973年版，第273、282页。

心。蒋敢在10月2日的中央执委会上公然宣布坚决拒绝史迪威，不能说与赫尔利的姿态无关。

罗斯福在10月6日致蒋介石的电报中作了一半让步。不再坚持任命史迪威的要求，只希望让他继续留在缅甸指挥作战。次日，蒋向赫尔利试探口风。赫尔利不但在租借物资问题上再次诋毁史迪威，而且在缅甸作战问题上也表示支持蒋的立场，声称，史迪威"每言中国军队不能保障美国空军基地，但今查明此乃史迪威要求中国尽量调兵缅甸，减弱中国战区兵力所致"①。赫尔利为了取悦蒋介石作出这种迹近谄媚的表态，这与他总统个人代表的身份是很不相称的。

赫尔利一方面怂恿蒋介石，一方面又在给罗斯福的报告中与蒋一唱一和，向罗斯福施加压力，促使他向蒋让步。他在10月13日的电报中说："如果你在这场争论中维护史迪威，你将失去蒋介石，并且你还会连同失去中国。"他认为，如果蒋政权崩溃，也就是美国在中国的失败②。赫尔利的这一说法触到了罗斯福的痛处，因为他知道，这正是总统所担心的问题。就在赫尔利来华前夕的那次谈话中，罗斯福提到，他的总目标是防止中国的崩溃，并使中国军队继续参战。为此他决定支持蒋介石的领导地位③。如今在罗斯福举棋未定，对撤换史迪威感到踌躇时，赫尔利以十分直截了当的方式提出这一问题，这等于提醒总统，他在史迪威事件中的立场不应与他的总目标相违背，这就促成他最后下了决心。他第二天就电示赫尔利征求蒋的意见，提出接替史迪威职务的候选人。总之，赫尔利的所作所为促使事态迅速向有利于蒋的方向发展。

让我们引用埃尔西写的《总统与美国对华援助》中的一段话来结束这一部分的讨论：

> "总统所执行的我们的政策有许多方面。总统支持蒋介石个人的领导地位……在他的领导地位受到政治竞争者威胁的困难年头，总统

① 梁敬镎：《史迪威事件》，第273、282页。

② George Elsey, "The President and the US Aid to China".

③ 赫尔利在1944年10月11日致总统电报中的这段话被埃尔西写进了他的长篇报告，其可靠性是毋庸置疑的。

> 支持了他，开罗的联合宣言由于它的政治和心理价值极大地提高了蒋的威望。当反对迎头而来，军事形势迅速恶化时，总统把赫尔利将军作为他的个人代表派赴蒋处，赫尔利的在场增强了蒋的力量，帮助他度过了风暴。在蒋与美国在华高级军官发生争执的危机时刻，总统支持了蒋。这个选择使美国付出了史迪威将军在中国的服务的代价，但是总统相信，从长远来说，支持蒋比这更为重要，没有另外一个中国人有如此之多的担任领导职务的要素，或者提供了如此之好的与我们合作的机会。”①

这段话的意思如此明白，我们不必再多作解释。只是笔者认为，罗斯福不是在蒋介石与史迪威之间进行选择，史迪威不过是执行美国政策的工具。摆在天平秤上的，一边是美国的骄傲，一边是蒋介石的威望以及与此相联系的美国战时和战后在中国和太平洋地区的利益，后者无疑要重得多，罗斯福因此只好吞下美国的骄傲。从战时到战后美国对华政策的基本点是扶蒋，这是一贯的，通过召回史迪威，这一政策比以往任何时候都更明确了。

二　两次国共谈判

史迪威危机过去了，日军的攻势到 11 月上旬停顿了下来，军事危险也过去了，赫尔利便开始积极活动，促使国共双方进行谈判。关于 1944 年 11 月至 12 月、1945 年 1 月至 2 月的两次国共谈判的过程在中美两国学者的许多著作中都已作了详细阐述。本文将集中讨论这样一些问题：赫尔利介入国共谈判是不是他自作主张？他为什么由起先赞成中共五点建议转而支持国民党的三点反建议？他在谈判中是否执行了罗斯福的政策？

自太平洋战争爆发以来，中国国共两党的矛盾和斗争一直是罗斯福关注的问题。在意识形态方面，罗斯福与共产主义是格格不入的。但他是一个现实主义者，他首先不是从意识形态而是从现实斗争的需要来决定弃取

① George Elsey, “The President and the US Aid to China” .

的。当抗日战争还在进行时，他反对蒋介石武装进攻共产党。1941年1月的皖南事变引起美国朝野的广泛关注。2月罗斯福派他的行政助理居里来华，实地研究中国的军事、经济情况并向蒋介石传递了这样的机密口信："深盼（国共双方）能排除异见，为抗日战争之共同目标而加紧其团结。"[①] 3月7日，国务院老资格的政治顾问亨培克（Stanley K. Hornbeck）和远东司司长汉密尔顿（Maxwell M. Hamilton）又向蒋介石常驻美国的特使宋子文和驻美大使胡适表示，"国共之间不和的后果远比起因更为重要"，"美国对中国的团结和稳定至感关切"[②]。美国政府的这种态度对抗战无疑是有利的。罗斯福曾一度同意史迪威关于调动部分中共军队对日作战的主张，他还迫使蒋介石同意了美军观察组派驻延安，从而在美国与中共之间第一次建立了直接的半官方的关系，除了军事上的目的外，罗斯福企图以此作为向蒋施加压力，促其实施民主改革的手段。1944年夏华莱士（Henry A. Wallace）副总统访华前夕，罗斯福又同他谈到"把（国共）两派拢到一起打仗"，并主动表示愿意进行斡旋[③]。蒋介石向华莱士表示，在国共谈判中愿意接受罗斯福的协助，并希望总统能派一位个人代表来重庆。

当赫尔利奉派来华时，罗斯福规定他的工作分三个方面：一是说服蒋介石任命史迪威指挥中国军队；二是研究中国形势，并就影响美国支持中国的主要因素向总统报告；三是运用总统个人代表的威望"帮助蒋解决中国政治问题，例如中央政府与中共的关系问题"[④]。可见赫尔利介入国共谈判是符合罗斯福关于中国问题的总考虑和对赫尔利的具体指示的。

赫尔利为什么起先赞成五点建议，后来又支持三点反建议呢？

首先，当时美国政府固然十分希望国共达成联合，但它对此只有一个大概的设想，而没有具体的考虑和准备。国务院关于国共谈判的最详尽的

① 中国国民党中央委员会党史委员会编印：《中华民国重要史料初编——对日抗战时期》，第3编，《战时外交》（一），第543页。

② The U.S. Department of State, ed., *Foreign Relations of The United States. Diplomatic Papers* (*FRUS*), 1941, Vol. 5, p. 611.

③ 华莱士1951年9月19日给杜鲁门的备忘录，原件藏罗斯福图书馆。

④ George Elsey, "The President and the US Aid to China".

文件是 1944 年 9 月 9 日赫尔给高思（Clarence E. Gause）大使的指示，这份电报也只是要高思向国共双方强调说明团结抗日，“并建立一种持久的民主的和平”的必要性，并称这是他与总统的共同意见。关于具体办法，赫尔利同意高思向蒋提出的关于建立联合军事委员会的建议，仅此而已[①]。罗斯福更没有对赫尔利就“促进解决中国政治问题”作出具体指示，这与一年多后马歇尔（George Marshall）使华时的情况是很不一样的。也就是说，美国政府的指示本身就很原则、很笼统。这种情况说明：罗斯福本人对中国情况所知不多，在处理中国政治问题方面要借助于赫尔利这个“解决麻烦问题能手”的判断力与创造力。

再说赫尔利，毫无疑问，他对中国是无知的。他认为共产党不是真正的共产主义者，国民党的一党专政不是法西斯统治，两党宣布的纲领“极少区别”，它们都在“为民主原则而奋斗”[②]。他不仅无知，而且自以为是，刚愎自用。他去延安前高思问他，是否需要使馆向他提供一些情况，他满有把握地说，他了解形势[③]。因此他对谈判抱着一种盲目乐观的态度。

中共的五点与国民党的三点最重要的区别在于，中共要求建立民主的联合政府，蒋介石反对联合政府的主张，却要求中共军队统一于国民党政府。这也是 1945 年秋重庆谈判和 1946 年 1 月政协会议上争论的焦点，即所谓“政治民主化”与“军队国家化”的问题。蒋介石企图通过谈判消灭中共领导的军队和建立的政权，巩固国民党一党专政；中共则希望通过谈判促使国内政治民主化，有利于抗日战争的进行和战后的重建，两者的意图南辕北辙。赫尔利不能理解这两者的深刻分歧。他认为中共只是中国民粹主义的农工民主党派，他们的目的是在政府中民主地享有份额，因而他觉得五点是行得通的。他同意了中共的提议，自己还作了若干补充，把美国宪法中的个别词句引进了提案，难怪他在将五点的主要内容报告罗斯福时竟说：“你会很容易看出”，提案中“几乎所有的基本点都是我们

① *FRUS*, 1944, Vol. 6, pp. 567－568.

② *FRUS*, 1944, Vol. 6, p. 748; 1945, Vol. 7, p. 211.

③ 菲斯档案：与高思大使谈话笔记，第 8 页。原件藏美国国会图书馆（Papers of Hurbert Feis. Talk with Ambassador Gauss—8, Library of the Congress）。

的"[①]。赫尔利甚至为提案写得简明扼要，没有列入不必要的细节，因而篇幅限制在一页之内而感到很得意。因此他即使在延安得了重感冒，回重庆的头一天还得卧床休息，他也毫不后悔，情绪依然很高。他满心以为谈判可以马到成功了。

但是出乎赫尔利的意料，蒋介石却断然拒绝五点。他认为，如果同意成立联合政府，等于"承认他的党被共产党彻底打败了"，等于"把对政府的控制交给共产党"[②]。赫尔利无论如何不能理解蒋的意思，在他看来，中共在国际上得不到苏联的支持，其本身又没有足够力量取得政权，何以联合政府这一条就如此厉害？于是他天真地建议，既然蒋不喜欢"联合政府"这个词，那就换个说法好了，叫"两党政府、多党政府或党派代表政府"都可以[③]。足见他确实搞不清楚问题的症结所在。他还认为，蒋介石本人是愿意与中共达成谅解的，但他周围的人和国民政府官员反对这样做。他对自己的影响力过于自信，以为可以说服他们相信，"与共产党人达成一项合理的协议是必要的"[④]。

当蒋介石顽固坚持拒绝五点时，赫尔利看来是要失望了。但赫尔利是善于审时度势的。他不能就这么失败，他这个大使必须干成点什么。史迪威事件只是昨天的事，史迪威就是因为同蒋介石闹矛盾才被召回的，赫尔利绝不愿重蹈这个覆辙。为了支持蒋介石，罗斯福可以断送美国高级军官的前程，可以吞下美国的骄傲，如今事关中国的两个党派，他赫尔利还有什么可犹豫的呢？他把他的任职和成败与蒋介石联系在一起了。他的逻辑是简单的：既然要支持蒋介石，就得以蒋的好恶为取舍的标准，不能说对他不利的话，不能做对他不利的事。因此他虽然不满意蒋的三点，虽然对五点恋恋不舍，念念不忘，在劝说蒋接受五点无效后，他还是毫不迟疑地掉过头来，支持三点，并竭力劝诱中共代表接受三点了。

这里很自然产生一个问题：赫尔利在国共谈判中的立场是否符合罗斯福的政策。有的论者认为赫尔利的所作所为违背了罗斯福的政策，这种看

---

① Barbara Tuchman: *Practing History*, p. 191; *FRUS*, 1944, Vol. 6, p. 699.

② *FRUS*, 1945, Vol. 7, p. 195; 1944, Vol. 6, p. 699.

③ *FRUS*, 1945, Vol. 7, pp. 432, 433, 195.

④ *FRUS*, 1944, Vol. 6, pp. 693, 699.

法值得商榷。

赫尔利在介入国共谈判之前，就于1944年10月19日向罗斯福报告了他途经莫斯科来华时与莫洛托夫的谈话，尤其是后者对中共的看法，同时叙述了他关于和谈的设想，罗斯福回电表示鼓励①。几天后，10月23日，他又向罗斯福报告了在重庆与中共代表接触的情况，11月7日，在他赴延安前夕，他又向总统报告了自己的行止。罗斯福回电说："我希望，你此行会取得使两个敌对集团更接近于达成协议与合作的结果。"② 11月16日，赫尔利又把他的延安之行、蒋拒绝五点等情况向罗斯福作了报告，罗斯福立即回电，要赫尔利秘密告诉蒋，他和俄国人都认为，国共之间达成一种安排将大大加速实现驱逐日本人出中国这一目的。他要赫尔利特别向蒋强调"俄国人"一词，并说蒋自然会明白的③。赫尔利照办了，并于11月20日回电说，"俄国人"一词"起了作用。他（蒋介石）立即命令他负责谈判的代表马上与中共军队代表重开讨论，并授权我尽一切努力争取早日达成协议"。赫尔利同时说，蒋的一些条件"仍然太苛刻"④。以后，赫尔利在1944年11月29日、12月12日、1945年1月2日、1月14日等给罗斯福的报告中都汇报了谈判进展情况。罗斯福没有再作什么指示，但他对中国的事态发展是了解的，因此他在12月20日曾说，赫尔利"在干着了不起的工作"⑤。从1944年12月24日起，赫尔利开始向国务卿报告情况，尤其是1945年1月13日，2月7日、17日、18日，他对国共谈判的全过程作了系统详尽的汇报。在他的报告中自然少不了他固有的逻辑混乱，对形势的盲目乐观的估计，排除这些，应当说，他没有向华盛顿隐瞒

① 赫尔利报告说："我建议中共领袖与蒋介石会晤并接受一个简单的公式，以赋予蒋介石对中国所有武装力量的无可争议的指挥权，这一公式将承认，未来的政治目的是一个在民主原则之上建立起来的联合的中国。"原件存罗斯福图书馆（Map Room Files, Box 11, FDR Library）。罗斯福回电说："我希望目前的安排将成功地团结所有的中国军队共同打击侵略者。"Robert Dallek, *Franklin D. Roosevelt and American Foreign Policy*, 1932 – 1945, p. 500.

② *FRUS*, 1944, Vol. 6, pp. 177, 66 – 667; Robert Dallek, *Franklin D. Roosevelt and American Foreign Policy*, 1932 – 1945, p. 500.

③ *FRUS*, 1944, Vol. 6, p. 703.

④ 原件藏罗斯福图书馆（Map Room Files, Box 11, FDR Library）.

⑤ John Blum, ed., *The Price of Vision. The Diary of Henry A. Wallace* (Boston: Houghton Mifflin Company, 1973), p. 410.

中国的事态发展[①]。他确实扣压了美军驻延安观察组1945年1月9日、10日关于毛泽东、周恩来希望访问美国，会晤罗斯福的电报[②]。但他没有封锁这个消息，他在1945年1月14日给罗斯福、2月7日给国务卿的报告中都讲述了事情的原委，当然他是坚决反对邀请中共领导人访美的。既然罗斯福了解赫尔利的情况，了解国共谈判的全过程，而他对赫尔利除了鼓励、赞扬，不见有什么批评，怎么能说赫尔利执行的不是罗斯福的政策呢?

关于这个问题，我们将在下一部分作进一步讨论。

当然，赫尔利终究是赫尔利，他在执行罗斯福政策时，总要加上他个人的创造与发挥，甚至做出一些出格的事来，从而使他所执行的政策带上

---

① 有一个时期，赫尔利禁止他的下属向国务院发送与他观点相左的报告。据称，有两个星期国务院除了收到他本人的电报外，没有收到其他发自中国的消息。见卡恩：《中国通》，陈亮等译，新华出版社1980年版，第186—187页。1948年秋，美国驻华大使馆在清理文件时发现了一卷1944—1945年间的文件。使馆把文件做成缩微胶卷带回了美国。这就是《美国外交文件》1944年第6卷第650页注33说的89300/1—1049文件。笔者在该卷和1945年第7卷上共找到四十六份这一档案号的文件。它们可以分成这样几类：第一类，赫尔利发给罗斯福的报告五件，罗斯福回电两件，对这些文件当然不存在扣押的问题（见1944年，第6卷，第666—667、698—700、703、733—734页，1945年，第7卷，第172—177页）；第二类，直接有关谈判的文件二十七件，其中，有关谈判前准备的四件（1944年，第6卷，第550—651、655—656、659页），赫尔利带去延安的协定草案二件（同上书，第659、666页），赫尔利延安之行四件（同上书，第674—689页），蒋介石的三点三件（同上书，第697—698、703—704、700—707页），两次谈判之间与毛泽东、周恩来的往返函电十三件（同上书，第723、727—732、739、740、744—745、755、757页，1945年，第7卷，第163—154、168—189、180—181页），国民党政府声明一件（1945年，第7卷，第185—186页）。这些文件虽然没有发回华盛顿，但其内容在赫尔利的一系列报告中大致被包括了，第三类，戴维斯关于中国形势的估计等九件（1944年，第6卷，第657—671、695—697、700—701、724—727、734、751页），其中三份重要的报告他直接送给了霍普金斯，也就是说华盛顿是知道这些报告的；第四类，少量杂件。所以赫尔利真正扣压的下级的报告就是戴维斯的六份报告。应当说，这些报告的基本观点在“中国通”此前和以后发送的大量报告中已得到表述。很难说，如果赫尔利把这六份报告发回华盛顿会对美国政策起多大影响。因此，笔者认为，赫尔利独断专行，压制不同意见，在使馆里实行家长制统治，这无疑是不正常现象，但不能过高估计这一做法对美国对华政策的影响。

② 1945年1月9日，美军驻延安观察组负责人克罗姆利少校在给魏德迈的电报中说：延安政府希望派一个半官方的团体去美国，向美国感兴趣的民众和官员解释中国当前的形势和问题。只要罗斯福总统表示愿意在白宫作为中国一个重要政党的领袖接待毛泽东和周恩来，那么他们两人或其中之一立即可以前往华盛顿参加探索性的会议，他们并要求将该电报转达美国最高当局。1月10日，观察组又有电报给魏德迈，其中特别引用了周恩来的话：绝不能让赫尔利将军得知此事，因为我不相信他的判断力。这两份电报都落到了赫尔利手中，并为他所扣压，Barbara Tachman, *Practicing History*, pp. 188 - 189.

浓厚的个人色彩。在前面关于史迪威事件的讨论中我们指出了这一点，在国共谈判中也有类似情况。1945 年 2 月 16 日（赫尔利回国述职前三天，其时国共第二次谈判正在进行之中），赫尔利在会见蒋介石时竟忘乎所以地说："等到对日战争结束，你那些装备精良的师团就可以轻而易举地战胜共军了。"① 这就又走得太远了。罗斯福从未主张战后用军事手段消灭中共，他所担心的正是中国会爆发内战。赫尔利的上述表态，有违罗斯福的本意，无疑只能给谈判帮倒忙。2 月初，蒋介石已被迫接受中共关于召开党派会议的主张；赫尔利回国前夕，蒋却要他向罗斯福转达这样的口信：不问共产党态度如何，"必照预定方案进行，召开国民大会"，表示了坚持一党统治的独裁政权的决心②。这与赫尔利的撑腰打气不是没有关系的。

三 关于美国对华政策的辩论

当赫尔利与在华的军事人员、职业外交官和国务院远东司发生意见分歧时，罗斯福支持谁反对谁，最能说明赫尔利究竟是否执行了罗斯福的政策。

1944 年 12 月 15 日（当时赫尔利影响下的国共第一次谈判已告破裂），美军观察组组长包瑞德（David D. Barrett）上校和战略情报局的伯德（Willis H. Bird）上校同机前往延安，包瑞德带去了魏德迈的参谋长麦克卢尔（Robert B. McClure）少将的口信：准备派一支四五千人的空降部队到中共控制地区进行游击战争。伯德与中共领导人讨论了一项关于装备中共二万五千人的部队及建立联合情报网的计划。12 月 27 日，包瑞德又受麦克卢尔的派遣去延安，磋商一旦美军在山东沿海登陆由中共军队暂时照料后勤供应的可能性。这几次接触完全是初步的、探索性的。在包瑞德去延安之前，麦克卢尔在 12 月 19 日就与国民党政府军政部长陈诚谈了与中共部队进行军事合作的设想，征求他的意见，以便向蒋介石提出一项完整的

---

① Michael Schaller, *U. S. Crusade in China*, 1938 – 1945 (New York: Columbia University Press, 1979), p. 209.

② 中央时报社译印：《蒋总统秘录》，台北 1977 年版，第 14 册，第 10 页。

计划。但当时赫尔利正在为他促成的国共谈判破裂而恼怒，得知伯德、包瑞德的延安之行，他找到了发泄对象，他认定这是中共“改变对与国民党谈判和对我的态度的真正原因”（其实，改变态度的不是中共，而是赫尔利本人），遂于1945年1月14日向罗斯福报告说：“这个军事计划……向共产党人提供的正是他们所想要的东西：承认，租借物资，搞垮国民政府。如果共产党这个武装党派得以与美国军队达成这样的协议，那末我们拯救中国国民政府的努力便会付诸东流。”①

罗斯福立即作出反应，下令马歇尔进行调查。马歇尔不敢怠慢，1月15日就给魏德迈发来紧急绝密电报，要他查清此事迅即报告。1月19日，魏德迈报告说，虽然他司令部的人讨论过这一计划，但那纯粹是一种假设，他的下属在这个问题上没有什么过错。马歇尔尚不满意，要求作进一步调查。27日，魏德迈报告了事情的经过，他虽不认为这是导致谈判破裂的主要原因，仍对他的下属“卷入如此微妙的局势”表示道歉②。赫尔利知道事情无非如此，不久便自己出来收场。事情似乎就这么过去了。历史上常常有这种情况：事情本身并非多么重大，但它们带来的后果、产生的影响却是深远的。罗斯福下令进行的调查正是这样。事情过后，麦克卢尔与陈诚谈过的设想自然告吹，这还不算，魏德迈让他的下属军官一一签名，表示理解了他的政策：“我们美国军事人员”“奉命支持（中国）中央政府”，“我们将不给中国战场内任何个人、任何行动、任何组织以任何支持”。他并在2月15日的记者招待会上将之公诸于众③。这是美国扶蒋反共政策的公开宣言。美国在战争中一直支持蒋介石，但同时又要求他抗日，也就是说，抗日是支蒋的前提，魏德迈却去掉了这个前提，这无异于无条件地承担支蒋的义务。以前，美国在支蒋的同时，不排挤中国其他抗日力量，没有把蒋同其他抗日的个人与组织对立起来；而魏德迈却把蒋介石与中国其他政治势力对立起来，使支蒋成为排他性的。因此，魏德迈虽

① *FRUS*, 1945, Vol. 7, p. 176.

② Albert C. Wedemeyer, *Wedemeyer Reports*! p. 305 – 306; Charles Romanus and Riley Sunderland, Time Runs out in CBI (Washington, D. C.: Government Printing Office, 1959), p. 253; Don Lohnbeck, *Patrick Hurley* (Chicago: Henry Rogney Company, 1956), pp. 337 – 338.

③ *FRUS*, 1945, Vol. 7, p. 233. 赫尔利及时向国务院报告了这次记者招待会的情况。

然没有公开提共产党，但反共的意思是一清二楚的。

对于赫尔利执行的政策，美国驻华职业外交官持有强烈的不同意见，并得到国务院远东司中国科的支持。中国科在 1945 年 1 月 29 日，3 月 1 日、2 日给代理国务卿格鲁（Joseph C. Grew）的备忘录中一再申述他们的主张，概括起来就是，从当前来说，与中国一切抗日力量（包括中共军队）进行合作，向他们提供武器；从长远来说，对蒋介石采取灵活的政策，不要无条件地承担义务①。这些备忘录是否送呈罗斯福我们不得而知，但艾切逊（George Atcheson，Jr.）、谢伟思（John Service）等五位美国驻华政治官员在赫尔利回国述职期间写的著名的 2 月 28 日报告是肯定送进了白宫的。艾切逊等在报告中痛切陈词，指出几个月来事态的发展，使蒋感到他很有力量，“导致他盲目的乐观主义，不愿作出任何妥协”，“这种状况继续下去，中国的混乱将是不可避免的，而且可能加速灾难性内战的爆发”。他们建议：“总统以明确的语言告诉蒋，军事上的需要要求我们向共产党人及其他能援助对日作战的适当集团提供补给并与之合作，我们将为此采取直接的步骤。”他们认为“这会在中国产生深远的和有利的政治影响”。格鲁感到事关重大，3 月 2 日即将电报送呈罗斯福②。

电报在华盛顿引发了赫尔利与国务院的一场唇枪舌剑。他于 3 月 5 日、7 日两次到国务院，3 月 6 日通过电话与中国科官员进行辩论，双方各执己见，相持不下。于是这场争论便只好由总统来裁决了。

赫尔利在 3 月间两次去白宫见罗斯福。历史学家没有找到关于这两次会见的详细记录，但从一些简短的记载和此后发生的事情看来，可以确定无疑地说，罗斯福支持了赫尔利。

3 月 8 日，赫尔利和魏德迈见罗斯福。总统很认真地听取了他们的汇报，但他自己对中国问题却谈得极少。他只是说，赫尔利的使命不变。把这些东方的头头拽到一起，直到他们看到，他们必须把各自的力量合在一起抗日，否则就会被各个击破。在另一次魏德迈单独与罗斯福共进午餐时，罗斯福问了他许多作为个人的蒋介石的问题，他显得对印度支那问题

① *FRUS*, 1945, Vol. 7, pp. 37 - 39, 247 - 253.

② Ibid., pp. 242 - 246, 254.

极感兴趣，表示要尽一切可能使那里的人民赢得独立，但当魏德迈提到一俟战争结束，中国共产党人可能引起麻烦时，他却漠然置之①。诚然，当时罗斯福健康状况已经很坏，需要处理的问题又极多；但既然他对印支问题这般关心，就很难说他顾不上考虑中国问题。他在听取了赫尔利和魏德迈的汇报后，对他们在中国执行的政策没有提出批评，没有提到要改变或纠正什么，这显然是对他们在华的基本做法的认可，表示他们可以一如既往地干下去。

3 月 24 日，赫尔利再次去见罗斯福。罗斯福把《雅尔塔协定》有关中国的秘密条款文本给赫尔利看了，并指示他取道伦敦和莫斯科返回中国任所，以进一步取得英苏两国对美国对华政策的支持②。这不能不说是罗斯福对赫尔利信任的又一表示，须知雅尔塔秘密条款当时是锁在总统专用的保险柜里的。国务院那些与赫尔利持不同政见的官员，甚至出席雅尔塔会议的国务卿斯退丁纽斯（Edward T. Stettinius）当时对它都还一无所知呢！

这两次会见以及雅尔塔秘密条款显然进一步壮了赫尔利贯彻扶蒋反共政策的胆。他立即着手收拾他那些桀骜不驯的下级。3 月 30 日，谢伟思接到了离开中国的命令，稍后，艾切逊也被调离中国。

赫尔利不甘心于悄悄取得这场争论的胜利，他是不会放过机会公开炫耀自己的胜利的。4 月 2 日，他在离开华盛顿前夕举行记者招待会。似乎是为了公开表示对国务院的蔑视，他一开头就声称，他没有同国务院新闻处就他的讲话内容交换过意见。他得意扬扬地宣告：“中国的军事机构、美国的军事机构、中国中央政府和美国驻重庆大使馆现在是一支队伍。”他在讲话中始终把中共与封建军阀相提并论，声称，美国的政策是“承认中国的国民政府，而不是任何武装的军阀和政党”；谈到中国国内状况时，他妄称“只要（中国）武装的政党和军阀还有足够的力量敢于反抗国民政府，中国就不可能有政治联合”；谈到蒋介石时，他不遗余力地吹捧说：“在中国长期的抗日战争中，蒋运用了他所有的权力；然而他不是有法西

---

① Jim Bishop, *FDR's Last Year* (New York: William Morrow and Inc., 1974), p. 450; Albert C. Wedemeyer, *Wedemeyer Reports*! pp. 340 - 341.

② Russell D. Buhite, *Patrick Hurley and American Foreign Policy* (Ithaca: Cornell University Press, 1973), pp. 203, 206 - 207.

斯思想的人，他的抱负是把他所有的权力交给一个民有、民治、民享的政府”，等等①。

赫尔利的这番讲话是不能小看的，这是美国政府扶蒋反共政策的又一个宣言。历史的安排是这样巧妙：2 月中旬，在罗斯福下令对伯德、包瑞德事件进行调查之后，驻华美军司令在国民党政府陪都重庆举行记者招待会，公开宣告美国扶蒋反共的政策，过了一个半月，在罗斯福通过支持赫尔利暂时平息了他与职业外交官的争论后，美国驻华大使在美国首都华盛顿也是通过记者招待会重申了这一政策。当然赫尔利比魏德迈是走得更远了：魏德迈在声明中没有公开提中共，赫尔利提了，而且是以那样一种轻蔑的、挑衅性的口吻，并且公开反对向中共提供武器，从而排除了与中共进行军事合作的可能性，魏德迈没有讲到中国内部的政治问题，赫尔利讲了，他把不能达成联合的责任归咎于中共，完全成了蒋介石的代言人，魏德迈没有对蒋个人作什么评论，赫尔利却起劲地往他脸上贴金，不但把他塑造成一个抗战“英雄”，而且把这个独裁者打扮成一个美国式民主的卫道士。赫尔利如此歪曲事实，理所当然地遭到了中共方面的强烈反对。毛泽东庄严声明：“我们反对美国政府扶蒋反共的政策。”指出，赫尔利的所作所为，“是要牺牲中国人民的利益，进一步破坏中国人民的团结，安放下中国大规模内战的地雷，从而也破坏了美国人民及其他同盟国人民的反法西斯战争和战后和平共处的共同利益”②。至此，美国政府的扶蒋反共政策可以说基本形成了。

简单回顾 1944 年 10 月到 1945 年 4 月的事态发展，我们清晰看到两种美国对华政策：一种是史迪威、高思、③ 驻华职业外交官和国务院中国科

---

① *FRUS*, 1945, Vol. 7, pp. 317 - 320.

② 毛泽东：《毛泽东选集》四卷合订本，1967 年版，第 1002、1011 页。

③ 梁敬錞在《史迪威事件》一书中引用了高思大使 1944 年 8 月 31 日给国务卿电报中的这样一段话：“美国宜予国民政府以绝对之同情与支持，美国之态度与中国之未来至有影响，逼使国民党与中共泯除歧见，将仅足加强中共之顽抗，结果所至，将使国府无条件投降于苏联支持之共产党。”他然后赞叹说：“高思此电，实能洞见祸害之先机。”（见该书第 244—245 页）梁先生在这里犯了一个明显的错误。这段话并不是高思本人的意思，而是他转述的蒋介石的话。高思本人恰恰是不赞成这种说法的。他对蒋介石说的是：“美国政府所关心的，仅仅在于使中国能泯除现存的危急局势，并使中国能够统一。我们希望，中国人自己之间能够找到和平解决这种危局的办法。”（见 *China White Paper*, pp. 561—562）

的政策，一种是罗斯福、赫尔利、魏德迈的政策。这两种政策进行着激烈的斗争。但既然总统是外交政策的最高决策者，尤其罗斯福，他把外交政策紧紧抓在自己手中；既然赫尔利、魏德迈是对华政策的具体执行者，国务院就被架空了，它的政策被摒弃了。罗斯福没有把他的政策说得很具体、很确切。这是因为这一时期美国政策正处于转变之中，这种转变不是在一夜之间发生的，这是一个渐变的过程，是一个逐渐形成、逐渐明朗的过程。政策转变时期的一个特点是：决策人物对于政策的发展常常并没有绝对的把握，不可能把发展的每一步骤、每一方面设想到十分具体、清楚，但他为这种发展指出了一个总的方向，在具体实践过程中不断产生新的问题，决策者在解决这些问题过程中不断对政策进行修正、补充，使其更趋完备。本文讨论的美国对华政策的转变正是这样一个过程。罗斯福没有把他的政策明确地形诸文字，但行动比文字更有说服力。国务院中国科的政策一次一次地写在纸上，可是没有付诸实施，没有发生效力，罗斯福却以自己的行动，以其对赫尔利的支持明白无误地表明了他的政策。

赫尔利是罗斯福对华政策的执行者，但他不是消极被动的执行者，他积极促使、推动罗斯福的政策向扶蒋反共转变。初看起来，赫尔利所做的事都有违罗斯福的初衷：罗斯福让他搞好史迪威与蒋介石的关系，结果史迪威被召回了；罗斯福让他把国共拢到一起，他却加深了两党之间的鸿沟，他可真是成事不足，败事有余。问题就在于：赫尔利的所作所为符合罗斯福对华政策的基本点——支蒋。他私下做的一些事罗斯福是不知道的，但这些事的结果却表现了出来，使蒋介石在史迪威事件和国共谈判中的态度都更趋顽固，罗斯福一一接受了这些结果，美国政策也就一步一步向扶蒋反共发展。对于中共，罗斯福本没有一个很明确的政策，他曾设想国共两党在战后可以维持合作，甚至想把中共作为压蒋进行民主改革的一张牌，他担心战后中国爆发内战。而赫尔利是善于把复杂问题简单化的，他认为既然要支持蒋，就要反对蒋的对立面。他按照这个逻辑思考问题、处理问题，并且把它作为美国对华政策在记者招待会上公开宣布。这是发生在罗斯福眼皮底下的事，是在赫尔利两次面见罗斯福后发生的，罗斯福对此没有作出任何反应，他默认了，这就使赫尔利实际上成了美国对华政策的权威发言人。

赫尔利是转变时期的大使。高思、史迪威和职业外交官们之所以被调离或清洗，归根到底是他们不能适应美国对华政策的转变。赫尔利则自觉不自觉地适应了这种转变。可以假定，如果赫尔利仍然不能适应这种转变，那他还是不能稳坐大使宝座，一定会有另外一个人来取代他，实现美国对华政策的转变。

（原载《近代史研究》1987 年第 2 期）

太平洋战争期间的香港问题

太平洋战争的爆发极大地改变了中国对外关系的格局，中国与美、英正式结盟。但太平洋战争没有也不可能一夜之间完全改变中国与西方大国一个世纪以来的关系，中国也并未取得与美、英等国真正平等的地位。中国与美、英既有共同抗击法西斯的战争目标，又有各自的利益，在许多问题上仍然存在分歧、争执和龃龉，香港问题就是中英之间的一个突出问题。

"我不是英王为主持消灭大英帝国而设立的首相"

太平洋战争爆发后，英国在东南亚的殖民地相继沦于敌手。日本军国主义者标榜自己是"东亚的解放者"，标榜他们进行战争"在于针对英、美、法、苏的侵略，解放东亚，确立东亚的永久和平"①，诚然这是欺骗宣传；但英国在日本的进攻面前一败涂地的现实却促使东南亚民族主义情绪日益高涨。美、英两国是联合国家中关系最密切的盟国，但两国也有各自的情况与利益。大英帝国是老牌的殖民帝国，美国则已宣布，菲律宾自1946年起实行独立，因此美国在这场战争中没有英国那样沉重的历史负担②。美国政界和舆论界许多人认为，西方大国在东方建立的老殖民帝国寿终正寝了，印度支那、缅甸、马来亚等在战后不可能再回复到战前那种状态。美国报刊对英国的殖民政策颇多批评。一些报纸分别以《香港：生命死亡的一种方式》、《一个时代的终结》为题报道、评论香港和新加坡

① 参见天津市政协编辑委员会译《今井武夫回忆录》，中国文史出版社1987年版，第350页。

② 关于美国决策者对战后世界的设想，见拙文《赫尔利使华与美国政府扶蒋反共政策的确定》，《近代史研究》1987年第2期。

的陷落。著名作家赛珍珠（Pearl Buck）撰文称，“不管白人知道与否，殖民主义的生活方式已经结束”①。知名学者拉铁摩尔（Owen Lattimore）认为，第二次世界大战也可以称作殖民地解放战争②。1942 年 10 月 9 日的《生活》周刊登载了致英国人民的一封公开信，其中敦促英国“停止为大英帝国而战，而要为胜利而战”，并说：“如果你们不惜以联合国家胜利的代价来固执坚持帝国，那你们将在战争中失败，因为你们将失去我们。”③在 1942 年 6 月的一次民意测验中，56% 的被调查者认为，“由于英国从殖民地攫取不公正的利益”，英国人可以算作是压迫者④。一些政府官员也作了类似表态，其中最主要的是副国务卿、罗斯福的挚友韦尔斯（Sumner Welles）在 1942 年阵亡将士日（5 月 30 日）的一次讲话。他说：“如果这场战争实际上是一场人民解放战争，那么全世界各地人民的主权平等必须得到保证……帝国主义的时代结束了”，“《大西洋宪章》的原则必须适用于整个世界，适用于各大洋、各大洲”⑤。1942 年秋，美国政治家、共和党领袖、1940 年大选共和党候选人威尔基（Wendle Wilkie）经罗斯福允许访问非洲、中东、苏联和中国。9 月下旬，他在莫斯科会见英国驻苏大使卡尔（Archibald Clark Kerr）时表示，他对访问途中所感受到的各地美国人的反英情绪甚为惊讶。他对卡尔说，如果他相信英国未来的政策是自由的和进步的，他将运用其影响使美国舆论充分赞赏这种政策；否则，必须坦率地说，他只能站出来反对英国。回国后，他在 10 月 26 日发表广播讲话说：“东欧和亚洲的亿万人民……不再情愿成为西方利润的东方奴隶。他们开始了解到，全世界各地人民的福利都是互相依赖

① “The Barrier That Must Be Destroyed”, *New York Times Magazine*, May 31, 1942.

② “The Place of Far East in American Thought and Education”, Educational Record, July 1942.

③ 该公开信深受英国重视。英驻美大使哈利法克斯（E. R. Halifax）专就此信向外交部报告说，即便对英国最友好的美国人所反对的也只是此信的“形式和发表时间，而不是信中所包含的批评，即：一、我们曾有一个殖民帝国，二、我们曾拒绝给予其居民以政治、经济和社会的自由”。见 FO 371/31526。

④ Christopher Thorne, *Allies of a Kind: The United States, Britain , and the War against Japan, 1941—1945* (New York: Oxford University Press, 1978), pp. 208 – 209.

⑤ Louise W. Holborn, *War and Peace Aims of the United Nations, Sept. 1—Dec. 31*, 1942 (Boston: 1943), p. 90. 哈利法克斯报告说，韦尔斯发表这一讲话是受到国务院战后重建顾问委员会鼓励的。在战后重建问题上，韦尔斯与副总统华莱士是总统的左膀右臂。见 PREM 4/42/9。

的。他们决心……在他们自己的社会中不再允许帝国主义继续生存。”在27日的记者招待会上，罗斯福被要求对威尔基的讲话表态。罗斯福说，威尔基只是赞成《大西洋宪章》的原则适用于“全人类”而已。在英国，人们认为罗斯福的表态加强了威尔基讲话的力量。英国驻美使馆报告说，威尔基可能在共和党内号召对他“反对帝国主义运动的支持，这种运动很可能变成反英运动”①。

英国决策者对美国政要和舆论对英国殖民主义政策的批评十分反感。外交大臣艾登（Anthony Eden）认为，“美国对太平洋的态度……是要把别人的财产交给一个国际委员会，在这个委员会中美国占有1/3或更多的席位”。陆军大臣格里格（P. J. Grigg）对美国越来越觊觎大英帝国的财产“表示愤慨”。殖民地部大臣克兰伯恩（Salis bury Cranborne）在议会表示：“大英帝国没有死亡，亦非临终，甚至没有进入衰落。”② 内阁中最顽固坚持殖民主义立场的是首相丘吉尔。11月10日，他在谈到英国军队在埃及的胜利时借题发挥说，英国对北非及世界其他任何部分都没有占有欲望，英国并不是为谋利和扩张参加战争的。他接着说：“然而，让我把这一点说个清楚，以免各方面对此产生任何误解。我们的意思是保持我们自己的东西。我不是英王为主持消灭大英帝国而设立的首相。”③

另一件使英国决策者十分恼火的事情是蒋介石对印度的访问。太平洋战争爆发后，中国与美、英、苏一起领衔签署《联合国家宣言》，接着蒋介石又成为中国战区（包括印支、泰国）统帅。蒋介石自认应当在亚洲发挥更大的作用。当时印度局势复杂微妙。甘地、尼赫鲁领导的国大党要求立即结束英国的殖民统治，在印度成立国民政府。但是，英国拒不考虑印度独立的要求，双方矛盾非常尖锐。蒋介石希望说服英印当局和国大党都作出让步，实行战时合作。他认为他“可以作出有价值的贡献”④。1942年2月蒋介石访问印度后，英印当局与国大党关系并未改善。年

---

① Allies of a Kind, pp. 221 - 222.

② Allies of a Kind, pp. 220 - 221, 211. Wm. Roger Louis, *Imperialism at Bay: The United States and the Decolonization of the British Empire, 1941 - 1945* (Oxford University Press, 1977), pp. 187, 200.

③ The Times, 11 November 1942, p. 8.

④ Kerr to Foreign Office, 24 January 1942, PREM 4/45/3.

中，事态进一步恶化，英印当局于8月上旬拘捕甘地、国大党全体中常委和其他高级干部。8月12日，英国驻华大使薛穆（Horace Seymour）向蒋介石解释这一措施。蒋介石表示，他没有料到英印当局这么快采取行动，他对印度人的志向是同情的，自然，要求英国人现在就撤离也是不现实的；但中国不能采取疏远印度人感情的政策，让印度人感到联合国家中至少有一个成员是同情他们的，这非常重要，不然，他们就会投向日本人的怀抱。他希望“仍然应该寻求和平的解决办法”，并称“顺利解决印度问题对联合国家的胜利是至关重要的”。他建议由美国出面进行调停，并保证战后印度独立①。英国政府对蒋介石的建议根本不予理睬。丘吉尔于8月26日致电蒋介石说：“国大党根本不代表印度，像欧洲一样，印度是居住着许多人种、许多民族和不同宗教信仰者的大陆。”他还说：“联合国家应该遵循的最好原则是互不干涉彼此的内政”，他要求蒋介石像英国对待中国的国共分歧一样对印度持超然态度②。克兰伯恩认为，要打消蒋介石的念头：“似乎该由他来治理大英帝国或告诉我们如何治理”③。

面对亚洲民族主义的高涨，面对盟国的责难，英国决策者认为英国需要发表一项单方面的声明，既为过去的殖民政策进行辩解，以“教育美国舆论”，又对过去的某些做法加以修改，提出战后指导英国人与非白种人关系的政策，克兰伯恩在8月18日给艾登的信中说：“这是一个我们从一开始就必须采取坚定路线的问题。我们不能听任中国人和美国人的摆布而落到公开认错的地位。”他认为英国过去治理殖民地的记录是值得骄傲的，英国对殖民地的沦陷固然负有责任，但“主要的过失在美国”，因为当英国忙于欧战时，美国没有对太平洋予以足够的重视。他提出，英国将要作出的让步都不能是单方面的，而要取决于他方的态度。艾登在这封信上批道：“这是一种令人振奋的坚定。”④

---

① Seymour to Foreign Office, 12 August 1942, PREM4/45/4.

② PREM 4/45/4.

③ 克兰伯恩在对哈利法克斯的谈话中如是说过，哈利法克斯在1942年8月25日给外交部电报中又以自己的口吻说出。见FO 371/31526。

④ FO371/31777; also see *Imperialism at Bay*, p. 189.

殖民地部在8月中旬提出的题为《英国的远东政策》的备忘录中逐个分析了亚洲殖民地的状况，其中第一个就是香港。备忘录“承认，香港在地理上是中国不可分割的一部分”。备忘录指出，新界是香港的重要组成部分，香港依靠新界供水；但新界租期有限，待中国收回新界后，港岛就要由中国政府控制的领土供水，港岛的生存和安全将因此大受挟制；且中国是个高关税国家，如果中国收回新界后在这里设置关税壁垒，港岛对英国经济上的重要性也将大大削减，因此，“维持英国主权现在对英国利益的重要性已经减少”，香港作为港口和市场能够对发展英国与中国及联合国家的关系发挥作用是战后重建计划中应予考虑的首要因素。但英国作出的任何贡献取决于联合国家的类似态度。殖民地部估计到，“在英国放弃在华治外法权时，中国政府自然会期望考虑我们将来在香港的地位，那正是确保中国对我们的善意的时候，这可能为战后英中关系带来许多好处”。外交部顾问布雷南（John Brenan）读了备忘录后写道：“殖民地部在提出其主张时比较笼统、谨慎。据我的印象，他们的主要意思是要有条件地将香港归还中国。”①

外交部对上述关于香港未来的设想展开讨论。1942年新设立的经济与重建司的吉布（Gladwyn Jebb）认为，在新界租借期满之后英国就没有理由再保持对香港的完全主权了。北美司的巴特勒（Nevile Butler）主张，应当优先考虑政治—战略利益，如果英国要美国在新加坡及其他地方承担防务责任，那就必须达成一项使美国感到满意的一般性协定，其中最核心的问题就是“有条件地”归还香港，这“既是因为《大西洋宪章》，也是因为美国人对中国人的感情”。远东司司长克拉克（Ashley Clarke）和布雷南不反对有条件归还香港的主张。远东司次官彼得森（Maurice Peterson）从一开始就坚决反对归还香港，其理由是：1. 新界剩下的租期还有55年，“这绝不是微不足道的，苏伊士运河的租期却只有24年了”；2. 英国被日本人赶出香港时丢了脸，如不能重回香港，则永远不能赢得东方的尊敬；3. 如英国和美国同样放弃在华治外法权，实际上英国作出的让步比

① 备忘录和布雷南8月25日批注均见FO 371/31777。布雷南批注后两点涉及婆罗洲、马来亚，与香港无关。新界即九龙租借地。

美国多，只要看一下上海和天津的情况就能明了；4. 战后美国将得到日本的有战略意义的岛屿，“我看不出，为什么他们应该得到，而我们应当给予”；5. 战后为了太平洋的安全和重建，英国将作出比美国多得多的让步，英国要谨防被美国排挤出去；6. 如果战后法、美在中国市场处于比英国更有利的地位，那是“十分不能容忍的”。印度事务部大臣艾默里（L. S. Amery）支持彼得森的看法。他在9月10日的一次部际高级官员会议上说，他不同意殖民地部备忘录放弃香港的建议，主张对整个问题应采取的立场是：“我们什么也不放弃”，“如果建议我们放弃什么，那就应当确信，这对我们不是一种战略上的损失，我们可能放弃的东西将能用得到战略意义并不稍次的东西来加以补偿”[①]。应当指出，1942年8、9月英国在战场上的形势仍然险恶，在殖民地问题上又备受指责，殖民地部的备忘录就是这种形势的产物。此后，随着战争形势的好转，英国在战后处理殖民地问题上的立场变得愈加强硬，在香港问题上也是这样，不管此时英国政府内部有多少不同意见，没有一种意见是主张在战争期间废除在华治外法权时就考虑香港问题的。中英新约的谈判就是在这样一种背景下开始的。

“现在不可能考虑领土调整问题”

新约谈判提上日程后，英国驻华大使薛穆估计到，“中国人很可能会认为，废除所有不平等条约当然包括放弃租借地（如九龙），还可能包括归还香港”。他在10月16日给外交部的报告中特地引用了威尔基10月7日对重庆新闻界告别演说中的一段话：“我们相信，这场战争必定意味着帝国主义国家统治其他国家的时代的终结。例如，从现在开始，中国的每一寸土地都将只能由生活在那里的人民治理，我们现在就该这么说，而不是等到战后。”他本人也对中国要求废除不平等条约抱同情态度[②]。但外交

① Clarke's Memorandum of 27 August, Jebb and Butler's Memorandum of 1 September and Minutes of Meeting of 10 September, FO371/31777.

② 参见李世安《1943年中英废除不平等条约的谈判和香港问题》，《历史研究》1993年第5期，第136页。

部22日复电直截了当地拒绝考虑香港问题，称该“条约与香港殖民地和包括新界在内的香港任何部分均无关系”①。

10月29日，薛穆向中国政府提出中英新约草案。国民政府外交部经过研究，对草案提出若干修改意见，其中最主要的一条是：“1899年6月9日在北京签订之中英展拓香港界址专条应予废止”，“英方在九龙租借地之行政与管理权，连同其官有资产与官有债务，应移交中华民国”②。国民政府在这里只提出了1899年条约和九龙租借地问题，没有提及1860年的中英《北京条约》和英国根据这一条约占据的九龙半岛，更没有提及1842年的《南京条约》和香港本岛，应该说，国民政府考虑到问题的难度，因此提出了比较克制的要求。

11月13日，国民政府外交部长宋子文提出对案。薛穆对中方提出新界问题是有思想准备的，而且他认为，这个问题“一旦提出，他们就不大可能放弃，因为他们认为租借地和租界一样，都属于有损中国主权的不平等条约的范畴”。薛穆还认为，中方只提新界，而未提港岛和九龙半岛，这实际上是默认香港和九龙是英国领土，这对英国是有价值的，因此或许可以考虑接受中国要求③。

但外交部却另有主意。远东司司长克拉克在20日的备忘录中援引了香港总督1931年6月一份备忘录中的话：“不但九龙，而且新界的大部分地区……对香港在经济和战略上都是必不可少的。”克拉克完全同意这一结论。他认为“新界与英国领土是互为依存的”，“我们必须坚决抵制中国的这一建议：毫无疑问，中国的计划是要把我们一步一步地挤出香港”。但他顾忌到，如果完全拒绝中国的要求，英国就得不到美国的支持。他认为最好的办法是拖延下去，由英国政府发表一项声明，表明战后英国将致力于远东的重建并确保这一地区的和平，盟国应为共同利益精诚合作，英国也准备与中国政府讨论香港未来地位问题。如果盟国致力于在太平洋地区建立联合防御体系，英国将把香港作为该体系的战略要点之一；在经济

① FO 371/31659.

② 中国国民党中央委员会党史委员会编，秦孝仪主编：《中华民国重要史料初编——对日抗战时期》第三编《战时外交》［以下简称《战时外交》（三）］，第766页。

③ Seymour to FO，17 November 1943，FO371/31663.

方面，盟国之间或英中两国间应达成一种安排，使英国得以保留、增加和保护在香港的商业企业的特权。他认为发表这样一项声明可以使英国摆脱困境[①]。

布雷南大致同意克拉克的意见。副外交大臣贾德干（Alexander Cadogan）虽然认为中国没有理由在一项废除治外法权的条约中提出新界问题，但他还是同意了克拉克的主张。议会外务次官劳（R. K. Law）主张把声明范围仅限于新界，并使用盟国希望英国为重建远东作出贡献这样的措辞。但艾登否决了发表声明的建议。他认为应答复中方：新界不属条约范围，但英国愿在战后讨论其未来问题[②]。最后，外交部的方针是：坚决抵制中国的要求，即使谈判破裂也在所不惜。11 月 30 日的内阁会议批准了这一方针。12 月 5 日，艾登指示薛穆，新界目前不属于条约讨论的范围，但可以通报中方，在战后盟国为重建远东进行合作的情况下，英国“会与中国政府共同考虑在现行租期内新界的未来地位”[③]。艾登就是否有必要这样做征求薛穆的意见。

薛穆 7 日回电说，中方提出新界问题，或许仅仅是为了尝试，或许是为了彻底解决，他认为后一种情况更有可能，“中国人不会同意战后继续保留租借地”。为此，他主张，如果“我们能够干脆拒绝在条约中写入新界问题，我们就坚持不变”，同时还要发表一项声明表示不会无限期搁置这个问题。但不能发表如艾登所说的那种声明，中国人会把它看作是英国打算继续保留租借地的表示；再则，也不能使用“在现行租期内”这类措辞。尽管如此，他仍然怀疑，中方是否会同意把新界问题留待战后解决。艾登没有立即答复薛穆这一封信。14 日，薛穆在与宋子文的会谈中说，英国政府认为新界不在目前谈判范围之内。宋子文反驳说，中国公众都把租借地和租界视作一类问题，在国民参政会上也提出了九龙租借地问题，中国政府认为，即将签订的条约如不能保证解决这一问题，则不能消除引起

---

① FO 371/31663.

② Brenan and Cadogan to Seymour, 20 November, Eden to Seymour, 22 November, FO371/31668; See also Chan Lau Kit—Ching, *China*, *Britain and Hong Kong*, 1895—1945 (Hong Kong University Press, 1990), p. 306.

③ FO 371/31663.

两国人民间误会的根源①。

在收回九龙租借地问题上态度最坚决的似乎是蒋介石。他坚持新约中要包括这一问题，否则，他宁愿不签订条约②。

14 日晚，宋子文嘱杭立武造访英国使馆。杭立武早年留学英国，在伦敦大学获博士学位，时任教育部常务次长，并兼中英文化协会秘书长。他深得蒋介石信任，与英国方面关系也很好，常常起到蒋介石与英国大使馆之间的联络官的作用。杭立武对英国使馆顾问台克满（Eric Teichman）说，宋子文拿不准是否能说服蒋介石和孔祥熙最终同意签订不包括新界的条约。杭立武以个人身份提出一项建议：中方向英方提出一份公函，承认新界与目前谈判无关，并希望在今后适当时候重新提出新界问题。他希望知道英方对此的态度。杭立武的建议显然是他与宋子文的共同想法，他是来为宋进行试探的。薛穆随即把杭立武的建议转告外交部，并再一次指出："任何暗示要继续保留租借地的答复都不会使中国人感到满意"，"要理解他们的想法，我们必须想一想 1898 年各国纷纷索要租借地的历史，当时外国对中国的侵略达到了高潮"③。

杭立武的建议不要求英方承担任何义务，对于英国未来政策没有任何约束，艾登认为是可以接受的④。在 12 月 21 日的内阁会议上丘吉尔再次强硬表示："应坚持我们此前坚持的方针，即现在不可能考虑领土调整问题，必须把它留待战后……讨论。"⑤ 艾登随即于 23 日、24 日两次指示薛穆，新界未来的问题不属新约范围，但如果中国政府愿意，英国可在战后"考虑租借地的期限"，中英双方可通过换文表示这种意向。这实际表明，战后英国仍要保有这块租借地。25 日上午，薛穆照这一指示向宋子文作出表态，遭宋子文拒绝。宋说："租借地的期限的说法是不能接受的。"薛穆在当天给艾登的报告中建议，如果中方最终同意做出妥协，可将"租借地

---

① Seymour to FO, FO 371/31664.

② 顾维钧:《顾维钧回忆录》第 5 分册，中国社会科学院近代史研究所译，中华书局 1987 年版，第 16、171 页。

③ Seymour to FO, 15 December 1942, F0371/31664.

④ FO to Seymour, 19 December 1942, F0371/31664.

⑤ CAB 65/Z8。

的期限”一语改作“租借地问题”。艾登接受这一建议，于26日指示说，英国虽极愿保留“租借地的期限”一语，但也可把“期限”一词删去，或改作“租借地问题”①。

25日下午，宋子文、外交次长吴国桢、国防最高委员会秘书长王宠惠、外交部条法司司长王化成及驻英大使顾维钧进行商讨。王宠惠等说，蒋介石对九龙租借地问题颇为坚持，如不能解决这一问题，中英谈判可能破裂。顾维钧认为，英国说战后解决领土调整问题是有诚意的，中国可以找到体面退让的办法；而如果条约谈判失败，英国发表声明解释理由，英、美舆论自然会采取现实态度，觉得首要之事是协同作战，而不是就现在还被敌人占领的领土进行争吵，那样可能反而对中国不利。在场的人一致认为，在今后对付苏联时，与英国的合作是至关重要的。于是大家决定把问题呈报蒋介石，并由王宠惠起草一个方案，要求英国声明归还九龙租借地的意愿，并同意在战争结束后6个月之内中英开始进行谈判。蒋介石批准了这一方案，并强调，英方应该承诺归还九龙租借地②。

27日上午，宋子文把蒋介石批准方案事告诉顾维钧，并嘱他立即去见薛穆。顾维钧奉命对薛穆说，中国政府不反对在新约之外解决九龙租借地问题，也不反对战后进行各种实际安排，但英国现在必须明确声明打算把该租借地归还中国，如果连这样的妥协办法英国也不能接受，中国政府将不签订条约。自然，他希望能避免这种结局。薛穆表示无能为力，说他已尽力设法提出折中方案，如谈判破裂，不是英国的过错③。

谈判眼看面临僵局。顾维钧估计英国在九龙租借地问题上不会再作多少让步，并主张“即使暂时牺牲九龙，也要签署条约”。宋子文建议一起去劝说蒋介石不要在此问题上继续坚持。27日晚，顾维钧在面见蒋介石时说，英国有意表示友好，建议缔结新约，这是英国“送上门来的礼”，中国应当先收下这第一份礼，同时暗示在等着第二份礼；中国应当先签新约，同时公开讲明，希望英国战后归还九龙租借地。蒋介石接受了这一建

---

① FO to Seymour, 23, 24, 26 December 1942; Seymour to FO, 25 December 1942, FO/31665.

② 《顾维钧回忆录》第5分册，第170—173页。

③ 同上书，第173页；Seymour to FO, 27 December 1942, FO/31665.

议。但他决定先不把这一立场通知英方，而让宋子文翌日再告诉薛穆，九龙租借地问题解决后才能缔约[①]。

28 日上午，宋子文再次与薛穆会谈。宋强调说，中方已对英国建议的换文讨论过两次，但不能接受这种解决办法，他强烈暗示情势的严重性，恳切要求英国政府重新考虑在新界问题上的立场，作出准备归还新界的表示。薛穆也感到事态严重，他相信宋子文所强调的中国政府和中国人民在新界问题上的感情，他担心如果英国不发表中方所要求的声明，中国真有可能拒签新约，那样，“英国可能陷入窘境，中国人在与美国人订约之后，会单方面宣布废除治外法权。即便不这样，也将出现很困难的状况”，中英“两国正在迅速改善的关系”将“严重倒退”[②]。

在 28 日内阁会议之前，克拉克在给艾登的备忘录中分析谈判形势说，如果内阁会议批准指示薛穆，除了把“租借地的期限”中“期限”一词删去，英国不再作任何让步，英国可能要冒谈不成条约的风险。这对英国议会和公众都能讲得过去，因为一则，新界不属治外法权范围，它是“英国领土香港在租借条件下的延伸”；二则，如果英国宽宏大量，条约对中国过于有利，中国将得寸进尺，要求对治外法权范围以外的事项进行调整。他指出，达不成条约虽有若干不利之处，但“事情的关键在于，如果我们由于中国的压力而在这一重要问题上让步，那么我们将使自己在其他问题上经受中国的严重压力”。艾登完全同意克拉克的这一说法[③]。

28 日，艾登向内阁会议报告了谈判情况，表示不能接受中方要求，内阁会议同意这一立场。会后，艾登立即指示薛穆，除了 26 日电所示可将“租借地的期限”中“期限”一词删去，或改成“租借地问题”外，英国不能再作让步。他说：“我们不可能接受顾博士提出的解决办法，如果中国坚持，我们只好不签订条约。”29 日，艾登又紧急致函美国驻英临时代

---

① 《顾维钧回忆录》第 5 分册，第 16—18、173—175 页。关于顾维钧说服蒋介石的这次接见，顾的回忆不尽一致。他在对中英新约谈判全过程的叙述中讲到两次见蒋介石，一次是 12 月 27 日晚，一次是 30 日下午，两次都是与宋子文等一起见的（同上书，第 174—176 页）。他在另一处回忆见蒋没有说明日期，且说是单独见的（同上书，第 17—18 页）。从当时情况看，除了 27 日、30 日两次接见外，不会再有第三次。顾维钧没有说明日期的这次只能是 27 日晚的那一次。

② Seymour to FO，28 December 1942，FO 371/31665；《顾维钧回忆录》第 5 分册，第 175 页。

③ FO 371/31665.

办，向他解释英国政府的立场说，谈判开始时，英国政府没有料到中方会提出新界问题，现在，内阁已经议决，即使谈判破裂，英国也不能让步。他希望在谈判中一直与英国合作行事的美国政府运用其对中国的影响，不要使事情走到这一步①。虽然美国政要和公众舆论对英国殖民主义多有批评，但在这谈判的关键时刻，美国支持的还是英国而不是中国。31 日，英驻美大使哈利法克斯电告外交部，美国国务院与美驻英大使怀南特（John G. Winant）“经过充分讨论”，决定向中国政府指出，他们对中方“经常节外生枝感到不快，虽然租借地问题是中英两国间的事，但美国也关心此事，因为提出这一问题可能影响顺利解决治外法权问题”。虽然在美国进行干预之前中方就已作了让步，艾登对美国国务院和怀南特还是深表感激②。

30 日，薛穆、宋子文再次会谈，薛穆照艾登 28 日指示把英国立场告知宋子文。下午，宋子文、王宠惠、顾维钧又见蒋介石，劝他最后下决心放弃关于九龙租借地的要求。31 日上午，蒋介石正式批准签署条约。中午，宋子文将此决定通知薛穆③。

由于条约文本翻译颇费周折，新约签字又推迟了若干日。1943 年 1 月 11 日，中英新约与中美新约同时签订。宋子文并向薛穆提出一项照会，声明：关于九龙租借地问题“保留日后提出讨论之权”。21 日，薛穆复照称，业已将此通知转达本国政府④。英国没有通过这次换文承担任何义务，作出任何承诺。可以说，中方在九龙租借地问题的谈判是完全失败了。

“除非踩过我的尸体，否则休想把香港从大英帝国版图中除掉”

英国政府在拒绝中方要求时，曾经侈谈战后远东的重建与香港的关

① FO 371/31665.

② FO 371/35679.

③ Seymour to FO，30 December 1942，FO 371/31665；《顾维钧回忆录》第 5 分册，第 176—179 页。

④ 《战时外交》（三），第 781 页。

系之类，其实，英国所谓的重建无非是恢复或变相恢复大英帝国，继续维持或至少在一段时间内维持英国的殖民统治，英国是根本无意放弃香港（包括新界）的。1943 年、1944 年间英国决策者凡有机会便重申他们的这一立场。

1943 年 11 月，美国国务院政治顾问亨贝克（Stanley Hornbeck）访问伦敦，作为对克拉克头年访问华盛顿的回访。亨贝克在与英国外交部官员的最后一次会谈中，以“完全由他个人负责”的方式表示说：“我们已经谈到了许多方面，探讨了许多问题，但是另外还有一件事情——不是在现在，而是在局势明朗时——也许是我们应当加以考虑的，那就是……香港的未来。”在场的英国官员一听这话顿时像“触了电”似的。当晚，英方安排他去见丘吉尔。丘吉尔给他着着实实上了一堂课。丘吉尔说，香港是英国领土，他看不出有什么理由应该改变这种状况；战后也许可以与中国人做出某种安排，对主权做一些调整，但“政治控制与行政责任必须留归英国”。他再次提到他一年前的一个公开表态：他当首相不是为了消灭大英帝国。他说：“他对此确信无疑，他完全乐于对任何人这样坦率地说。”①

在 11 月下旬的开罗会议上，罗斯福在与蒋介石的会谈中表示，战后香港应当归还中国。在新约谈判中蒋介石在香港问题上碰过钉子，他知道事情棘手，因此，提议由美国先与英国商讨②。但在随即举行的德黑兰会议上，当罗斯福提起香港战后归还中国的可能性时，丘吉尔甚至拒绝讨论。由美方起草的开罗会议宣言明确提出，战后中国将收复被日本侵占的所有领土，而对日本占领的大英帝国的属地却只字未提。丘吉尔对此极为不满，他在会上遇有机会便宣称：“战争结束时，我们并不要求给自己增加领土，同样，我们也不打算放弃任何领土”③。

1944 年 10 月底，丘吉尔向他的内阁成员明白表示，“向俄国提供在远东的战争目标是绝对必要的”，其中包括了旅顺、大连，道理很简单：“俄

① China, Britain and Hong Kong, p. 312.

② 梁敬錞：《开罗会议与中国》，香港 1962 年版，第 41 页；Elliot Roosevelt, *As He Saw It* (New York: Duel, Sloan and Pearce, 1946), p. 164.

③ Minutes of Cabinet Meeting, 13 December 1943, CAB 65/40; FO to Seymour, 23 August, 1945, FO 371/46251.

国提出的任何牺牲中国利益的战争赔偿要求都将有利于我们解决香港问题”，因此，“英国不应对俄国恢复其在远东的地位表现出任何敌意”[①]。11 月 8 日，在议会答辩中有人问首相，他在 1942 年 11 月关于“不是英王为主持消灭大英帝国设立的首相”的宣言中的“大英帝国是不是不包括香港”。属于工党的副首相艾德礼（C. R. Attlee）大概是为了表示在这一问题上的两党一致，抢着回答说：“大英帝国的任何部分都没有从宣言中除外”[②]。稍晚，12 月 31 日，丘吉尔在致艾登的一份备忘录中斩钉截铁地表示：“我们的格言是‘不许干涉大英帝国’，绝不许……玷污这个格言。”[③] 1945 年 4 月，美国驻华大使赫尔利受罗斯福之命与英国决策者讨论香港问题，在途经伦敦时会见了丘吉尔，丘吉尔直截了当地向赫尔利表示，他将为香港斗争到底，他说：“除非踩过我的尸体，否则休想把香港从大英帝国版图中除掉”，大英帝国将不要求什么，也不放弃什么，“我们决不会放弃大英帝国旗帜下的一寸领土”[④]。

英国还为战后重新占领香港制造舆论，英国政府在纽约的官方新闻机构英国新闻社出版的《英国与日本》的小册子中，大肆渲染英国治理香港的政绩，其中心意思是说，香港作为英国的殖民地，对英、中两国是同样有益的。

英国为重占香港及早着手进行准备。早在 1943 年，殖民地部就设立了一个香港计划小组，初时只有 9 人，全由曾在香港任职的资深官员组成。自 1944 年 9 月起，前港英政府华民政务司麦道高（D. M. MacDougall）出任组长，小组成员增至 28 人。小组的任务除了帮助殖民地部制定政策外，主要从事筹备战后重占香港的行政机构（包括人事安排）的工作，并研究如何保证提供足够供给的问题。该小组还负有帮助殖民地部制定未来政策的责任。它与殖民地部、英商中华协会等一起讨论了战后在香港进行

---

① Martin Gilbert, *Road to Victory. Winston S. Churchill*, 1941 – 1945, p. 1093.

② FO371/41657.

③ PREM 4/31/4.

④ The U. S. Department of State, ed., *Foreign Relations of the United States. Diplomatic Papers* (*FRUS*), 1945, Vol. 7, p. 331.

"宪制改革" 等问题[①]。

1944 年 8 月 3 日，殖民地部、印度事务部和缅甸事务部召开联席会议，决定恢复太平洋战争爆发后解体的远东委员会，这是一个直属内阁的部际决策机构。11 月 15 日，远东委员会召开恢复以后的第一次会议。23 日，委员会秘书阿姆斯特朗（E. A. Amstrong）把艾德礼 8 日在议会上关于香港问题的表态印发给委员会，以此作为制定香港政策的指导方针[②]。

英国的既得利益集团对战后重占香港十分关心。新约谈判中的争论使它们十分担忧，"外部的压力可能错误地导致一种统一意见"，使政府在香港问题上对中国让步。1943 年 5 月，英国在华利益的主要代表英商中华协会就向政府表示，鉴于"保持香港对战后中国与远东的贸易具有至关重要的意义"，绝不能放弃香港。1944 年 11 月，协会再次致函殖民地部，对艾德礼在议会的表态表示"全心全意的拥护"，并说他们听到这一声明，有"如释重负"之感，他们上年提出的想法如今也"更有力量了"[③]。就这样，英商中华协会与英国政府互相影响，互相支持，坚定彼此在香港问题上的殖民主义立场。

"英国必须重新恢复香港原状"

使英国政府感到担心的是，香港不在东南亚战区司令蒙巴顿（Louis Mountbatten）的管辖范围之内，而在中国战区之内。因此日本投降时，香港很可能为中、美军队所接收。殖民地部设想了扩充英军服务团[④]的兵力，利用它在日本投降后迅速在香港建立英国行政机构的计划。但薛穆、英国驻华武官卡顿·戴维亚尔（Carton de Wiart）及驻华英军司令海斯

---

① Steve Yui—Sang Tsang, *Democracy Shelved. Great Britain, China, and Attempts at Constitutional Reform in Hong Kong* (Hong Kong: Oxford University Press, 1988), pp. 13 – 14.

② CAB 96/5。

③ 英商中华协会的两封信见 CAB 96/8。英商中华协会（China Association）以前国内出版的一些著作中译作"中国协会"（如伯尔考维茨《中国通与英国外交部》，江载华和陈衍合译，商务印书馆 1960 年版），英商中华协会是该协会自己确定的译名。

④ British Army Aid Group（China），成立于 1942 年 5 月，活动于中国东南沿海一带，任务是搜集情报，掩护登陆和空降人员，营救被日军拘押的战俘和平民。

（J. Hayes）均觉不妥。他们认为："我们现今在中国的军事地位如此困难和微妙，如要使任何这类计划有成功可能，则必须事先与中美最高层领导讲清。"[①] 1945 年 7 月 23 日，外交部、殖民地部、陆军部与香港计划小组四方代表的会商意见大体也是这样。与会者认为，既然香港在中国战区之内，必须事先征得蒋介石的同意，方能让一个英国的民政小组附属于参加接收香港的中国军队；而在向蒋提出之前，有必要先征得美国的同意。自然，英国政府完全意识到，"向蒋介石提出香港的民政问题可能把香港未来的整个问题提到显著地位"，因此迟迟疑疑，犹豫不决[②]。

战争形势迅速发展，8 月 10 日，日本表示接受盟国《波茨坦公告》，准备无条件投降。在 10 日下午的内阁会议上，参谋总长汇报说，参谋总部已经拟定了在日军投降时向香港派遣一支载有海军陆战队的舰队的计划，该舰队司令将受命接受日军投降，并在香港建立军政府。新任首相艾德礼感到事关重大，应由他亲自致电杜鲁门商量，但国防大臣伊斯梅（Hastings Ismay）认为，由首相亲自出面会使美国人感到"我们不合时宜地把注意力集中在原封不动地保持我们的殖民帝国方面"，因此改由英国参谋总部向美国参谋长联席会议提出了这个问题。英国参谋总部设想，英军占领香港分 3 个阶段：1. 英国太平洋舰队的一支小部队尽早到达香港实施占领；2. 此后数日内运送婆罗洲的一旅澳大利亚军队抵达香港；3. 在马六甲海峡通航后从东南亚战区派遣一支部队及空军战术分队抵香港，取代澳大利亚军队[③]。在此同时，8 月 11 日外交部致电薛穆，命他通过英军服务团团长赖濂仕（L. T. Ride）立即设法与被日本人囚禁在港岛的前香港辅政司詹逊（F. C. Gimson）取得联系，授权他在被日本释放后"立即恢复英国的主权与行政"，直到英国海军到达建立军政府为止。13 日，外交部再次电令薛穆，"通过任何可能的方式"把外交部指示传达给詹逊。香

---

① Allies of a Kind, p. 557.

② Minutes of Meeting, 23 July and Memorandum of J. C. Sterndale-Bennett, 25 July, FO 371/46251.

③ Minutes of Cabinet Meeting, 10 August, Ismay to Attle 11 August and General Staff 's Report, August 13, PREM 8/34.

港计划小组负责人麦道高将作为香港首席文官率领文职人员尽快飞往香港①。

蒋介石显然是估计到了在香港受降问题上会有麻烦，特地于 8 月 14 日下午召见薛穆，声明“中国政府承认英国在香港的权利”，只是希望最终能解决香港问题②。这实际上是给英国吃定心丸，表示中国近期内不会提起香港问题。

8 月 14 日，裕仁发表“终战诏书”，日本无条件投降。16 日，驻香港日军司令官将此消息告知詹逊。詹逊虽然尚未接到英国政府命令，但他自告奋勇，立即成立临时民政机构，当上了“事实上的代理港督”。23 日，他又通过重庆的秘密渠道接到殖民地部的如下命令：立即成立英国的行政管理机构，没有政府批准，不得将权力交给任何人③。

8 月 15 日，杜鲁门总统向驻日盟军最高统帅麦克阿瑟（Douglas MacArthur）下达关于接受日军投降的第一号总命令，其中说：“在中国境内（东北地区除外）和北纬 16 度以北的法属印度支那的日军向中国战区统帅蒋介石投降。”不言而喻，香港在中国受降地区之内。

英国不理会杜鲁门的一号命令。16 日，英国驻华大使向国民政府提出一项照会，其中说，英国政府正在安排派遣必要的英国军队去重新占领香港并恢复香港行政。同日，国民政府复照英方指出，香港不在东南亚战区范围，英国的要求与杜鲁门关于受降的命令不符。照会说：“中国政府尊重英国一切合法利益，并准备给予充分的必要的保护，但是一项接受日本投降的协调一致的计划对于在亚洲重新恢复和平和秩序是至关重要的，兹建议英国政府按照联合国家的总规定安排接受日军投降。”④ 国民政府外交次长吴国桢表示，这“仅仅是受降安排问题”，中国对香港没有领土要求，香港问题最终将通过外交渠道予以解决⑤。

---

① FO 371/46251; See also Edwin Ride, *British Army Aid Group* (*BAAG*): *Hong Kong Resistance*, 1942 - 1945, (Oxford University Press, 1981), pp. 285 - 290.

② Seymour to FO, 15 August 1945, FO 371/46212.

③ F. S. V, Donnison, *British Military Administration in the Far East*, 1943 - 1946 (London: Her Majesty's Stationery Office, 1956), pp. 199 - 200.

④ *FRUS*, 1945, Vol. 7, pp. 500 - 501.

⑤ Seymour to FO, 16 August 1645, FO 371/46252.

19 日，薛穆又交给吴国桢一份备忘录，英国在其中辩解说，“一号命令”规定中国将接受“在中国境内”的日军的投降，“英国政府认为这不能解释为包括香港”。又说，英国政府当初被迫弃守香港，如今英军接受日军投降，事关英国的荣誉。备忘录表示欢迎中国代表参加受降仪式①。

中国政府每接到英方照会，便立即将其副本送给美国大使赫尔利，并向驻华美军司令魏德迈通报情况，无疑是希望美国支持中国的立场。魏德迈认为，“既然战争开始以来香港一直被认为是中国战区之内的”，中国要求受降是理所当然的②。收到英国 19 日备忘录后，蒋介石亲自致电向杜鲁门求援。他在 21 日电报中写道，英国政府应当遵守“一号命令”而不能任意曲解，“现在对受降命令的一个改动都可能造成不良先例，从而在香港以外地区引起更加严重的后果”。他同时表示将邀请美、英代表参加受降仪式，“受降以后我将授权英国人将其部队登陆以重新占领香港岛”③。

国民政府在请求美国支持，英国也在向美国施加压力。8 月 18 日，艾德礼致电杜鲁门说：“我们不能接受任何把第一号总命令解释为意味着香港包括在‘中国境内’的说法，香港是英国领土。”并称英国军方已通知美参谋长联席会议，一支英国舰队已在赴香港途中④。20 日，外交大臣贝文（Ernest Bevin）在下院宣称，英国方面已为在香港受降采取了措施，但此事“可能还有困难”，中英两国军队正在展开一场竞赛，看谁先到香港⑤。

接到艾德礼的电报后，杜鲁门立即与国务卿贝尔纳斯（James F. Byrnes）以及参谋长们进行商议，结果，美国在英国压力之下不惜修改“一号命令”，同意“在受降问题上明确把香港划出中国战区”。杜鲁门在 21 日给蒋介石的电报中说，美国“不反对由一位英国军官在香港受降”。杜鲁门尽可能降低他改变原先态度的意义，说这“主要是具体操作性质的

---

① *FRUS*，1945，Vol. 7，pp. 506 – 507.

② Albert C. Wedemeyer，*Wedemeyer*，*Reports*!　（New York：Henry Holt and Company，1958），p. 350.

③ *FRUS*，1945，Vol. 7，pp. 508，504.

④ Ibid. .

⑤ Evan Luard，*Britain and China*（London：Chatto and Windus，1962），p. 181.

军事事务问题”，“在任何方面都不代表美国对于香港未来地位的观点”，他希望蒋介石“以合作与谅解的精神看待此事”[①]。22日，贝尔纳斯公开表示，香港问题将在即将举行的伦敦四大国外长会议上进行讨论。英国政府对此颇感惊愕。23日，艾德礼针锋相对地宣称，英国已经拟妥在远东恢复行政的计划，并已做出由英国军官在香港接受日军投降的安排，它不准备对英国在远东的领土主权作任何修改[②]。

杜鲁门修改“一号命令”，美国拒绝支持中国，国民政府处于孤立无助的地位。蒋介石无可奈何，于23日复电杜鲁门，表示“同意授权一位英国司令官去接受香港日军投降”，并将派中、美军官各一人出席受降仪式。蒋介石这里所说的“授权一位英国司令官”云云，无非是作出实质性让步时一种保全面子的说法，杜鲁门自然明白，他立即回电，感谢蒋介石“体谅人的行动缓解了困难的局面”[③]。24日，美国方面宣布，麦克阿瑟已经向日本大本营发出命令，香港日军向英国军官投降。同日，蒋介石对香港问题作公开表态。他在中常委、国防最高委员会的联席会议上的讲话中明白宣布：“中国决不借招降的机会，忽视国际合作和盟邦主权”，“关于香港的地位，以前是以中英两国条约为根据，今后亦当以中英两国友好的关系协商而变更”[④]。从而明确表示，他无意在此时提出新界问题，他仅仅是要行使——即使是名义上行使作为中国战区统帅在香港受降的权力。

但英国政府却无视这种权力。27日，薛穆奉命口头告诉蒋介石，英国不接受他的建议，“英国必须重新恢复香港的原状”，并已指派海军少将夏悫（C. H. Harcourt）主持受降。蒋介石反驳说，作为中国战区统帅，受降香港日军属于他的职责范围；但又顺水推舟地表示，既然英国政府已指派了夏悫少将，他从即日起就授权给夏悫。他还说：“如其不接受此委托而擅自受降，则破坏联合国协定之责任在英国，余绝不能放弃应有之职权，

① *FRUS*, 1945, Vol. 7, pp. 505 – 509.

② Evan Luard, *Britain and China*, p. 181.

③ *FRUS*, 1945, Vol. 7, pp. 551 – 512.

④ 中国国民党中央委员会党史委员会编、秦孝仪主编：《先总统蒋公思想言论总集》第21卷，台北1984年版，第174页。

且必反抗强权之行为。”[①] 同日，蒋介石还召见驻华武官卡顿·戴维亚尔。该武官随即向国防部长伊斯梅报告说，在过去两年中他多次见过蒋，有时是在非常紧急的时刻，“从未见他像今天这样激动”，他认为“如果我们坚持现在的态度，我们将严重损害将来的对华关系”[②]。

英国外交部异想天开，于 28 日下午 2 时致电薛穆。表示希望蒋介石不要公开提出授权受降的要求，希望他“单方面地放弃这种权力以利于英军司令”。10 分钟后，外交部又追加一电，称蒋介石现在的态度与他 8 月 24 日关于香港的声明不一致，并提出一项新建议：由夏悫代表英国政府、蒋介石授权另一名英国军官作为代表联合受降[③]。

次日一早，薛穆往见吴国桢，要求安排拜会蒋介石，遭到回绝。吴国桢说，蒋介石绝不会同意英国的新建议。薛穆立即电告外交部说：“鉴于蒋介石的态度，如继续讨论此事，除了徒增双方的敌意，不会有任何结果。”[④]

30 日下午，蒋介石接见英国大使和武官。他对英国“践踏他作为中国战区统帅的权力表示愤慨”。薛穆在当天给外交部的报告中说，他与武官认为“最好的办法是接受授权”。他进而警告说：“除非此事得到解决，这个争端将可能损坏我们与中国人的关系，而且正是在对我们的利益至关重要的时刻——为了重建我们在上海等地的利益，我们应当得到中国合情合理的合作，如因香港问题而使蒋介石留下极为恼怒的感情，那么不但在现在这个紧要关头，而且在以后相当长的时期内我们都会遇到障碍和恶意。”[⑤]

薛穆的这一警告显然起了作用，英国政府是不能不考虑战后与中国的长远关系的。外交部遂于 31 日下午致电薛穆，表示同意夏悫同时代表英

---

① Seymour to FO，27 August 1945，FO 371/46253；*FRUS*，1945，Vol. 7，pp. 512 – 513；古屋奎二著，“中央日报社”译印：《蒋总统秘录》第 14 册，台北 1977 年版，第 40 页。其实，连薛穆自己也认为，中国是不会接受“指派代表作为证人参加受降仪式”这样一种解决办法的。Seymour to FO，26 August 1945，FO371/46253.

② FO 371/46253.

③ 外交部两份电报均见 FO 371/46253。

④ Seymour to FO，29 August 1945，FO 371/46253.

⑤ FO 371/46253.

国政府和中国战区统帅蒋介石受降，并欢迎中美两国各派一名军官出席受降仪式[①]。这样英国十分勉强地接受了委托受降的方式。蒋介石总算保住了一点面子，可以自我安慰了：这“是公义必获胜利之又一明证”[②]。但十分明显，在受降权之争中，赢家仍然是英国。

8月30日，夏悫率领的英国舰队在香港登陆，恢复了对香港的占领。9月16日，夏悫以英国政府和中国战区统帅蒋介石的双重代表身份，在香港督宪府接受日军投降。夏悫在香港成立军政府，英国对香港的殖民统治正式恢复。

行文至此，我们不难得出下面一些看法。

在太平洋战争中，中国通过领衔签署《联合国家宣言》，成立中国战区、废除治外法权、列名于《关于普遍安全的宣言》、发表《开罗宣言》等一系列外交和军事举措，提高了国际地位，号称“四强”之一，但中国并未被其他大国视为平等的伙伴。如果说雅尔塔协定是美苏背着中国而将中国利益私相授受的交易[③]，那么中英在香港问题上的交涉就是英国继续恃强凌弱的事例。不论是在新约谈判中，还是在受降安排上，国民政府都曾为实现理所当然的权力作过一些努力，但决策者仍然存在着半殖民地心理，缺乏自立自强意识，又没有审时度势地采取得力措施[④]，常常知难而退，加之缺乏盟国的支持，以致把理直气壮的事情做得低声下气。美国政界和舆论界虽然对英国的殖民主义政策有所批评，但美国政府在关键时刻依然支持英国，而不是中国。这既表现了美、英传统的“血浓于水”的“特殊关系”，也表现了美国对中国的轻慢。总之，在有关香港问题的交涉中，处处可见一百年来中国与列强关系的延续。

英国对香港的立场并不是一个特殊的事例，它与英国对印度、缅甸、马来亚等的立场是一致的。对于印度，英国拒不考虑国大党的要求，坚持其殖民统治而不加变更。对于当时被日本侵占的那些原有殖民地，英国力

① FO 371/46253.

② 《蒋总统秘录》第14册，第41页。

③ 参见拙文《1945年中美苏关系的一幕》，《美国研究》1990年第4期。

④ 如在受降问题上，国民政府虽为受降做了部署。但军队行动迟缓，远不如英国军队迅速。参见刘存宽《英国重占香港与中英受降之争》，《抗日战争研究》1992年第2期，第168—169页。

图在战后恢复原状。也就是说，在太平洋战争中，一方面，英国作为主要盟国之一，与中国、美国以及后来的苏联，与亚太地区各国人民一起，进行着反对日本法西斯的殊死斗争；另一方面，英国又无时无刻不想着恢复其殖民帝国。正如英国著名历史学家泰勒（A. J. P. Taylor）所说："档案材料现在揭示，大不列颠进行第二次世界大战的目的是为了恢复大英帝国，而且甚至还要给大英帝国增添点什么（如对利比亚）。"① 但是，毕竟时代不同了，硬要把旧时代的做法搬到变化了的时代，其结果肯定是不美妙的。

（本文援引的档案资料，是笔者1993年下半年在英国从事研究时从英国公共档案局丘园新馆搜集到的，其中FO是英国外交部档案，CO是殖民地部档案，CAB是内阁会议档案，PREM是首相府档案，文中不再一一说明。在此，笔者谨对英国学术院王宽诚基金的资助表示衷心感谢，原载《历史研究》1994年第5期。）

---

① *Imperialism at Bay*，X。泰勒教授接着说："那些在战场上实际作战的人的目的是简单的，他们是为了把欧洲人从德国统治下、把远东人民从日本统治下解放出来。"笔者认为泰勒教授的评价是全面的。

1945 年中美苏关系的一幕

——从雅尔塔秘密协定到《中苏友好同盟条约》

1945 年 2 月美、苏、英三国首脑在雅尔塔会议上达成的关于远东的秘密协定（以下简称协定）和以此为蓝本于 8 月缔结的《中苏友好同盟条约》，是两个重要的历史文件。它们是在大战末期这个重要的转折关头，这个特定的历史环境中达成的。研究这两个文件，对我们了解这一时期的中美苏关系至为重要。

一

协定后来在美国受到许多亲蒋反共人士的严厉批评。曾任驻华大使的赫尔利（Patrick Hurley）1951 年在国会作证时说：协定“绘出了共产党征服中国的蓝图”，曾任驻苏、驻法大使的蒲立德（William C. Bullitt）称：“这是一位美国总统所签署的最无必要、最丢人和最具潜在灾难的文件”，是罗斯福在“病魔缠身，心力交瘁”，以致“常常难于形成自己思想”时犯的错误。[①] 国民党人后来也指责协定“是一个巨大的、灾难性的错误”。[②] 有的历史学家也说，协定是“罗斯福在雅尔塔犯的最大的错误”，[③]

---

① Richard F. Fenno, Jr. ed., *The Yalta Conference* (Boston: D. C. Health and Company, 1955), pp. 56, 51; Edward Stettinus, Jr., *Roosevelt and the Russians. The Yalta Conference* (London: Jonathan Cape Thirty Bedford Square, 1950), p. 15.

② Anthony Kubek, *How the Far East Was Lost. American Policy and the Creation of Communist China*, 1941 - 1949 (Chicago: Henry Rognery Company, 1963), p. 121.

③ William L. Neumann, *After Victory: Churchill, Roosevelt, Stalin and the Making of the Peace* (New York: Harper & Row, 1967), p. 154.

要不是罗斯福“累得要命，而且急于要避免更多的争辩，他不至于同意作出那个最后的坚定的许诺”。[①] 事过45年之后我们冷静地回顾这段历史，便会看到事情并不如这些批评家说的那样。与斯大林达成这个协定是罗斯福经过深思熟虑后采取的行动，协定的酝酿由来已久。

1941年4月，苏联为了在一旦遭到德国入侵时保障东部边境的安全，避免腹背受敌，与日本签订了为期5年的中立条约，彼此承诺互不侵犯对方领土，在对方陷入战争时保守中立。但斯大林却在1941年12月对蒋介石、1942年8月对美国驻苏大使哈里曼（W. Averell Harriman）、12月对罗斯福总统特使赫尔利、1943年10月对美国国务卿赫尔（Cordell Hull）一再表示，苏联将参加对日作战。[②] 在1943年12月举行的美、苏、英三国首脑德黑兰会议上，斯大林向罗斯福当面表示，一旦打败德国，他就准备把他在西伯利亚的兵力增加两倍，并在最后打败日本方面发挥自己的作用。[③] 1944年10月，斯大林更明确地向哈里曼保证，苏联将在战胜德国两三个月后对日本发起进攻。[④] 而且实际上，从1944年初起，苏联已经开始秘密地把租借物资运送到远东，部署在中苏边境。

斯大林的上述提议自然受到美国欢迎。1944年7月，参谋长联席会议制定了进攻日本本土、迫使日本投降的计划。在9月的魁北克会议上，罗斯福和丘吉尔根据两国参谋长的估计，把日本投降的日子定在欧战结束后的18个月。参谋长们还估计，在日本本土作战，将是一场殊死的战斗，可能使美军遭到100万人的伤亡。[⑤] 美国军方对关东军特别担心。他们认

---

① Robert Sherwood, *Roosevelt and Hopkins. An Intimate History* (New York: Harper and Brothers, 1948), p. 867.

② Charles F. Romanus and Riley Sunderland, *Stilwell's Mission to China* (Washington D. C.: Government Printing Office, 1953), p. 51; Tang Zou, *America's Failure in China*, 1941 - 1950 (Chicago and London: The University of Chicago Press, 1963), p. 241. 布海特认为斯大林在1942年11月对赫尔利的谈话是苏联可能对日作战的第一次表示，这一说法不确。See Russell D. Buhite, *Decision at Yalta. An Appraisal of Summit Diplomacy* (Wilmington: Scholarly Resources Imprint, 1986), p. 87.

③ W. Averel Harriman and Elle Abel, *Special Envoy to Churchill and Stalin*, 1941 - 1946.

④ The United States Department of State, ed., *Foreign Relations of the United States. Diplomatic Papers. The Conferences of Malta and Yalta, 1945*, p. 369.

⑤ Henry L. Stimson and McGeorge Bundy, *On Active Service in Peace and War* (New York: Harper and Brothers, 1948), pp. 618 - 619.

为这是一支独立的、装备精良的精锐部队，再加上中国东北的资源和工业基础，在日本本土被盟军占领以后，关东军仍可以负隅顽抗一段时间。从参谋长联席会议到西太平洋战场美军司令麦克阿瑟（Douglas MacArthur）都希望苏联尽早参战，在美军在日本本土登陆（预定 1945 年 11 月 1 日在九州登陆）至少三个月之前参战，把日本陆军的主力钳制、消灭在亚洲大陆，以大大减少美军伤亡。就在雅尔塔会议前夕，1 月 23 日，参谋长联席会议还向总统表示，“俄国尽早参战并根据其能力发起进攻性战役，对我们的太平洋战役提供最大限度的支援，实属必要”①。由此可见，在军事方面，美国有求于苏联。在政治方面，情况也是这样。

第一，罗斯福认为，势力范围是美国没有力量去消灭的现实问题。②既然如此，美国的目标便是力求缩小别国的势力范围，扩大自己的势力范围。中国长期以来是列强共管的半殖民地。经过战争，别国的势力不是被摧毁了就是削弱了，而美国则通过提供财政、物资、军事援助同国民党政权建立了特殊关系。美国认为，国民政府也这样表示，中国战后的重建离不开美国，因此美国既需要也可能把中国保持在美国势力范围之内。在这方面，美国担心的正是苏联。按照斯大林的设想，苏军不但要在东北，而且要在关内作战，“要取得真正的成果，还必须有侧翼包围——进攻张家口和北京，否则只在满洲进攻就不能产生重要成果”。③ 当哈里曼把斯大林的上述打算向总统汇报时，罗斯福担心地问：“如果俄国人进去了，他们还肯出来吗?”④ 雅尔塔会议前夕，罗斯福告诉他的亲信，除非在雅尔塔与斯大林达成范围广泛的协议，否则苏联会在欧洲和中国的若干部分横行，并建立起自己的势力范围。⑤ 美国要把苏军的军事行动，把苏联的势力限制在关外。

---

① *Conference of Malta and Yalta*, p. 396.

② Robert Dallek, *Franklin D. Roosevelt and American Foreign Policy*, 1932 – 1945 (New York: Oxford University Press, 1979), p. 507.

③ Herbert Feis, *The China Tangle. The American Effort in China from Pearl Harbor to the Marshall Mission* (Princeton: Princeton University Press, 1953), p. 230.

④ *Special Envoy to Churchill and Stalin*, p. 370.

⑤ Jim Bishop, *FDR's Last Year*, *April* 1944 – *April 1945* (New York: William Morrow and Inc, 1974), p. 267.

第二，大战末期，罗斯福固然考虑到战后可能与战争中的盟国发生麻烦，产生争端，但他基本上是以大国合作主宰世界的设想来勾画战后世界蓝图的。苏联和中国是在亚洲起重要作用的两个大国，美国认为，“中苏两国的合作是远东和平和安全的绝对必要的条件”。[①] 但抗战后期的中苏关系却使罗斯福感到不安。1942 年盛世才投靠蒋介石后，新疆地方当局与苏联的关系急剧恶化。苏联利用新疆人民对盛世才恐怖统治的强烈不满，从各方面支持伊犁、塔城、阿山三区革命，甚至直接出兵参战。国民党对此极为恼火。1944 年 3 月 17 日，蒋介石向罗斯福告状，认为这种事态“严重影响远东作战”。罗斯福 4 月 8 日复信说：“任何足以有害吾人联合作战之行动或态度，均非所宜，凭善意与自制，则联合国分子中发生之误解，本人深信可以消除”，他要求蒋介石“表现现实政治风范……冻结最近事件，直至战争结束”。[②] 6 月，美国副总统华莱士（Henry A. Wallace）访华。他在与蒋介石的谈话中一再提到中苏关系，并称：“任何可能导致中苏两国冲突的问题都不应悬而未决”，美国“十分愿意”在两国间“进行斡旋”。[③] 总之，罗斯福希望中苏改善关系，而不给美国战后亚洲蓝图的实现造成妨碍。

第三，美国一直关注着中国国共两党关系的发展，担心战后中国爆发内战。罗斯福希望成立一个以蒋介石为首的联合政府，使战后中国成为一个统一的亲美的国家，并于 1944 年 9 月派了赫尔利来华调处国共冲突。美国的这一政策有赖于苏联的支持。美国密切注视着苏联与中共的关系。早在 1944 年 1 月，美国驻华使馆二秘戴维斯（John Davis）就估计，如果苏联参加对日作战，华北和东北“有可能变成俄国的卫星国”。[④] 哈里曼在 12 月警告说，如果在苏联参加太平洋战争以前中苏两国政府间没有达成一种安排，“苏联将支持北方的共产党人，并把红军解放的中国领土的

---

① *Conference at Malta and Yalta*, pp. 356 – 357.

② 郭荣赵编：《蒋委员长与罗斯福总统战时通讯》，台北幼狮文化事业公司 1978 年版，第 206—208 页。

③ The United States Department of State, ed., *United States Relations with China, with Special Reference to the Period 1944 – 1949* (*China White Papers*, Washington, D. C.: Government Printing Office, 1949), p. 550.

④ *China White Papers*, p. 564.

行政管理权交给他们”。[①] 9 月当中国驻英大使顾维钧访问美国时，罗斯福的行政助理居里（Lauchlin Currie）也对顾强调了苏联充当中共后盾，并支持他们深入东北的可能。[②] 果真发生这种情况，美国对华政策就难以实行。雅尔塔会议前夕，国务院在给总统的备忘录中说：“要争取苏联对中国最大限度的联合的支持”，“应当敦促苏联运用其对中共的影响促使中共与国民政府达成协定。”[③]

总之，美国既需要苏联军事上的支持，又要限制苏联的军事行动；在战后亚洲既需要苏联的合作，又要限制苏联势力在中国的扩张。美苏之间和中苏之间达成事先的安排就是不可避免的了。

既然美国在军事上和政治上都有求于苏联，苏联就处于一种非常有利的地位了。早在 1943 年 12 月，斯大林就在德黑兰会议期间向罗斯福表示，他对远东有一些要求。他含混地说，大连应当成为国际自由港，苏联西伯利亚的输出入贸易应能通过中东铁路和南满铁路、经由大连港进行。[④] 1944 年 12 月，斯大林则更明确地向哈里曼提出，要求将库页岛南部和千岛群岛归还苏联，要求租借旅顺、大连和中东铁路，要求承认外蒙古的现状，同时，他保证苏联不干涉中国对东北的主权。[⑤] 正因为罗斯福早已知道苏联的条件，因此在雅尔塔会议上，当 2 月 8 日斯大林在与罗斯福的单独秘密会谈中提出这些要求时，双方很快就协定大致内容达成一致意见。罗斯福并没有要求斯大林就在中国内争中支持国民党作出明确保证，但斯大林显然已经猜透了对方的心思，主动表示，为了建设抗日统一战线，“蒋介石应当担任领导”。[⑥] 此后两天，苏联外交人民委员莫洛托夫与哈里曼进行磋商，拟订了协定草案。文本再经罗斯福与斯大林讨论，并征得丘

① The U. S. Department of State, ed. , *Foreign Relations of the United States. Diplomatic Papers* (*FRUS*), 1944, Vol, 6, pp. 737 -738.

② 中国社会科学院近代史研究所译：《顾维钧回忆录》第五分册，中华书局 1987 年版，第 432 页。

③ *FDR's Last Year*, p. 274.

④ The U. S. Department of State, ed. , *Foreign Relations of the United States. Diplomatic Papers. Conference at Cairo and Tehran*, 1943. pp. 567, 869.

⑤ *Special Envoy to Churchill and Stalin*, p. 397.

⑥ *Conference at Malta and Yalta*, p. 984.

吉尔同意，遂于 2 月 11 日由三巨头签署。协定的主要内容是：

三国领导人同意，苏联在欧战结束二至三个月后参加对日作战，条件是：

1. 维持外蒙古（蒙古人民共和国）现状。

2. 恢复 1904 年日本进攻所破坏的原属俄国的权利：

（1）库页岛南部及毗连岛屿归还苏联；

（2）大连商港国际化，苏联在该港之优越权益须予确保，恢复租借旅顺港为苏联海军基地；

（3）设立中苏合营公司，共管中东铁路及南满铁路，苏联在该路的优越权益应予保障，而中国保持在满洲的全部主权。

3. 千岛群岛交给苏联。

苏联准备与中国国民政府缔结一项友好同盟条约，帮助中国从日本枷锁下解放出来。①

协定还规定，罗斯福将采取步骤使蒋介石同意苏联的条件。罗斯福之所以敢承担这一义务，是因为他早已了解蒋介石的心思。蒋介石担心苏联对东北和新疆的意图，担心苏联支持中共。当罗斯福在开罗会议期间要求蒋介石组成一个联合政府时，蒋表示，只要苏联同意尊重东北的边界，他就接受罗斯福的建议。② 为了防范苏联对中共的支持，国民政府早在 1944 年春就着手拟订计划，以便在苏军在东北和华北对日军作战时，切断苏军与中共武装之间的联系。③ 尽管 1944 年 6 月斯大林在同哈里曼的谈话中、9 月莫洛托夫在同赫尔利的谈话中都表示不支持中国共产党，并称蒋介石是中国最佳的领导人选，蒋也从华莱士和赫尔利那里获悉了这一表态，他仍然“急于证实”苏联领导人的这一立场没有改变，这是苏联确定无疑的对华政策，为此，他不惜作出外交上的让步。正是在雅尔塔会议之前，赫尔利于 2 月 4 日报告国务院，中国政府考虑派外交部长宋子文作为蒋的私人代表前往莫斯科商谈。④

① *China White Papers*, pp. 113 – 114.

② Elliott Roosevelt, *As He Saw It* (New York: Duell, Sloan and Pearce, 1946), p. 164.

③ *Conference at Malta and Yalta*, p. 351.

④ *FRUS*, 1945, Vol. 7, p. 851.

协定签订后，苏联大大加强了它在远东的军事实力，在苏军发起对日进攻前，已经在远东集结了 150 万人的军队，2.9 万门大炮和迫击炮、5200 多辆坦克和自动推进炮，近 5200 架作战飞机。① 苏联出兵对日作战，是对日本军国主义的致命一击。协定对于加速第二次世界大战的胜利无疑具有重要意义。

协定事关中国主权，可是中国政府却被排除在会议之外。美、苏两国背着中国政府和人民，把中国利益私相授受，这就足以证明，名义上作为四大国之一的中国在国际交往中，甚至在直接涉及本国主权的交往中，仍然处于无权地位，中国仍然是大国强权政治的牺牲品。

协定既是美苏两国在远东实现了某种均势的表现，又是为了维护这种均势而缔结的，是两国在划分势力范围上的一次妥协与合作。根据这个协定，苏联恢复了沙俄在日俄战争中失去的权益，建立起了沿蒙古到中国东北直至远东海上的安全带，得以有效阻止美国向临近苏联边境的远东地区的渗透；美国通过确认苏联的势力范围，换取苏联出兵对日作战，同时，换取苏联支持以蒋介石为首的国民党政府，支持美国对华政策，并实际上承诺苏联势力不向关内扩张，也就是承认中国的绝大部分为美国势力范围。协定就是这样一个美苏在远东互相争夺和互相限制的产物。

二

国民政府对三大国的雅尔塔会晤自然是十分关心的。但罗斯福与斯大林约定，协定暂向中国保密，因此会议后的一段时间内，中国政府得不到关于协定的准确消息。当 3 月 12 日驻美大使魏道明询问雅尔塔会议关于远东问题的讨论情况时，罗斯福只是说，斯大林在对日作战问题上作了更明确的表示，并提了三点。但他没有原原本本端出斯大林的要求，而是轻描淡写地解释说，维持外蒙现状，主权仍属中国；南满铁路主权属于中国，苏联只要求业务管理权；苏联希望得到一不冻港，但这是将来的事，

① 鲍里索夫、科洛斯科夫：《苏中关系》，肖东川等译，生活·读书·新知三联书店 1982 年版，第 11 页。

无须太急。对于协定罗斯福更是讳莫如深。[①]

罗斯福去世后，赫尔利曾经催促美国政府及早把协定正式通知国民政府。[②] 但杜鲁门和国务院都认为时机未到。他们认为会议以后苏联对罗马尼亚和波兰的政策违反了雅尔塔达成的协议，因此对苏联的远东政策也产生了怀疑。

5 月下旬，杜鲁门派先总统的亲信顾问、病体未愈的霍普金斯（Harry Hopkins）访问莫斯科，一则是为了表示他继续奉行罗斯福的政策，二则更重要的是为了就广泛的国际问题摸苏联的底。斯大林在谈到中国问题时表示，苏联无意侵犯中国主权，它对中国（包括东北和新疆）没有领土要求；一旦红军开进东北，他将主动请中国政府指派代表，组织地方政府，管理民政。斯大林还说，他对中国任何领导人都不大了解，但他觉得，蒋介石在中国领导人中是最好的，并将承当起统一中国的责任，他不认为中共领导人有蒋那样好，也不相信他们有能力实现中国的统一。他进而表示，国共关系是中国的内政，与苏联无关。他还提到，战后苏联将自顾不暇，英国亦将忙于别处的事情，美国是唯一拥有足够的资本和人才、能对中国真正有所帮助的国家。斯大林希望宋子文 7 月 1 日前往苏联谈判，并称，如果中国接受苏联的政治条件，红军将于 8 月参加对日作战。[③]

斯大林所重申的苏联对华政策使杜鲁门感到放心和满意。6 月 9 日，他指示代理国务卿格鲁（Joseph Grew）致电赫尔利；电文前半部分转述了斯大林与霍普金斯的会谈情况，后半部分是协定条款；他要赫尔利在 6 月 15 日正式将协定与苏联承担的义务作为他建议的中苏条约纲要通知蒋介石，并竭力取得后者的同意。他强调说，罗斯福在雅尔塔会议上同意并支持苏联的要求，他本人支持这个协定。[④]

这样，美苏两国就把协定这个既成事实强加给了中国。对于两大国的

---

① 中国国民党中央委员会党史委员会编印：《中华民国重要史料初编——对日抗战时期》，第三编《战时外交》（以下简称《战时外交》）（二），第 542 页，台北 1981 年版。

② *FRUS*，1945，Vol. 7，pp. 867 – 868. 3 月 24 日，罗斯福把锁在总统保险柜里的协定文本给回国述职的赫尔利看了。

③ 《战时外交》（二），第 565 页；*Special Envoy to Churchill and Stalin*，pp. 472 – 473.

④ *FRUS*，1945，Vol. 7，pp. 897 – 898；《战时外交》（二），第 568 页。

联合意旨国民政府是不可能违抗的，但蒋介石希望增强他与苏联讨价还价的地位，竭力想拉美国参加中苏谈判，并以一项多边条约来代替中苏双边条约。他提出，美国如有共同使用旅顺口的意向，中国可以使之成为四强共用的军港。这一建议显然不符合美苏在雅尔塔达成的谅解，并会使事情变得复杂化，于是美国表示无意共用旅顺港，不便参与中苏条约谈判。[①]美国这时只想让中国去落实协定，而不愿再生枝节。

6 月 30 日，行政院长兼外交部长宋子文、蒋经国、外交部次长胡世泽、驻苏大使傅秉常抵达莫斯科，中苏条约谈判正式开始。谈判分两段进行：第一段，自 6 月 30 日至 7 月 12 日，会谈 6 次；第二段，8 月 7 日至 14 日，会谈 4 次。苏方参加谈判的有斯大林、外交人民委员莫洛托夫、驻华大使彼得洛夫等。

在头两次会谈中，斯大林再次确认了他在雅尔塔会议上，在与霍普金斯谈话中所表示的对华政策立场，并说，中国应当容纳自由分子（包括共产党人和其他自由分子）参加政府；但中国只能有一个政府，由国民党领导，这是中国自己的事。宋子文说，如果搞联合政府，一党退出，政府便将倾倒，因此国民党不愿有联合政府。斯大林说："此为国民党正当之愿望。"[②]

在讨论苏联的具体要求时，双方在外蒙问题上相持不下。中方认为，允许外蒙独立，则有损中国领土完整。苏方坚持说，从战略上看，外蒙的地位对苏联远东领土的安全至为重要，如果有一个军事力量（斯大林承认他指的是美国）从外蒙向苏联进攻，西伯利亚铁路一断，苏联就完了。[③]显然，苏联是要把外蒙作为保卫西伯利亚的屏障。

美国政府虽没有介入谈判，但一直关注着谈判的进展；宋子文每天都向哈里曼通报谈判情况，哈里曼又及时向总统和国务院报告。当谈判在外蒙问题上出现僵局后，宋子文于 3 日会晤哈里曼，询问在雅尔塔会议上罗

---

① *FRUS*, 1945, Vol. 7, pp. 903 – 904, 906 – 907.

② 《战时外交》（二），第 577—588 页；梁敬錞："中苏友好同盟条约之签订与其影响"，《传记文学》第 24 卷第 4 期，第 7 页。

③ 《传记文学》第 24 卷第 4 期，第 7 页；蒋经国：《负重致远》，台北幼狮书店 1963 年印行，第 67 页。

斯福对维持外蒙现状这一条作何解释，美国政府如今又作何解释。次日，国务卿贝尔纳斯（James F. Byrnes）回电说，在雅尔塔会议上对这一条没有进行讨论，这一条的字面意思是：外蒙古现在的实际状况和法律状况应予维持。他特别指出，美国政府不能对协定文本进行解释，哈里曼可能向宋子文提供的情况是非正式的，不能用于同斯大林的讨论。[①] 哈里曼随即把国务卿的回电通知宋子文，并敦促他与苏联达成协定。

贝尔纳斯在这里对“维持外蒙现状”的解释仍然是笼统的、含混的，而不是具体的、明确的。他电报中一段哈里曼不得外传的说明倒是道出了个中道理。他说：“据我们理解，现状是指，在法律上外蒙古的主权属于中国，但实际上这一主权没有实施。依据1922年的《九国公约》，美国政府审慎地避免作出任何表示，即认为如同外蒙古这样的中国边远地区与中国其他部分处于不同地位。”这段话有这样几层意思：（1）外蒙古的法律状况和实际状况是矛盾的，可见贝尔纳斯自己说的两种状况都要维持只是搪塞中国的遁词；（2）既然雅尔塔协定上白纸黑字写着：“外蒙古（蒙古人民共和国）”的字样，这就表明美国实际已经承认外蒙古与中国其他部分处于不同地位；（3）美国明知这样做是违背《九国公约》关于“尊重中国之主权与独立暨领土与行政之完整”的规定的，因此总感到心虚，为了保全面子，不愿把事情点破说穿，因此总是含糊其词，使人不得要领；（4）美国还担心，外蒙古的事情可能在别的边远地区引起连锁反应，尤其是可能影响当时正在开展革命斗争的新疆。贝尔纳斯的这段话确也道出了美国的苦衷。

整个谈判期间，蒋介石对宋子文进行遥控。接到宋子文7月3日关于如何打开外蒙古问题僵局的请示电后，蒋介石及其阁僚绞尽脑汁，然后于6日答复说，中国政府可以承认外蒙古在战后独立，条件是：（1）苏联完全尊重中国在东三省的主权及领土与行政完整，即旅顺军港由中苏共用，但行政管理权归中国；大连为自由港，行政管理权属中国；中东铁路由中苏共同经营，但属中国所有、归中国管理；（2）苏联承诺不给中共以任何

---

① *FRUS*, 1945, Vol. 7, pp. 912 – 915.

支持；（3）恢复中国对新疆各地的主权，苏联不再支持新疆的革命活动。①

接到蒋介石的指示后，宋子文立即找哈里曼征询意见。哈里曼说，蒋的有些要求是不现实的，如果蒋真愿让苏联在旅顺建立海军基地，则该港应由苏联管理和防卫；对于大连，中国只宜争行政权，码头仓库可由中苏共同管理；对于铁路，中国宜争所有权，而应准苏联参加管理。哈里曼分析谈判成败的利弊得失说，如果中苏现在不达成协定，则苏联进兵东北，将无所约束，对中国更加不利；如果两国达成协定，则苏联“将帮助国府，统一中国”。② 但哈里曼声明，这是他个人的意见。当他向国务院汇报这次谈话后，国务院没有给予纠正或作出新的指示，可见这些意见得到了国务院的认可。

7 月 9 日的会谈打破了外蒙问题上的僵局。斯大林同意了蒋介石上述 6 日电报中提出的后两条要求，也原则同意尊重中国在东三省的主权，但在铁路和港口问题上仍然基本坚持原先要求：铁路归苏联所有，两国共管，苏联经营；大连应划入旅顺租借地（但不用租借名义）军事区域之内，由中苏共同控制。他只是答应把原先要求的关于铁路和港口的协定期限从 40 年减为 30 年，并作了其他一些小的让步。7 月 11 日、13 日的会谈也未能根本消除双方的分歧。③ 由于斯大林、莫洛托夫要在 14 日启程去参加波茨坦会议，谈判告一段落。宋子文一行于 14 日回重庆。

国民政府在中苏第一阶段谈判中虽未能得到美国支持，但它在大战中已经习惯于依赖美国的援助和支持，而且认定美国不会作壁上观，因此仍然指望在下一阶段谈判中取得美国的同情和支持。7 月 19 日，蒋介石致电杜鲁门说，中国在谈判中作出的让步已经超过了协定的要求，也可能已经超过了中国舆论能够容忍和支持的程度，他希望杜鲁门在波茨坦向斯大林说明，中国迄今所采取的立场是合情合理的，劝斯大林不要坚持不现实的

---

① *FRUS*, 1945, Vol. 7, pp. 924 - 925；《战时外交》（二），第 594 页。

② 《战时外交》（二），第 608—609 页；*FRUS*, 1945, Vol. 7, pp. 924 - 925；《传记文学》第 24 卷第 4 期，第 8 页。

③ *FRUS*, 1945, Vol. 7, pp. 912 - 913, 927 - 928, 932 - 934.

要求。[①]

关于美国应当干预中苏谈判的建议也来自美国政府内部。哈里曼虽曾不断劝宋子文作出让步，但他认为斯大林的要求也确实过分了。他在参加波茨坦会议到达巴贝尔斯贝格（柏林郊区，美国代表团驻地）后，于7月18日、28日、31日三次给国务卿写备忘录，详细介绍中苏谈判的情况，指出，中方在谈判中的让步已经完全履行了协定的要求，苏方的条件超过了协定的规定，而中方在孤立无援的情况下是无法抵制苏联的过分要求的。他认为，既然协定已经使美国介入了中苏谈判，美国理应就双方仍有分歧意见的协定条款作出解释，不然，“宋子文将被迫作出违反我们基本的对华政策、有损美国国家利益的让步”。他要求苏联保证在东北实行门户开放政策，并为此草拟了《议定书》。[②] 国务院官员杜曼（Eugene Dooman）和中国科科长范宣德（John Vincent）在7月17日、19日、23日四次给国务卿和助理国务卿写备忘录，表达了与哈里曼相同的意见，建议总统和国务卿借波茨坦会议的机会与斯大林和莫洛托夫面谈中苏谈判之事，必要时把宋子文请来一起参加讨论。陆军部长史汀生（Henry Stimson）也于15日、16日分别敦促总统和国务卿说，一定要确信，不能因为苏联控制了铁路而使美国在东北的贸易受到障碍。[③]

波茨坦会议前夕，7月16日，美国在新墨西哥州的首次原子弹爆炸试验取得成功。得知这个消息后，杜鲁门询问马歇尔，在太平洋战场是否仍然需要苏联的帮助。马歇尔没有正面作答。他的意见是，由于有了原子弹，美国不再需要依仗苏联帮助来征服日本，但有这种帮助将使胜利来得快些，美军伤亡少些；再说，反正苏联会取得对中国东北的控制，因此请苏联参战仍是可取的。[④] 这就是说，苏联的参战对美国来说不再像5个多月前那样是必不可少的了。既然如此，杜鲁门在波茨坦会议上不再主动提出这个问题，而斯大林则首先说起此事。在三国首脑7月17日的第一次

---

① *FRUS*, 1945, Vol. 7, pp. 948 – 949.

② *FRUS*, 1945. Vol. 7, pp. 944 – 948, 950 – 952, 953 – 954.

③ 《中国的纠葛》，第362、367页。

④ Herbert Feis, *Between War and Peace. The Potsdam Conference* (Princeton University Press, 1960), p. 180.

会谈中，斯大林首先重申了他在雅尔塔作出的对日作战的保证，并说，苏联将在 8 月中旬做好准备。接着，他介绍了中苏谈判的情况，并且抱怨说，中国人的毛病在于“不懂得讨价还价后互相让步的诀窍”，他们在每一个小问题上斤斤计较，而看不到全局。当时，杜鲁门的注意力几乎完全被欧洲的那些麻烦事占据了，对于中苏谈判他分不出多少精力。他只是简单地谈到大连问题，说美国希望确信，大连将成为一个开放港。斯大林回答说，如果苏联取得对该港的控制，它将是一个开放港。贝尔纳斯接着说，根据雅尔塔协定，大连港的控制权仍归中国。[①] 除了第一次会上这样简短的意见交换外，会议期间再未提到中苏谈判问题。

23 日，杜鲁门答复蒋介石 19 日的电报说：“我曾要求你履行雅尔塔协定，但不曾要求你作出超过协定的让步，如果你和斯大林元帅在对协定的正确解释方面存在分歧，我希望你将安排宋子文返回莫斯科，继续你的努力以取得完全的谅解。”[②] 这个答复暗示，对于斯大林提出的过分要求，美国支持国民政府予以抵制，但它没有说明，哪些要求是过分的，而只是要求中苏两国自己去谈。因此这个答复仍然是含混其词的。

7 月 26 日，美、英、中促令日本无条件投降的《波茨坦公告》发表；苏联正忙于调兵遣将，紧张进行对日作战的准备。贝尔纳斯感到，在苏联参战之前，中苏必须谈成条约。28 日，他致电赫尔利，要他催促宋子文尽早返回莫斯科继续谈判。

8 月 8 日，宋子文与新任外长王世杰继续与斯大林、莫洛托夫会谈。当时，战争形势在迅速发展。6 日，美国在广岛投下第一颗原子弹，8 日，苏联对日宣战，向关东军发起猛烈进攻，10 日，美国在长崎投下第二颗原子弹。国民政府也在忙着组织军事和民政人员，以便在苏军解放东北时进入那里。在这种情况下，中、美、苏都希望尽快达成中苏条约。当中苏双方在 10 日谈判中仍为条款争持不下时，斯大林威胁说，中方最好还是尽快达成协定，不然，“共产党人就要进入满洲了”。[③] 这个威胁正中国民党

---

① Charles L. Mee, Jr., *Meeting at Potsdam* (New York: M. Evans and Company, Inc., 1975), p. 74; James F. Byrnes, *Speaking Frankly* (New York: Harper and brothers, 1947), p. 205.

② *FRUS*, 1945, Vol. 7, p. 950.

③ *FRUS*, 1945, Vol. 7, p. 968.

人的要害。8 月 9 日，毛泽东已经发表了《对日寇最后一战》的声明，他号召“中国人民的一切抗日力量应举行全国规模的反攻，密切而有效力地配合苏联及其他同盟国作战……扩大解放区，缩小沦陷区”。[①] 蒋介石担心中共得到苏联支持后迅速扩大势力，占据东北、内蒙等地。在这种情况下他唯有再作让步。8 月 11 日、13 日，他两次致电宋子文等，准予他们“权宜处置”“未决事项”。[②]

在第二阶段，美国在一定程度上介入了中苏谈判。贝尔纳斯于 8 月 5 日、9 日、11 日三次指示哈里曼说，宋子文已经履行了协定的规定，斯大林不应再迫使他作更多的让步；大连不能包括在旅顺的军事区域之内成为苏联海军基地；苏联在与中国订约的同时，应作出在东北遵守门户开放政策的书面保证，该保证书应与中苏条约同时公布。哈里曼于 8 月 8 日、14 日会见斯大林和莫洛托夫，并于 8 月 12 日致函莫洛托夫进行交涉。[③] 在美国的干预下，苏方也不得不再作些妥协。

8 月 14 日，《中苏友好同盟条约》和 4 项附加协定（以下总称中苏条约）签订。[④] 中国方面作出的主要承诺是：承认外蒙古独立，战后外蒙古举行公民投票，以证实这种愿望；中东铁路、南满铁路改名为中国长春铁路，为中苏两国共同平均所有，由两国合办公司共同经营，铁路理事会、监事会中苏成员各半，中方人员任理事长，苏方人员任监事长和铁路局局长，其他重要职员由双方平均充任；旅顺作为海军基地，仅供两国使用，具体事项由中苏合组之军事委员会（委员长由苏方担任）处理，海军基地由苏方防护，民事行政属于中国；大连战时划入旅顺军事区，平时为自由港，行政权属于中国，港口主任由苏方担任，中国允将港口工事及设备之一半无偿租与苏方。苏联方面在条约中作出的主要保证是：苏联政府的道义支持和物资援助（尤其是军需品），“完全供给中国中央政府，即国民政府”；苏联尊重中国对东三省之充分主权及领土与行政完整；关于新疆事变，苏联不干涉中国内政。中苏条约有效期为 30 年。

---

① 《毛泽东选集》（一卷本），人民出版社 1968 年版，第 1018 页。

② 《战时外交》（二），第 646、649 页。

③ *FRUS*, 1945, Vol. 7, pp. 955 -956, 960 -966, 969 -974.

④ 条约全文见王铁崖编《中外旧约章汇编》，第三册，第 1327—1338 页。

三

简单回顾从雅尔塔协定到中苏条约的中美苏三国关系，我们不难得出下面一些看法。

大战末期，美、苏两国都在考虑战后世界的安排。虽然英国是大战中的主要盟国之一，中国也号称是“四强”之一，但美、苏两国主要还是从两国主宰世界的角度出发来考虑问题的。两国的利益无疑是有矛盾的，争夺自始至终存在着，但当时，两国合作的设想无疑是首要的和主要的，正如有的美国历史学家所说的，“当包括罗斯福和霍普金斯在内的美国代表离开雅尔塔时，他们的心情可以说是十分兴高采烈的。他们确信……这是一次最令人鼓舞的会议”。[①] 霍普金斯自己也这样说到雅尔塔会议：“我们确实在我们的思想中相信，这是我们大家多年来祈求和谈论的新的一日的曙光。……俄国人已经证明，他们可以是通情达理和有远见的，总统的或我们任何人的脑子里都完全没有疑问……我们是能够同他们一起生活而且和平共处的。”[②] 在波茨坦，尽管使战时盟国结合在一起的黏合剂已经越来越少，但会议的主调仍然是妥协和合作，而不是争夺和对抗，因为当时美苏双方都需要和平和安全，都承认只有它们的继续合作才能达到这些目的。这是美苏确定对华政策和美国确定对中苏谈判立场的大背景。在中苏谈判的两个阶段中，美国的态度前后有变化，它的主要注意力由压中方作出让步转为帮中方抵制苏联的某些要求，这种转变的主要原因是美国担心苏联在中国东北实行门户关闭。美国后期对谈判的干涉，不是为了维护中国主权，而是为了维护美国在东北的利益。

处在美苏合作安排世界事务的大气候下，国民政府面临着两国的联合压力。对于协定，国民政府不论理解与否、愿意与否，都是要执行的。因为在大战中，美国通过财政、物资和军事援助，已经同国民政府建立了特

① *The Yalta Conference*, p. 39.

② Robert Sherwood, *Roosevelt and Hopkins*, p. 870.

殊关系，国民政府已经离不开美国，不能没有它的支持，而只能听从它的安排。国民政府尤其不能既违背美国的意旨，又对抗苏联的要求。这几个月的中美苏交涉证明，号称“四强”之一的中国，其实只不过是美苏两国布下的“国际象棋”中的一枚棋子，这枚棋子是不自由的，它只能听从棋手的摆布。中国作为第二次世界大战的主要参战国之一，在按照庄严的《开罗宣言》的规定收复被日本侵占的领土之前，却已经有一部分主权被让出去了。就在中国经过八年浴血苦斗赢得抗日战争最后胜利前夕，美苏两国联合起来，把一个严重损害中国主权的不平等条约强加给了中国，中国的无权地位由此可见一斑。

但这并不是说，国民政府签订中苏条约完全是出于被迫的。实际上，条约谈判是两方一桩讨价还价的买卖。在这场美苏之间、中美之间的交涉中，苏联手中的筹码显然比它的对手多些，它看准了国民党担心苏联支持中共这个致命伤，乘人之危，损人利己，表现了大国沙文主义和民族利己主义的倾向。国民党为了战后孤立中共、消灭中共的需要，不惜出让民族利益。交涉的结果，美、苏、中三方居然都对中苏条约表示满意。贝尔纳斯向新闻界发表谈话说，美国政府欢迎这一条约，把它看作是“继续和睦和互助的一个实例”，是“今后中苏关系的一个重要步骤”。后来责难这个条约的赫尔利也曾在9月6日致电国务院说：“这些文件（指中苏条约）的公布确凿无疑地表明，苏联支持中国的国民政府，两国政府对满洲达成了一致意见。”苏联官员和报纸把中苏条约看作是苏联希望和平、友谊和正义的又一证明。宋子文在离开莫斯科之前在机场发表讲话说，斯大林和莫洛托夫“所表现的诚意鼓励了我对巩固中苏关系的信心”。蒋介石也对赫尔利表示，他对条约“总的说来是满意的”。[①] 美苏满意这个条约，是因为它实现了雅尔塔协定的规定，把战后远东的雅尔塔格局落实了下来，国民政府满意这个条约，是因为它描绘的不是“共产党征服中国的蓝图”，而恰恰是国民党统一中国的蓝图。

自然，后来中美苏三国关系并没有按照当时各方所预期的那样发展，

---

① Richard F. Fenno, Jr. ed., *The Yalta Conference*, pp. 68 – 69; Herbert Feis, *The China Tangle*. p. 347.

那是因为中国共产党不愿任随大国的摆布，要追求民族的独立和解放；也是因为苏联执行两面政策，在一定程度上支持中国共产党，援助中国革命，但那是后话了，已经不属于协定和条约本身的范围。

（原载《美国研究》1990 年第 4 期）

1946年《中美商约》：战后美国对华政策中经济因素个案研究

1946年11月国民政府与美国政府签订了《中美友好通商航海条约》，这是战后中美关系中的大事。条约内容广泛，远远超出通商航海的范围。在1943年取消美国在华领事裁判权及其他旧有特权之后，正是这个条约，为中美关系提供了新的法律基础。关于条约在1946年的谈判过程，近年一些专著和论文已作了较系统的阐述。但实际上，从1943年1月中美新约签订之后，中美双方就都立即开始为战后签订商约进行准备。美国实业界和国务院密切配合，力图为战后美国在华的经济扩张创造尽可能优惠的条件。揭示这个过程，有助于我们更全面、更深刻地认识美国战后对华政策。

一

在旧有不平等条约体系之下，美国及其他外国在华的工商企业处于一种特殊优惠的地位。美国放弃领事裁判权等特权后，中美关系的旧格局打破了，处理美国在华贸易投资等实业活动的旧规范取消了。中美新约规定，两国在战争结束后6个月内进行谈判，“签订一现代广泛之友好通商航海设领之条约”。美国政府和企业界希望，美国旧有的许多利益和特权能在新的条约框架之内保留下来。尽管他们预计，中国“过于敏感的民族主义”会给未来商约的谈判带来困难，但他们对在华经济扩张的前途仍然乐观。国务院远东司司长汉密尔顿（Maxwell Hamilton）在1943年2月12日给驻华大使高思（Clarence E. Gause）的长信中写道：“我觉得，对付这些困难最好的办法是以异乎寻常的耐心，尽我们的可能以友好的方式帮助中国朝着进步与自由的路线发展。随着时间的推移，也许经过10年，我期待着那种过于敏感的民族主义烟消云散。"[①] 汉密尔顿在这里用了冠冕堂皇的辞藻，但他把美国政策的目的表达得十分清楚：无论如何美国都要克服中国因出于民族利益考虑对美国经济扩张的抵制，把中国经济纳入符合美国实业家意愿的轨道。

1943年3月蒋介石的《中国之命运》发表。这本书打着“三民主义”的旗帜，公开提出既反对共产主义又反对“自由主义”（即资产阶级民主主义），实际上是鼓吹法西斯主义；同时书中又对西方列强加于中国的不平等条约进行了谴责。于是，西方许多观察家就把这本书解释为是排外的，反对西方的理想与实践的。他们认为，这本书表示，中国战后将实行国家控制的经济[②]。美国外交官从与国民政府人员的接触中感到，在国民政府中存在着两种不同意见，即“自由主义的”与“民族主义的”，前者主张对外商实行最小程度的限制，过去外人在租界和条约口岸享有的特权大多可以继续保持下去；后者倾向于政府指导和控制贸易、投资、工业等经济活动，政府还可能对某些企业实行优惠待遇，而对另一些企业实行限制。而在这种“民族主义”特色中包含着反西方的感情[③]。同时，美国政府和实业界也认为，中国战后经济政策尚未确定下来，要对它施加影响，此其时也。

1943年10月，26家在华从事经贸等实业活动的企业成立了中美工商业协进会，不久其成员就发展到近400家美国公司，它们位于美国各地，代表经济生活的众多门类，诸如银行、进出口商、制造商、工程建筑和承包商、保险公司、海空运公司，等等，其中包括不少美国一流的大企业，如花旗银行、大通银行、美孚公司、国际商用机器公司、英美烟公司、发施登汽车胎公司、波音公司、柯达公司、可口可乐公司、泛美航空公司、

① Julia F. Cosgrove, *United States Economic Foreign Policy towards China*, 1943 – 1946 (Ann Arbor: University Microfilm International, 1980), pp. 66 – 67.

② "The New China Destiny", *Amerasia*, Vol. 9, No. 13 (June 23, 1944), pp. 202 – 203.

③ US Department of State, ed., *Foreign Relations of the United States. Diplomatic Papers* (*FRUS*), 1944, Vol. 6, pp. 1060 – 1061, 1072.

《时代》周刊社，等等。该会总部设在纽约，在华盛顿设有办事处，以便与美国有关政府部门联系接洽，在新英格兰、中西部和旧金山、西雅图、波特兰等地设有地区委员会，1946 年 3 月又在上海设立了临时总部。该会宣称，它的两个首要目标是："帮助为两国间的贸易和美国在华投资建立一个健全的法律基础，并为双向贸易的最大限度发展提供一切实际的帮助。"①

从 1929 年到 1943 年，国民政府颁布了《公司法》、《公司法施行法》、《公司登记规则》等一系列法规，但它们只对中国公司有约束力，由于领事裁判权等特权的保护，在华尤其是在条约口岸和租界内的外国公司不受这些法规的约束，并得以蠲免许多税项。在日本侵华战争中，美国公司营业的地区大多沦陷，绝大多数美国实业家暂停了在华活动。1944 年初，美国企业家开始考虑恢复在华营业。这时他们获悉，所有美国公司，都要根据中国有关法规在本年 7 月 31 日前履行登记手续。美国实业家以中国的有关法规词义含混、过于复杂烦琐为借口，抵制履行登记手续。全国对外贸易协会和中美工商业协进会都抱怨登记期限太短，并称，国民政府要求美国公司在登记申请表上写明注册资本、股东、财政状况等，而在战争时期要得到所有这些资料实在太难；美国实业家不习惯于遵奉这样的规定，要他们做这样麻烦的事情的法律含义使他们对自己的未来感到忐忑不安②。

国民政府仍然在催促美国公司进行登记。经济部长翁文灏试图向美方解释中国的法规。中国有关法规系根据属地主义确定其是否为外国公司，即凡是外国公司，系指本店设在中国领土以外的公司，不管这家公司是中国人还是外国人拥有的。所谓本店，就是成立公司、通过发售股票筹集资金、在成立之后营业的主要地方。公司在中国营业的所有其他店号均被认为是支店。问题在于，美国有关法律中没有这样严格的规定。在美国，公司在哪里注册就算是哪里的公司。美国各个州有关公司的法律也不相同，有的州，如德拉华州，给予公司的自由权限极大，许多美国公司就到该州

---

① *Directory of the China - America Council of Commerce and Industry. A Guide to Nearly 400 American Companies Interested in Developing Trade Between China and the USA* (New York, 1946), p. 6.

② *United States Economic Foreign Policy towards China*, pp. 106 - 107; *FRUS*, 1944, Vol. 6, pp. 990 - 991.

注册。这样，一家公司可能在德拉华州注册，在纽约建立并保持其财务记录，在旧金山筹集资金，而主要在中国营业。不仅如此，为了鼓励美商在华贸易和投资，美国政府还专门于 1922 年颁布了《中国贸易法令》，准许美商在本国设立公司，而专门在中国营业，不得在美国营业，在美国免除其捐税，而在中国，因其是外国公司，也得以蠲免税项[①]。按照中国法规，这些公司自然统统不能算作外国公司，而如果登记为中国公司，它们就要像一般中国公司那样完全遵守中国政府的法规，而不能享受任何优惠。全国对外贸易协会和中美工商业协进会在 7 月 10 日致国务院的联合备忘录中指出，一般的登记程序不要求填这样复杂的表格，不要求说明预算、股东、资金所在地，它们向国务院附呈了一份德拉华州的法律文本，认为这样规定松散的法律最符合它们的愿望。也就是说，它们只想服从美国的法律，而不想遵奉中国的法规[②]。

美国国务院，从国务卿本人到远东司中国科官员一直十分关注国民政府对战后中国经济政策的考虑及当时采取的有关措施，不断向驻华大使高思询问情况。7 月 3 日，国务卿赫尔（Cordell Hull）指示高思会见翁文灏，要求展延登记期限，澄清并简化登记手续。赫尔强调说："国务院认为，此事的重要性在于，它表明中国政府对于有意从事对华贸易的美国人是否打算采取自由的、合情合理的商业政策。为此，国务院希望你强调此事的特殊重要性以及它对未来美中商务关系的重要意义。"高思于 7 月 13 日与翁文灏作了长谈。他强调说，这是在废止领事裁判权之后美国利益与中国政府的第一次接触。毫无疑问，美方将对中国政府的态度进行仔细考察。许多报道说，中国有人决心阻难外国公司重新进入中国，美方要看这是不是真的。遵循这样一种方针是不明智的。翁文灏为中国的法规进行了辩护，但他同意把登记日期延长到年底[③]。

1944 年夏，全国对外贸易协会和中美工商业协进会采取了三管齐下的措施：敦促国务院向中国政府施加压力，自己对访美的孔祥熙进行游说，

---

① 这种做法源于英国的香港条例，美法等国也纷纷效尤，成为外商在不平等条约庇护下偷漏捐税的一种惯常做法。

② *United States Economic Foreign Policy towards China*, pp. 110 - 113.

③ *FRUS*, 1944, Vol. 6, pp. 990 - 991, 994, 997 - 1000.

组织美商联合抵制登记。

为了更好地协调两会的行动，并更密切地与国务院配合，两会于7月成立了一个联合委员会。联合委员会7月10日致国务院的备忘录中明白地强硬表示，中国必须改变法律，美国公司将不在中国现行法规下登记。自然，实业家们也考虑到国民政府对这样的要求将是很敏感的，因此他们用外交辞令提出他们的要求："我们只是建议，这种法规应当予以简化和澄清。"①

当时，国民政府行政院副院长兼财政部长孔祥熙为参加联合国家货币金融会议（布雷顿森林会议，7月1日至22日）适在美国。孔祥熙在美国作了一系列公开演讲，呼吁美国实业界参与战后中国的发展。他说，以往美国把许多注意力放在中国的宗教与文化事业上，而经济领域却为日本和英国所支配。战后，美国将在经济领域起更大的作用，"战后中国是一个拥有丰富工业机会的开放市场，中国欢迎美国工业界的参与"。两会认为，应该抓住孔祥熙访美的机会，对国民政府施加压力。这与高思大使的想法不谋而合。高思在7月28日建议国务卿：要让孔清楚地懂得，如果中国政府坚持反自由主义的政策，对美国和其他外国的实业界采取极端民族主义的倾向，那中国就不能从美国得到它急需的援助——政府的或私人企业的。国务院经济事务司赞同高思的意见，该司商业政策科副科长威洛比（Woodbury Willoughby）在8月7日给司长霍金斯（Harry C. Hawkins）的备忘录中指出，孔祥熙既与那些主张实行"极端民族主义政策"的人关系密切，又能直接向蒋介石进言，因此对他做工作有特别重要的意义。要让孔充分认识到中国与美国及其他具有相同愿望的国家充分合作的重要性，必须避免征收过高的关税和设置不必要的障碍，以妨碍国际自由贸易。他建议总统亲自出面与孔谈及此事，国务卿则与之进行充分的讨论②。远东司于8月中旬准备了一份致总统的备忘录，其中说，孔本人对于战后经济是持自由主义观点的，但要向他讲明，美国人对中国现行的法规是何

① *United States Economic Foreign Policy towards China*, p. 122.

② *FRUS*, 1944, Vol. 6, pp. 1060 - 1064.

等不满，这些法规“毫无必要地限制过严、含义不清……复杂、烦琐”①。罗斯福与国务院的代表在会见孔祥熙时都强调了上述意思。

全国对外贸易协会和中美工商业协进会劲头十足地直接向孔祥熙进行游说。7 月，联合委员会开列了美国实业家所关心的事项，与国务院密切配合制定与孔祥熙接触的计划。8 月，实业界各方面人士在纽约与孔多次会晤，广泛讨论了有关银行、保险、贸易、投资等各方面问题，要求中国政府取消那些具有严格限制性质的法规。实业家们对这些会谈颇感满意。12 月中旬，两会向仍在美国的孔祥熙递交了一份名为《美国对发展中美贸易和工业的态度》的备忘录，其中断言，战后中国政府不能指望美国政府提供大量资金，明智的办法是依靠美国的私人资本。备忘录极力论证私人资本优于政府借款：后者要中国政府承担义务，定期还本付息，因此可能使中国的通货膨胀情况进一步恶化，前者不用中国政府负任何责任；私人资本还会给中国带去最先进的经营管理知识和科学技术。备忘录提出，为了鼓励美国资金流入中国，应当给美国银行提供尽可能多的自由；诸如开矿、交通、通信等公用事业应当留给私人资本去经营；中国有关公司的法律和规定，尤其是关于公司登记的规定，应当尽可能简化；税率和其他贸易障碍应当尽可能减少，等等。中美工商业协进会会长加里（W. Gilbson Carey）希望，这份备忘录能成为协进会与中国领导人之间进行有关金融和投资、轻重工业、进出口、交通、电讯与公用事业、决策与立法等诸多方面的非正式的、探索性的会议的一个背景材料。协进会信心十足地指望，这种商谈将有助于使中国法规订得更符合美商的需要②。

两会还组织美国公司对登记进行集体抵制。全国对外贸易协会会长汤姆斯（Eugene Thomas）认为，如果有那么几家美国公司履行了登记手续，其他公司也就难以再同国民政府讨价还价。于是，他一方面正式要求国务院从中协调，劝阻在华营业的任何美国公司登记，一方面还同这些公司一一接触。11 月上旬，两会要求国务院正式呈请国民政府再次延

① *United States Economic Foreign Policy towards China*, p. 121.

② *FRUS*, 1945, Vol. 7, pp. 1206 - 1207.

展登记期限，理由是，它们正在研究翁文灏7月解释中国法规的备忘录，它们将提出要求进一步说明这些法规的呈文。11月16日，代理国务卿斯退丁纽斯（Edward Stettinius）指示高思与翁文灏再办交涉。其时，没有一家美国公司履行了登记手续，翁文灏迫不得已，同意登记期限再延长半年①。

二

1944年9月，国务院派遣经济和法律专家赫尔米克（Milton J. Helmick）来华。赫尔米克曾担任美国联邦法院的中国地区法院的法官。该法院成立于1906年，是美国在中国司法的一个特殊法院。派他来华有双重的目的：一则，调查中国有关法律状况和战后计划，以便使美国正在草拟的商约文本更有针对性；二则，要他以自己的司法经历和背景，影响国民政府修改现行法规。赫尔米克对中国法律现状的分析及提出的建议与实业家们的见解自然是完全一致的，但他的看法更带理论色彩。他认为中美两国法律上歧异的根源在于，在中国法律界起主要作用的是在日本和法国留学归来的人，日本法律制度是仿照德国的，因此，中国法律受欧洲大陆法律体系影响甚大。赫尔米克竭力敦促中国政府放弃欧洲大陆的法制，接受英美的法制，后者强调保护私人财产、企业和契约。他会见了外交部长宋子文、立法院长孙科、国防最高会议秘书长王宠惠等，据说他们都对他的建议表示欣赏。赫尔米克甚至十分乐观地告诉美国驻华大使馆，蒋介石本人在2月10日会见他时也原则上肯定了他的想法②。他的建议被提供给当时正在研究修改《公司法》的立法院法律专家们。赫尔米克和美国一些官方及实业界人士满心以为，在1945年6月30日这个新的注册截止期限以前，国民政府会把《公司法》修改得让他们满意。

但是事与愿违，中国立法院并没有立即修改《公司法》的迹象，翁文

① *FRUS*, 1944, Vol. 6, pp. 1005－1007.

② *FRUS*, 1945, Vol. 7, pp. 1209－1210; *United States Economic Foreign Policy towards China*, pp. 147－148.

灏则仍在不断催促美国公司履行登记手续。1945 年 4 月上旬，美孚公司、卫利韩公司、《大美晚报》这三家在重庆营业的公司的代表找到使馆，他们担心在 6 月 30 日以前中国政府不颁布新的法规，他们不知道在这种情况下该如何措置。驻华代办布里格斯（Ellis O. Briggs）于是再次会见翁文灏。翁文灏表示，中国政府正在积极研究登记问题，包括赫尔米克提出的建议，但在 6 月 30 日前未必会颁布新的法律；国民政府不再准备延长登记期限；外国公司应在现行法律之下登记。布里格斯立即向国务院作了汇报[①]。代理国务卿格鲁（Joseph Grew）4 月 28 日指示驻华大使赫尔利（Patrick Hurley）会见翁文灏，向他表示“国务院对拟定新的登记规则进展如此迟缓十分失望，虽然这个问题已经考虑和研究了一年多”。格鲁强调说：“国务院对此事对两国商务关系可能产生的负面影响极为关注，并强烈要求，毫不延缓地颁布新法律，其中对美国和其他外国公司的登记要求是清清楚楚和合情合理的。”[②] 立法和司法权是一个主权国家的内政，是一个国家神圣主权的重要组成部分，不容外国任意干涉。在废除了旧有的不平等条约之后，中国作为一个主权国家，作为四大国之一——不管这在多大意义上是名义上的，多大意义上是事实上的——理应享有充分的权力制定和实施它自己认为适宜的法律。从中美新约签订之后，美国一直在用各种方式影响中国的立法，鉴于当时中美两国结盟抗日的大背景，如果美国提些建议，供中国政府参考，采纳与否，任凭中国政府决定，那也未尝不可。但美国国务院和实业家却是利用战后中国对外贸和外资的迫切需要，与中国政府讨价还价：你制定和实施对我有利的法规，我就和你发展经贸关系，否则，你甭想得到我的资金和技术，这就构成对中国内政的干涉。如今，代理国务卿以这样强横的态度对待国民政府，这就是对中国内政的粗暴干涉了。国务院只差提出最后通牒了。

5 月，行政院代院长宋子文和王宠惠为出席联合国成立大会到美国。宋子文在去旧金山开会前先到华盛顿，催促美国政府把 5 亿美元贷款中答

---

① *FRUS*, 1945, Vol. 7, pp. 1210 – 1211.

② Ibid., p. 1212.

应售给的2亿美元黄金尽快运到中国[①]。为此一再与财政部、国务院接洽。这又是一个对中国施加压力的好机会。助理国务卿克莱顿（William L. Clayton）操着与格鲁一样的腔调，向宋子文一再指出登记问题的重要性，并表示国务院"亟盼"中国尽早制定和颁布新法规。宋子文对克莱顿的说法表示赞许。远东司副司长斯坦顿（Edwin Stanton）5月28日在旧金山与王宠惠的谈话中也强调，登记问题"获至圆满的解决对未来中美商务关系有着十分直接的关系"。王宠惠说，现行法规是1931年制定的，是"有不足之处的"，对外国公司的申请不适用，并称，他曾与赫尔米克讨论过此事，并参照后者的意见向立法院提出了正式建议。斯坦顿敦促王宠惠尽其可能推动此事尽快解决，并提议在实施新法律前美国公司实行简单的临时登记。这时美国国务院在与宋子文等的交涉中握有一个可以方便使用的武器：2亿美元的黄金，有求于美国的宋子文等态度也格外谦恭。6月13日，宋子文在给克莱顿的书面答复中说，中国政府正在制定外国公司登记的新法规，登记手续将被简化，如果新法规不能在6月之前颁行实施，则登记期限将再次延长[②]。美方吃了定心丸。6月28日，外交部副部长吴国桢通知美国领事馆，登记期限再延长6个月。

到1945年年中，中国《公司法》的修改已经初步完成，7月中旬，立法院院长孙科把修改后的《公司法》约本送给美国使馆。31日他又告诉赫尔利，约本经立法院商法委员会审议通过，已提交立法院全体会议初次审议，估计可在8月底正式颁布。

中方对《公司法》的主要修改有四点。第一，外国公司申报在华支店资金的要求取消了；第二，本来中方拟根据资金确定登记税，遭到美方反对，现在中方同意不问资金多少，对外国公司支店登记只收取象征性的手

① 1942年3月美国给国民政府的5亿美元贷款中，有2.2亿美元是用作在美国购买黄金的，1944年冬至1945年春国民政府把已购得的2000万美元黄金向市场抛售，现货不济，又出售期货。这次抛售不仅没有制止通货膨胀，反而引起金融市场一片混乱。美国外交及财政部门官员对此十分不满，称之为"疯狂的金融政策"，美国财政部于是借口运输困难，延缓把余下的2亿美元黄金运来中国。见*FRUS*，1945，Vol. 7，p. 1063；《中美关系资料汇编》，第1辑，第529—531页，世界知识出版社1957年版。

② *FRUS*，1945，Vol. 7，pp. 1215－1219；*United States Economic Foreign Policy towards China*，pp. 150－157.

续费；第三，股份有限公司不再需要开列所有股东名单，而只需开列30位最大的股东名单；第四，在华有多家支店的外国公司无须再逐家分别登记，而可以合起来一次登记①。

但是美国实业家并不满足于这些修改。全国对外贸易协会及中美工商业协进会认为，这些修改并没有使中国的《公司法》“变得简单明了，它仍然过于复杂，并且是以欧洲大陆及其他的法律观念和理论为基础的”。它们认为，重要的是，上面这些规定，是否只适用于符合中国法律中关于外国公司定义的那些企业，而对另外一些美国公司则不适用②。实际上，它们所强调的还是中国法规中关于“营业”的规定，也就是说，美商必须在美国营业，才能在中国登记为美国公司。这样，那些根据德拉华州不严格的法律以及《中国贸易法令》成立的公司，就都不能算美国公司了，甚至像上海电力公司和德士古煤油公司这样在中国经营多年的公司也不例外。美国公司的强烈反对是可想而知的。8 月 25 日，国务卿贝尔纳斯（James F. Byrnes）向驻华大使赫尔利详细转达了美国企业家们的意见，供他在与中国政府交涉时参考③。

8 月 29 日，美国使馆公使衔商务参赞饶伯森（Walter S. Robertson）、副参赞沃尔克（Melville H. Walker）和中美工商业协进会名誉法律顾问塞莱特（George Sellett）一起向孙科及立法院起草委员会主要成员张肇元转达了美国企业家的意见。饶伯森还要求国民政府立法院暂缓批准法律，以便能使美方有更充裕的时间对修改后的《公司法》进行充分研究，提出意见。

9 月 15 日，张肇元向沃尔克解释说，关于“营业”的规定之所以保留在新《公司法》中，是为了防止华商以注册为美国公司来规避政府法规。过去曾有华商这样做，如果他们以后仍旧可以如此办理，那么中国实业界便难以接受政府的宏观计划指导，关于“营业”的规定的目的正在于此。他抱怨美商只考虑他们自己的经营条件和利润，而不顾及中国的担心

① *FRUS*, 1945, Vol. 7, pp. 1223 – 1226.

② *United States Economic Foreign Policy towards China*, pp. 152 – 153.

③ *FRUS*, 1945, Vol. 7, pp. 1229 – 1233.

和发展计划。显然张肇元的说法不是他个人的意见，而是代表了立法院中许多人的看法①。

尽管美方一再与中方进行交涉，立法院坚持关于“营业”的规定。并于9月29日通过了新《公司法》。立法院中的法律程序将于1946年1月完成，然后交国防最高会议批准成为正式法律。虽然立法院拒绝美方的要求，饶伯森认为仍然有可能说服国防最高会议对那些于美商不利的条款作出修改。

11月9日，美国商务部召集全国对外贸易协会、中美工商业协进会及一些从事中美经贸活动的大企业的代表在华盛顿开会。会议一致通过的决议中说：“美国实业界经过仔细研究，认为修改后的中国《公司法》中的某些规定有损美国在华的实业利益……兹特建议与中国当局继续进行交涉，以便对该法作进一步修改，以满足那些特别指出的反对意见。”贝尔纳斯把这次会议的决议和实业家的意见于16日一起转达给了驻华使馆。12月4日、8日，贝尔纳斯一再指示饶伯森，向中方探询是否可在1月1日之前对“营业”一项作出修改。如果中方不能作出肯定回答，国务卿命令商务参赞直接去见蒋介石，“直率而强硬地把问题摆到他面前”。国务卿指示驻华使馆要让中方懂得，国务院的旨趣在于取得有利于最大限度地促进对华贸易和投资的条件，国务院必须在很大程度上根据实业界对有关专门规定的看法来决定弃取②。

12月和1946年1月初，饶伯森和参赞施麦斯（Roben L. Smith）频频会见孙科、翁文灏、王宠惠和外交部长王世杰等。他们警告国民政府大

① *United States Economic Foreign Policy towards China*, pp. 156 – 157. 这里所说中国人在国内营业，在外国注册，创办公司，托庇于外国，以享受不平等条约给予外人的特权的情况所在多有，如先施、永安等百货公司在香港注册，《申报》馆、五洲药房等在美国注册，等等，参见张纯元、宋静安编《马寅初经济论文选集》，第283页，北京大学出版社1981年版。张肇元在这里只讲了事情的一半，另外一半，也许是更重要的一半，他闪烁其词，不敢明讲。关于“营业”的规定，主要涉及税收问题。如有人在美国组织一总公司，资本1000万元，在上海设一分公司，由于总公司可以不营业，它在分公司的资本就是不定的，需要时可能1000万元，不需要时可能数百万元。该分公司若以200万元资本获利100万元，本来获利50%；但若把资本报为500万元，则利润率减为20%，若报为1000万元，则获利仅10%，中国的税就免了．因为总公司在美不营业，自然不纳税。

② *FRUS*, 1945, Vol. 7, pp. 1250 – 1252; *United States Economic Foreign Policy towards China*, pp. 159 – 160.

员，如不满足美方要求，美商有可能把他们的办事机构从大陆撤出，把他们的业务挪到香港去，这样，中国也就无从得到它急需的资金和技术了。

12 月 20 日，张肇元通知美国使馆，既然新的《公司法》行将颁布，登记期限再次推迟。1946 年 1 月 13 日，王世杰告知饶伯森，鉴于美国的"强硬表示"，国防最高会议将取消关于"营业"的规定。

1 月 14 日的国防最高会议经过"长时间的甚至激烈的讨论"终于决定删去"营业"的规定，但立法院拒绝认可。按照国民政府法律程序，如果国防最高会议坚持原议，则立法院必须认可，但国防最高会议在 2 月的例行会议上却没有就此作出决定。

三

在中美进行关于公司登记问题交涉的两年之中，双方都在起草商约。美国国务院在着手起草之前，首先广泛征求实业界人士的意见。中美工商业协进会副会长史密斯在 1944 年 5 月 28 日的答复中特别表示希望保留领事裁判权制度下美国实业家享有的特权。他说："战前美国在华实业因遵奉美国法律、服从美国法庭而得到好处，人们合乎情理地相信，这种状况将继续下去，如果发生什么转变，将会规定一个过渡时期，其间将继续享受美国法律带来的好处……当领事裁判权废止时，美国实业正被中断，结果也没有任何保留条款规定一个合理的时期来清理过去法律制度下的事宜。难道在新的商约中不需要附带条款吗？"① 领事裁判权已经取消，再在商约中提出附文，这自然既不合情，又不合理，与国际惯例完全不符。国务院所能做的是在新商约的框架中把旧有的特权尽可能多地保存下来。

1945 年 4 月 2 日，美国驻华代办艾切森（George Atcheson）把一个长达 58 页的条约草案交给国民政府外交部副部长吴国桢。国民政府有关部

① *United States Economic Foreign Policy towards China*, pp. 117 – 118. 在 1929 年至 1931 年中英、中美关于废止领事裁判权的谈判中，讨论最多的是在哪几个地方、多长时间内保留这种权利。1931 年 6 月中英达成的草约规定，天津、上海为保留地，前者 5 年，后者 10 年，美方也基本同意这一条件，见 *FRUS*, 1931, Vol. 3, pp. 890 – 893. 史密斯备忘录中说的过渡时期即是指此。中英、中美的废约谈判为九一八事变所打断。

门立即对草案进行仔细研究，并纷纷提出意见。

经济部、财政部、外交部等指出，美方草案范围之广、内容之详，为以前普遍商约所未见。它们的意见集中在美方草案中要求给予对方公民“无条件和无限制”的最惠国待遇和国民待遇问题上。因为美国是联邦制国家，各州常有保护本州利益的特殊规定，对他州银行及保险公司限制甚严，与本州注册者待遇不同，外国公司在美国得到的国民待遇只限于联邦司法规定的范围，在各州实际上只是他州待遇。这对中方极为不利，所以在条约中“不能给予漫无限制之国民待遇”，金融机关的国民待遇应予删除①。

美方草案的另一突出问题是，其中关于美国公司的法律地位的规定与南京政府正在讨论中的新《公司法》不符。草案提出，一方公司社团无论其在本国“有无常设机构、分事务所或代理商”均应得到他方的法律认可。此外中方还提出了其他十几条具体修正意见。

美方催促尽早开始谈判。5月，国务院官员频频会见时在美国的宋子文、王宠惠，告知，美国实业家急于知道他们日后在中国经营的法律基础，缔结商约和澄清有关商务的法律和条例对他们至关重要②。国民政府命驻美商务参赞李干与美方举行非正式会谈。这些会谈主要是为了弄清美方草案中若干规定和措辞的含义，但李干也传达了国民政府各部门的意见。7月20日李干回国，进一步与政府各部门讨论美方草案。

8月，日本战败投降，第二次世界大战胜利结束，美国实业家急于返回中国。中美工商业协进会及其下属公司发起了一个声势浩大的向战后中国市场进军的运动。9月中旬，协进会派代表团来华，研究中国经济状况。协进会旧金山分会干事蒙哥马利（Mentgomery）称，旧金山海湾的厂家及贸易者，将对中国复兴承担重大责任，这些厂家均生产中国工业化所需的器材，中国计划向美方购买8亿美元货物，旧金山海湾厂家将成为主要供货者。10月，花旗银行、大通银行、上海电力公司代表纷纷来华。花旗银

① 参见吴东之主编《中国外交史（1911—1949）》，第685—694页，河南人民出版社1990年版；任东来《试论1946年〈中美友好通商航海条约〉》，《党史研究》1989年第4期，第16—20页。

② *FRUS*, 1945, Vol. 7, pp. 1315 - 1318.

行宣称，它在1902年5月为中国实业提供了第一笔贷款，如今也打算“重新开张”，它在上海、天津和香港的支行将继续40多年前开始的传统。美孚公司扬扬得意地宣称，它已有半个世纪在中国制造和销售石油产品首屈一指的记录。百事可乐公司自夸：“百事可乐对中国是理想的产品，它有益健康，价格低廉，制作精心……一旦条件许可，百事可乐就会出现在中国。”波音公司说，使用它制造的同温层飞机，“从上海到西雅图用不了20小时”。联合太平洋铁路公司宣称它已有75年高效率的、安全可靠的服务的历史。美国联邦人寿保险公司称，96年来它一直是一家由深孚众望的实业家领导的资金充足、经营稳健、信誉可靠的企业。美国战时航运管理局则指示旧金山的美国总统轮船公司、海峡轮船公司及美国邮船公司拟定横跨太平洋的航运计划，以便美国出口商的生意一谈妥，就能恢复对华航运①。总之，美国企业家和美国政府雄心勃勃地要把19世纪末美国提出门户开放政策时对中国市场的高度期望变为现实，把潜在的庞大市场变成能为美国实业家带来源源不断的丰厚利润的场所。

在此期间，国务院继续对国民政府施加压力，催其尽快对美国草案作出反应。但中国战后百废待举，且1943年新约容许商约谈判可在战后半年开始，中方没有迅即作答。美国实业家实在是急不可耐了。协进会副会长史密斯11月19日致函助理国务卿克莱顿说：“此事的紧迫性正与日俱增，因为美国实业界在恢复他们以前在华企业的努力中碰到数不清的问题。这对于指望在中国建立企业的大批美国制造商的计划也有着十分直接的关系。在他们最后确定其计划之前，他们亟盼得到与中国缔结商约将能给予的保障。”②

到了11月底，中方仍迟迟不开始关于商约的谈判；美方虽一再强烈要求国民政府删去新《公司法》中关于“营业”的规定，最后结果仍未可知。在这种情况下，30日，国务院、财政部、商业部和美国各行业实业家代表开会商讨与中国进行谈判的战略。其时，中国政府向美国进出口银

① *Directory of the China-America Council of Commerce and Industry. A Guide to Nearly* 400 *American Companies Interested in Developing Trade between China and the USA*, pp. 47, 57, 99, 209, 245, 《大公报》, 1945年9月17日、22日, 10月7日、13日。

② *United States Economic Foreign Policy towards China*, pp. 172 – 173.

行提出了借款5亿美元用于恢复和建设的正式要求。旅华美商卫利韩（Willam Hunt）建议国务院，先不给贷款并暂停其他援助项目，以此向国民政府施加压力，促其修改有关法律。克莱顿的帮办索普（Willard L. Thorp）答称，“本政府的做法是，在谈判贷款过程中努力使别国政府同意我们的商业政策目标”。这一回答得到实业家们的称赞。他们尤其指出，要在外国公司定义这个基本问题上对中方施加压力。卫利韩说：“定义问题是一个生死攸关的问题，如有可能，再去掉其他一些烦琐的规定”①。

1945年11月底，杜鲁门政府宣布了派马歇尔（George C. Marshall）为大使衔总统特使，赴华调处国共内战。美国实业界和美国政府又很自然地把商约谈判与马歇尔使华联系在一起。1946年1月17日，国务院把财政部的一份急电转给已在中国的马歇尔。其中说，国际货币财政问题全国顾问委员会在考虑是否给予中国巨额贷款时以下列原则作为指导：1. 立即谈判商约；2. 建立可行的汇兑机制；3. 稳定通货。电文接着说，委员会在决定给中国某些特定项目贷款的实际数量和时间时，还要考虑中国在下列问题上的态度：1. 商业政策的非歧视性质；2. 并非旨在发展自给自足经济的合理的关税政策；3. 为在华外国公司创造与在其他商业国家相似的条件；4. 在最惠国待遇基础上使外国公司进入各种实业领域；5. 扩展私人贸易和私人企业经营的领域；6. 无损现存中外企业的经济发展计划，等等。上述种种条件多数与商约谈判有关。换句话说，谈不成美国满意的商约，国民政府也就休想得到美国的贷款。马歇尔1月26日给国务卿的回电称，“顾问委员会的决定的主要部分我都接受。如果中方对商约草案的反应表明双方颇多歧见，则是否给予贷款可能取决于能否缔结一个令人满意的条约”②。这样，在商约谈判中又加入了一个新的因素：马歇尔的调处；国民政府是否同意美方草案又与马歇尔对国民政府的支持联系了起来。这对国民政府是一种新的重大的压力。

3月中旬国防最高会议重新审议新《公司法》。在专门委员会会议上，

① *United States Economic Foreign Policy towards China*, pp. 182 - 183.

② *FRUS*, 1946, Vol. 10, pp. 920—921, 927. 战后为了协调和阐述美国对外经济政策，国会授权成立了国际货币问题全国顾问委员会。它由国务卿、财务部长、商业部长和有关机构的代表组成，负责监管从事对外贷款业务的机构，如国际银行、国际货币基金组织、进出口银行等。

主任委员徐堪力主取消关于“营业”的规定，虽然其他委员一致反对修改，徐堪坚持其议。在 19 日全体大会上，徐堪又首先起立发言，说“领袖之意要删去‘营业’二字”，委员们禁若寒蝉，再无异议，于是作为决议强使立法院于 3 月 23 日通过。在国民政府的立法史上，还没有这样的先例①。同时美国使馆被告知，美国公司登记期限延展到 1946 年 6 月 30 日，以便美商有足够的时间准备所需材料。这样经过两年多的反复交涉，蒋介石不顾立法院和广大舆论的反对，终于被迫接受了美方关于外国公司的定义，向美国作出了重要的让步。

实业界和经济学界密切注视着《公司法》修改之争，有识之士尖锐批评国民党政权屈服于美国压力的行为，指出：“美国的这个法令（中国贸易法令）是不合理的，是对中国的一种威胁。所以我们中国一定要加上‘营业’两个字。可是中国的官僚，却和美国人联合起来要取消‘营业’二字，并且说这是领袖的意思……外国人不应干涉我国的内政，更不应干涉我们的立法。中国的立法应当是为了中国人民的利益。可是我们的政府不重视人民的意见，而重视美国的利益。只知道如何便利美国，而不顾到老百姓的利益，这不是中国的经济，而是美国的经济。……这样做法是没有良心的！”②

其时，商约谈判正在进行。谈判从 2 月 5 日开始，从重庆谈到南京，到 8 月底谈定约稿，艰难地进行了 7 个月。中方首席代表是外交部条约司司长王化成，美方首席代表是驻华使馆参赞施麦斯。中方把自己拟就的约稿搁在一边，接受美方草案作为谈判基础。关于公司法律地位问题在 3 月已经解决。关于“无条件和无限制”的最惠国待遇问题，双方最后达成妥协：中方表示在实践中贯彻无条件最惠国待遇，但要求在条约中改变措辞，不用“最惠国待遇”的字样，以免别国效尤。美方同意。关于金融机构的国民待遇问题，美方坚不让步，最后达成妥协：中方不从国民待遇中删去金融事业，但加了一条“除缔约彼方法律另有规定外”的但书。

11 月 4 日，《中美友好通商航海条约》在南京签订③。条约内容十分广

---

① 《马寅初经济论文选集》，第 286 页；*United States Economic Foreign Policy towards China*, p. 186.

② 周永林、张廷钰编：《马寅初抨官僚资本》，重庆出版社 1983 年版，第 152—153 页。

③ 约文见王铁崖编《中外旧约章汇编》，第 3 册，生活·读书·新知三联书店 1982 年版，第 1429—1451 页。

泛，林林总总，计有30条，许多条中又有若干款。但其主要内容可以概括为两项：一、缔约双方在下列各方面彼此享有国民待遇：此方国民在彼方“领土全境内”居住、旅行及从事经商、制造、加工、金融、科学、教育、宗教及慈善事业，购置动产，进口商品内地税的征收，商品的销售、分配，在彼方领土内所制造商品的出口关税；二、缔约双方在下列各方面彼此享有最惠国待遇（即所谓“不低于任何第三国国民、法人及团体所享受之待遇”）：进口关税、采矿、内河及沿海行船与通商、购置不动产。

其时，国民党一手包办的国民大会即将召开。国民政府仍然担心在会上《中美商约》会受到抨击甚至遭到拒绝。因此，心急火燎地要在会前造成批准条约的既成事实。订约的第二天国民政府行政院、第三天国防最高会议相继匆匆批准了条约，11月9日经立法院表决通过而完成所谓“立法手续”。美国国会出于种种考虑，于1948年6月才批准条约。

四

通过以上阐述，我们可以得出这样几点看法。

第一，从1943年1月签订中美新约到1946年11月订立商约，《中美商约》经过了长达3年多的酝酿和谈判过程。在美国方面，国务院、商务部与美国企业家的立场是完全一致的，在许多情况下是美国企业家推动政府有关部门采取步骤，制定能够谋求最大限度实业利益的经济外交政策。美国战后对华政策中实业利益的动机，在这里表现得再明显不过了。在研究战后美国外交政策时，人们常常强调美国的所谓“全球战略”，这无疑是必要的。但这个政策经济扩张的方面则往往被忽略。具体揭示《中美商约》的酝酿和签订过程，正是对这一方面的一个具体、有力的说明。经过大战，列强在华势力或者被彻底消灭了（如日、德），或者大大削弱了（如英、法），只有美国势力大大增强了。美国在对华贸易和投资方面取代战前的英国和日本，遥遥领先于别国。战前的1936年，中国从美国进口和向美国出口的货值分别占中国进出口贸易的19.6%和26.4%；战后的1946年、1947年和1948年，中国从美国的商业进口占中国商业进口的

57.2%、50.2%、48.4%，对美出口则占全部出口的38.7%、23.3%和20.1%①。这几个简单的数字表明了战后美国在中国对外贸易尤其是进口贸易中的垄断地位。战后美国资本向中国国民经济各个部门大量渗透，诸如交通（包括水、陆、空）、发电、采矿及制造业等重要部门都在不同程度上受美国资本控制。美国在中国经济生活中的这种地位一方面取决于美国雄厚的经济实力，另一方面，也许更重要的，正是由于《中美商约》和其他一系列条约的签订使中国国门大开，无遮无拦，使美国取得了种种优惠和特权。虽然美国国会1948年6月才批准条约，但国民政府早已在实践中贯彻了条约的规定。正如艾奇逊在给杜鲁门的报告中所说的那样："与早先的商务条约相比，这一条约包括了一些更宽广、更现代化的规定，以便使公司享有的权利和特权规定得更具体、更详尽。商约条款的措辞反映了在起草条约方面晚近的经验，以保护美国的出口免受许多新的复杂的贸易形式和30年代初以来实施的交换控制的限制。"②

第二，《中美商约》是在战后特殊的条件下签订的。战后中国的恢复和建设需要外国的资金、技术的援助，在这方面美国处于优势地位，其他大国都面临着严重的恢复战争创伤的任务，自顾不暇。在大战中，国民政府已经与美国建立起特殊关系，这个政权在政治、经济、军事、道义各个方面，都已经离不开美国的支持。在经济方面，除了上面提到的黄金交易外，由美国战时生产局局长纳尔逊（Donald M. Nelson）率领的美国专家组正在帮助国民政府组织战时生产局③，恢复和发展生产；战后国民政府立即提出了5亿美元借款的新要求；当时联合国善后救济总署的援华物资主要是美国物资。

另外一个重要的情况是，从抗战末期起，中国共产党对国民党的一党

---

① Yu-Kwi Cheng, *Foreign Trade and Industrial Development of China. An Historical and Integrated Analysis through* 1948 (Washington, D. C.: University Press of Washington, 1956), pp. 45, 180, 182. 此处所说的商业进口不包括联合国善后救济总署的援华物资在内。

② Raymond Dennett and Roben Turner, eds.: *Documents on American Foreign Relations* (Boston: World Peace Foundation, 1950), Vol. 9 (1947), p. 577.

③ 中国战时生产局成立于1944年11月6日，由经济部长翁文灏兼任局长，1945年8月取消，此后，国民政府又接受美国总统个人代表、美国驻华生产使团团长洛克（Edwin A. Locke, J.）的建议，成立了最高经济委员会。

专政提出了强有力的挑战，国民党则准备或者用谈判的手段压服中共，迫使中共交出武装，或者用军事进攻的手段消灭中共。自然，它更倾向于后者。在这方面，国民政府对美国的依赖尤其严重。赫尔利和马歇尔两位特使为调处国共冲突而来，但实际上他们都是拉偏架，因此，一开始显得公正，后来便都偏袒国民党。为了对付中共，国民党依赖美国在租借援助名义下提供的先进武器装备，战后立即着手筹组的军事顾问团，用美国的飞机、舰艇把数十万军队运往华东、华北、东北，与中共争夺受降权，等等。

总之，《中美商约》的酝酿和谈判并不是在双方平等的基础上进行的。中方始终承受着某种压力，有形的、无形的，有时是美方毫不隐晦地施加的，有时是中方自己可以感受到的。在19世纪，清政府与列强的许多条约常常是在洋枪洋炮的胁迫下订立的，如今情况不同了，中美两国是战时盟国，战后关系也非同寻常，但两国依然是不平等的。唯其如此，美方对中国的有关立法赤裸裸地加以干涉；唯其如此，蒋介石不顾立法院和舆论界有识之士的强烈反对，牺牲民族利益去就美国范围。

第三，《中美商约》与旧的不平等条约不同。旧的不平等条约中规定的领事裁判权和其他种种特权都是片面的，是中方单方面向外国提供的，中方不能在外国享受同样权利，这种条约从文字到内容都是不平等的。而《中美商约》的大多数规定是双方对等互惠的，从文字上看是平等的①。但中美两国的经济实力与综合国力如此悬殊，有的条约权利（如内河航行的最惠国待遇）中方根本没有可能实现；许多条约权利美方可以充分实现，而中方所能享受的极少，因此这几乎是中国单方面全面向美国开放，

---

① 说大多数规定，是指有的规定从文字上也是不平等的。比如条约通篇贯穿了国民待遇与最惠国的原则，但第二十六条第四款称，美国对古巴及菲律宾所给予的贸易优惠，不适用于该条约。更重要的是美国坚持移民法规中涉及中国的有关规定仍然适用。第二条第四款称“本约中任何规定，不得解释为影响缔约任何一方有关入境移民之现行法规，或缔约任何一方制定有关入境移民法规之权利”，中国没有这类法规，这里显然是专指美国的有关法规。美国在1943年11月废除了《排华法》，这是一个历史的进步。此后则实行国籍配额制度，中国人每年摊到105个移民名额，其中75%归土生土长的中国人，25%归中国境外的华人。这个配额是象征性的，其计算方法表面上与其他各国限额一样：以1920年各民族在美移民总数的1%的1/6为准。可是1920年是美国实行排华30多年之后的时期，在美华人比1882年还少近5万人，以这时华人移民总数算出来的配额自然与别国配额相差悬殊，这个配额实际上仍然是歧视性的。

是一个形式上平等、实质上不平等的条约。唯其如此，在美方，国务院、财政部和美国实业界始终密切合作；在中方，商约的草拟和谈判秘密进行，当局守口如瓶，讳莫如深，实业界和经济学界事先概无与闻，只是谈判结束后，才被迫接受一个既成事实。

《中美商约》内容广泛，不仅限于通商航海，还涉及政治、文化教育、宗教乃至军事诸多方面。美国的主要目的都达到了，因此美国方面总的来说是相当满意的。艾奇逊称赞它“为美中两国的关系提供了一个全面的法律框架”①。而条约却受到中国舆论的广泛批评。各界人士纷纷指出，商约形式互惠，实质单惠，表面平等，其实不平等，这种“平等”，“是 3 岁小孩与年强力壮的大力士作角力赛的‘平等’”；指出，19 世纪的门户开放，是利益均沾，今天的门户开放，是美国利益独占。《文汇报》以“互惠葬送主权”为题，以整版篇幅发表各界知名人士的评论。《大公报》社论痛切写道：“以英国那样老资格的工商业国家，在今天都不敢与美国完全贸易自由，中国又怎么配呢？……我们的政府为什么竟不为本国的工业、经济与人民生活谋一些保护？”有的更尖锐地抨击说：极少数发国难财、胜利财、接收财、内战财的富人“不惜以全国老百姓的权益向美国交换精锐的武器来杀同胞，与美国订立丧权辱国的所谓《中美友好商约》，以压倒我国的民族工业，忍心害理，莫此为甚”。他们纷纷要求废除或修改这个条约②。

《中美商约》规定自双方互换批准书之日起，有效期为五年。但实际上从 1948 年 11 月底互换批准议定书后不到一年，人民革命就在中国取得了全国性胜利，这个条约只是作为旧中国外交的又一个屈辱的记录留在了历史上。③

（原载《近代史研究》1993 年第 2 期）

---

① *Documents on American Foreign Relations*, Vol. 9, p. 577.

② 《大公报》，1946 年 11 月 5—7 日；《文汇报》，1946 年 11 月 5—19 日；《马寅初抨官僚资本》，第 209、210、208 页。

③ 中华人民共和国成立后，这个条约在台湾继续实行。

1949—1950 年美国对华政策与承认问题

1949 年 11 月 17 日，美国国务卿艾奇逊（Dean Acheson）在与杜鲁门（Harry S. Truman）总统的谈话中说，美国对华政策有两个目标："一个是反对共产党政权，骚扰它，刺激它，如果有机会就力图推翻它。另一个目标是力图使它脱离从属于苏联的地位，在一段时间内鼓励那些可以使之变得温和的充满朝气的势力。……这第二个目标并不意味着绥靖政策，最多就像对铁托做的那样。"① 艾奇逊的这番话坦率地说出了美国当时对华政策的两个方面。可是有的美国学者却忽视了前者，而过于强调后者，把美国对华政策（主要是国务院的政策）仅仅归结为"在中苏之间打进楔子"②。本文主要通过分析美国在承认中国新生的人民政权问题上的立场，来阐述美国从 1948 年年底到 1950 年中这一关键时期的对华政策。

"我们需要有改变航向的自由"

1948 年秋冬，美国政府中上上下下，对国民党政权在中国内战中迅速彻底失败的结局已经没有疑问。国务卿马歇尔（George C. Marshall）在 11 月 26 日内阁会议上说，"中国的国民党政府正在退出历史舞台，无论我们

① 谈话记录原件藏美国杜鲁门图书馆，艾奇逊文件，第 64 匣（Papers of Dean Acheson, Box 64, Harry S. Truman Library）。

② 如孔华润（Warren Cohen）认为，1948 年底国务院对中国的考虑起了剧烈变化，从先前认为中共与苏联是一鼻孔出气的，转变为认为铁托式的中国是可能的，在莫斯科与北京之间可以打进一个楔子，Doro-thy Borg and Waldo Heinriches, eds: *Uncertain Years. Chinese - American Relations*, 1947—1950 (New York: Columbia University Press, 1982), p. 53. 加迪斯（John L. Gaddis）也持这种看法，见《美国的政策与看法。1949—1950 年分裂中苏的"楔子战略"》，袁明、哈里·哈丁编《中美关系史上沉重的一页》，北京大学出版社 1989 年版。

做什么都救不了它了"[①]。在这种情况下，美国政府认为需要重新审查对华政策。

国务院政策设计室与远东司有关中国问题专家经过研究，于 9 月 7 日提出了一份名为《重新审查和制定美国对华政策》的报告。报告指出，由于美国把蒋介石与美国所寻求的理想中国等同起来，所以蒋愈倒霉，美国对他承担的义务愈多，"继续仅仅对蒋介石承担义务……不是一种好的外交，它把美国政府束缚在一条道上，使之没有别的选择，没有活动的余地……在现时中国的形势下，潮流是反对我们的，我们需要有改变航向的自由，或者甚至抛锚停泊，直到我们找到正确的航向"。报告还从美苏冷战的角度分析了苏联和中国的关系，提出：拥有中国对苏联将是"一个给人深刻印象的政治胜利"，苏联也将通过中国向东亚的其余地区和国家发起政治攻势。报告的结论是，在可以预见的将来，美国对华政策应当是：一、继续承认现在的国民政府；二、在国民政府崩溃后根据当时情况决定承认（中国新政权）的问题；三、"尽可能防止中国变为苏联这个政治、军事大国的附庸"[②]。1949 年 1 月国家安全委员会第 41 号文件则提出了两种对华政策：一种是"通过与中国恢复一般的经济关系，增强那些能导致莫斯科与中共之间的严重分歧的力量"，导致"出现一个独立的中共政权"；另一种是"动员西方世界的政治和经济力量，通过恫吓和直接威胁，公开与中共政权作斗争"，"使中共彻底孤立于日本和西方世界，以便招致中共政权的被推翻和崩溃"[③]。这就是说，从 1948 年冬到 1950 年中，美国对华政策有软硬两手：软的一手是从中国内战脱身，尽可能把中共与苏联分开；硬的一手是继续敌视中国革命，尽可能给中共制造困难。这两手有时交替使用，有时同时并施。但总的来说，继续敌视中国革命是美国对华政策的主导方面。

先说软的一手。为了从中国内战脱身，美国政府主要采取了三项措

① 原件藏美国杜鲁门图书馆，马休·康纳利文件，第 1 匣（Papers of Mathew Connelly, Box 1, Horry S. Truman Library）。

② The US Department of State ed., *Foreign Relations of the United States*, *Diplomatic Papers* (*FRUS*), 1948, Vol. 8, pp. 146 - 154. 这是政策设计室第 39 号文件，也是国家安全委员会第 34 号文件。

③ *FRUS*, 1949, Vol. 9, pp. 826 - 834.

施：一、召回驻华军事顾问团；二、拒绝向国民党提供新的援助；三、编制和发表《美中关系白皮书》。

美国驻华军事顾问团在战后3年多中，帮助国民党政府改组军事指挥机关，建立军校和现代化的训练中心，训练军官和作战部队，乃至提供具体的作战建议。但所有这些努力连同美国提供的飞机、舰艇、大炮及其他新式武器，都没有能够挽救国民党的军事颓势。顾问团对国民党军队的指挥无能，士气低落、把大量武器弹药遗弃给人民解放军越来越不满意，至1948年11月上旬，顾问团已经得出一致看法：除非使用美军在中国作战，不论美国给多少军事援助，都不可能挽救蒋政权，而直接派遣美军参战是不可能的①。总之，顾问团继续留在中国已无济于事。11月26日，参谋长联席会议指示联合军事顾问团团长巴大维（David Barr）从中国撤出顾问团。撤退工作于12月开始，1949年3月1日完成。

从1948年冬起，国民党政府与美国国会内外的亲蒋势力里应外合，掀起了一次又一次的求援浪潮：1948年11月出席联合国大会的国民党政府代表团团长蒋廷黻向马歇尔求援；12月1日宋美龄到华盛顿，主要为求援在美国待了一年多；1949年2月7日51名共和党众议员联名致函杜鲁门询问援华计划；25日参议员麦卡伦（Patrick McCarran）要求向国民党政府提供15亿美元援助；3月10日，50名参议员支持麦卡伦议案；5月李宗仁派亲信甘介侯为特使访美求援。但美国政府拒绝给国民党政府以新的援助。艾奇逊在3月15日给参议院外交委员会主席康纳利（Tom Connally）的信中说："美国的巨额军事援助肯定会被浪费掉，美国指导中国政府军事行动的意图将毫无效果，倒可能导致被直接卷入中国的内战"，"这种援助的结果几乎肯定是一场灾难"，"这与美国传统对华政策和美国利益是背道而驰的"②。

---

① 原件藏美国国家档案馆，第59类，国务院秘书处档：白宫每日电报摘要（1948年11月8日）（White House Daily Summary of Telegram, Nov. 8, 1948, Records of the Office of the Executive Secretariat, State Department, NARS）.

② US Department of State, ed., *United States Relations with China. With Special Reference to the Period 1944—1949* (*The China White Paper*, Washington, D. C., Government Printing Office, 1949), pp. 1053–1054.

为了为政府的对华政策辩护，经杜鲁门亲自批准，国务院于 1949 年春着手编制《美中关系白皮书》。消息传出，政府中的军方、国会内外亲国民党势力以及国民党政府纷纷表示反对。军方的反对尤其激烈。参谋长联席会议 7 月 21 日备忘录声称，《白皮书》的总体效果是“极度贬损蒋委员长和国民政府的”，它的“发表将实实在在地消减或者推迟遏制或扭转中国的共产主义潮流的可能性”。国防部长约翰逊（Louis Johnson）完全支持参谋长们的意见，他要国务卿和总统“审慎地考虑”发表《白皮书》的风险①。杜鲁门和艾奇逊决心已下，在 8 月 5 日发表了《白皮书》。

美国决策者关于在中共与苏联之间打进楔子的设想的直接诱因是苏南冲突。前述国家安全委员会第 34 号文件指出，如果南斯拉夫事件有什么启示性的话，那么“莫斯科在试图完全控制中国共产党方面就面临着相当艰巨的任务……因为毛泽东掌权的时间将近是铁托的十倍”②。在这方面鼓吹得比较起劲的是政策设计室主任乔治·凯南（George Kennan）。他在 1948 年 10 月 11 日的一次讲演中说，“我今天无法告诉你们铁托主义是否将在欧洲蔓延……我几乎可以肯定，它将在亚洲蔓延”③。驻上海总领事卡博特（John Cabot）等也表示过类似看法。但国务院欧洲司、军方以及杜鲁门本人对这种政策前景都不抱多少希望④。虽然国安会第 41 号文件把“防止中国变成苏联的附庸”写作“美国对华政策的首要目标”，但实际上，美国决策者从未认真考虑过如何去做此事⑤。从 1948 年冬到 1950 年间美国政策的实践来看，美国政策中的上述一面是比较次要的，而主要的

① *FRUS*, 1949, Vol. 9, pp. 1378 - 1382.

② *FRUS*, 1948, Vol. 8, pp. 148.

③ 《中美关系史上沉重的一页》，第 248 页。

④ Robrt M. Blum; *Drawing the Line. The Origin of American Continment Policy in East Asia* (New York: W. W. Norton and Company, 1982), p. 35; Nancy B. Tucker: *Patterns in the Dust. Chinese-American Relations and the Recognition Controversy*, 1949—1950 (New York: Columbia University Press, 1983), pp. 30 - 31.

⑤ John H. Feave: *The Truman Administration and China*, 1945—1950: *The Policy of Restrained Lntervention* (Ann Arbor: University Microfilms International, 1983), p. 340. 20 余年后，当时的中国科科长石博思（Philip Sprouse）在 1973 年 2 月 8 日给布卢姆的信中写道：“我不认为当时在美国方面谁意识到了中共领导（起码最重要的成员）会在多大程度上希望避免对苏联的过多依赖，希望寻求与美国在某种程度上达成妥协。” *Diplomatic History*, No. 2, p. 216.

是继续公开地尽力与中国革命作对。

美国步步为营，阻挠中国大陆的解放。蒋介石引退后，美国指望李宗仁与中共和谈，实行划江而治，使美国利益最集中的长江中下游地区保留在国民党手中。渡江战役后，美国又寄希望于中国西北、西南的地方实力派负隅顽抗，并打算给他们以支持。只是由于战争进展神速，美国计划一次一次胎死腹中。正如美国历史学家布卢姆所说："政府已经接近于重新干涉中国大陆的内战，但在最后时刻又缩了回去，因为它发现，它所要支持的力量已不复存在了。"①

鉴于台湾极其重要的战略地位，美国力图把台湾从中国分离出去，在1949年确定了用政治、外交、经济的手段阻止中共取得台湾的方针。他们试图支持"台独"分子；也试图在台湾扶植一个不受蒋介石控制的国民党政权；并散布"台湾地位未定论"，妄图把台湾问题国际化，由联合国托管台湾。所有这些办法都行不通时，杜鲁门迫于形势，在1950年1月5日发表声明，表示美国不再干涉台湾问题。但此后，美国政策立即逐渐从这个声明的立场倒退到重新干涉台湾问题。朝鲜战争的爆发为此提供了契机。

美国对新中国实行严格的出口限制，一切军事装备和直接用于军事的物资和装备一律禁运，对于非军用战略物资的出口实行严格限制，一切出口均由商务部颁发许可证。所谓"非军用物资"的范围十分广泛，包括钢铁、机车和机车零件、商船、载重10吨以上的货车车厢等288种物资。

美国的敌视政策尤其表现在承认问题上。

随着中国人民解放战争的迅速进展，对于解放区中共地方政权和行将建立的全国新政权的承认问题提上了美国决策者的议事日程。在这一方面，美国政府的立场与它的西方盟国和欧亚两洲的许多民族主义国家有极大差别。没有一个国家的决策者在承认问题上采取像美国决策者这样僵硬的立场。美国不但自己拒不承认中国新生的人民政权，而且依仗其在西方世界的领袖地位，力图拼凑一个不承认新中国的"共同阵线"，企图孤立新中国，把它排挤出国际政治生活。下面，我们将对美国政府在承认问题

① Drawing the Line, p. 102.

上的政策作一具体阐述。

“我们不能同一个共产党政权打任何交道”

在 1949 年 1 月 19 日的一次内阁会议上，当讨论到由于国民党迅速败退而引起经济合作署在华活动的困难时，杜鲁门斩钉截铁地说：“我们不能同一个共产党政权打任何交道。”① 杜鲁门这里说的，已经不光是关于经合署的活动，实际上表述了 1949 年美国对华政策的一个基本原则。

1949 年早春，一些英联邦国家和北大西洋公约组织国家出于各自国家利益的考虑，开始酝酿对中国新政权的承认问题。英国最早提出这一问题。英国的目标是：一、通过加强南亚和东南亚地区的非共产党力量来削弱中国取得胜利可能对这一地区产生的影响；二、保护英国在华的实业利益；三、保障英国在香港的地位。1 月，英美两国政府开始商讨承认问题。3 月 21 日，英国外交部在给美国国务院的一个书面文件中提出，“拒绝对一个控制着大片领土的政府给予任何种类的承认不仅从法律上是说不通的，而且可能导致严重的政治困难”。英国政府打算对中国北方的中共地方政府给予某种事实上的承认，同时继续从法律上承认国民党政府为中央政府。5 月 4 日，英国驻华大使施谛文（Ralph C. S. Stevenson）在给司徒雷登（John Leighton Staurt）的一份非正式备忘录中提出，在国民党政府迅速崩溃的情况下，除非给中共政权以事实上的承认，要在领事关系基础上令人满意地保护我们的利益就将继续遇到实际的困难。②

法国政府认为，尽快承认中共政权更有利于它维护在印度支那的利益。6 月 4 日，法国大使梅理霭（Jacques Mayrier）与施谛文一起同司徒雷登进行商谈。20 日，美国驻法大使布鲁斯（David K. E. Bruce）报告国务院说，法国外交部认为，一旦中共政权采取主动，要求得到承认并表示承担其前任政府的条约义务，西方国家不应延迟对它的承认。印度、加拿大和荷兰也在积极考虑这一问题。司徒雷登听说，印度准备在中共中央政府

① 内阁会议记录原件存美国杜鲁门图书馆，马休·康纳利文件，第 1 匣。

② *FRUS*, 1949, Vol. 9, pp. 6 - 12, 15 - 16.

建立后经过一段“体面的间断”，即相当迅速地予以承认。加拿大和荷兰驻华大使都向司徒雷登表示他们准备留在南京不走，一有可能，即被任命为驻新的中央政府的大使①。

美国国务院明确表示反对承认中国新政权。艾奇逊在5月连连指示司徒雷登说：“我们应当强烈反对对中共政权无论是事实上还是法律上的承认”，事实上的承认可能发展为法律上的承认，给予中共政权以事实上的承认“将从政治上鼓励共产党，使国民政府沮丧”。艾奇逊还说，承认中国的新政权有三个条件：一、它在事实上控制着国家的领土和行政机关；二、它既有能力又有愿望承担其国际义务；三、得到中国人民的普遍认可。艾奇逊要求司徒雷登在与英法等国驻华大使的讨论中强调，有关各国应当在承认问题上结成“共同阵线”，达成完全一致的意见；并称，国务院将为此而继续努力②。

在艾奇逊提出的三项条件中，第一、三项是随着事态发展自然能够解决的问题，关键是第二项。这里所说的“国际义务”主要是指国民政府与各国签订的条约。1943年中美、中英新约废止了美、英在中国享有的领事裁判权和其他许多旧有的特权，但战后，美国又与国民政府订立了《中美商约》等字面平等而实际不平等的条约，美国由此取得了许多新的特权。美国所希望的正是新政权承认国民政府签订的这些条约，使美国在华特权得以继续保持下去。

在是否继续援蒋和发表《白皮书》等问题上，美国行政机构与国会内外的亲国民党分子颇有分歧，但在拒绝承认中国新政权问题上，双方的立场则十分接近。6月24日，5名民主党参议员与16名共和党参议员发表致杜鲁门的公开信，反对对中国的共产党新政权的任何承认。签名者中包括麦卡伦、布里奇斯（Styles Bridges）、诺兰（William F. Knowland）等著名的亲蒋共和党议员。他们声称，承认中共与杜鲁门主义、马歇尔计划和北大西洋公约组织都是背道而驰的，共产党控制中国是国际共产主义的重大胜利，是对美国国家安全的威胁。他们要求政府明白表示，目前不考虑对

---

① *FRUS*, 1949, Vol. 9, pp. 16－17, 24, 26－27.

② Ibid., pp. 17, 21－23.

中共的任何承认，“一个自由、独立和非共产党的中国继续享有美国的友谊和援助”[①]。为了回答这封公开信，艾奇逊7月1日致函康纳利，保证一旦产生承认的问题，必先与参院外委会磋商。此后艾奇逊又多次重申了这一保证[②]。

国务院继续在为建立西方国家反对承认中国新政权的“共同阵线”而努力。国务院采取了三管齐下的办法与北约国家、英联邦国家及其他有关各国进行密切接触：通过司徒雷登与这些国家驻华使节，通过美国驻这些国家的使节以及这些国家驻美国的使节。国务院认为，“共同阵线”政策首先包括以下两点：一、有关各国不在承认问题上对中共作出任何主动的表示，而让中共首先采取主动；二、有关各国在对将要成立的中共政府给予任何承认时首先在它们彼此间进行充分磋商[③]。

美国与之接触的各国的态度各不相同。固然有的国家表示唯美国马首是瞻，但更多的国家却不愿唯命是从。6月10日，澳大利亚驻美大使馆一秘戴维斯（Owen Davis）向国务院中国科科长石博思表示，中共即将建立实际控制国家的政府，这是必须面对的事实，不能用“通常的卫星国模式”来看待中共，中共与莫斯科不是依从关系，在承认问题或经济合作方面对中国关闭门户只能使中共更加强它与苏联的关系。6月17日，印度外长梅农（Krishna Menon）召见美国大使亨德森（Loy W. Henderson），向他宣读了印度驻华大使班尼迦（K. M. Panikkar）的一封来电，其中说，司徒雷登告知班尼迦，印度政府承诺未经事先同美国商量不承认中共政府。班尼迦对此甚感惊讶，他说，这将使中共认为印度是与西方大国结盟反对它的。梅农对亨德森说，印度政府从未作过类似表示，不知司徒雷登有何根据，弄得亨德森十分尴尬。他随之向国务院建议：“迫使印度现在作出任何肯定的承诺是不明智的。”9月初，班尼迦又向美驻华使馆人员阐明印

---

① 原件存美国杜鲁门图书馆，总统公务档，第634匣（President Official File，Box 634. Harry S. Truman Library）。

② *The United States and Communist China in* 1949 *and* 1950：*The Question of Rapprochment and Recognition.* A Staff Study Prepared for the Use of the Committee on Foreign Relations，United States Senate. 93rd Congress，1st Session，Jan，1973.

③ *FRUS*，1949，Vol. 9，pp. 34，38—39.

度的立场说，“中共成功的革命给亚洲各国人民留下了深刻的印象，这是亚洲正在改变着的面貌，不论我们喜欢它与否”，毛泽东与中共在亚洲人民中享有崇高威望，因此南亚任何负责任的政府都不能对从革命中诞生的中国政府持敌视态度；再则，印度与南亚国家在中国没有既得利益，没有任何妨碍及早承认的障碍，它们可以自由地从零开始与中国新政府打交道[①]。

美国最主要的西方盟国英、法在承认问题上的立场更令美国决策者不安。7、8月间，美国驻英大使道格拉斯（Lewis Douglas）与英国外交大臣贝文（Ernest Bevin）及外交部其他有关官员频频会晤，进行商谈。8月15日，英国外交部准备了一份关于中国问题的详细备忘录。关于承认中共政府的问题，英国的立场与3月所表达的一样。备忘录称，拖延承认不会给中共带来多少不便，但可能严重损害西方在华利益而得不到任何补偿。承认它后，西方国家与中共政权的关系可能按照两种模式发展，可能发展成与苏联及其东欧卫星国一样的关系，也可能发展成与南斯拉夫这样的关系。因此，“西方国家应当持审慎态度，不要因为从一开始就对一个共产党国家持公开敌视态度而损害了将来的可能性”。11天后，贝文在与道格拉斯的谈话中还讲到，英国相信，从长远的观点看，明智的做法是留在中国，保持贸易关系，维护英国的设施，以便对中共施加影响。他提醒说，在辛亥革命时大国一心支持清朝是一个巨大的错误，这个教训应当记取。法国驻华使馆表示要“及早承认中共政权以保卫法国在印支的利益”[②]。

国务院费尽心机，不厌其烦地劝导盟国，中共是遵循克里姆林宫路线的，即便中共显示出某些独立于克里姆林宫控制的证据，那也是中苏关系中固有的因素在起作用，而不取决于西方国家是否承认它；承认可以成为迫使中共政权接受国际义务的杠杆，接受固然不能保证履行，但如果在承认它之前不能使它同意接受国际义务，那以后要它接受也就更不可能了；这种杠杆的价值在很大程度上取决于有共同利益的国家是否态度一致。国务院特别提醒各国，中国人传统的行为模式是以夷制夷，“态度一致对于

---

① *FRUS*, 1949, Vol. 9, pp. 36 - 37, 43 - 44, 70 - 71.

② Ibid., pp. 57 - 61, 69, 48 - 49.

提防中共以夷制夷，最后使各国都得不到好处是十分重要的”①。到 8 月中旬，国务院已经意识到，美国不能阻止所有北约国家和英联邦国家承认中国政权，但它不到最后关头是不会死心的。

“不要表现出对共产党人的任何手软”

随着解放战争接近全国胜利，中共自然也在考虑与外国建立外交关系的问题。中共确定的原则是：一、“另起炉灶”，即不承认国民党政府同各国建立的旧的外交关系，各国必须首先断绝与国民党政权的关系，停止对它的援助，必须把它们在中国的武装力量撤回去，才能在新的基础上与人民政权建立外交关系，在此之前，原各国驻华外交人员，一概不承认其外交身份，而只被当作外国侨民对符；二、以平等、互利，互相尊重领土主权和领土完整作为建立外交关系的基础。中共认为，清末以来，中国的外交都是屈辱的外交。战后，国民党政权为了打内战，又与美国等订立了一系列丧权辱国的条约、协定和谅解，这些都是不能接受的。早在 1947 年 2 月，中共就曾郑重声明，1946 年 1 月 10 日（政治协商会议开幕之日）以后国民党政权单独签订的一切对外借款和条约均不予以承认，此后中共一再重申这一立场。外国政府必须放弃这些条约，才能与新政权建交；三、“打扫干净屋子再请客”。对于美国，中共认为如果它能断绝同国民党的关系，也可考虑与其建立外交关系，但中共估计这样做的可能性极小，美国政府绝不会很快改变敌视政策，而“以平等的态度对待我们”。因此，主张与美国建交的问题“不但现在不应急于去解决，而且就是在全国胜利以后的一个相当时期内也不必急于去解决”。中共宁愿暂不与美国建交，而先在国内肃清美国的影响，并防止其从内部破坏中国革命②。可见，在建交问题上，美国决策者与中共的立场是针锋相对的。

美国政府以它惯常的居高临下的态度对待中共，以为中共有求于它，

---

① *FRUS*，1949，Vol. 9，p. 37.

② 《中共中央关于不承认蒋政府一切卖国协定的声明》，中央档案馆编：《中共中央文件选集》第 16 册，中共中央党校出版社 1992 年版，第 401—402 页；《毛泽东选集》第 4 卷，第 1324—1325、1349—1350、1354—1355 页。

想以美国的规范来约束中共。中共经过二十几年艰苦卓绝的奋斗，正作为胜利者取得国家政权，它决心洗刷中华民族一个多世纪来所遭受的屈辱，一改过去中国任人摆布、任人宰割的状态，扬眉吐气地出现在国际舞台上，对曾经使中国长期遭受压迫的外国势力，尤其是在内战中帮助国民党的美国势力采取毫不妥协的态度。既然如此，双方达成妥协也就近乎不可能了。

中共关于建交的原则是坚定的，而在具体的外事活动中，做法是审慎的。1949 年 1 月，中共中央给全党发出两个外交工作的指示，要求把解放区的前各国外交人员当作外国侨民，“予以切实保护”；除了北平美国武官处应令其交出电台外，对各地各国领事馆武官处的电台“暂置不理”；外国记者，连美国记者在内，暂取放任态度；外国传教士，容许其继续执行业务；外国人办的学校，暂许其维持现状①。中共正在迅速取得全国政权，无暇过细考虑许多涉外事务的处理，而暂取维持现状的态度，这样做，可以避免不必要的麻烦，不至于给以后外交活动的正式开展带来困难。

原则上，中共指示各地当局暂不与资本主义国家的使领和武官处人员来往，但在具体实践中也不尽然。南京市政府外国侨民事务处处长黄华与司徒雷登就有接触。根据中共中央和南京市委的指示，黄华在 5、6 月间数次会见司徒雷登及其秘书傅泾波。5 月 6 日，傅泾波见黄华，一方面为美国对华政策辩护，一方面表示，国民党撤退前，何应钦希望美国大使馆随同南迁广州，但司徒雷登决定留在南京不走，就是希望同中共接触；《中美商约》可以修改，现在是“美对华政策改变时期，能在‘老校长’手中完成这一转变，较换个新人好些”。黄华严厉批评美国对华政策，认为美国应当对中国内战负责，但同时表示对艾奇逊 3 月 15 日致康纳利的信有良好印象。他强调，美国在与人民政府建立关系方面应当采取主动②。

5 月 13 日，黄华以私人身份往访司徒雷登。黄华问起司徒雷登下一步

① 中央档案馆编：《中共中央文件选集》第 18 册，中共中央党校出版社 1992 年版，第 44—49、78—79 页。

② 黄华：《南京解放初期我同司徒雷登的几次接触》，外交部外交史编辑室编《新中国外交风云》，世界知识出版社 1990 年版，第 25—26 页；*FRUS*，1949，Vol. 8，pp. 741 – 742. 司徒雷登原为教会大学燕京大学校长、校务长，黄华为燕京大学学生，故有“老校长”一说。

计划，后者告以 4 月下旬已接到国务卿指示，在中共接管南京时留在南京，以便尽可能采取适宜的措施保护美国侨民和使馆工作人员，但他不久将回国述职。司徒雷登还表示，愿同新中国建立新关系，他个人希望在积极生活行将结束之际，能对恢复美中两国之间的关系有所帮助。现在中共尚未建立中央政权，原有的外国领事馆具有同事实上的地方政权保持非正式关系的作用。他还建议将经合署所存粮食、棉花等援蒋物资，待上海解放后移交中共，以支援恢复上海生产。黄华表示，中共将从国民党手中，而不是从经合署接受物资，中共愿意在平等互利的基础上与美国发展关系，美国既表示不干涉中国内政，就应将驻在青岛等地的海军舰只和陆战队撤走。司徒雷登答应向有关方面提出①。

这两次会见后，司徒雷登又两次派傅泾波见黄华，告知，美国舰队已于 5 月 21 日撤离青岛，部分驶往日本，部分驶往别处。解放军进入上海后，美国舰队即行撤走，以后解放军打到别的地方，美国舰队即从该处撤走。

6 月 8 日，傅泾波在会见黄华时提到，对于同新中国的关系，美国现在很难作正式表示，需司徒雷登返美后努力，为此需要知道中共高层领导方面的意见，回去讲话才有分量。司徒雷登近接副国务卿韦勃（James Webb）来电，希望他在返美前能赴北平与周恩来先生会见一次。傅泾波还说，司徒雷登有个老习惯，每年他都在燕京大学度过他的生日（6 月 24 日），并参加历届燕大学生的毕业典礼，今年他仍希望有此可能②。黄华立即将此事汇报中央。中共最高层领导考虑通过非官方渠道联系较好，遂请燕京大学校长陆志韦去信邀请司徒雷登访问燕大。陆志韦还在信中说，他已见过周恩来，周表示，如果司徒雷登要求访问北平，可获当局同意。接此信后，傅泾波于 27 日再访黄华，希望问明北平中共方面的意向。黄华立即向周恩来请示，并于次日告知司徒雷登，已获北平来电，同意他去燕大一行，他希望与当局面晤事亦有可能。司徒雷登表示，很高兴听到这一

① 《新中国外交风云》，第 26 页，*FRUS*，1949，Vol. 8，pp. 745－746.

② 《新中国外交风云》，第 29—30 页，*FRUS*，1949，Vol. 8，p. 766. 根据司徒雷登 6 月 30 日给国务院的电报，傅泾波向黄华提起他访问北平事并非出于他的授意，只是“随便提到”，而且只是出于访问燕京大学这一私人原因。此处引自黄华回忆录。

消息，但又称，他返美已经拖得过久，7 月底国会即将休会，时间恐来不及，铁路交通尚未完全恢复，坐火车去北京对一个“虚弱的老人”是不堪忍受的重负，等等。最后他说，能否成行，要由国务院来决定。

6 月 30 日，司徒雷登在给国务院的长电中分析说，这是一个独一无二的美国官员与中共高层领导人非正式会谈的机会，他可以当面向中共领导人解释美国政策，还可以把关于中共意向的最权威信息带回华盛顿，从而增进双方的互相了解。他将表明，美国对中国正在改变着的政治潮流持一种开放的态度，它将加强中共内部的自由主义的反苏分子的地位，总之，这可能对未来中美关系产生有益的作用。另一方面，司徒雷登指出，北京之行肯定会引起种种谣传和猜测，美国国内的批评将使国务院处境难堪。其他西方国家的外交官也将认为美国带头打破了由它组织的在承认问题上的共同阵线，是美国走向承认新政权的第二步（第一步是美国大使馆留在南京不走）。北平之行还可能极大地增强中共和毛泽东本人在国内和国际上的威信。尽管如此，司徒雷登本人的意见还是倾向于访问北平①。

当天下午 5 点 30 分（华盛顿时间）司徒雷登的电报到了国务院并立即引起重视。政策设计室的戴维斯（John P. Davis）立即给凯南写了一份备忘录，其中说，对司徒雷登访问北平的邀请是“极为重要的”，此行的主要用处是司徒雷登“可以根据国务院的指示私下对中共作一番教训”，他估计国内对此行将有强烈反响，但认为国务院的声明可以基本平息这些批评。远东司司长巴特沃思（Walton Butterworth）也赞同戴维斯的意见，并为司徒雷登接受邀请设想了一些条件。但他们的意见遭到总统否决。7 月 1 日，司徒雷登收到了艾奇逊的简短复电，其中说，根据最高方面决定，指示你在任何情况下都不访问北平②。杜鲁门作出这个决定不是偶然的。他在 6 月中旬与副国务卿韦勃的一次谈话中即已指示国务院，“要十分谨慎，不要表现出对共产党人的任何手软”③。既然如此，否决司徒雷登拟议中的北平之行便是毫不奇怪的，中共与美国和解的一次尝试遭受

① *FRUS*, 1949, Vol. 8, pp. 766 – 76.

② Ibid., pp. 768 – 769; *The Question of Rapprochement and Recognition*, p. 10.

③ *The Question of Rapprochement and Recognition*, p. 11.

挫折。

“我们不要那么匆匆忙忙承认这个政权”

10 月 1 日，中华人民共和国正式宣告成立，毛泽东代表中央人民政府向全世界发表公告，宣布愿意同遵守平等、互利及互相尊重领土主权的任何外国政府建立外交关系。同日，政务院总理兼外交部长周恩来把上述公告以公函致送各国政府。周恩来在公函中说：“我认为中华人民共和国与世界各国建立正常的外交关系是需要的。”① 10 月 2 日，苏联率先表示断绝同国民党“广州政府”的外交关系，对中华人民共和国政府正式给予外交承认，接着保、罗、匈、捷、波、朝、蒙、民德、阿尔巴尼亚等相继承认了中华人民共和国。

美国前驻北平总领事柯乐博（O. Edmund Clubb）也收到了周恩来的通函。美国迅速作出反应：10 月 3 日杜鲁门指示国务院，“我们不要那么匆匆忙忙承认这个政权，我们在承认苏联的共产党政权之前曾等待了 12 年”②。这是杜鲁门对承认问题的一次直接表态，可以说是美国政府在这一问题上的指导方针。10 月 12 日，艾奇逊把他 5 月指示司徒雷登的承认中国新政权的三项条件在记者招待会上予以宣布，并表示，由于中国新政府尚不符合这些标准，美国现在不能决定予以承认。艾奇逊在同日的参院外委会会议上解释了这些条件，他说，美国对华关系的“基本出发点是，这个中国政府实际上是俄国帝国主义在中国的工具”③。

对于北约国家、英联邦国家，美国在继续尽一切可能施加影响。美国最关心的是印度和英国这两个国家的态度。印度是中国的近邻，是亚洲第二大国，它在亚洲民族主义国家中的影响不可低估；英国是美国的头号盟

① 中华人民共和国外交部档案馆、人民画报社编辑：《解密外交档案——中华人民共和国建交档案，1949—1955》，中国画报出版社 2006 年版，第 11 页。

② 原件存美国国家档案馆，第 59 类，国务院执行秘书档案，第 6 匣（RG 59，Records of Executive Secretariat，Department of State NARS）.

③ *The Question of Rapprochement and Recognition*，pp. 12 – 13；David McLean，“American Nationalism，the China Myth and the Truman Doctrine. The Question of Accommodation with Peking，1949 – 1950”，*Diplomatic History*，Vol. 10，No. 1（Winter，1986），p. 36.

国，是英联邦国家的老大。

印度政府接到周恩来的通函后即通知中国政府，印度政府已召回原驻南京大使研究这一问题，并希望通过原驻华领事继续与中国政府保持非正式关系。美国政府力图阻挠印度承认新中国。10月中旬，印度总理尼赫鲁（Jawaharlal Nehru）访问美国。艾奇逊、杜鲁门在12日、13日会见他时一再对他进行游说。尼赫鲁表示，印度邻近中国，这使印度与其他国家的地位有所不同，印度倾向于及早承认中国新政权。杜鲁门说，这是非共产党国家应当磋商的事情，“如有可能，应当协调彼此的行动”。艾奇逊则一再向尼赫鲁解释他的三条原则，并说：“重要的是不要相信通过早日承认（中国）可以为国家取得什么好处”，而“通过早日承认我们就是在牺牲中国仍在力图抵御共产主义的控制保持独立的那些地区的利益”。艾奇逊还主张通过美国之音的广播和通过散发小册子对中国进行歪曲宣传①。

英国政府在接到周恩来的通函后作出了类似印度的反应。杜鲁门对此十分恼火，他对艾奇逊说：英国这事干得不太仗义。10月14日，艾奇逊致电贝文，很不客气地要求英国在承认方面的任何步骤都要事先与美国充分协商，因为“一个在远东有类似利益的西方大国采取独立行动的任何表示都可能被中共加以充分利用，并将不可避免地对亚洲独立国家的决定和合作产生负面影响”。此后一个半月中，美英两国政府通过各种渠道进行了多次磋商，英国政府反复强调它的观点：1. 为了保护英国在中国，以及在香港、马来亚、新加坡——新、马有大量的华人——的利益，英国必须承认中共政权，不承认所带来的风险是英国承担不起的；2. 遥遥无期地不承认中共正中苏联下怀，让共产党中国与西方保持联系，这是可以抵消苏联影响的唯一办法②。如果美国政府确实认真对待“在中苏之间打进楔子”的问题，它是应当好好考虑英国提出的这一理由的。但美国政府对其西方盟国意见置若罔闻。12月30日的国家安全委员会第48/2号文件再次

① *FRUS*，1949，Vol. 9，pp. 127–128；艾奇逊与尼赫鲁谈话记录原件存美国杜鲁门图书馆，艾奇逊文件，第64页。

② *FRUS*，1949，Vol. 9，pp. 128，132，225.

重申："美国应当继续向友好的政府表达它关于匆忙承认中共政权的危害的观点。"①

尽管美国政府继续煞费苦心地想方设法劝阻有关国家，承认新中国的历史潮流毕竟是挡不住的。缅甸、巴基斯坦、锡兰、阿富汗、印度、印尼等亚洲国家和英国、挪威、丹麦等北约国家以及芬兰、瑞典、瑞士都先后在 1949 年底和 1950 年春承认了中华人民共和国，美国企图拼凑"共同阵线"的图谋遭到破产。

由于西方国家与美国在承认问题上立场差距愈来愈大，艾奇逊似乎不得不降低调子。1950 年 3 月 15 日，艾奇逊在旧金山的公共福利俱乐部作关于美国亚洲政策的演说，讲到对中国新政权的承认问题时，他说，美国之所以至今不承认它，是因为在对待我们的代表方面，中国共产党政权没有遵守正常的国际行为中接受的准则。这里艾奇逊不再说三条标准了，而只说一条对待前外交人员的态度。稍晚，美国驻印度大使亨德森在新德里的一次讲话中也重复了同样的意思。但这只能说，由于"共同阵线"搞不成，美国政府在承认问题上的态度不像先前那么傲慢了，调子唱得不像以前那么高了，而并不表明在承认方面的真正立场有什么转变。艾奇逊在 3 月 29 日参院外委会作证时明确宣布，没有立即承认中共的前景②。

实际上，1950 年上半年美国总的政治形势是朝着与共产主义越来越对立、冷战气氛越来越强烈的方向发展的。1949 年苏联爆炸原子弹和中国革命的胜利使杜鲁门主义遭到沉重打击，1949 年秋，美国政府开始对两大阵营对抗的形势进行全面的回顾和评估，并研究对策。1950 年 4 月，长达 50 多页的著名的国安会第 68 号文件出笼。报告的结论是：美国必须以比现在更快的速度建设美国的政治、经济和军事力量，方能达到美国的根本目的，遏制共产主义的进一步扩张。报告建议大力扩展美国的武装力量，包括常规的和核力量，以便支持美国在各地的外交政策目标。在亚洲，美

① *FRUS*, 1949, Vol. 7, p. 1218.

② *US Department of State*: *Department of State Bulletin*, Vol. 22, No. 560 (March 27, 1950); *The Question of Rapprochement and Recognition*, p. 18.

国在中国遭到失败后，特别注重在东南亚和南亚“防止共产主义的扩张”。在这样一种政治气氛之下，美中和解的可能性实际上是不存在的。朝鲜战争的爆发最终使这种和解推迟了一代人的时光。

（原载《历史研究》1993年第4期）

审视中美关系的一个视角

本次学术讨论会的主题是东亚国际关系中的中美关系。这个命题是这样提出来的：中美关系不是一个孤立的双边关系，它是东亚国际关系的一个组成部分。东亚国际关系、中国与其他国家的关系影响了中美关系，中美关系也反过来影响了东亚国际关系，影响了中国与其他国家的关系。研究中美关系可以有许多视角，最根本的当然是研究这两个国家的国家利益，它们的汇合之处与分歧之处。此外还可以研究国内因素的影响，研究两国不同文化和传统对政策的影响，研究决策者个人的作用，等等。而东亚国际关系也是一个研究角度。

从 1784 年“中国皇后”号远航中国到现今，东亚国际关系大致可以分为五个时期：前近代时期、近代时期、后近代时期、冷战时期、后冷战时期。下面我们分别来大体考察一下，在这些不同的时期，东亚国际关系和中美关系的相互作用。

前近代时期

17 世纪的英国革命开始了世界历史的近代时期。但在中国，一直到鸦片战争，中国仍然处在前近代的时期，中国的生产方式、社会形态与千百年来中国传统的生产方式和社会形态没有根本的变化。国际关系学界一般认为，在前近代时期，世界划分为几个彼此隔离的大陆和地区，国际间形成了几种各具特色的国家体系：东亚封贡体系（或朝贡体系）、穆斯林世界、欧洲秩序，以及刚出现的美洲殖民体系。[①] 一直到鸦片战争以前，东

① 王绳祖主编：《国际关系史》第 1 卷，世界知识出版社 1995 年版，第 1 页。

亚国际体系与世界上其他的几个体系是相互隔绝的。中国由于幅员辽阔，人口众多，国力强盛，而且还有强大的“软国力”——具有强烈辐射力的儒家文化，成为东亚国际体系的中心。费正清把它称作“中国的世界秩序”，这是一个以中国为中心、等级制的中国外交关系，中国以外的国家和民族，理论上都要向“中央王国”朝贡。中国统治者甚至一厢情愿地把荷兰、英国也都列入朝贡国之内，所以这个体系被称作朝贡体制或华夷体制。[①] 在这一时期，美国和一些欧洲国家虽然与中国有了贸易关系，也有一些传教士在中国活动，但没有外交关系，这些国家不是东亚国际关系的角色。

近代时期

从鸦片战争到中日甲午战争，这是以中国为中心的东亚国际体系受到内外夹攻，最后分崩离析，中国被迫融入以欧洲为中心的国际体系的过程。这个过程对中国而言充满了灾难和痛苦，以致我们现在谈起来仍然心有余悸。在这个时期，美国不是中国对外关系中的主角。主角首先是英国，其次是俄国和日本。但美国起着越来越重要的作用，一直到提出“门户开放”政策，企图充当列强对华关系的领导。鸦片战争及此后订立的中美之间的条约促成了中美关系的建立。而中美关系的建立又强化了条约体系，加速了中国融入以欧洲为中心的国际体系的过程。这一时期可以大体分为三个阶段：以中国为中心的国际体系开始受到打击的阶段，也就是条约体系确立的阶段；条约体系深化的阶段；这个国际体系最后崩溃的阶段。在这三个不同的阶段中，美国都起了相当重要的作用。

第一阶段，条约体系开始确立的阶段。中美《望厦条约》是东亚国际关系的变化推动中美关系的建立，而中美关系的建立又强化了不平等条约体系的一个典型例子。具有讽刺意味的是，鸦片战争爆发后，美国社会舆论的主流是谴责英国发动战争的。[②] 中英《南京条约》订立以后，美国政

① 陶文钊选编：《费正清集》，天津人民出版社 1992 年版，第 3—18 页。
② 乔明顺：《中美关系第一页》，社会科学文献出版社 1991 年版，第 297 页。

府却认为这是有利可图的机会，立即派遣顾盛（Caleb Cushing）来华，最后与清政府订立了《望厦条约》。与《南京条约》和《五口通商章程》、《虎门条约》相比，《望厦条约》在两个方面都更进了一步，或有了更加明确、更加具体的规定。

第一，关税。条约第2款规定：倘中国日后欲将税率更变，须与合众国领事等官议允。[①] 这就是协定关税的来由。从此中国的关税自主权被剥夺了。而在中英条约中只规定了值百抽五的关税率。

第二，领事裁判权。条约第21款规定：嗣后中国民人与合众国民人有争斗、词讼、交涉事件……合众国民人由领事等官捉拿审讯，照本国例治罪。

第25款又规定：合众国民人在中国各港口，自应财产涉讼，由本国领事等官讯明办理；若合众国民人在中国与别国贸易之人因事争论者，应听两造查找各本国所立条约办理。中国官员均不得过问。

这样，中国政府对在华美国人的各种司法权力，包括逮捕、审讯、定罪、惩治的权力丧失殆尽。而在中英条约中只规定，中英民人纠纷应由两国官员共同审理，若确定英人有罪，由英国领事根据本国法律治罪；对英国人的逮捕权则没有涉及。

关税主权和领事裁判权一项是经济权利，一项是司法权利，这两项是条约体系中的核心内容，是清政府丧失的最主要的主权。但当时的统治者没有近代关于国权的概念，他们显然意识不到，这两项规定是对国家主权多么大的侵犯。南京国民政府成立后首先收回的是关税自主权，其后的修约谈判主要谈的是领事裁判权，太平洋战争爆发后与美英谈判废除不平等条约时，中国政府首先关心的也是这个问题。而这个在此后整整一个世纪中对中国社会和中外关系产生了如此巨大影响的特权正是在《望厦条约》中完全确立的。

根据“利益均沾”的最惠国条款，美国得以享受中英条约中的各项利益，而英国也有权享受《望厦条约》中的各种利益。中英条约、《望厦条

① 王铁崖主编：《中外旧约章汇编》，第1册，生活·读书·新知三联书店1962年版，第50—57页。以后关于条约的援引均出自本书。

约》和《中法条约》共同构成了条约体系的基础，使中国沦为半殖民地国家，使中国与西方列强刚刚建立外交关系，就处于不平等的地位。

第二阶段，条约体系深化的阶段。经过第二次鸦片战争，通过一系列《天津条约》和《北京条约》的缔结，中国的半殖民地地位进一步深化，从列强与中国的关系来说，条约体系进一步深化。在这个时期，美国驻华公使蒲安臣（Anson Burlingame）倡导的合作政策、清政府任命蒲安臣出使和《蒲安臣条约》的订立起了特殊的作用。台湾历史学家李定一将蒲安臣的合作政策归纳为7点，概括起来就是：列强应采取一致态度和政策与清政府办理交涉；各国绝不越出条约规定攫取额外权益；英国要自律，不要处处显出优越地位；不得以上海的租界损害中国领土完整；帮助中国平定内乱仅限于通商口岸；外国人要了解中国文化，并对中国办理外交人员予以宽容。① 可见，蒲安臣倡导的合作政策实际上是美国维护条约体系、维护在过去20年中中国与西方列强建立的关系的努力。两次鸦片战争后，清朝统治者已成惊弓之鸟，他们对合作政策的欢迎是可想而知的。而列强当时基本赞成这种政策。这种政策确实也起到了作用，蒲安臣因此赢得了清政府的信任。这样也才有清政府任命蒲安臣出使。

清政府要派出这个使团，主要是出于对第二年修约的恐惧。而蒲安臣本人则认为，这是世界上最古老的国家第一次要求与西方各国建立关系，意义非同寻常。这个使团对于中国融入国际社会具有重要意义，因为这是两个第一：其一，这是清政府派往外国的第一个使团。在清政府对于国际交往还非常生疏的情况下，派蒲安臣为使节是无可非议的。在蒲安臣于中途病逝以后，钦差记名海关道志刚和礼部郎中孙家谷等继续前往比利时、意大利和西班牙访问，完成了这次出使。以前，只是列强代表走进中国，现在中国代表开始走出去了。而蒲安臣走了这第一步。其二，蒲安臣不顾清政府的规定，遵从国际惯例，突破了清政府的“礼制”。在以“礼”治天下的儒教国家中，“礼制”被赋予了至高无上的意义，因为这是“大朝定制”，事关“国体”。马嘎尔尼（George Marcatney）、阿美士德（William

① 李定一：《中美早期外交史》，北京大学出版社1997年版，第305—306页。

Pitt Amherst）在乾隆、嘉庆两朝引起的震动，至道光朝仍余波未消。在《望厦条约》的谈判中，这个问题就表现得很明显。两广总督耆英以为自己的主要任务是阻止顾盛进京，顾盛则利用清政府惧怕外使进京的心理，不时以北上觐见相威胁，迫使耆英作出让步。结果顾盛很快取得订约的胜利。[①] 在蒲安臣出使之前，清政府对到底应该用什么体制（中式或西式）仍无一致意见，因此总理衙门给他作了许多规定，不让他直接向外国元首呈递国书，因为不知道该行什么礼，等等。但蒲安臣却不管这些规定，一概按照西方外交礼仪行事。他为中国制定了一面黄色国旗，这样，黄龙旗成了晚清中国的象征。他向美国总统亲递国书，按照西方惯例行礼。在他病逝后，志刚、孙家谷等继续前往比利时、意大利、西班牙访问，顺理成章地照西方礼仪觐见三国君主，而不觉得有什么不妥。这样蒲安臣最先动摇了中国传统的仪制。[②]

第三阶段，以中国为中心的国际体系最后崩溃的阶段。日本经过明治维新，脱亚入欧，并在1894年发动甲午战争。甲午战争不是西方列强发动的，而是本来属于东亚国际体系的一个成员发动的。战争的结果是朝鲜最后脱离中国，这样，这个国际体系的最后一个象征也不存在了。因此可以说，甲午战争是以中国为中心的东亚国际体系最后崩溃的标志。而美国的门户开放政策则是美国为应对这种变化而提出来的。在20世纪70年代末，史学界有过一场关于门户开放政策的争论，主要的争论问题是这项政策在客观上对抑制和延缓帝国主义对中国的侵略是否起过一定的作用。[③] 当时发生这样的争论是可以理解的。现在大概不会再有这样的争论了。实际上，这个政策不仅在客观上起了延缓和抑制帝国主义对中国瓜分的作用，就是美国决策者主观上，也是不赞成中国被瓜分的。原因也很简单，如果中国被瓜分了，美国以前根据条约享有的种种权益如果不是一风吹，至少也要大成问题，更不用说，美国还有进一步在中国扩张的企图。列强

---

① 《中美关系第一页》第6章。

② 潘一宁：《近代中国外交的演进和蒲安臣使团》，陶文钊、梁碧莹主编《美国与近现代中国》，中国社会科学出版社1996年版，第29—33页。

③ 中美关系史丛书编辑委员会主编：《中美关系史论文集》第1辑，重庆出版社1985年版，第1—62页。

在中国的争夺有时形成合力，联合起来对付中国；有时它们的力量又相互牵制、相互制约，这也就是清政府要实行“以夷制夷”政策的道理。提出这个政策不是出于美国对中国特殊的好感或善意，而是出于美国自己的国家利益。但美国的这种利益与中国的利益有某种汇合之处，这也是事实。20 世纪初，日俄战争即将结束时，清政府担心东北被日俄分割和霸占，企图引进其他外国势力，尤其是引进美国势力，保持该地区各国势力的平衡，以维护中国的主权和领土完整，就是一个明显的例子。[①]

后近代时期

这个概念纯粹是从中国融入国际体系这个角度提出来的，提出这个概念，只是为了叙述方便，请不要与一般所说的近代史、现代史混淆。随着 20 世纪的到来，以中国为中心的东亚国际体系已经彻底崩溃，中国已经完全融入了以欧洲为中心的国际社会。20 世纪初东亚国际关系的一个重大变化是日本的崛起（通过甲午战争和日俄战争）和美国势力的扩张（通过美西战争）。美日竞争直到最后爆发太平洋战争是 20 世纪头几十年东亚国际关系最突出的现象。这个时期也可以大致分作三个阶段。

第一阶段，20 世纪的头 20 年。在头 20 年的美日竞争中，可以说日本一直处于上风。1905 年的《塔夫特—桂太郎协定》、1908 年的《罗脱—高平协定》和 1917 年的《蓝辛—石井协定》正是美日关系中的三个里程碑，每一次都是美国向日本作出让步，承认日本对朝鲜的控制，承认日本在中国东北的特殊地位。[②] 一直让到巴黎和会，再也让不下去了，中国人民不同意，美国人民也不同意。威尔逊自己也因为在山东问题上的不光彩表演而众叛亲离，遭到国内反对派的猛烈攻击，以致一病不起。美国对日妥协的外交破产。

第二阶段，20 世纪 20 年代。这个阶段是美国联合欧洲列强遏制日本对中国的侵略扩张，各国在华势力进行和平竞争的阶段。也是日本隐忍待

① 丁名楠等：《帝国主义侵华史》第 2 卷，人民出版社 1986 年版，第 242—245 页。

② 陶文钊：《20 世纪初美日在东亚的竞争》，《世界历史》1992 年第 3 期。

时，积蓄力量，准备对中国发动大规模侵略的阶段。20 世纪 80 年代国内史学界对华盛顿会议有过热烈的争论，学者们发表过许多不同的意见。[①]但笔者认为占主流的看法还是承认华盛顿会议是美国外交的一次胜利，是日本外交的一次挫折，而中国则是朝着恢复主权的方向走出了一步。正如有的学者所说，从 1839 年中国与列强打交道以来，这是第一次没有丧失更多的权利，而是争回了某些东西。[②] 尽管中国从此次会议上争回的东西远比中国代表团提出的方案要少，对这一点也要历史地看待。中国的利权是在过去 80 年间通过众多的不平等条约一步一步地丧失的，要通过一次会议就把所有失掉的东西都要回来，实际上也是不可能的。何况当时的中国正处在军阀混战之中，中央政府（北京政府）极其软弱、无能，也就更不能担当起收回利权的重大责任了。

历史上的许多东西有相似之处，有可比性。如果把《九国公约》和蒲安臣的合作政策相对照，我们可以看到两者颇有相似之处。两者都要求列强协调对华政策，都要求列强与中国的当政者合作，都反对任何一国向中国要求超过条约权利的特权。可以说，合作政策是《九国公约》的雏形，而《九国公约》是合作政策在 20 世纪的发展。不同的是，合作政策要求英国克制，而《九国公约》则主要是为了约束日本的，两者的目的都是为了维持东亚现有的秩序，保护列强在现有条约框架之内在中国的有序竞争。

第三阶段，从日本发动九一八事变直到第二次世界大战结束。九一八事变是日本企图突破东亚现有国际格局、称霸东亚的一次努力。美国（尤其是在罗斯福时期）不是不想维持东亚的现有秩序，但大衰退搞得美国自顾不暇，而日本也还没有做好各种准备，还不敢一下子就彻底废弃现存的东亚国际体系，所以日本发动战争是分三步走的：第一步，发动九一八事变，侵占中国东北全部和华北部分地区；第二步，发动全面侵华战争；第三步，发动太平洋战争。从九一八事变到珍珠港，共用了十年多，这十年也是东亚国际关系大调整的十年。总的来说，这十年中美国的政策是从对日妥协到对日强

---

① 资中筠、陶文钊编：《架起理解的桥梁——中美关系史研究的回顾与展望》，安徽大学出版社 1996 年版，第 66—69 页。

② 蒋相泽：《中国与华盛顿会议》，中美关系史丛书编辑委员会主编：《中美关系史论文集》第 1 辑，第 275 页。

硬，从试图保持“中立”、竭力置身事外到投身其中，从对中日的不偏不倚到援华制日，直至联华抗日。这个过程是曲折的，中间有反复，但只要我们把握了这个总的趋势，许多事情就比较好理解，比如1941年的美日谈判。

太平洋战争爆发以后，敌我分明，东亚国际关系变得简单化了。但在盟国内部，在关于战后建立什么样的国际关系的看法上不是没有分歧。美国看出，第二次世界大战以后，老的殖民体系是维持不下去了，美国要代之以新的势力范围体制，把东亚纳入它的势力范围，而英国力图维护老的殖民帝国。在1942—1943年废除不平等条约的谈判中，在关于战后香港的归属问题上，美英的分歧都表现得很明显。在罗斯福的设想中，战后的东亚将与战前大不相同：日本将被彻底解除武装，英国要从它的殖民地退出，中国将在东亚发挥国际警察的作用，美国的东亚政策将以与中国的密切合作为基础。① 他的这个政策受到苏联和英国的抵制，在有些方面他得以克服它们的抵制，如在中国参加1943年的《普遍安全宣言》和参加1944年底筹备联合国的敦巴顿橡树园会议问题上；在有些方面，他也只得向它们作出让步，最明显的是在1945年2月的雅尔塔会议上（这种让步实际上是符合美国关于势力范围的设想的）。雅尔塔会议和由此次会议确定的国际格局在一定意义上反映了东西方两个集团的均势，以致朝鲜战争这样一场残酷的战争也不能将它打破。

冷战时期

在整个冷战时期，对中美关系起主要作用的第三者当然是苏联因素。具有戏剧性的是，在冷战初期和后期，苏联因素对中美关系起了截然相反的作用。在冷战前期，中美关系可以说是东西方关系的一部分。中苏同盟的建立对美国决策者试图在中苏之间打进楔子的希望以沉重打击，对中美对抗格局的形成起了重要作用；② 中苏关系的破裂使美国决策者意识到共

① 详见陶文钊、杨奎松、王建朗《抗日战争时期中国对外关系》，第8章，《寻求中国的大国地位》，中共党史出版社1995年版。

② 约翰·加迪斯：《美国的政策与看法：1949—1950年分裂中苏的楔子战略》，袁明、哈里·哈定主编：《中美关系史上沉重的一页》，北京大学出版社1989年版，第253页。

产主义世界不再是铁板一块，对中美关系的解冻起了关键的推动作用。中美关系的解冻是冷战时期最重要的地缘政治的变化，它改变了地缘政治的版图，改变了力量的对比，形成了一个大三角的国际政治格局。称之为大三角，并不是说中国的实力与两个超级大国旗鼓相当。但中国这个砝码加在哪一边，都是另一边所不堪忍受的。在大三角关系这 20 年中，情况也有变化。70 年代，中国积极实行联美反苏的战略；1982 年后，中国重又强调独立自主的外交政策，并与美国拉开了距离。① 美国几乎总是把对华关系置于从属于对苏关系的地位，当对苏缓和得势时，中美关系就出现停滞，而当对苏缓和受挫时，中美关系就改善。中国经常埋怨美国站在中国的肩上同苏联改善关系，这种埋怨恰好反映了中国的弱势地位，也反映了美国的政策目标。② 苏联从 1982 年后才开始对中国采取更加灵活的政策，但中苏关系的正常化仍然是曲折的，而且也受到中美关系的影响。1984 年的情况就比较说明问题。这年 1 月赵紫阳总理访问了美国，4 月里根总统回访了中国，中美关系在 1983 年的挫折和停滞后出现了改善势头，中国向美国采购武器事宜也在商谈之中。而 4 月，苏联和越南在南海进行了联合军事演习，中越的边界冲突达到 1979 年以来的最高峰。苏联第一副总理阿希波夫本来要在 4 月访问中国，却被苏联方面推迟到 12 月下旬。③ 顺便说，对于大三角关系和中苏关系正常化还有许多问题是值得我们好好研究的。

这一时期中美关系中其他的第三者因素主要的还有朝鲜和越南。颇具讽刺意味的是，这两个因素与苏联因素一样，在不同的时期对中美关系起了很不相同的作用。朝鲜战争的爆发，美中两国先后卷入战争，使中美关系对抗和隔绝的格局确定了下来。朝鲜战争后，美国仍然把中国当作“军事侵略者”，在东亚遏制共产主义的扩张主要变成遏制中国，这是朝鲜战争的又一后果。有意思的是，朝鲜在当年是促使中美走向对抗的因素，而半个世纪以后，它却又成了中美两国的共同的安全关切，成为中美两国有共同利益的领域。1993 年朝鲜半岛的核危机对中美关系走出困境无疑是有

---

① 宫力：《峰谷间的震荡》，第四章《拉开距离》，中国青年出版社 1996 年版。

② 倪孝铨、罗伯特·罗斯主编：《美中苏三角关系》，人民出版社 1993 年版，第 331 页。

③ “The Sino-Soviet-US Triangle：Moscow's Tough Tactics toward China”, An Intelligence Assessment by Office of the Soviet Analysis and the Office of East Asian Analysis. 原件藏美国国家档案馆。

帮助的。此后若干年内，中美两国在缓和朝鲜半岛紧张局势方面、在四方会谈中进行了建设性的合作。这也是值得令人深思的。

越南的因素对中美关系的影响要更复杂些。在20世纪五六十年代，中国的南部边界是美国的一条遏制线，美国陷入越南战争是为了遏制中国共产主义的“扩张”。中国援越抗美是中国60年代支援世界革命的主要行动，也就是说，越南的战争促使了中国的革命外交路线的发展，促使了中国继续对美国采取强硬的立场。后来，如果越南自己不首先迈出缓和与美国关系的步伐，中国领导人要作出打开中美关系的决定，至少会困难得多。从美国方面来说，这一时期中美两国在越南的间接战争，推迟了美国调整对华政策的进程，但同时也为美国政府根本改变其政策创造了必要的主客观条件。[①] 后来，当邓小平决心实现中美关系正常化时，越南问题也是他考虑的因素之一。1979年1月末他访问美国也是带着这个问题去的。[②] 所以，在某种程度上也可以说，在1978—1979年，越南因素促使了中美关系正常化。

---

① 详见姜长斌、罗伯特·罗斯主编《从对峙走向缓和——冷战时期中美关系再探讨》，世界知识出版社2000年版，第265—267、321—322页。

② 在1月29日下午正式会谈之后的小范围的会谈中，中美两国领导人就苏联支持下越南侵略柬埔寨问题交换了意见。邓小平说，这是一个严重问题，是苏联战略部署的一部分。越南建立印支联邦的野心由来已久。从战略全局考虑，有必要对越南的这种狂妄野心给予教训。只要步骤适当并有限度，我们估计，苏联将难以作出很大的反应。就是从最坏的方面考虑，中国也顶得住。卡特总统说，这是一个重大问题，他要和他的助手们商量后才能给予答复。现在越南因为侵略柬埔寨在国际社会越来越孤立。不要因为中国军队向河内进军而在国际上唤起对越南的同情。邓小平还说，如果对越南不加以束缚，他们会变本加厉。中国将采取有限行动，然后撤回军队。他以1962年中印边界的军事冲突为例说，越南人必须得到同样的惩罚。翌日上午，卡特总统与邓小平在椭圆形办公室单独见面，只有译员在场，讨论“教训越南”的问题。卡特总统拿出他亲自草拟的一个便条，表示他对这一问题的意见。它“语调温和，内容明确，强调了克制态度的重要性，指出了国际上可能的负面反应”。邓小平对卡特的评论表示感谢。同时重申，中国必须给越南一个教训，中国完全有能力这样做，而且行动持续的时间不会长，就是10到20天。他估计到国际上对这次行动会有不同意见，但到最后，多数意见会赞成中国的行动。卡特说，美国不是怕苏联，美国是希望把苏联和越南孤立起来，不要因为采取军事行动而使他们赢得更多的国际支持。邓小平表示中国将对此问题做进一步考虑，但卡特得到的印象是，“决定已经作出，越南将受到惩罚”。鉴于这种情况，在邓小平访问期间，布热津斯基已经拟订了美国对中国行将对越南采取军事行动的反应：美国将同时批评中国的军事行动和越南对柬埔寨的侵略，并同时要求中国从越南、越南从柬埔寨撤兵。布热津斯基认为，采取这样的态度既可以避免国内和世界舆论的压力，又可以把美国的立场表达出来。见宫力《峰谷间的震荡》，第25页；Jimmy Carter, *Keeping Faith. A Memoirs of A President*（St James Place and London：Collins，1982），pp. 204 - 209；Zbigniew Brzezinski, *Power and Principle*（NewYork：Farrar Straus & Giroux，1983），pp. 406，410 - 411。

后冷战时期

冷战什么时候结束，国际史学界有不同的看法。有的学者从冷战是两个集团意识形态的对抗出发，认为戈尔巴乔夫在 1987 年提出新思维时，两个集团的意识形态对抗结束，冷战实际上也就结束了。有的学者从冷战的主要表现是美苏在欧洲的争夺出发，认为 1989 年 11 月柏林墙的倒塌是冷战的结束。有的学者从美苏两个冷战的主角进行冷战的能力出发，认为 1991 年 12 月苏联解体是冷战的结束。① 这些看法都有一定道理。笔者认为，冷战结束是一个过程，我们可以暂且把 20 世纪 80 年代末 90 年代初这个阶段称作冷战结束的时期。

冷战后的国际关系有一些与冷战时期不同的显著特点，诸如：两极格局解体，多极化趋势曲折发展；经济因素上升，意识形态因素下降；大国关系调整，伙伴关系成为一种时尚；每个国家都追求各自的民族利益，即使有同盟关系的国家，它们之间的关系也发生了深刻变化，同盟也不再是以前那样的同盟。近年来欧洲一体化进程的加速，欧洲国家在国际事务中不断发出与美国不同的声音就是一个例证。在亚洲也是如此。1989 年北京政治风波之后，美国和西方国家对中国实行制裁。日本就是在美国的盟国中最早起来打破这种制裁的。1989 年 8 月 8 日，日本政府决定向中国南方遭受水灾地区提供价值 200 万美元的紧急物资援助；9 月，日本政府解除了对日本人访问中国的限制；11 月 20—21 日，第四届中日友好交流会议在东京举行；12 月 5 日，日本政府向中国政府提供近 50 亿日元的无偿援助协议在北京签署；1990 年 1 月，中国国务委员邹家华访问日本，8 月，海部俊树首相访华，1992 年 4 月国家主席江泽民访问了日本。在当时严峻的国际形势之下，中日之间的这些交往对于中国摆脱外交上的困难局面，重新掌握主动权是十分重要的。这种情况在冷战时期是不可能出现的。20 世纪 50 年代，日本极力想发展与中国的贸易关系。但由于美国的反对和严格控制，中日贸易始终保持在很低的水平，对日本对华出口的控制始终比对参加巴黎统筹委员会的其他国家更加严格。这里笔者只就与本文有关

① “冷战最后十年”国际学术讨论会，挪威奥斯陆，2002 年 6 月 17 日。

的两个问题简要地谈些看法。

一、美国对中国新的遏制政策有没有可能？这是美国学术界和中国学术界都很关心的问题。冷战的结束使美国在对华政策上的共识消失，此后，美国对华政策一直处在辩论之中。从90年代初到现在，一直有美国学者主张遏制中国，① 中国学者也担心美国对华政策的逆转。但笔者认为，遏制政策是一种过时的想法。第一，什么是遏制政策？遏制政策是一个与冷战相关的概念。在冷战时期美国对中国那种政治上全面排斥，军事上对抗，经济上全面封锁，那就是遏制政策。现在美国对华政策与那时的政策显然不同。第二，现在有没有遏制政策？有的，如美国对古巴、伊拉克、伊朗、朝鲜的政策仍然是遏制政策，或者基本上是遏制政策，或者还不止是遏制政策。但那种政策与美国对华政策显然不同。第三，虽然在美国一直有人想遏制中国，臭名昭著的“蓝队”仍然存在，2002年7月国会“中国安全评估委员会”的报告也是遏制论的反映。② 但遏制中国的主张不是美国占主流的意见，既不是民主党占主流的意见，也不是共和党占主

① 有的学者则明白地主张遏制中国，如1997年6月华盛顿的凯西研究所在发表的声明中说：遏制论者夸大中国的实力，歪曲中国的行为模式和意图，认为中国对美国利益“所造成的威胁在许多关键的方面都比冷战最激烈的时期苏联的威胁要广泛得多，要复杂得多”（See Robert Ross，“Why Our Hardliners Are Wrong”，*The National Interest*，Fall，1997，p.42）。他们认为，接触政策是幼稚的一厢情愿，是绥靖的现代模式；互相依赖也不足以规范中国的行为，更加传统的强权和压力的方式是牵制和遏制中国所必需的。（See David Shambaugh，“Containment or Engagemnt”，*Intemational Secuity*，Vol.21，No.2（Fall 1996），p.185）《即将到来的美中冲突》一书是遏制中国论的比较全面的表述，但该书作者认为，“接触”或“遏制”“这两个词模糊不清，用以说明政策几乎毫无意义”。对苏联式的遏制政策对中国是不适用的。见《即将到来的美中冲突》，新华出版社1997年版，第169—170页。遏制论的最新表述见于美国芝加哥大学政治学教授约翰·米尔斯海默的《大国政治的悲剧》。他在书中提出，大国为了最大限度地生存，势必进行无休止的安全竞争，大国的最终目标是成为霸权，即国际体系中唯一的大国，因此整个世界注定充斥着大国永久的竞争。他力主美国限制中国的经济增长速度，反对实施接触战略，力劝美国遏制中国。见《文汇报》2002年11月8日。

② 国会“中国安全评估委员会”由国会指定的13名成员组成，主要是国会议员的助手。2002年7月提出的这个报告认为，美国对中国的投资和技术转让会帮助中国政府，增强中国的军事力量，因为许多技术都是军民两用的。报告主张建立一种强制性的“联邦公司报告制度”，每一个在中国投资的美国公司向中国转让的技术，在中国进行的研究和开发项目都要向联邦政府进行报告。（Neil King，Jr.，“Investmemt in China Is Under Microscope”，*The Wall Street Joumal*，July 11，2002）这一报告公布后遭到美国实业界和有识之士的批评。他们认为这一要求是没有先例的，没有一个国家实行这样的制度，这完全违反通行的国际商业惯例的要求。美国前贸易代表巴尔舍夫斯基在接受笔者采访时谈到，首先，美国的对外政策不能建立在不让别的国家强大起来这样的目标之上；其次，对于真正敏感的军事技术美国是要保守秘密的，但这必须经过仔细筛选，有严格的范围。许多商业技术是保不住密的，美国不转让，别的国家同样转让，到头来吃亏的是美国自己。因此这个报告在美国没有什么实际影响。但它确实证明了在美国还是不断有人想方设法地提出种种遏制中国的主张。2003年起该委员会更名为“美中经济安全评估委员会”。

流的意见；既不是克林顿政府的政策，也不是布什政府的政策。第四，即使美国想遏制，客观上能不能做到？显然不能。首先，中国的情况已经不是20多年前了，中国已经在很大程度上融入了国际社会；其次，各个国家都在追求自己的经济利益，已经不再像冷战时期那样追随美国了。洛德在助理国务卿任上时曾说："我们在中国遇到的最大的问题之一，就是在我们同中国人较量的时候，我们的欧洲和日本朋友袖手旁观，而且他们抓住机会同中国人签订了合同。"① 1997年以后美国的一些主要盟国都没有再与美国一起在联合国人权委员会上共同发起攻击中国人权状况的议案，这在冷战时期是不可想象的。上面关于日本的例子也很说明问题。而没有国际社会的合作，遏制也是行不通的。第五，中国是大国，而且是核大国，美国对待大国和小国的政策是不一样的。显然，主张遏制中国的人的思想没有与时俱进。时代发展了，他们的思想还停留在冷战时代。当然，现行美国对华政策中确实还有防范中国、牵制中国这一面，尤其是在台湾问题上。对此我们也绝不能放松警惕。

二、"亚太小北约"有没有可能？前些时候国外有人讨论亚太小北约，似乎美国可以把它在这一地区的盟国，日本、韩国、澳大利亚、菲律宾等撮合在一起，搞成亚太小北约。国外有这种议论，国内就会有所反应。这种议论与两个问题有关：一是上面提到的美国对中国的遏制，如果搞起这个小北约，显然是为了遏制中国的；二是北约东扩。北约确实还在继续东扩，但我们看到现在的北约已经发生了变化，传统的盟国体系正在向非传统的联盟体系转变。这种转变表现在：随着许多比较弱、比较小的国家加入北约，北约的军事功能在削弱，而政治功能在增强；美国的单边主义进一步发展，对盟国的依赖降低，这在阿富汗战争中可以明显看出；欧洲盟国不满美国的单边主义，跨大西洋联盟削弱，在巴以冲突和伊拉克问题上，一些盟国公开唱反调，这是冷战时期难以想象的。这一点美国决策者自己也感觉到了。2002年9月初在美国国务院和国家情报委员会联合举办的关于全球反美主义的讨论会上，国务院的工作文件中就指出："跨大西洋关系的削弱是特别令人担心的，这是反美主义高涨的一个因素。"美国

① 《即将到来的美中冲突》，第90—91页。

有的战略家开始设计以"后后冷战时期"的联盟结构来取代冷战时期盟国体系，就是在一个时期内针对一个主要威胁结成一个以美国为中心的联合战线，类似在海湾战争、阿富汗战争中的模式。[①] 所以笔者觉得亚太小北约缺乏现实可能性。

以上对中美关系与东亚国际关系的描述是非常"粗枝大叶"的。在21世纪，中美关系影响东亚国际关系、东亚国际关系反过来影响中美关系这种情况将继续存在。而且实际上，随着国际政治多极化和经济全球化的发展，影响中美关系的非双边因素将越来越多，不但东亚国际关系对中美关系产生影响，而且一些全球因素也对中美关系产生了越来越大的影响，[②] 我们可以列出一个长长的单子来，而其中居于首位的自然是反对恐怖主义的斗争。这一现象说明，中美关系的内容本身在发生变化，在不断拓展。我们研究中美关系史的学者的思想也要与时俱进，不断拓展我们的研究领域，以适应变化了的时代的需要。

（这是笔者在中美关系史专业研究委员会、厦门大学美国研究所和中国社会科学院美国研究所联合举办的"东亚国家关系中的中美关系"学术研讨会（厦门大学，2002年）开幕式上的发言，原载《史学集刊》2003年第1期。）

---

① 参见黄仁伟《美国面临战略困境》，《解放日报》2002年9月14日。

② 有的美国学者说，1990年的"沙漠风暴"挽救了北京政治风波后的中美关系，1993年的朝鲜核危机挽救了克林顿政府第一年的中美关系，2001年的"9·11"挽救了布什政府第一年的中美关系。这种说法不确切、不全面。但也说明了一个问题，即当前的中美关系确实是受到全球各种因素影响的。

美国、赖伊与中国在联合国的代表权

——写在中国恢复在联合国的席位二十五周年之前

中华人民共和国成立以后，中国在联合国的代表权问题立即成为两个阵营在联合国中尖锐斗争的一个问题。由于材料欠缺，中国已有的外交史著作在这个问题上的论述都比较空泛，对于美国如何阻挠新中国取得联合国代表权问题往往语焉不详；对于联合国秘书长赖伊在这一问题上的态度则只讲一些表象，使人感到似乎他的立场与美国的政策没有什么区别；对于美国在处心积虑阻挠中国取得代表权的同时，为什么同意中国代表伍修权出席安理会的问题也没有作出令人信服的说明。显然，我们在这一问题上的认识大有深化的余地。本文主要根据美国档案资料，对这一问题作一具体阐述。

一　朝鲜战争爆发以前

中国是联合国的创始会员国，也是安理会五个常任理事国之一。中华人民共和国中央人民政府成立以后，只有中华人民共和国的代表才有权在联合国代表中国，这本来是没有疑问的。

1949 年 9 月 30 日，中国人民政治协商会议通过决议，否认国民党集团出席第四届联合国大会的资格。10 月 1 日，毛泽东主席在开国大典上庄严宣告，只有中华人民共和国政府才是代表中国人民的唯一合法政府。11 月 15 日，周恩来外长代表中国政府分别致电联合国秘书长赖伊（Trygve Lie）和第四届联大主席罗慕洛（Carlos P. Romulo），郑重声明：国民党政府已经基本灭亡，“丧失了代表中国人民的任何法律的与事实的根据”，要求取消正在出席本届联大的“中国国民政府”继续代表中国人民参加联合国的一切权利。[①] 由于波兰等国的据理力争，11 月 22 日联合国秘书处把中国政府的两项电文作为联合国正式文件散发给联合国会员国。23 日，苏联代表团团长维辛斯基在联合国发表声明，支持中国政府的立场。美国驻联合国代表团却声称，美国政府反对中国政府的电报，因为“该政府尚未为美国及其他许多联合国会员国所承认”。[②]

1950 年 1 月 7 日，苏联外长维辛斯基向正在苏联访问的毛泽东主席建议：中国外交部给联合国安理会发一个声明，否认前国民党政府代表蒋廷黻继续为安理会中国代表的合法地位。他还表示，如在中国发了声明后，蒋廷黻仍留在安理会为中国代表，苏联将拒绝出席安理会。当天，毛泽东两次致电国内，要求把他拟就的声明迅即发出。[③] 次日，周恩来外长致电罗慕洛、赖伊并转安理会理事国苏联、美国、法国、英国、厄瓜多尔、印度、古巴、埃及、挪威等国代表团，要求将前国民党政府代表从联合国安理会开除出去。1 月 10 日，苏联代表马立克在安理会提出支持中国政府上述电文的提案，并声明，在安理会开除国民党政府代表之前，苏联将不参加安理会的工作。1 月 10 日会后，美国驻联合国代表奥斯汀（Warren R. Austin）立即向国务卿艾奇逊（Dean Acheson）进行汇报。艾奇逊指示，美国不要去促使早日表决苏联提案；美国代表应当发表声明，没有苏联参与，安理会可以正常运作；在联合国的各个机构中，代表权问题应当是一致的。[④] 1 月 12 日，安理会讨论苏联提案。美国代表歪曲援引联合国安理会暂行议事规则第 17 条，竟说苏联提案“牵涉联合国代表的全权证书的程序问题”，苏联不承认蒋廷黻的全权证书，是因为该证书是苏联所不承认的政府发的；而美国仍然承认该政府，因此蒋的证书依然有效。[⑤] 法国

① 世界知识出版社编：《中美关系资料汇编》第二辑上，世界知识出版社 1960 年版，第 4—6 页。

② 谢益显主编：《中国外交史——中华人民共和国时期，1949—1979》，河南人民出版社 1988 年版，第 40 页。

③ 中央文献研究室编：《建国以来毛泽东文稿》第一册，中央文献出版社 1987 年版，第 219—221 页。

④ The U. S. Department of State, ed. , *Foreign Relations of the United States* （*FRUS*）, 1950, Vol. 2, pp. 194 – 195.

⑤ 《中美关系资料汇编》第二辑上，第 19 页。

代表肖维尔（Jean Chauvel）附和美国意见，英国代表贾德干（Alexander Cadogan）借口承认中国的国家尚少，要求安理会推迟对苏联提案的表决。

1月13日，安理会表决苏联提案，苏联、印度、南斯拉夫赞成，美国、古巴、厄瓜多尔、埃及、法国和国民党集团反对，英国、挪威弃权。这样，在美国操纵下，苏联提案被否决。苏联代表团随即宣布退出安理会，并表示，只要安理会中还有国民党集团的代表，苏联代表团便不参加安理会的工作，并且不受安理会决议的约束。[①] 1月16日，苏联等国家代表从联合国的三个机构（经社理事会的程序委员会、防止歧视与保护少数民族小组委员会、无国籍者及有关问题特别委员会）中退出，以抗议国民党集团代表的参与。

在安理会投票表决前后，美国积极对安理会成员国施加影响。1月12日，美国驻厄瓜多尔大使馆报告国务院，厄瓜多尔政府“目前打算”断绝与国民党集团的外交关系，但不立即与中华人民共和国政府建交，“拖一段时间”再承认共产党政府。18日，美国大使馆奉国务院之命向厄瓜多尔外交部递交一份照会，其中说，虽然美国政府意识到，与承认有关的国际政治决定是应该由各国政府独立作出的，但“厄瓜多尔政府断绝与中华民国政府的关系将对本已微妙的投票形势产生重要影响”，希望厄瓜多尔政府“至少在目前推迟”这样做。厄瓜多尔驻联合国代表维泰利（Homero Viteri Lafronte）在与美国驻联合国副代表葛罗斯（Ernest A. Gross）的谈话中表示，厄瓜多尔在联合国安理会中的投票“对厄瓜多尔自身没有什么影响，但对美国有很重要的意义”，厄瓜多尔将从美国的最大利益出发，根据美国的要求行事，而不“冒险做给美国带来有害后果的事”。厄瓜多尔代表想要把话说穿，葛罗斯却竭力掩盖说，美国认为从厄瓜多尔本身的最大利益出发作出决定就是符合美国的最大利益。维泰利随即说，如果美国告诉厄瓜多尔，投票赞成中国共产党人在联合国各机构中拥有代表是符合美国利益的，厄瓜多尔就投中国共产党人的票。弄得葛罗斯颇为难堪。葛罗斯在给国务院的报告中也不得不承认，称中国代表权问题是应由各国独立决定的问题这种说法实在是一个“拙劣伪装的建议”，只要美国坚持

---

① 《中美关系资料汇编》第二辑上，第35—36页。

1 月 18 日照会中的要求，就不能说这真是由厄瓜多尔根据自己的意愿与利益来决定的问题。①

厄瓜多尔政府无疑是追随美国的，它没有如其原来打算的那样与国民党集团断交，但它的动向引起美国警觉。国务院随即于 2 月 1 日向驻美洲国家使团发出通函，要他们向所在国政府解释美国的立场，并称，美国政府认为美洲国家在外交关系一类问题上应“尽可能地”实行协调一致。②

美国同样对埃及施加影响。美国驻开罗大使馆 1 月 24 日报告说，埃及外交部对有关中国代表权问题“在成功湖边所发生的事表示不快”，国务院随即指示美国大使向埃及政府进行“解释”。

同时，美国驻联合国代表团也经常与各国代表团进行接触，对他们施加影响。3 月 11 日，葛罗斯向艾奇逊报告说，近几天与厄瓜多尔、古巴、埃及、法国代表团的讨论表明，这四个国家都不“忙于”承认中国的共产党政权，或者驱逐国民党代表出联会国。如果再进行表决，法国将弃权，其他三个国家将投赞成国民党的票。③

赖伊对苏联及社会主义国家退出安理会及联合国下属组织感到担心。1 月 21 日，赖伊会见艾奇逊及美国国务院其他官员。他说，他的所有工作都有一个前提，即苏联不想要武装冲突，苏联打算继续留在联合国。最近的事态使他怀疑，他的前提是否错了。他问艾奇逊是否得到什么有关苏联将在最近的将来考虑采取军事行动的情报。艾奇逊立即答道，没有这样的情报。赖伊继续问，是否有苏联将考虑在最近离开联合国的情报，副国务卿帮办腊斯克（Dean Rusk）和助理国务卿希克森（John Hickerson）都说，他们不相信苏联会考虑离开联合国。赖伊接着说，如果苏联离开联合国，联合国也将继续这样干下去。艾奇逊立即说，这正是美国的看法。腊斯克说，如果出于某种原因今天要结束联合国，明天自由世界就会要求有一个新的组织来替代它。④

可是这一次谈话不但没有消除赖伊的担心，实际上他的担心却越来越

---

① *FRUS*, 1950, Vol. 2, p. 239.

② Ibid. .

③ Ibid. , p. 240.

④ Ibid. , pp. 205 - 207.

强烈了。1 月 27 日，赖伊在与美国驻联合国副代表葛罗斯、罗斯（John C. Ross）的谈话中表示，他有一种“强烈的感觉”，如果中国的代表权问题在今后四至六个星期中不能得到解决，苏联很可能退出联合国，与中国一起，成立一个包括七八亿人口的与联合国竞争的组织，这样世界就尖锐地分裂为两半了，从而破坏了联合国赖以建立的原则：统一性与普遍性。一些走“中间道路”的国家，如印度，也会退出联合国，不参加两个竞争组织中的任何一个。

赖伊倾向于尽快解决中国的席位问题，他的设想是：在两星期内举行安理会专门会议，听取他关于宪章第 23 条的解释，以说明在现今状况下“中华民国”的真正含义——葛罗斯认为，赖伊说的“中华民国”即是共产党中国——他要说明各国政府的承认与联合国的承认是不同的两回事。这样，古巴与厄瓜多尔仍然可以不承认中华人民共和国政府，但他们的代表可以同意赖伊的解释而在安理会中投票赞成接纳中华人民共和国。这样安理会中的 2/3 多数票就够了，中国的代表权问题也就可以解决了。赖伊并积极与安理会各国代表进行磋商。他希望美国代表支持他的想法。这当然是缘木求鱼，适得其反，足见赖伊想法之天真。葛罗斯与罗斯当然不赞成他的主张。他们反驳说，对苏联动机与目的的判断必须建筑在最谨慎的估计与分析的基础之上，赖伊的设想是“不成熟的、仓促的”，并“告诫他不要被形势弄得过于紧张”。[①]

赖伊虽然被美国泼了一盆冷水，但他仍想为维护联合国的普遍性与一致性进行努力，为此，他向各国代表团散发了题为《联合国中代表权问题的法律方面》的文件。他在 2 月 25 日与葛罗斯的谈话中再次表示，由于苏联的退出，联合国的威信及其所属组织的效率受到严重损害；如果不立即采取措施解决中国的代表权问题，使苏联回到联合国，苏联便将永远离开联合国。他接着说，对于中国共产党人，即使你不喜欢他们，也应以与他们进行对话为好。他知道，美国在中国代表权问题上有自己的政策，他也不指望美国公开支持他的努力，但他“十分强调”，他对美国政府敦促厄瓜多尔政府在中国代表权问题上持保留态度这样的做法很不赞成。葛罗

① *FRUS*, 1950, Vol. 2, pp. 210 - 214.

斯说，初看起来，苏联像是要离开联合国，但这样做对苏联自己是“十分不利的”，他们在采取类似行动前会“三思而行”。总之，他并不认为中国的代表权问题与苏联的缺席是什么严重问题，以致联合国必须在下个月匆忙采取某种行动。①

美国的态度使赖伊十分不满。他在3月7日与罗斯的谈话中毫不客气地批评“美国对华政策在五年前犯了根本错误”，现在“美国在联合国中关于中国代表权问题的做法也是错误的”。赖伊说，他和他的同事认为，既然联合国的基础是它的普遍性，那么“没有苏联的参加联合国就没有用处”。他十分强烈地表示，既然共产党人已经有效地控制了中国的绝大多数地区，那么“在联合国中代表中国的自然应该是共产党政府的代表”。他尤其认为，美国不应当为了维护自己不承认中国新政权的政策而对其他国家施加压力，以防止国民党集团被驱逐出联合国。他希望美国任随事态自然发展，因为他相信，只要美国不加干涉，法国、厄瓜多尔、古巴政府都会像他这样认识这一问题的。葛罗斯为美国政策进行了辩解，并称，苏联退出联合国是一种讹诈，“现在的根本问题是，我们为了避免俄国的讹诈到底愿付什么代价”，如果这一次对它让步，那么，日后它就会得寸进尺。②

为了竭力阻挠赖伊实现使新中国政府取得联合国代表权的活动，美国政府一方面对赖伊百般劝说，一方面继续向有关国家施加影响。赖伊向联合国成员国发出上述文件后，艾奇逊认为这是“增添了混乱因素”，乃于3月23日向有关国家的使团和领事团发出指示，再次阐述美国在中国代表权问题上的立场，要他们向各驻在国政府进行说明，他对美国的立场“必然会影响其他国家在这一问题上的考虑”是很有把握的。③

1950年1月至5月，周恩来外长多次致电联合国，质问联合国何时开除国民党集团代表，中华人民共和国中央人民政府任命的代表何时可以参加联合国的工作。主要由于美国的阻挠，中国在联合国的席位问题在朝鲜

① *FRUS*, 1950, Vol. 2, pp. 227 - 228.

② Ibid., pp. 232 - 235.

③ Ibid., p. 244.

战争爆发以前一直没有什么进展。为了表示支持中国在联合国的合法地位，抗议美国强使国民党集团的非法代表赖在联合国，苏联、白俄罗斯、乌克兰、波兰、捷克斯洛伐克的代表先后从安理会及其 4 个附属机构、经社理事会及其 22 个附属机构和托管理事会等联合国机构中退出。

二 朝鲜战争爆发以后

朝鲜战争爆发以后，维护国民党集团在联合国的席位对于美国就更显得重要了。6 月 27 日（星期二），联合国安理会通过了一个关于武装干涉朝鲜的决议，如果没有国民党集团的代表，赞成该决议就不够 7 票，这个决议也就不能成立。如果说，以前美国在对别国施加影响时还比较遮遮掩掩，口口声声说要“由各国政府独立决定”它们关于中国在联合国代表权问题的态度，用艾奇逊的话说，美国是采取“中立的立场”，那么朝鲜战争爆发以后，美国决心改变这种立场，不加掩饰地、赤裸裸地、尽其所能地对别国施加影响与压力，7 月 3 日，艾奇逊指示奥斯汀，“鉴于朝鲜的局势，国务院认为此刻在安理会中提出中国代表权问题是不合时宜的。你若察觉到这个问题有可能被提出的迹象，则应该向其他国家驻联合国的代表团表达我们的这一观点。此外，你还可以适时地指出，在朝鲜危机中我们更不愿意看到中国代表权的改变”①。

但并不是所有国家都同意美国的主张。7 月初，印度外长巴派（Girjia Bajpai）在接见美国大使亨德森（Loy W. Henderson）时说，印度政府认为，“在这维护世界和平的紧要关头，共产党中国与苏联的代表参与安理会是极其重要的”。印度政府表示，它正努力劝说以前没有投票赞成共产党中国的联合国成员国改变主意，赞成立即接纳新中国。这简直是跟美国公开唱反调。3 日接到亨德森的报告后，艾奇逊立即于次日指示亨德森，要他向印度政府“解释”美国的立场，并称，“国务院认为，由于朝鲜的局势在安理会或联合国的其他机构中提出中国代表资格问题是极不合时宜的。我们相信，安理会及自由世界协调一致的努力应当用于成功地处理朝

① *FRUS*, 1950, Vol. 2, pp. 245 - 247.

鲜的局势，安理会的工作不应该被中国代表权这个引起争议的问题弄得更复杂化”。他还说，如果印度的办法奏效，共产党人一定会在安理会中“有效地制造严重障碍”。①

根据安理会的程序，8 月应由苏联代表出任安理会主席。苏联代表马立克表示要返回安理会，并担当主席职务。他于 7 月 27 日通知联合国秘书长及有关国家代表团，将于 8 月 1 日下午举行安理会会议。美国政府顿时感到相当紧张。美国政府认为，马立克可能利用安理会主席的特权，进行程序裁定，把国民党集团的代表撵出安理会，而如果对裁定有反对意见，则必须有 7 票才能成立。27 日当天，艾奇逊在他的办公室召集国务院有关人员举行会议，商讨对策。会议决定：指示美国驻联合国代表团“采取强硬立场”，反对在朝鲜战争期间“以任何形式提出中国的代表权问题”。杜鲁门批准了这一方针。紧接着，艾奇逊于 29 日指示美国驻法国、埃及、挪威、英国使馆，要它们向驻在国政府进行游说，如果马立克进行程序裁定，他们要与美国一起表示反对。美国提出的理由是：安理会主席与其他代表一样，只能按通常的方式对全权证书提出反对，而这种反对必须有 7 票才能成立。美国政府估计，马立克不可能得到必需的 7 票，这样国民党集团也就可保安然无恙了。美国驻法大使立即就此事与法国外交部秘书长帕罗蒂（Alexandre Parodi）进行磋商。帕罗蒂表示支持美国意见，并向法国驻联合国代表肖维尔发去了相应指示。31 日，艾奇逊再次指示驻法国、挪威、英国使馆，要它们敦促驻在国政府“强烈支持”美国反对把中国代表权问题列入安理会议程，理由是安理会正面临朝鲜战争这一紧急问题，其他问题都不应占据优先地位。经过美国驻挪威大使一再游说，挪威政府决定支持美国，反对在安理会提出中国代表权问题；如果要进行投票，挪威将弃权。②

但并不是所有西方盟国都无条件地支持美国，英国就有它自己的考虑。虽然 1 月份英国在安理会投了弃权票，但既然英国已经承认了中华人民共和国政府，继续反对中国在联合国的代表权就使英国处于一种难堪的

① *FRUS*，1950，Vol. 2，pp. 247 – 248.

② Ibid.，pp. 248 – 253.

境地。英国这时的立场是：（1）反对把朝鲜问题与中国代表权问题相联系，既不赞成美国在朝鲜战争期间不考虑中国代表权问题的主张，也反对苏联把解决中国代表权作为解决朝鲜问题先决条件的意见，如果苏联有这种打算的话，中国代表权问题应按此事本身的是非曲直来进行解决。英国外相贝文（Ernest Bevin）5月24日在下院已经表示："我们认为把新中国包括在联合国之内较好"，"我们不想基于政治原因排斥任何人"；（2）如果在安理会中提出中国代表权问题，而结果新中国继续遭到排斥，那就会引起严重后果，苏联将明明白白地向中国展示，中国不可能从西方得到任何东西，"我们将面临东西方之间分裂的十分严重的后果，这只能对苏联有利，也许还会使把现在的冲突扩大到中国的可能性变得非常接近，其后果对于我们大家都是有害的，尤其对于联合王国，包括在香港与马来亚，以及在它与亚洲的英联邦国家的关系方面，其后果是更有害的"。7月29日，贝文致电英国驻联合国代表弗兰克斯（Oliver Franks），阐述了英国政府的上述立场，并指示弗兰克斯与艾奇逊进行商讨。[①]

美国对英国的态度很不满意。助理国务卿腊斯克先对英国使馆参赞格雷弗（Hurbert A. Graves）表示了美国的反对意见，艾奇逊又于8月4日对弗兰克斯做了书面回答，反驳英国的意见。艾奇逊说，他不知道怎么把北京和莫斯科分开，他怀疑北京会对西方的善意作出什么反应，"我们应当考虑，不论北京还是莫斯科的外交政策是否会受北京在联合国中席位问题的影响，其威望与影响的这种增长是否会成为共产主义在亚洲的侵略的又一刺激因素"。[②]

贝文于8月11日回电艾奇逊，继续解释英国的立场。他说，英国的立场从一开始就是：中国的问题基本上是亚洲的问题，亚洲国家在这个问题上持有强烈的看法，英国不能忽视印度、巴基斯坦、锡兰在这个问题上的意见。"北京政府毫无疑问就是中国的政府，而国民党的代表除了代表台湾的一小撮残余分子外不代表任何人。"他接着说，他并不认为接纳中华人民共和国进入联合国就能把中国与苏联分开，"但如果中华人民共和

① *FRUS*, 1950, Vol. 2, pp. 255 – 256.

② Ibid., pp. 258 – 259.

国继续被排除在联合国之外，西方继续对它抱冷漠的敌对态度，那么难道它不会得出结论，甚至当它想离开莫斯科的时机到来时，它除了保持与苏联的联盟外别无选择?”①

在8月联大安理会期间，马立克在第一次会上即发言，要求驱逐国民党集团代表，接纳中华人民共和国代表。但他没有进行程序裁定，美国担心的事没有发生，朝鲜问题吸引了安理会的注意力。

三　第五届联大开幕前后

在第五届联大开幕之前，1950年8月26日，周恩来又致电通知赖伊，中国政府已任命张闻天为出席第五届联大的首席代表，李一氓等为副代表，请即为办理一切手续；同时指出，联合国至今仍容留国民党集团代表，不但违背了联合国宪章，而且漠视了中国人民的正义要求。同日，联合国散发了周恩来的电报。9月9日，周恩来在接见印度驻华大使潘尼迦（K. M. Panikkar）时说，关于中国参加联合国问题，是很简单的，其中一个决定性因素，就是美国的阻挠。因为美国能够操纵多数，如果美国政府不加阻挠，即能通过。所以问题的焦点在美国政府。②

周恩来的说法一语中的。在第五届联大开幕之前，美国为了继续阻挠中国进入联合国频繁活动：美国政府指示其驻外使团向各有关国家进行游说，美国驻联合国代表在纽约向赖伊、罗慕洛进行游说，并向各国驻联合国使团施加影响。就在9月6日这一天，葛罗斯与罗斯在午餐时与赖伊讨论了中国代表权问题，助理国务卿希克森与英、法驻联合国代表捷布（H. M. Gladwyn Jebb）、肖维尔进行了三边会谈，希克森还造访了罗慕洛，向他转达美国关于中国代表资格问题的意见，罗斯与伊朗代表恩特扎姆（Nasrolla Entezam）进行了商谈，美国官员还在纽约或各国的外交部会见了挪威、比利时、印度官员。在9月14日举行的美、英、法三国外长会

---

① *FRUS*, 1950, Vol. 2, pp. 259 - 261.

② 中华人民共和国外交部外交史研究室编：《周恩来外交活动大事记1949—1975》，世界知识出版社1993年版，第21页。

议上，中国的代表权问题也是议题之一。除了一般地表达美国在中国代表资格问题上的看法外，美国对以下三个问题特别注意。

（一）关于证书委员会的组成。证书委员会是每届联大一开始根据主席提名由大会通过组成的，职能是审查各代表团的证书是否有效。委员会由9人组成。8月22日，希克森会见联合国秘书处柯迪埃（Andew W. Cordier），讨论该委员会的组成。柯迪埃表示，打算由6个不承认、3个承认中国新政府的国家的代表组成该委员会，希克森指出，这个组成也可以，但如果由7个不承认、2个承认中国的国家组成则更好，因为后者更能反映当时承认中国的国家的比例情况。希克森还说，如果苏联的卫星国被任命为委员会成员国，美国也应当是成员国。①

（二）关于把联大分成前后两段的主张。这是赖伊为解决中国代表权问题而提出的。他设想，在联大的第一阶段，由于到底谁代表中国的问题尚未解决，国民党集团与中国新政府的代表都不出席，及至联大经过辩论，解决了这一问题，再接纳其中一方代表出席联大。但美国政府“强烈反对”这一主张。副国务卿韦勃（James E. Webb）在9月13日致奥斯汀的电报中说，“这将给美国制造极大的困难”，希克斯认为，如果“允许让中国席位空着，那中共的斗争就赢了一半了”。②

（三）阻挠印度提案的提出。9月17日，印度驻联合国代表劳氏（Benegal N. Rau）收到印度政府指示，要求他在联大会议上提出接纳中华人民共和国代表的提案。18日，奥斯汀及希克斯询问劳氏，印度政府的指示是确定的有约束性的，抑或还有修改的余地。劳氏说，无论是从时间（联大将于19日开幕）以及他的政府的态度来说，都没有修改的余地了。希克森说，劳氏先前曾表示要建议成立一个委员会来研究中国代表权问题，这个想法“很有吸引力，而且与美国立场比较接近”。劳氏说，由于政府有了新指示，他不能再提出关于成立委员会的建议了。希克森“坚决表示”，美国将不支持印度提案，将投票予以反对；不仅如此，美国将运

---

① *FRUS*, 1950, Vol. 2, pp. 265 – 266，截至8月中旬，59个联合国会员国中16个承认了中国新政府，其中包括白俄罗斯和乌克兰。后来，中国的代表权问题交由一个特别委员会去解决。

② *FRUS*, 1950, Vol. 2, pp. 286, 273.

用其影响，劝说其他国家的代表团投票反对印度提案。[①]

美国的立场归纳起来是：(1) 要坚决保住国民党集团的代表资格，而不能在这个问题上作任何让步，名义上的理由是联合国59个成员国中还只有16个承认中国新政权，实际的理由是，美国需要国民党集团在安理会中的投票，没有国民党集团这一票，安理会通过决议所需的7票就凑不够，因此在中国代表资格问题上的任何其他立场都只会“损害美国在朝鲜的地位”。[②] (2) 把中国代表权问题在安理会冻结起来，而在联大全体会议解决。在9月14日美、英、法三国外长会议上，英国外交大臣贝文强调指出，“继续支持蒋介石正在给西方国家在亚洲带来不可言喻的损害”，继续支持蒋正把中国驱入苏联的怀抱，并引起印度等亚洲国家的不满，从而促使亚洲民族主义的高涨。法国外长舒曼（Robert Schuman）也表示，承认中共政府与中国在联合国的代表权是两个问题，虽然法国至少在朝鲜战争期间不会承认中华人民共和国，但中国共产党政府确实已经控制了整个中国，国民党不可能重新控制国家，所以在代表权问题上他越来越倾向于同意英国的意见。虽然艾奇逊一再强调，美国的立场不变，但美国在这一问题上显然已经不能再继续控制这两大盟国了。[③] 英、法两国立场的改变也会影响安理会的其他国家，这样在安理会中美国就显得越来越势孤力单。而在全体大会上，美国毕竟还可以控制较多的国家。(3) 美国借口所谓“中国积极支持朝鲜的侵略者”，坚持中国的代表权问题只能在朝鲜战争以后再加考虑。具体做法是，中国代表权的问题要“在尽可能少的讨论之后尽可能早地进行表决”，即在苏联代表提出驱逐国民党集团的提案（美国估计这是很可能的）后，联大全体会议立即进行表决，作出决定（美国估计表决结果将对美国有利），然后把这个问题搁在一边，进行关于朝鲜问题及其他问题的辩论。美国的借口是，由谁代表中国的问题“需要经过最深沉的考虑和思索才能决定”，如果在联大进行辩论，则将推迟其他问题的审议，因此只能一开始就进行表决，继续让国民党集团占有席

① *FRUS*, 1950, Vol. 2, pp. 295 - 296.

② Ibid., pp. 274, 273, 271, 289.

③ *FRUS*, 1950, Vol. 3, pp. 1037—1038.

位，然后进行联大的正常工作。在联大辩论进行过程中，代表们将就成员国标准问题进行讨论，这个标准将适用于中国。其中之一是“中国共产党政权对于联大宪章的目标与原则的态度及它是否愿意履行联合国成员国的义务”，美国指望联大的这种讨论将能“促使中共在今后数月中在朝鲜及台湾问题上规范自己的行为”。(4) 一旦苏联集团因中国代表权问题的决定而退出联大，美国不能为使苏联返回联合国而作任何让步；万一苏联永远退出联合国，美国也应实行“照常进行”的政策。①

另一方面，美国也在考虑在联合国举行有关讨论朝鲜问题与台湾问题的会议时同意中华人民共和国代表参加。这样做有几个理由：(1) 许多同意美国在中国代表权问题上立场的国家的代表团（如加拿大）提出，如果不听取中国共产党人的意见，那“将是极大的错误”。也就是说，如果美国连这一步也不同意，那么反对中国进入联合国问题的共同阵线有分裂的危险；(2) 如果中国代表没有机会发表意见，印度代表团可能会感到必须做中国的代言人，这种情况是美国不希望出现的；(3) 为了试验一下中国被接纳进联大的可能采取的态度，给予一个参与的机会是必要的；(4) 美国还指望，如果中共代表出席联大，他们可能出丑。② 这样，美国后来同意了中国代表伍修权出席安理会讨论台湾问题的会议。

9 月 19 日，第五届联大开幕。印度代表劳氏提出立即接纳中华人民共和国代表的决议草案，苏联代表接着提出立即驱逐国民党集团代表和邀请中华人民共和国代表出席本届联大的两项提案。按照美国的预想，大会当时进行了投票，并以多数票否决了印度、苏联的提案。接着，大会通过决议，成立一个特别委员会审议中国的代表权问题，而在大会对特别委员会的报告作出决议以前，“中国国民政府”的代表仍应出席大会，并享有与其他代表同样的权利。中国代表权问题就此搁置起来。直到 12 月 13 日，大会才根据主席的提名，选举产生了由加拿大、印度、厄瓜多尔、伊拉克、墨西哥、菲律宾、波兰组成的委员会。委员会于 15 日举行首次会议，10 个月后，即 1951 年 10 月 6 日才举行第二次会议，也是末次会议。

---

① *FRUS*, 1950, Vol. 3, p. 1225; Vol. 2, pp. 270, 287 – 289.

② *FRUS*, 1950, Vol. 2, pp. 293, 288.

中华人民共和国政府对美国操纵联大再次无理否决中国代表权表示了严正态度，1950年9月25日，外交部发言人发表声明，对印度与苏联在联大所作的努力表示热烈欢迎，坚决反对联大拒绝中国代表权的非法决定。10月1日，周恩来发表文章纪念中华人民共和国成立一周年。文章阐述了中国的外交政策，谴责了美国坚持敌视中国人民，在联合国及其各个组织中顽固阻挠中华人民共和国代表参加，千方百计地庇护国民党集团代表的做法。①

中国介入朝鲜战争以后，美国诬蔑中国“侵略”朝鲜，在中国在联合国代表权问题上设置了新的严重障碍。在此后十年中美国以种种借口一再拖延、搁置关于中国代表权问题的讨论，操纵多数票否决苏联等国的合理提案，使关于中华人民共和国在联大的合法席位问题一直没有列入联大议程。

简单回顾1949—1950年的这段历史，我们可以大致得出如下结论：（1）美国是一贯地阻挠中华人民共和国取得联合国合法席位的，在朝鲜战争爆发以后尤其如此；（2）联合国秘书长赖伊出于维护联合国的普遍性与代表性的愿望，是希望尽早解决中国的代表权问题的，但他的种种努力都被美国挫败了，他是斗不过美国的；（3）在1950年已经有越来越多的国家倾向于接纳中华人民共和国，甚至美国要控制其最主要的盟国也越来越困难了，朝鲜战争的爆发，尤其是中国参战推迟了中华人民共和国进入联合国的时间。

（原载《美国研究》1996年第4期）

① 《中美关系资料汇编》第二辑上，第182—183、189—191页。

美国在朝鲜战争中的三次决策

朝鲜战争已经过去半个多世纪了，这是在冷战时期发生的一场热战，50多年来各国学者从各个角度研究这场战争的作品可谓汗牛充栋。本文的研究集中于美国在朝鲜战争中的三次重大决策，即美国是怎样决定卷入战争的？美国是怎样作出越过三八线的决定的？又是怎样决定与中朝方面进行和平谈判来停止战争的？

逐步升级的卷入过程

1948年8月15日，朝鲜半岛的美国占领区宣告成立“大韩民国”，美国军事占领结束。9月9日，半岛苏联占领区宣布成立朝鲜民主主义人民共和国。至此，朝鲜半岛出现了两个互不隶属、互不承认，又分别得到部分国家承认的政权，半岛的分裂局面形成。

苏、美军队先后撤离朝鲜，留下了两个敌对的政权在半岛南北对峙，各自宣称自己是唯一合法政府，各自努力扩充自己的军力，各自渴望用武力统一半岛。两极化的国际格局、美苏冷战固然是此后发生的朝鲜战争的大背景，但南北双方的敌对和互不相让则是内战的根本原因。

6月25日，华盛顿获悉战争爆发，决定撤侨，并向韩国提供武器弹药援助。

1950年6月25日（星期日）凌晨4时（朝鲜时间），朝鲜战争爆发。[①] 几小时后，美国东部时间6月24日晚上9时许，美联社总社收到驻

① 朝鲜时间与美国东部时间有13个小时的时差。下文凡是讲到美国情况均为美国东部时间，凡是讲到朝鲜情况均为朝鲜时间。不再一一说明。

南朝鲜记者的第一封急电，称北方军队发起了进攻，开城已告失守。几乎同时，国务院收到了美国驻南朝鲜大使穆乔的电报。电报的判断是："从进攻的性质和发动这次进攻的方式看来，这似乎是对大韩民国的一场全面进攻。"①

6月24日是星期六，美国政府官员都在度假或外出。杜鲁门在他的故乡密苏里州独立城度周末，国务卿艾奇逊和美国驻联合国大使奥斯汀分别在马里兰州和佛蒙特州各自家中过周末。国务院里只有值班的官员。艾奇逊闻讯后即从家中打电话向杜鲁门报告有关情况，并建议举行联合国安理会会议。助理国务卿希克森随即与联合国秘书长赖伊联系，并表示美国希望安理会安排停火。后者同意次日举行安理会紧急会议。②

6月25日下午，安理会举行紧急会议。安理会在苏联代表缺席的情况下通过决议，要求立即停止敌对行动，并促请北方立即将其武装部队撤退至三八线；请求联合国朝鲜委员会提出关于局势的建议；并呼吁联合国各成员国不要对朝鲜提供援助。③

当杜鲁门7点多钟到达白宫时，国防部和国务院负责官员已经在白宫西翼等候他共进晚餐了。出席晚餐会的有艾奇逊、国防部长约翰逊、海军部长马修斯、陆军部长佩斯、空军部长芬勒特、参谋长联席会议主席布莱德雷、海军作战部长舍曼、空军参谋长范登堡、陆军参谋长柯林斯。晚餐后，杜鲁门让艾奇逊介绍情况。艾奇逊宣读了国务院昨天晚上收到的驻韩国大使发来的第一份电报，然后说，局势是严重的，如果没有美国援助，韩国将崩溃。接着他提出建议：

> 第一，麦克阿瑟应将美国人，包括美国军事顾问团人员家眷在内的美国公民撤离朝鲜，命令美国空军在美国人员撤离过程中轰炸任何

---

① The U. S. Department of State, ed., *Foreign Relations of the United States* (*FRUS*), 1950, Vol. 7, pp. 125 - 126.

② *FRUS*, 1950, Vol. 7, pp. 125 - 127; Harry S. Truman, *The Memoirs of Harry S. Truman*. Vol. II, *Years of Trial and Hope* (Garden City, New York: Doubleday and Company, Inc., 1956), p. 332.

③ 世界知识出版社编：《中美关系资料汇编》第二辑上，世界知识出版社1960年版，第85—86页。

向金浦、仁川方向进攻的北朝鲜地面和空中部队，但美国空军只在三八线以南活动；

第二，命令麦克阿瑟以空投和其他方式向韩国军队提供超出目前共同防御援助计划规定的武器弹药和其他装备；

第三，命令第七舰队立即从菲律宾的基地北上，进入台湾海峡，以防战争扩大到该地区。

接下来，与会者对形势进行评估，并对艾奇逊提出的建议进行讨论。比较一致的看法是：苏联尚未作好战争准备，他们现在不想打仗，他们不会将危机推向全面战争；但在朝鲜半岛，苏联在向美国进行试探，美国应该在这里划一条线。杜鲁门极其坚决地说，“应该把这条线划好”。分歧的意见是：范登堡和舍曼认为，只要对韩国给予空军和海军援助就够了，美国不必向朝鲜半岛派出地面部队。柯林斯对此表示怀疑，他认为如果韩国军队被击溃，那就必须派遣地面部队。最后，杜鲁门要求国务院进行研究，看苏联还可能在哪些地方发起进攻。并要求所有与会者，在他星期二（27 日）正式就朝鲜局势发表声明之前，不得表示对朝鲜形势的看法；并要求麦克阿瑟派遣一调查组到朝鲜实地了解情况。① 总之，25 日美国决策者的讨论还比较笼统，没有作出是否使用美国军队和怎样使用美国军队来挽救南朝鲜政权的决定，主要原因是情况还不明了。

6 月 26 日，决定以美国的海空力量援助南朝鲜，但限于三八线以南。

6 月 26 日，星期一，从朝鲜传来的消息使美国决策者沮丧。南方部队继续败退，北方部队步步进逼。穆乔大使作出了美国使馆撤出汉城（今首尔）的决定，李承晚政府也决定把政府迁到汉城以南 240 公里的大丘。下午，南朝鲜驻美大使紧急求见杜鲁门和艾奇逊，请求美国“立即给予大量援助”。他说，他收到了李承晚的三个电报，南朝鲜严重缺乏大炮、坦克、飞机，要求美国尽一切可能提供援助。杜鲁门对他进行了安慰，表示已经

① *FRUS*, 1950, Vol. 7, pp. 157 – 161; *Years of Trial and Hope*, pp. 334 – 335; Dean Acheson, *Present at the Creation. My Years in the State Department* (New York: W. W. Norton and Company, Inc., 1969), pp. 528 – 529.

下令麦克阿瑟向韩国提供各种弹药和装备，并说，战争刚进行了 48 小时，韩国不应该沮丧，他们“必须形成一个能带领他们度过危机的坚强有力的领导”，婉转地表示了对李承晚领导无方的不满。①

当晚 9 时，杜鲁门再次在白宫西翼召集紧急会议，与会者与头一天会议大致相同。与会者一致同意给予韩国海空军援助。会上有这样一段对话：

佩斯问：这是否意味着行动只限于三八线以南？
艾奇逊：是的。他无意跨过三八线采取任何行动。
范登堡：这是否意味着他们也不能飞越三八线？
艾奇逊：他们不能。

总统说，就是这样，即不得在三八线以北采取任何行动。他又加了一句：“现在还不可以。”

这次会议主要根据艾奇逊的建议，通过了以下决定：

第一，美国空军和海军向南朝鲜军队提供全面支援，取消他们在南朝鲜行动的限制，但目前行动只限于三八线以南。杜鲁门也明确表示，“目前不可以”在三八线以北采取行动；

第二，命令第七舰队开进台湾海峡，阻止对台湾的进攻，同时告诉台湾方面，不要进攻大陆；

第三，增加美国在菲律宾的军事力量，加速对菲律宾的援助；

第四，增加对印度支那的援助，并通知法国，美国将派一个强大的军事使团去那里；

第五，总统将于次日就上述措施发表声明，此前将向国会领袖进行通报，以取得他们的支持；

第六，向预定 27 日举行的安理会会议提出一个新的决议草案，呼吁联合国会员国向南朝鲜提供援助，以恢复该地区的和平。②

---

① *FRUS*, 1950, Vol. 7, pp. 172 – 173.

② Ibid., pp. 178 – 183.

会议上的意见分歧主要是：北方军队势如破竹，南方军队已经无心再战，在这种情况下，仅仅动用美国的空军和海军力量能否奏效。海、空军方面的看法比较乐观，陆军方面的看法比较悲观。杜鲁门本人也在考虑向朝鲜派遣地面部队的问题。[①] 但与会者一致认为，如果要出动美国陆军，现有军队数量明显不足，必须动员国民警卫队。艾奇逊建议暂不实行动员，杜鲁门要求参谋长联席会议对此问题进行研究，几天后作出报告。杜鲁门随即下达了出动海、空军支援南朝鲜以及第七舰队驶向台湾海峡的命令。

杜鲁门政府在26日作出的决定是重要的，美国实际上已经决定参战，只是在是否出动地面部队问题上尚未拿定注意。而参战的决定是在政府未与国会进行商讨，没有国会授权的情况下作出的。安理会27日的会议也还没有举行，自然还没有通过支持南朝鲜的决议案。白宫西翼的会议甚至决定，如果有迹象表明，苏联代表将参加安理会会议并将否决美国提出的决议草案，杜鲁门应于安理会会前宣布美国政府的决定。也就是说，不管安理会作出什么决定，美国的主意早就打定了，而且已经付诸实施。[②] 以后，美国都说自己向朝鲜派出军队是在执行联合国安理会的决议，但实际上，早在安理会作出决议以前，美国已经采取了行动，美国无非是把自己的意志强加给安理会而已。这次会议之后，陆军部长佩斯立即向麦克阿瑟下达了作战命令：对三八线以南“所有军事目标都可以出动空军”，“海军对所有海岸水域及港口可以自由采取行动”。[③]

6月27日，发表四点声明，以美国海空部队向南朝鲜提供全面援助。

6月27日，杜鲁门把国会两党领导人请到白宫，向他们报告朝鲜的事态、政府已经和即将采取的措施，并就他即将发表的声明征询他们的意见。杜鲁门说，北朝鲜的“入侵显然是苏联鼓动的”。如果他们在那里成功了，“俄国人就会接着干下去，把亚洲一块一块地吞掉”。然后继续在中

---

① 奥马尔·布莱德雷、克莱尔·布莱尔著，佟乐编著：《布莱德雷》，解放军出版社1985年版，第441页。

② *Present at the Creation*, p. 532. 艾奇逊在回忆录中也承认，正是由于美国在安理会6月27日会议前已经发布命令并采取行动，后来苏联对此大做文章。

③ 参见沈志华《朝鲜战争揭秘》，（香港）天地书店1995年版，第188页。

东和欧洲这样干下去。[1]国会领袖们所关心的问题非常广泛，包括：美国在东亚的驻军情况，美国在朝鲜已经采取了什么行动，美国派出的部队是否足够，美国是否能从西欧得到支持，苏联是否会参加当天下午举行的安理会会议并投票否决美国起草的决议，美国是否为支持台湾、菲律宾和印度支那采取了足够的行动，等等。艾奇逊、约翰逊和三军参谋长一一作了回答。艾奇逊还表示，政府现在十分谨慎不要牵涉到苏联的威信，而把战争局限起来。[2] 国会领袖表示支持政府采取的措施，参议院军事委员会主席泰丁斯还说，他所领导的兵役委员会已经在那天上午决定延长《兵役法》的期限，并授权总统征召国民警卫队。会后，杜鲁门向媒体发表声明，要点如下：

——他已下令美国海空部队向南朝鲜军队提供全面援助；

——他已下令第七舰队开进台湾海峡，以阻止对台湾的进攻，并要求台湾停止对大陆的海空行动。"台湾未来地位的确定，必须等待太平洋安全的恢复、对日和约的缔结或经由联合国的考虑"；

——他已下令加强美国在菲律宾的部队，加速对菲律宾的军事援助；

——加强对印度支那的军事援助。[3]

27 日下午，安理会再次举行会议，讨论美国提出的"建议联合国成员国向大韩民国提供为制止武装进攻并恢复这一地区的国际和平和安全所必需的援助"的议案。会议从下午 3 时一直开到晚上 11 时 50 分，在苏联代表缺席的情况下，以 7 票赞成、1 票（南斯拉夫）反对、2 票（印度、埃及）弃权，通过了美国提案。[4]同日，国务院还就朝鲜战争向苏联提出照会。

6 月 28 日，没有作出新的决定。

下午 5 时，杜鲁门再次主持国家安全委员会会议，讨论朝鲜局势。空

---

① Michael Schaller, *Douglas MacArthur. The Far Eastern General* (New York and Oxford: Oxford University Press, 1989), p. 187.

② David S. McLellan, *Dean Acheson. The State Department Years* (New York: Dodd, Mead and Company, 1976), p. 276.

③ *FRUS*, 1950, Vol. 7, pp. 202 – 203; *Years of Trial and Hope*, pp. 338 – 339; *Present at the Creation*, pp. 532 – 533.

④ 《中美关系资料汇编》第二辑上，第 90—91 页。

军部长芬特勒要求取消对空军只能在三八线以南活动的限制，以向南朝鲜军队提供“充分的空中支持”。范登堡认为，北方的空军基地位于三八线以北60公里的地方，美国飞机不可能借口“误越边界”对其实行轰炸。艾奇逊和约翰逊也不倾向于这样做。杜鲁门主意未定，他说，美国空军“可能不得不”轰炸北朝鲜的空军基地和储油罐，但他目前还无意作出决定。实际上，麦克阿瑟在没有接到新的命令的情况下，已经向远东空军副司令帕特里奇下达命令，“立刻摧毁北朝鲜的机场”，但只许做，不许说。这是这位刚愎自用的将军在朝鲜战争中第一次超越权限。①

6月29日，取消对美国在朝海、空军行动的限制，并向南朝鲜派出地面部队。

6月29日，麦克阿瑟派到朝鲜进行实地调查的约翰·丘奇准将发回消息，如果美国军队不投入战斗，不可能恢复战前的分界线。北方军队已占领汉城，正继续南下，向南朝鲜临时政府所在地水原进逼。南朝鲜军队守不住汉江这条天然防线。下午5时，国家安全委员会会议再次举行。约翰逊认为，鉴于形势的新发展，应当取消对美国海空力量只能在三八线以南采取军事行动的限制，并称，由于这一限制，北方的补给和增援部队可以顺利地向南运送。他建议动用美国的地面部队，仅仅为了建立一个保护空军行动安全的基地，就应该这样做。② 杜鲁门和艾奇逊实际上赞同美国空军在三八线以北实施军事行动。杜鲁门说，他的意图是，采取一切必要的步骤，“迫使北朝鲜人退回到三八线以北去”。艾奇逊也说，空军执行任务时不应当受到那样的限制，不应当把三八线作为一道不可逾越的界线来严格遵守，但是他希望能保证做到一点，就是空军不能飞越朝鲜的边界。佩斯认为，对于授权在三八线以北进行军事行动要特别慎重，而且要对军事行动有明确的限制。杜鲁门说，三八线以北所进行的军事行动应当仅限于破坏军需供应。杜鲁门还提到，在约翰逊提议的给麦克阿瑟的指示的最后一段含有美国正在计划与苏联作战的意思，他不希望含有这样的意思，但“要保证不至于过深地陷在朝鲜，以致我们照顾不了其他地方可能发生的

① 参见《朝鲜战争揭秘》，第191页。

② 同上。

类似情况”。[①]

当天，国务院还收到了苏联对国务院两天前照会的回复。苏联外长葛罗米科在接见美国大使时称，朝鲜发生的事件是朝鲜的“内部事务”，苏联坚持采取“不干涉别国内部事务的政策”，它反对外国干涉其他国家的内政。在艾奇逊看来，这个照会表明苏联将不会干涉战争。也就是说，美国不必担心这是苏联声东击西的战略。[②] 有的美国学者认为，这个照会表明苏联既不想对朝鲜施加影响，让朝鲜停止其进攻，又表示苏联无意干涉朝鲜事态，这就为美国地面部队参战敞开了大门。[③]

会议最后决定：增加在朝鲜的海空力量投入，即把北朝鲜的军事目标包括进去，但不越过北朝鲜，即空军的行动止于朝中和朝苏边境；授权使用地面部队保障釜山的港口、机场和交通设备。会后，参谋长联席会议立即向麦克阿瑟下达了新命令。主要内容是：

——调用可用的空军和海军力量，为南朝鲜部队提供尽可能大的支持；

——陆军的调用只限于关键的通信系统和其他关键的后勤部门，为了确保从釜山到镇海广大地区的港口和空军基地，可以使用陆军和后勤部队；

——把行动扩大到北朝鲜，打击空军基地、补给品仓库、油罐场、军队和其他纯军事目标，但在北朝鲜的军事行动务必确保远离朝中和朝苏边境；

——上述决定不表示美国决定在苏联干涉朝鲜事务时与苏联进行一场战争，如果苏联参战，美军应实行自卫，但不采取任何恶化局势的行动，并应迅速向华盛顿报告。[④]

这样，杜鲁门政府29日的决定使美国的战争卷入进一步升级：对美

---

① *Years of Trial and Hope*, pp. 340 – 341. 美国国务院在25日就把照会发给了驻苏使馆，但照会直到27日才递交，整整延迟了两天。这样重要的事情居然会被拖延是难以想象的。至于拖延的原因谁也没有作出解释。见 David S. McLellan, *Dean Acheson. The State Department Years*, p. 276.

② *FRUS*, 1950, Vol. 7, pp. 229 – 230. 约翰·斯帕尼尔著，钱宗起、邬国孚译，张伟民校：《杜鲁门与麦克阿瑟的冲突和朝鲜战争》，复旦大学出版社1985年版，第36页。

③ 《杜鲁门与麦克阿瑟的冲突和朝鲜战争》，第36页。

④ *FRUS*, 1950, Vol. 7, pp. 240 – 241。

国在朝的海、空军行动以三八线为限的规定取消了，美国陆军开始介入战争。

当天发生的另一件事是，台湾的国民党当局通过驻美国的“大使”告知国务院，台湾愿意派遣一支33000人的军队到朝鲜参战。国家安全委员会会议后，艾奇逊又来到白宫与杜鲁门商量此事。杜鲁门觉得应该接受这个好意，但艾奇逊认为这些军队对于保卫台湾比对保卫南朝鲜更有用。杜鲁门指示艾奇逊在次日的国家安全委员会会议上提出。

6月30日，取消对在南朝鲜使用地面部队的限制。

6月30日，麦克阿瑟对朝鲜前线作了一次视察后回到东京。他在凌晨1时给五角大楼发了一份长电报，称南朝鲜部队“完全丧失了反击的能力，十分可能进一步崩溃”，目前守住汉城以南战线的唯一希望“是在朝鲜作战区域投入美国地面部队”。麦克阿瑟建议，立刻派遣一个团的兵力，同时尽可能迅速从日本抽调两个师，作为初期反攻的部队。[①] 陆军参谋长柯林斯被五角大楼值日官从睡梦中叫醒，赶往办公室与麦克阿瑟进行电传会商。麦克阿瑟再次强调前线急需美国地面部队，要求立即对他的建议给予答复。柯林斯又叫醒了陆军部长佩斯。佩斯在凌晨5时向杜鲁门请示。杜鲁门表示，同意先使用一个加强团的兵力。[②]

上午8时30分，杜鲁门再次召集会议，讨论向朝鲜派出地面部队和台湾向朝鲜派兵的建议。杜鲁门仍倾向于接受蒋介石的建议，尤其是蒋保证，他的军队五天内即可上船出发，而争取时间是非常重要的。但艾奇逊和三军参谋长都反对台湾军队参战，他们担心，这将导致中国共产党人参战或进攻台湾。关于向朝鲜派出地面部队的问题没有引起什么争议。当天下午，参谋长联席会议向麦克阿瑟发出了两道命令：

——取消前日命令中对他使用陆军部队的限制，但以不危及日本安全为限；

——目前不接受蒋介石提供的军队。[③]

---

① *FRUS*, 1950, Vol. 7, pp. 248 – 250.

② *Years of Trial and Hope*, pp. 342 – 343; *Present at the Creation*, pp. 535 – 537.

③ *FRUS*, 1950, Vol. 7, p. 263.

艾奇逊后来在回忆录中写道：“星期五的各项决定是在这紧要关头的一周中所作出的达到顶点的决定。至此我们便全面介入朝鲜了。”①

这天上午，杜鲁门、艾奇逊等再次会见国会领袖。杜鲁门向国会领袖们报告了朝鲜形势和政府采取的措施，受到国会领袖们的普遍赞同。只有参议员肯尼思·惠里质问，政府采取这些措施有什么法律依据？杜鲁门说，他作为国家武装部队总司令有紧急处置权，并保证“如采取更大规模行动，一定告知国会”。② 参议员史密斯建议，国会作出决议批准总统的行动。杜鲁门就势下台阶，表示他愿意考虑这一建议，并请艾奇逊准备方案。

这样，在6月24日到30日这七天之中，杜鲁门政府一步一步地作出了卷入战争的决定。7月5日，美军第24师第1团史密斯特遣队在乌山投入作战，美军地面部队参加了朝鲜战争。从这一星期的决策过程可以看出以下特点：

第一，这是一场没有国会授权的不宣而战，在一般情况下，总统不敢作出这样的决定，国会也一定会强烈抵制。但在当时美苏对抗的大背景下，国会居然对总统的行为予以追认；

第二，美国决策者始终希望美国师出有名，希望拉安理会决议的大旗为虎皮，在苏联缺席的情况下，安理会几乎成为美国操纵的工具。其实，早在安理会作出有关决议之前，美国已经决定参战。正如一些美国学者指出的，安理会的决议只是对既成事实的事后批准而已；③

第三，冷战意识从两个方面在支配着美国决策者：一方面，他们认定战争的爆发是苏联扩张的一部分，因此一定要帮南朝鲜顶住，在这里划一条线；另一方面，杜鲁门一直在指示有关人员，要研究东西方接触的所有地方，看什么地方可能成为爆发点。美国决策者仍然认为，朝鲜不是与苏联冲突的理想地点，美国要准备在许多别的地方都可能发生类似的情况，因此美国的卷入是逐步升级，美国也不能一下投入太多的部队。

① *Present at the Creation*, p. 537.

② *Douglas MacArthur. The Far Eastern General*, p. 189.

③ 《杜鲁门与麦克阿瑟的冲突和朝鲜战争》，第40页。

越过三八线的致命决策

从战争爆发到9月底杜鲁门政府正式决定美军越过三八线，大致经历了三个逐步升级的阶段。

第一阶段，美国海、空军行动越过三八线。正如上文所说，这个决定是在6月29日的国家安全委员会会议上作出的。

第二阶段，仁川登陆前关于地面部队越过三八线的考虑和争论。6月30日的决定向南朝鲜派出一个团参战，没有说地面部队不许越过三八线，因为这个问题实际上不存在：所有南朝鲜军队都在三八线以南作战，美军参战首先是为了制止南朝鲜军队的颓势。7月13日，李承晚宣称，“韩国军队将不停止在三八线上”。当时杜鲁门政府却还没有作出这样的决定，因此美军发言人称，美军将停止在三八线，并将强制南朝鲜军队也这样做。这引起南朝鲜的不满。艾奇逊电令穆乔大使尽最大努力去制止南朝鲜的类似公开宣言和这类问题的讨论，因为这将不利于美国的地位。[①] 以后随着美国参战部队的增加，随着战局逐渐发生变化，南朝鲜军队逐渐由防御转入反攻，这个问题就提到了美国决策者的面前。

在美国，推动美军越过三八线的有几股力量。

第一，麦克阿瑟。他是美国军方第一个提出越过三八线的人。早在第二次世界大战中，他就反对罗斯福“欧洲第一”的战略。战后，他不赞成杜鲁门政府的对华政策，认为美国由于受“欧洲第一”战略的影响，没有有效地支持中国的国民党政权，这是“美国历史上最大的错误”。国民党败退台湾后，他又竭力反对美国从中国内战脱身，鼓吹美国重新介入中国内战，支持台湾的国民党集团，认为杜鲁门1950年1月5日的声明是“失败主义，在太平洋采取姑息政策”。[②] 朝鲜战争爆发后，麦克阿瑟不断要求增加美国政府对朝鲜实质性的军事援助。起先是一个团，后来又增加

---

① *Present at the Creation*, pp. 584 – 585.

② 《杜鲁门与麦克阿瑟的冲突和朝鲜战争》，第73、79页。

两个师，7月9日又要求调遣4个师及其所有后勤部队。[①] 他提出这个要求后，杜鲁门派柯林斯和范登堡去东京，与麦克阿瑟讨论战局。7月12日，双方进行会晤。柯林斯说，他必须把麦克阿瑟的要求和政府的总的军事计划结合起来，因此需要了解麦克阿瑟打算什么时候发动大规模反攻。麦克阿瑟回答说，反攻日期目前无法确定，但他的目标不仅仅是把北朝鲜军队赶回三八线以北，而且是要消灭他们，并进而统一朝鲜。他还声称，他可能不得不攻占整个北朝鲜，为此需要8个步兵师。范登堡问，如果中国人参战怎么办？麦克阿瑟说，把他们消灭在北朝鲜。他强调，“我们要么在这个地方赢，要么在所有地方输。如果我们在这儿赢了，我们就增加了在所有地方赢的机会”[②]。

这次谈话第一次提出了美军越过三八线的问题。第二天，李承晚就作出了上面提到的南朝鲜军队将不会停止在三八线的公开声明。

第二，参谋长联席会议。军方在7月31日的长篇备忘录中第一次系统表达关于越过三八线的主张。其中指出，如果“联合国军”的军事行动限于三八线，只要北朝鲜军队撤到三八线以北，战事就结束，并恢复6月24日前的状态，那“将重新回到过去的军事不稳定状态。苏联可以重新武装新的打击力量进行第二次尝试。因此恢复原状不可能保障安全”。备忘录还说：三八线从地理上说是一条人为划出的界线，它违反一个单一国家的自然的完整性。划出这条线起先只是为了军事上的方便，结果成了铁幕的东方前哨。“美国提出了三八线，但从来没有把它作为一条一成不变的边界。”备忘录还认为越过三八线是可行的，因为苏联将不在朝鲜或其他地区进行干涉。备忘录的最后结论是：三八线没有军事意义；“建立一个自由和统一的朝鲜，消灭北朝鲜的共产主义政权将是扭转过去12个月之中远东地区危险的战略趋势的一个步骤。”显然，参谋长联席会议是竭力主张越过三八线、统一朝鲜半岛来实现美国在东方的战略目标。[③]

第三，部分国务院官员。7月14日，美国国务院对日和约特别顾问杜

---

① *FRUS*, 1950, Vol. 7, p. 336.

② 约翰·托兰：《漫长的战斗——美国人眼中的朝鲜战争》，孟庆龙等译，中国社会科学出版社1992年版，第82—83页。

③ *FRUS*, 1950, Vol. 7, pp. 502 – 510.

勒斯向国务院政策规划司提交了一份备忘录，他认为，“三八线从未打算被作为也从不应该成为一条政治分界线……如果三八线成了这样的政治分界线并为侵略者提供了避难所那就将使摩擦永久化，使爆发一场新战争的危险永远存在”；他认为，允许北朝鲜军队带着装甲部队和装备有秩序地退却到三八线是错误的，这将使韩国暴露在比 6 月 25 日攻击更大的危险之中。他强烈主张，美国“不应被一份公开声明束缚住手脚”，“我们必须保持我们的行动自由，使我们能在需要作出决定的时候采取我们认为最好的行动”，“如果美国有能力摧毁北朝鲜军队，就应该摧毁它，即使需要越过三八线也在所不惜。这是消除威胁的唯一办法”。①

杜勒斯的看法在国务院内颇有代表性。国务院远东司东北亚处处长艾利森与他的看法极为相似。在上述李承晚的声明后，国务院政策规划司的费斯于 7 月 14 日提出一份备忘录，主张国务院公开声明与李承晚的声明“没有关系”。费斯认为，如果美国不拒绝李承晚的声明，美国盟国的态度将受到负面影响，苏联将指控美国侵略朝鲜，中国和苏联将在朝鲜投入大量部队，后果将是严重的。艾利森在 7 月 15 日致负责远东事务的助理国务卿腊斯克的备忘录中表示“最强烈地反对”费斯的建议。他写道，三八线一开始只是一条临时界线，用来划出接受日本投降的区域，将朝鲜半岛以三八线划开将不能“在该地区恢复国际和平与安全”，不是解决朝鲜问题的现实办法，“也会丧失对美国道德地位的信心和信念”。他代表东北亚事务处和美国驻联合国代表团的集体意见说，“回到战前的状态是完全不现实的”，他们“极力主张不发表以任何形式承诺美国政府不会越过三八线或暗示我们会同意只是恢复战前状态的解决办法的声明”，“如有必要，我们必须至少通过武力摧毁北朝鲜军队，或者在联合国主持下解除其武装”。他承认，这样做存在很大风险，但他认为“接受一个部分解决办法或者妥协的风险无疑更大”。②

美国政府中明确反对越过三八线的主要是国务院政策规划司。由国务院苏联问题专家乔治·凯南、查尔斯·波伦和保罗·尼采主导的政策规划

① *FRUS*, 1950, Vol. 7, pp. 386 – 387.

② Ibid., pp. 393 – 395.

司早在7月5日就提出备忘录，建议麦克阿瑟发表声明，如果北朝鲜军队撤军，他不会命令他的军队“穷追不舍”。相反，他会阻止美军以及南朝鲜军队“大举进入北朝鲜地区”。7月22日，经过一段时间的反复考虑，该司又提出了一个备忘录，全面阐述主张。它强烈主张，“朝鲜问题有两个主要部分：实现统一和独立的长期努力，以及目前的强制行动以击退北朝鲜侵略”，“目前朝鲜的军事行动的主要目的是结束战争状态，使北朝鲜军队撤回到三八线”，而不是实现前者，原因是：首先，苏联不可能接受在北朝鲜建立一个它无法统治和控制的政权，因此，“三八线以北的军事行动实际上意味着与苏联和共产党中国发生冲突”；其次，联合国安理会现有的三项决议①没有授权在三八线以北采取军事行动，因此联合国中的大多数国家是否会继续支持联合国在三八线以北的军事行动，“寻求建立一个统一、独立的朝鲜，这一点是值得怀疑的”。因此它认为，如果要在三八线以北采取军事行动，就需要安理会的新决议，而这个决议“可能很难获得”。备忘录警告说，与中苏发生大规模军事冲突带来的“风险看起来要超过这种进一步军事行动可能带来的政治好处”。备忘录建议：第一，美国“应该尽一切努力将地面军事行动限制在三八线以南的地区，尽快在可以接受的条件下结束冲突，致力于创造一个把美军在韩国的投入降到最低限度的局面”，其他关于朝鲜的必要或可行的措施都将等到战后由联合国去处理。② 显然，政策规划司是从美国的全球战略的政治需要来考虑问题的，他们认为朝鲜只是一个局部，而且不是一个最重要的局部，美国不能冒与苏联和中国发生大规模军事冲突的危险来越过三八线。他们还注重美军在朝鲜干涉的“合法性”，考虑到美国盟国的态度以及与盟国的关系，即美军的行动是为了执行安理会的决议，这样美国就可以号令盟国。而没有这种“合法性”，他们担心在朝鲜问题上的国际联合就会崩溃。布莱德雷后来在回忆录中写道，30多年后重温这个文件，可以发现里面充满了远见卓识，可惜备忘录当时没有受到广泛的赏识。③ 甚至艾奇逊也认为，凯

① 除了上文提到的两项决议，另一项是安理会在美国把持下于7月7日通过的关于成立“联合国军”并由美国指派司令官的决议。

② *FRUS*, 1950, Vol. 7, pp. 449 – 454.

③ 克莱·布莱尔整理：《将军百战归——布雷德利自传》，军事译文出版社1985年版，第724页。

南的看法是不现实的。①

美国政府内部辩论的结果是国家安全委员会于9月9日出台了第81/1号文件。文件的倾向性意见是在越过三八线问题上要慎重，要考虑到与中国的全面战争的可能，以及爆发世界大战的可能性，要考虑到联合国成员国是否支持。9月11日，杜鲁门批准了这一文件。15日，也就是在仁川登陆的当天，参谋长联席会议把文件的主要内容通知了麦克阿瑟。

第三阶段，仁川登陆后杜鲁门政府的决定。

9月15日，麦克阿瑟策划的仁川登陆出奇制胜，获得成功。朝鲜军队被拦腰切断，处于非常不利的态势，战局迅速改观。28日，美军占领汉城。30日在没有抵抗的情况下进抵三八线。在三八线以南作战的朝鲜军队大多在战争中损失，只有三分之一撤回北方。不出半月，美军控制了南方。其时，在朝鲜作战的“联合国军”已近25万人，其中绝大多数是美军，一些国家实际只派出了象征性的军队。

军事上的胜利很快就打消了杜鲁门政府在美军越过三八线问题上的犹豫。参谋长联席会议迅速拟就了对麦克阿瑟的新指令，并得到总统的批准，于9月27日发给了麦克阿瑟。新指令说：

> 你的军事目标是摧毁北朝鲜的武装力量。为了达到这一目标，授权你在三八线以北朝鲜境内采取军事行动，包括两栖、空降或地面行动，前提是在采取这些行动时，苏联或中共的部队没有大规模进入北朝鲜，没有宣布打算进入，也没有威胁在北朝鲜以军事形式抵抗我们的行动。不过，你的部队无论如何不能跨过满洲或朝苏边界……对你在三八线以北和以南地区的军事行动的支持将不包括针对满洲和苏联领土的海、空军行动。②

这一命令是美国卷入朝鲜战争过程中具有标志性的文件。它正式改变了美国干涉朝鲜战争的目标：从恢复战前状态到“摧毁北朝鲜的武装力

① *Dean Acheson*, p. 282.

② *FRUS*, 1950, Vol. 7, p. 781.

量”，从而对于麦克阿瑟一直在鼓吹的在三八线以北的军事行动松了绑。至于文件中说到的苏联和中国军队不参战的条件，正如后来事实所表明的，这在很大程度上取决于麦克阿瑟个人的判断。自然，杜鲁门政府不把战火扩大到苏联和中国这个政策仍然没有改变。

当时，美国与英、澳等国正在草拟一个联合国对朝鲜政策决议案，提案要求采取一切适当措施以保证整个朝鲜局势的稳定，在联合国主持下通过选举建立一个“统一的、独立的、民主的”朝鲜政府。[①] 这一决议中包含着允许联合国军在北朝鲜采取军事行动，从而实现朝鲜统一的用意是显而易见的。美国策划这个决议案显然是为了再一次制造美军的行动是得到联合国支持的这样一种假象。

9 月 29 日，上任不久的国防部长马歇尔就越过三八线问题给麦克阿瑟一份密电，其中说：“据报告，第 8 集团军拟就韩国部队在三八线停止前进以便进行重新集结发表声明。我们希望你在向三八线以北进军时无论从战术上还是战略上都感觉到不受约束。上面提到的声明有可能使联合国处于尴尬境地，因为联合国显然不愿意面对就是否越过三八线这样的问题进行表决。相反，宁愿看到你在军事上已经证明有必要这样做。”[②] 关于这份密电，艾奇逊后来在回忆录中表示是“令人难以置信的”，因为它使麦克阿瑟可以违反总统批准的参谋长联席会议的训令，违反麦克阿瑟自己制定并被总统批准的作战计划，是马歇尔“僭用职权”的行为。[③] 这个指责是否成立，或者说这份电报是国防部与国务院之间的一层窗户纸，这个问题可以进一步研究。但即使没有这个电报，难道情况会有什么区别吗？有一点是清楚的，从朝鲜战争爆发以来，美国一直就是以联合国的决议来为美国的行动背书。现在，杜鲁门政府也是要让麦克阿瑟在朝鲜先斩，美国向联合国后奏，迫使联合国接受美国越过三八线的军事计划。

接到上述电报后，麦克阿瑟自然很受鼓舞。他在 30 日的回电说：“除非敌人投降，我把整个朝鲜都看作是军事行动的范围。”他还要求发表一

① *Present at the Creation*, p. 588.

② *FRUS*, 1950, Vol. 7, p. 826.

③ *Present at the Creation*. pp. 587 – 588.

个声明公布他在三八线以北采取军事行动的计划。10月2日，马歇尔回电反对发表这样一个声明，电报指示他："我们希望，在你今后采取行动的过程中，没有必要再作解释或声明，让行动来决定事情吧。我国政府希望在完成我们的使命之前，避免使三八线成为问题。"[①] 麦克阿瑟的参谋长惠特尼将军后来回忆说，这个电文的含义让麦克阿瑟"大吃一惊……麦克阿瑟很欣赏总统本来的意图是给联合国中其他各国政府来个既成事实"。[②]

杜鲁门政府在上述多次指示、命令和政策文件中，都把中国军队不参战作为美军越过三八线的一个条件。中国作为朝鲜的社会主义邻国自然密切关注着战争的进展，而且通过各种渠道一再发出警告：如果美军越过三八线，中国不能坐视不管。但美国决策者却置若罔闻。他们认为，朝鲜是苏联的势力范围，苏联干涉的可能性比中国大；中国新政权刚刚建立，尚待巩固；且进行了多年战争，经济亟待恢复，参战是"不大可能的"。10月12日中央情报局的一份报告说："没有令人信服的迹象表明，中共确有意图寻求在朝鲜的全面干涉。"[③]他们进而认为，万一中国真的卷入战争，享有军事和技术优势的美军无疑将打败中国军队，美国政府中无论是强硬派，如麦克阿瑟，还是温和派，如凯南，对此都深信不疑。[④] 10月中旬，杜鲁门为了进一步了解战局情况去威克岛会见麦克阿瑟。后者十分乐观地向总统保证，朝鲜战局是赢定了，中国共产党人不会介入，他有把握在一个半月中、在感恩节（11月最后一个星期四）前结束战事。[⑤]

10月7日，麦克阿瑟下令"联合国军"大举向三八线以北进军。也是在当天，联合国大会通过八国提案。有了联合国决议作靠山，五角大楼要求修改对麦克阿瑟的命令。10月9日，一项新命令经杜鲁门批准发给了麦克阿瑟。其中说：

① *Dean Acheson*, p. 298.

② 《杜鲁门与麦克阿瑟的冲突与朝鲜战争》，第108—109页。

③ *FRUS*, 1950, Vol. 7, pp. 933 - 934.

④ Rosemary Foot, *The Wrong War. American Policy and the Dimensions of the Korean War* (Ithaca and London: Cornell University Press, 1985), p. 83.

⑤ *Years of Trial and Hope*, pp. 365 - 366.

今后，如果中共大部队在朝鲜任何地方在事先没有通知的情况下公开或秘密行动，你应该继续你的行动，只要你认为你控制下的部队的行动有可能获得成功。尽管如此，你在采取任何军事行动打击中国领土上的目标之前必须获得华盛顿的授权。①

这道命令是对麦克阿瑟在三八线以北采取军事行动的最终授权，在这一方面的任何束缚都已经解除了。只是华盛顿仍然不让麦克阿瑟对中国采取军事行动。至此，被一时军事上的胜利冲昏头脑的美国决策者一再错误地估计形势，终于一步一步地作出了跨越三八线、入侵朝鲜人民民主主义共和国的致命决策。

10月1日，南朝鲜军队在襄阳地区越过三八线。14日，"联合国军"大举越过三八线，19日占领平壤。同日黄昏，中国人民志愿军秘密渡过鸭绿江入朝参战，朝鲜战争进入一个新的转折点。

寻求谈判解决问题

中国人民志愿军参战后，敌我力量的对比和战场形势迅速发生变化。10月下旬，志愿军发起第一次战役。到11月6日战役结束时，美军和南朝鲜军被逼退到了清川江以南，麦克阿瑟在感恩节以前占领全朝鲜的计划破产。

一次战役使美国决策者感到震惊。他们力图弄清楚中国兵力的状况、中国参战的意图，评估中国参战对战局带来的影响。参谋长联席会议11月9日给马歇尔的备忘录中写道："朝鲜与美国相距遥远，让美国长期在那一地区打一场未宣称的战争，其人力、物质和金钱耗费都是巨大的。相反，中国与朝鲜是近邻，所以让中国共产党人无限期打这场仗，用他们取之不尽的人力，加上苏联的设备，代价相对就小得多了。美国部队继续卷入朝鲜事务符合苏联和世界共产主义的利益，这样能给美国的军事和经济力量带来沉重的负担。""从军事角度讲，美国军队继续留在朝鲜的代价

① *Years of Trial and Hope*, p. 362.

是，那些军队本可以被用于在其他地方的更有用的战略部署。”① 也就是说，从军事角度看，在中美两国军队在朝鲜的对抗中中国占有地理上的优势，美国居于劣势；从美苏全球对抗的角度看，美军长期陷在朝鲜得不偿失。中央情报局的估计是，“发展成一场全面战争的风险已经存在”，美国必须由此来考虑在朝鲜的冲突。②

11 月 28 日，国家安全委员会举行会议，研究中国参战所造成的新形势。参谋长们与陆、海、空军部长都强烈感到，美国“不应被拖入同中国共产党人的战争”。如果那样，就“正好陷入俄国人精心设计的圈套”。会议要求麦克阿瑟“找到一条可以守得住的防线”，等待事态进一步明确后再作决定。因为如果现在简单地从朝鲜撤走，那对美国将是一场灾难。③在 12 月 1 日举行的军方与国务院的联席会议上，艾奇逊问，如果有人建议我们停火，撤回到三八线，从军事角度看，这是否是最好的选择？布莱德雷等认为，停火会使美国处于一个较好的地位，但现在还不应同意。马歇尔表示，接受停火会表明我们十分软弱。④

11 月下旬到 12 月下旬，志愿军发起第二次战役，在东线和西线发动全面进攻。及至战役结束，中朝军队不但收复了三八线以北全部土地，还占领了三八线以南的一些地方。

在第二次战役进行期间，美国在联合国策划停火试探。12 月 14 日，五届联大在美国挟持下通过了印度、阿富汗等十三国提出的提案，主张由联大主席安迪让和加拿大和印度代表组成三人委员会，来“确定可以在朝鲜议定满意的停火基础，并尽速向大会提出建议”。中国对这一提案表示反对，认为这是为了替美军取得喘息时间，准备再战。

12 月 31 日，中朝方面发起第三次战役，到 1951 年 1 月上旬战役结束时，“联合国军”已经被逼退到 37 度线附近，汉城为中朝方面所占领。

12 月 29 日，参谋长联席会议在给麦克阿瑟的指令中对他的任务作出了修改：“现在命令你，在首先考虑到你的军队的安全的情况下，在一系

① *FRUS*, 1950, Vol. 7, pp. 1117 – 1121.

② Ibid., pp. 1220 – 1221.

③ Ibid., pp. 1242 – 1249.

④ Ibid., pp. 1276 – 1281.

列相连接的阵地上进行防守，尽可能给在朝鲜的敌军以打击。”把这个指令与上述9月27日的指令相比较，差别是明显的：美军自身的安全成了首要考虑，美军的任务首先是防守，然后才是打击敌军。不仅如此，命令还说，一旦时机合适，就将美军撤回日本。这是对9月27日的命令的重要修改，麦克阿瑟不接受这种修改。他认为华盛顿已经丧失了“取胜的意志”，以前“要解放和统一那块受到威胁的国土的坚定决心现在几乎已退化为失败主义了”。他在给参谋长联席会议的回电中仍然坚持他扩大战争的主张。① 此后，麦克阿瑟与参谋长联席会议就美军在朝鲜的任务和作战方针电报往返，争论不休。

与此同时，美国继续在联合国进行和平试探。1月11日，由“朝鲜停火三人委员会”提出的先停火后谈判、外国军队立即撤出朝鲜，召开美、苏、英、中四大国会议讨论远东问题的五步方案在联大获得通过，并于13日转交给中国政府。

美国对这一方案感到左右为难。美国既希望立即停火，又不想讨论停火以外的步骤，尤其是台湾问题和中国在联合国的代表权问题。但美国政府估计，既然中国先前不赞成十三国提案，现在也不会同意五步方案，因此对这个方案勉强采取了支持态度。②

中国政府认为，五步方案是美国先停火后谈判的花招，是在为美军争取喘息时间。中国政府提出了两步走的方案：第一步，在七国会议（中、苏、美、英、法、印度、埃及）第一次会议商定有限期停火，并付诸实施，以便继续谈判；第二步，停战与政治问题相联系，要商定从朝鲜撤退一切外国军队的步骤与办法；依据《开罗宣言》及《波茨坦公告》，美军从台湾和台湾海峡撤走；中华人民共和国的合法地位要得到保证。③ 中方当时显然认为可以在战场上取得更好的态势。正如毛泽东1月28日指示彭德怀的：“第四次战役后敌人可能和我们进行解决朝鲜问题的和平谈判，

① *FRUS*, 1950, Vol. 7, pp. 1625 - 1626, 1630 - 1633; Douglas MacArthur, *Reminiscences* (Fawcett Publications, 1964), p. 430.

② *Present at the Creation*, p. 661.

③ 《中美关系资料汇编》第二辑上，第384—385页。

那时谈判将于中朝两国有利。"①

但经过三次战役志愿军实际上已经相当疲劳，在第四次战役中志愿军勉强作战，虽有新部队到达，仍不能取得如前三次战役那样的胜利，东西线的部队都打得极为艰苦、惨烈。3 月 18 日，"联合国军"重新控制汉城。4 月初，中朝军队已基本撤至三八线以北。

军事地位的改变使国务院认为政治解决朝鲜问题的时机已到。2 月 22 日，他们建议杜鲁门发表一项声明，表示政治解决的目标是恢复 1950 年 6 月 25 日前的状况，但北朝鲜要保证不再发动新的进攻。但军方认为要美国保证尊重三八线从军事角度说是"不恰当的"，它无险可守，没有军事意义，且"为时尚早"，只能束缚自己，不能束缚中朝军队。② 国务院与军方经过一再磋商，到 3 月 19 日已就下列问题基本达成一致：美国不必要也不可能用武力来统一朝鲜半岛，中国的干涉已经排除了这种可能性，美国的目的只能是"击退侵略和达到一个稳定的局面"，使"联合国军"能分阶段撤退；"联合国军"所"寻求和要守住的一条防线应当是在三八线以北，并且应当既是在战术上可资防守的，又是实际上能够得到的"。③ 20 日，参谋长联席会议通知麦克阿瑟，美国政府正在谋求政治解决，并要他就今后几周中如何既保障"联合国军"的安全，又与中朝军队保持接触提出意见。麦克阿瑟于次日回电，仍然要求取消对"联合国军"军事行动的限制。④

正当杜鲁门就上述声明在盟国间征求意见时，麦克阿瑟抢先于 3 月 24 日发表声明，把他扩大战争的主张公开抛出。麦克阿瑟与政府的分歧公开化。杜鲁门经与国防部长、国务卿、参谋长联席会议商讨，于 4 月 11 日解除了麦克阿瑟的各项指挥权，派李奇微接替了他的职务。

当时中朝方面得到情报，美国已增兵朝鲜，为配合正面进攻，很可能重演仁川登陆的故伎截断半岛蜂腰部。中朝方面于是在准备尚不充分的情况下于 4 月 22 日发起了第五次战役，这是朝鲜战争中规模最大的一次战

① 叶雨蒙：《出兵朝鲜——抗美援朝历史纪实》，第 339—341 页。

② *FRUS*, 1951, Vol. 7, Pt. 1, pp. 188 - 189, 204.

③ *Present at the Creation*, p. 667.

④ *FRUS*, 1951, Vol. 7, Pt. 1, pp. 251, 255.

役，双方共投入兵力100多万，历时50多天。到5月21日，中朝军队再次把美韩军队打过了三八线，但由于部队疲劳，供应困难，无法发展战果。22日，中朝部队开始北撤，准备收兵休整。“联合国军”依仗机械化装备，大举反扑，造成中朝军队重大伤亡。至6月6日战役结束时，“联合国军”又控制了三八线以北的一些地区。

通过五次战役，朝鲜战场上敌对双方对彼此的实力和战局的可能发展都有了一个比较现实的估计。美国已经意识到，由于中国的参战，美国原先确定的“统一朝鲜”的目标是不可能实现了，而且“朝鲜战争是一个无底洞，看不到……有胜利的希望”。中朝方面也认识到，在现代战争中，物质技术条件对决定战争的胜负起着更大的作用，在武器装备处于劣势、运输补给困难、综合国力相差悬殊的情况下，“全部解放朝鲜”，“把美国侵略军赶下海去”是不现实的目标。

从5月2日到16日，杜鲁门政府在多次国家安全委员会上讨论美国在亚洲的目标，并出台了国家安全委员会48/5号文件。该文件在谈到朝鲜问题时，将政治目的与军事目的区分开来：从政治上说，美国的“终极目的”是“建立一个统一、独立和民主的朝鲜”。但“中共军队的干涉改变了局势，现在从军事方面来看已不能创造一种形式通过政治手段建立统一的非共产党统治的朝鲜。因此，在不放弃这一最终政治目标的情况下，现在的任务是形成一个朝鲜问题的解决方案，该方案至少要否认共产党对三八线以南的朝鲜地区的控制，并在现实的军事条件下，从朝鲜地区分阶段撤出非朝鲜部队”。[①] 这个文件中有两点值得注意。第一，把“政治目的”与军事目的分开。从仁川登陆以后，美国实际上已经把这两者结合在一起了，军事手段成了实现政治目的的工具。但现在，由于志愿军入朝参战，这种可能性已经不复存在，这一点，美国决策者还算看得明白。于是他们不得已把两者分开。为了冷战的需要，为了鼓舞士气，也为了支持南朝鲜政权，美国不能放弃所谓的“政治目的”，那是一种精神支柱，是一种向往、追求。美国需要它，南朝鲜尤其需要它。但那是遥遥无期的东西，或者说是画饼充饥。战争还在进行，紧迫的问题是达成一种军事解决。第

① *FRUS*, 1951, Vol. 7, Pt. 1, pp. 439 – 442.

二，三八线再次被认定为军事分界线。前面我们已经看到，军方对三八线提出过许多疑义，认为它无险可守，不是一条理想的军事分界线。但1951年这半年的战局表明了，虽然双方都集结重兵，苦战了半年，双方军队实际上只是在三八线上拉锯，没有一方可以取得大的突破，美军要向三八线以北有所推进要付出非常巨大的代价，阵地也很难巩固。杜鲁门政府内部在这两点上取得共识，是美国最后作出谈判决定的重要基础。

第五次战役后，中国领导人对战局进行了反思，认为宜停在三八线附近，边打边谈，争取谈判解决问题。① 中共领导人并说服了金日成。到6月中旬，中、朝、苏三方都认为现在进行谈判是有利的。

整个5月，美国方面都在"像猎狗那样到处寻找线索"，向苏联探索停战的可能性。② 5月23日，苏联驻联合国代表马立克在联大的广播节目的一次演说中提出了朝鲜停火的建议。25日，《人民日报》发表社论，表示完全支持马立克的建议。30日，李奇微奉命向中朝方面提出停战谈判建议，7月1日，金日成、彭德怀联名复函李奇微，同意进行谈判，并建议在三八线上的开城地区举行。从此，朝鲜战争进入了打打谈谈的阶段。

结　语

事情过了半个多世纪，各方面的档案基本解密了，大概很少再有人怀疑，朝鲜战争一开始是一场内战。许多美国学者也认为"战争爆发的根源是内因，它从本质上说是一场内战"。③ 但当时，美国决策者可远不是这么看的。

美国决策者自始至终是从美苏全球对抗的角度来看待朝鲜战争的。在战争爆发之前，他们认为朝鲜在美苏全球军事对抗中处于无关紧要的地位，朝鲜半岛对美国的全球战略没有什么重要性。朝鲜战争一爆发，美国决策者毫不犹豫作出了进行干涉的决定。这里有几方面的原因。首先，冷

① 《聂荣臻回忆录》，解放军出版社1982年版，第741—742页。

② *Present at the Creation*, pp. 684 – 688.

③ Daniel J. Meador, ed. , *The Korean War in Retrospect. Lessons for the Future* (University Press of America, 1998), pp. 4 – 5.

战使他们把注意力集中到共产党占领南朝鲜可能产生的更为广泛的政治和军事意义，以及对东亚可能造成的“威胁”。他们毫不怀疑，战争是苏联鼓动的，因为苏联想阻止日本东山再起，阻止日本成为亲美的工业和军事强国。而南朝鲜对美国占领下的日本是一个重要地区。其次，“这是一次公开的、赤裸裸的对我们国际公认的韩国保护者的地位的挑战……鉴于我们的应战能力，回避这个挑战将使美国的权力和威信受到极大的损失”。不但在亚洲，而且在欧洲、中东和其他地方，靠近苏联的各国人民对美国的信心都会受到极不好的影响。对南朝鲜的覆灭袖手旁观，就会向全世界表明，华盛顿要么是害怕苏联的强权，要么就是不关心盟国的安全，同时还表明美国维护盟国领土完整和政治独立的保证是一钱不值的。因此，如果美国拒绝拯救南朝鲜，那将是一系列不幸的开端，最后将不可避免地爆发世界大战。再次，美国决策者认为，美苏在朝鲜的较量的性质与1946年的伊朗问题、1947年的希腊问题和1948年的柏林危机是一样的，如果美国能“坚决地和胜利地回击对韩国的威胁”，那就能在与苏联的争夺中取得第四次胜利。于是美国决策者立即决定要在朝鲜战争中使用武力，“而不仅仅是在安理会中说几句话，表一下态”。①

一开始，美国参战目的还只是恢复战前的状况。但随着战事的进展，尤其是在仁川登陆以后，情况就不同了。他们正确地估计到了，苏联不会在这里打一场全面战争，朝鲜战争是一场“有限战争”、“局部战争”，但他们错误地认为中国不会参战。实际上，当时中国通过各种途径发出的警告已经十分清楚，但美国决策者，尤其是麦克阿瑟，却把中国的警告当耳旁风，于是错误地改变了美国的战争目的，作出了美军越过三八线的致命决定，把“统一朝鲜半岛”作为了美国参战的目的。这是一个错误的情报和判断导致错误决定的典型例子，也是“军事指挥政治”的典型例子。

中国的参战给战争带来了根本的变化。经过几个月的较量，美国决策

---

① *Years of Trial and Hope* , pp. 331 – 339；*Present at the Creation*, pp. 528 –529. 6 月 26 日晚间，杜鲁门走到他办公室的大地球仪前，指着伊朗对他的助手埃尔西说：“如果我们不小心，他们就会在这里制造麻烦。”现在朝鲜已经成了“远东的希腊。如果我们在这里态度强硬，像三年前我们在希腊那样，那就不会有什么下一步的麻烦事”。See Michael Schaller, *Douglas MacArthur. The Far Eastern General* (New York and Oxford: Oxford University Press, 1989), p. 187.

者很快意识到，美国先前确立的“统一半岛”的目标是不现实的、无法达到的。他们依然认为，朝鲜不是打一场全面战争的地方，苏联不会干涉，美国也不能全力以赴地投入。而就局部战争来说，中国的干涉比美国的干涉占有地缘上的优势。于是美国决策者考虑的问题变成：第一，美军本身的安全；第二，在一条有利的战线进行防守；第三，在战场上形势比较有利的情况下实行停战。结果，美国的战争目的又由“统一半岛”变回原来的“拯救韩国”，自然，这条边界不能在三八线以南。虽然美国军方很不愿意接受三八线，但1951年上半年的战争表明，要突破这条线对美军来说是非常非常困难的。美军迫不得已又回到三八线。

自然，美国决策者的上述三次重要决策还受到许多别的因素的影响或制约，包括美国的盟国的态度，但那是另一篇文章的题目了。

（原载《社会科学研究》2008年第2期，收入本论文集时有增补）

禁运与反禁运：50年代中美关系中的一场严重斗争

从冷战一开始，美国就以禁运作为对付苏联及其他社会主义国家的重要武器。1948年3月，美国商务部在对外贸易方面把所有国家分成两类：R类包括东西欧所有国家及苏联，O类是其他国家。对R类国家的任何出口都实行出口许可证制度，称为R程序。在R程序中又把战略物资分成两类：一类是军火装备及与战争潜力直接有关的物资，称1A，1948年秋属于1A的有163种物资；另一类是战略重要性稍次的物资，称1B，如钢铁、机车、机车部件、商船、载重10吨以上的火车车厢等，1950年初属于这一类的共有288种物资。

美国的对华贸易管制始于1949年，在朝鲜战争期间达到高峰，并一直持续到1971年。回顾中美两国在经济领域的这一场严重斗争，对于我们全面了解中美关系的历史是极为重要的。

一　朝鲜战争以前

早在中华人民共和国成立前夕，美国政府就确定了要利用经济手段对新中国施加压力的方针。国务卿艾奇逊（Dean Acheson）在1949年2月28日向国家安全委员会提出《关于美国对华贸易的政策》的报告时就说，中共既要解决中国的吃饭问题，又要重建国家，它势必寻求外援，寻求与西方的贸易，因此“在共产主义理论与中国的具体现实之间的第一个冲突大概会具体地在经济领域中产生”，“正是在对华经济关系领域中美国具有对付中共政权的最有效的武器"[1]。3月3日，这一报告作为国家安全委员会第41号文件获得总统批准。文件认为，对中国实行完全禁运是不适宜的，这是因为：1. 中国是一个高度自给自足的国家，禁运不可能收到应有效果；2. 西方国家难以一致行动；3. 中日贸易的削减将增加美国的负担；4. 实行禁运将导致完全丧失美国在华的实业、传教等利益；5. 禁运将使中国新政权更加依赖苏联。美国决策者当时还抱有希望中国新政权实行铁托主义的幻想，为此，文件提出，美国应当通过恢复对华"一般经济关系"，主要是贸易关系，来加深中苏矛盾，导致最终出现一个"独立的中共政权"[2]。但美国决策者又担心对华贸易会加强中国新政权，国家安全委员会第41号文件提出的办法是严格管制对华贸易，即把中国列入上述R类国家，但可以比对苏联的限制稍宽。事实上美国对华贸易的管制仍然很严。

美国要对新中国实行禁运需要得到西方国家，尤其是英国和日本的合作。面对中国革命的胜利，英国关心它在亚洲的殖民地的稳定，因此与美国一样，也要"防止共产主义的扩张"。但英国与美国的做法却有所不同。英国力图"把一只脚留在中国门内"[3]，并与中国新政权和解，以便维护在亚洲大陆的利益和威望，维护在香港的利益；而美国则倾向于采取更加激烈、更加绝对的办法。美英之间的分歧在对华贸易管制问题上明显表现出来。

国家安全委员会第41号文件通过后，美国立即通知英国，美国准备对中国，包括香港和台湾，实行R程序，并要求英国配合，尤其是严格限制对香港的出口。香港历来是东亚的转口贸易中心，美国的要求无疑将大大损害英国利益。英国于4月5日作了答复，表示同意禁运军火，但不同意对其他物资实行许可证制度，认为这是一种"最后的措施"，只应用于对中国经济至关重要的个别物资，如石油。即使对石油实行禁运，也要

---

① "Acheson to the National Security Council, Feb 28, 1949", RG59, Records of Policy Planning Staff, Box 13, National Archives, Washington, D. C.

② The U. S. State Department, ed., *Foreign Relations of the United States Diplomatic Papers* (*FRUS*), 1949, Vol, 9 (Washington D. C. Government Printing Office, 1976), pp. 826 – 834.

③ *FRUS*, 1949, Vol. 9, p. 842.

美、英、荷三国达成一致①。1949年5月，英国政府开始禁止从香港转运武器去中国大陆，但除了军火，英国不愿对其他物资实行美国所要求的严格控制。此后数月间，美英之间一直在进行谈判，但进展迟缓，以致经手其事的国务院远东司司长巴特沃斯（W. Walton Butterworth）觉得，他似乎是在“揍一匹死马”。直到10月上旬，在中华人民共和国成立之后，美英之间才达成比美国原来的要求宽松得多的协定：英国同意，如果法国、比利时、荷兰政府实行合作，英国将对中国、朝鲜及澳门地区实行1A类物资出口许可证制度；对中国、朝鲜的石油制品出口不超过正常民用所需，并避免订立长期供货合同；对于向中国、朝鲜出口1B类物资加以注意，但不实行出口许可证制度②。

1949年5月，苏联原子弹爆炸成功；中国共产党行将取得全国政权，社会主义阵营力量顿时大增。杜鲁门政府把对中国实行更严厉的贸易管制作为加剧冷战的一系列措施之一。在9月16日的内阁会议上，杜鲁门提出，国家安全委员会41号文件已经过时，应当修改，但国务院不同意。国务院在11月初提出的国家安全委员会第41/1号文件建议立即对中国实行R程序，同时认为国家安全委员会41号文件“范围相当宽泛”，仍然可以应付绝大多数情况，“对通常的对华贸易实行严格限制”，因此不必加以修改③。但军方仍要求对中国实行更严厉的贸易管制，杜鲁门本人倾向于军方意见。实际上，在1949年12月国家安全委员会第48号文件制定以后，美国政府便以这一文件取代了41号文件作为对华贸易的指导方针。第48号文件规定了更严厉的对华贸易管制措施。比如，对于1A类物资，41号文件尚有个案处理的例外，指出：对中国实行禁运的物资项目“不应比R程序中1A类更宽广，也许可以稍窄一些。对1A类中不实行禁运的部分应当精心实行数量控制”④。48号文件完全排除了这种例外，要求“美国应当运用一切努力防止中国共产党人从非苏联的来源获得直接用于

① *FRUS*, 1949, Vol. 9, pp. 834 - 840.

② Yoko Yasuhara, “Japan, Communist China, and Export Controls in Asia, 1948 - 1952”, *Diplomatic History*, Vol. 10, No. 1, Winter 1986, p. 79; *FRUS*, 1949, Vol. 9, pp. 880 - 881.

③ *FRUS*, 1949, Vol. 9, pp. 878, 889 - 896.

④ Ibid., p. 833.

军事目的的物资与装备（1A类物资）”①。

中国是日本传统的重要贸易伙伴。1902年至1935年间，从中国的输入占日本全部进口的10%以上，对华输出占日本全部出口的约20%②。日本全面侵华战争前夕，中日贸易（包括日本与中国东北地区）占了日本全部对外贸易的1/3。第二次世界大战以后，日本对外贸易起先完全由盟军总部控制。1947—1948年间，美国政府开始改变对日政策，实行重建日本的一系列措施，其中之一是实行日本对外贸易的正常化。1947年，美国开始允许日本私人经营外贸。在国家安全委员会41号文件出台后，1949年5月，陆军部副部长伏西斯（Tracy Voorhees）指示盟军总部，在日本对中国大陆和香港、澳门地区及朝鲜的贸易中关于lA和1B类物资的出口都要征得华盛顿的同意。这一要求对日本对外贸易限制太大，盟军总部要求陆军部给予更广泛的授权。1950年1月，陆军部根据国家安全委员会48号文件作出新指示，其中规定，禁止向中国及北朝鲜出口1A类物资，1B类物资的出口要向华盛顿报告，这些物资的出口只准用于正常的商业用途，而不能用于军事目的，也不能转口到其他共产主义国家。这就是说，美国对华贸易控制还是比对苏联及东欧国家稍宽一些③。

1948年秋，美国开始与其受援国谈判，要求它们在与社会主义国家的贸易方面实行与美国同样的控制。经过一年多的讨价还价，美国及马歇尔计划的主要受援国组成了向社会主义国家出口统筹委员会（COCOM，巴黎统筹委员会，简称巴统）。先后参加这一组织的除美国外有：英、法、比、荷、意、挪威、丹麦、卢森堡、西德、加拿大、葡萄牙、希腊、土耳其、日本，后来，巴统又与澳大利亚、瑞典、瑞士订立了合作协定。

1950年春，美国政府越来越明确地把中国与印度支那的边境作为在亚洲大陆“遏制”共产主义的防线。2月27日出台的国家安全委员会64号文件指出，“中共军队在印度支那边境的存在使军火物资和军队可以自由

① “NSC 48/2: The Position of the United States with Respect to Asia, December 30, 1949”, Thomas H. Etzold and John L. Gaddis, eds., *Containment: Documents on American Strategy and Policy*, 1945 - 1950 (New York: Columbia University Press, 1978), p. 274.

② *Diplomatic History*, Vol. 10, No. 1, p. 81.

③ Ibid., pp. 82 - 83.

地从共产主义中国进入”印度支那，因此印支处于最直接的威胁之下。文件要求，“国务院与国防部应把制定一项以种种切实可行的措施保卫美国在印度支那的利益的计划作为优先”工作①。在这一背景下，美国政府决定对中国实行同对苏联及东欧国家同样严厉的贸易管制②，并要求英国及其他盟国实行进一步的配合。3 月 29 日，美、英政府联合致电比、法、荷三国政府，要求它们在对中、朝两国贸易方面实行与对苏联一样的管制措施，美国并就此对菲律宾施加影响。在美国的压力下，英国还去游说英联邦国家③。但对外贸易与各国的切身利益密切相关，美国的要求没有得到盟国的积极响应。

由于美国严格管制对华贸易，朝鲜战争爆发前中美贸易已经大幅度下降。据美国商务部统计，1948 年美国对华出口总值为 2.734 亿美元，1949 年降至 0.826 亿美元，1950 年 1 至 8 月更降至 0.33 亿美元，而且主要出口商品是没有战略意义的棉花。对华出口下降最多的是石油制品。与 1948 年相比，1949 年美国向中国出口的汽油、柴油及其他燃料油、煤油、工业润滑油分别减少了 94%、93%、99%、93%，从 1950 年 1 月起，商业部停止发放大多数精炼油的出口许可证。而中国对美出口却大体维持在原有的水平。1948 年、1949 年及 1950 年上半年中国对美出口分别为 1.203 亿美元、1.064 亿美元、0.575 亿美元。中国对美战略物资的出口甚至有增无减。对美钨的出口量 1948 年、1949 年及 1950 年上半年分别为 393.2 万磅、459.4 万磅、666.8 万磅；锡的出口分别为 364.1 万磅、820.6 万磅、288.6 万磅；桐油出口 1949 年为 4300 万磅，占美国当年桐油进口总量的 66%④。

二 朝鲜战争爆发以后

朝鲜战争爆发后，联合国安理会在美国操纵下于 1950 年 6 月 25 日当

---

① *FRUS*, 1950, Vol. 6, pp. 625 - 626.

② Ibid., p. 638.

③ Ibid., pp. 626 - 627.

④ 参见时殷弘《敌对与冲突的由来——美国对新中国的政策与中美关系，1949—1950》，南京大学出版社 1995 年版，第 121、123 页。

天通过决议，要求成员国不对朝鲜提供帮助。28 日，美国宣布对朝鲜实行完全禁运。29 日，国务院下令各石油公司停止对中国出口石油产品，30 日，美国政府要求英国采取同样措施，7 月 10 日又向菲律宾政府提出类似要求。同日，美国驻巴统代表在巴统会议上提出，既然美国已对朝鲜实行禁运，其他巴统国家也应采取相应措施，并要求巴统国家对中国实行像对苏联和东欧国家一样的贸易管制。巴统各国在对中国的贸易管制方面起先各执己见，美国一再施加压力，有关各国遂于 7 月 17 日同意对中、朝实行像对东欧国家一样的管制。18 日，英国政府又向美国表示，准备把一切石油制品列入 I 号国际货单，并将要求新加坡、香港采取同样办法。在香港的存油将归英国海军部处理①。24 日，美、英两国代表在巴统会议上提出，把一切石油产品，包括原油、汽油、柴油、燃料油、润滑油，列入 I 号国际货单，有关各国随之表示了有保留的同意②。在美国的压力下，墨西哥、委内瑞拉等非巴统国家也加入了对中国实行石油禁运的行列。

1950 年 10 月中国人民志愿军入朝参战后，美国起先指望通过联合国的决议迫使中国撤军。中国代表伍修权在联大于 11 月 28 日作了控诉美国侵略台湾和朝鲜的演说后，美国的这一幻想破灭。美国商务部于 12 月 2 日宣布，自 12 月 3 日起对中国大陆及香港、澳门地区的出口实行全面的许可证制度（以前只对战略物资实行许可证管理），“凡是一个士兵可以使用的东西都不许”运往中国，包括纺织品和废橡胶，从而对中国实行了实际上的全面禁运。16 日，美国政府宣布，“将中国共产党在美国管辖内的一切资产置于管制之下”，并禁止在美国注册的船只驶往中国口岸③。

针对美国政府的封锁和禁运，中国政府采取了相应的措施。中国政府决定，自 12 月 4 日起停止对美国、日本、加拿大、菲律宾等国的结汇输出；对资本主义国家的贸易改用“先进后出”方式为主的易货贸易。28

---

① *FRUS*，1950，Vol. 6，pp. 640，644，650，651，656 – 657。巴统的 I、II 号国际货单分别与美国的 1A、1B 货单相似，只是范围比后者稍窄。

② *FRUS*，1950，Vol. 6，pp. 655 – 656，如法国表示尚未做好行政安排，荷兰表示中、朝两国情况不同，应有所区别；加拿大认为石油禁运应当公开实行，等等。

③ *FRUS*，1950，Vol. 6，pp. 672 – 673，674，682 – 683；《中美关系资料汇编》第二辑上，世界知识出版社 1960 年版，第 320 页。

日，中国政府又宣布，决定清查和管制中华人民共和国境内的一切美国公私财产，冻结一切美国公私存款[①]。

美国政府知道，仅仅美国单方面对中国实行禁运而无盟国的配合，禁运还是不能收到效果的。于是美国政府一方面与有关各国频繁接触，争取它们加入到对华禁运的行列中，另一方面力图通过它把持的联合国采取集体行动。1951年2月1日，联合国大会通过诬蔑中国为“侵略者”的决议，要求各国对联合国军给予一切援助，对中、朝军队勿给予任何援助，并要求成立由美、英、法、墨西哥、菲律宾、土耳其、澳大利亚、比利时、巴西、缅甸、加拿大、埃及、委内瑞拉、南斯拉夫等组成的所谓“额外措施委员会”，其任务是提出“对付这次侵略的额外措施”。该委员会于2月16日组成，缅甸与南斯拉夫拒绝参加该委员会[②]。2月17日，艾奇逊致电美国驻联大使团，实际上为额外措施委员会定下了工作原则和方案，诸如委员会会议应秘密举行，在时机适当时发布新闻公报；委员会可下设小组，如经济小组，专门讨论针对中国的切实有效的经济措施；关于经济措施，委员会应当考虑，对中国是全面禁运还是有选择的禁运更切实可行？如果是有选择的禁运，是制定一个总的方针呢，还是确定具体的货单？是强制实行某种措施呢，还是实行联合国监督？如实行监督，如何实行？是否应当建议各国与中国断绝外交关系？如此等等[③]。

对外贸易与各国利益攸关，要使额外措施委员会追随美国，并不是一件容易的事。美国首先要说服的是它的主要盟国英国和法国，尤其是英国。美、英在对华经济制裁问题上立场各异。美国认定，中国的工业中心很大程度上是西方资本主义的产物，依赖于西方的原料和零配件。如果这些工业中心得不到西方的供给，那就会产生严重的经济后果，中国的工业生产会遭到破坏，中国维持大规模军事行动的能力会受到严重制约，甚至会增加其国内控制的问题；对华输出很难区分是军用物资还是民用物资，因为许多有多种用途的物资肯定会首先满足军事的需要[④]。英国对美国的

① 《中美关系资料汇编》第二辑上，第352、358—359页。

② 《中美关系资料汇编》第二辑上，第391页；*FRUS*，1951，Vol. 7（GPO，1983），p. 1893。

③ *FRUS*，1951，Vol. 7，pp. 1916 - 1917.

④ Ibid.，pp. 1921，1956.

说法不以为然。英国认为如果提出对中国实行完全禁运，那是不可能指望得到所有主要国家——尤其是印度、缅甸、巴基斯坦——的配合的；即便这些国家都参加对华禁运，也不会达到预期目标，因为中国经济并不严重依赖进口；因此彻底禁运不可能改变朝鲜军事行动的进程。即使实行部分禁运，没有所有国家的配合也难以奏效。如果采取禁运措施，只能加强中共在中国的地位。英国还抱怨，美国对香港的禁运已经给香港带来了经济困难，使其安全受到威胁。2 月 1 日，3 月 5 日、15 日，英国驻美使团一再向美国国务院提出照会，要求放宽对香港的禁运，并称，香港政府可以保证不把美国输入的物资转运到中国去。美国则认为英国大大夸大了禁运对香港的影响。法国没有类似香港的问题，但也认为首先只能实行有限禁运①。2、3、4 月，美国不断对英、法两国施加压力。4 月 4 日国家安全委员会第 104/2 号文件出台。这个名为《美国在经济领域中足以影响苏联集团的战争潜力的政策与计划》的文件提出，美国要通过联合国或其他渠道，争取“尽可能多的友好国家”对中国实行禁运②。

在美国的一再压力下，英国政府终于表示，如果斡旋委员会和平解决朝鲜军事冲突的努力失败，英国同意采取经济措施，即对战略物资实行有选择的禁运。美国政府认为，对华禁运不仅有经济上的意义，而且有“心理和政治上的影响”，“如果只有那些一般认为容易接受美国压力的国家实施对华禁运，这种影响是不能被完全感觉到的”，只有联合国中所有非共产党国家都实施禁运，“对共产党中国实行制裁的道义影响才能最大限度地发挥出来”。美国政府最希望的是所有国家都像美国似地对中国实行全面禁运，但它知道这是不可能的。当时巴统国家对中国也只实行有选择的禁运，更何况其他国家。美国于是决定满足于对中国实行军火与所谓战略物资的禁运③。

4 月 14 日，艾奇逊指示美国驻联合国代表团，“在额外措施委员会建议对共产党中国采取经济行动的时机已到”，他要求美国代表立即向有关

---

① *FRUS*, 1951, Vol. 7, pp. 1924, 1936 – 1938, 1950, 1975, 1933.

② *FRUS*, 1951, Vol. 1, pp. 1059 – 1064.

③ *FRUS*, 1951, Vol. 7, pp. 1952, 1958 – 1959, 2054.

国家代表解释美国立场，以便他们尽早取得政府的指示；要求额外措施委员会会议尽早举行，最好是在 4 月 18 日；希望下一次会议与头一次会议间隔的时间尽可能短；希望在额外措施委员会中避免争论，但也不要因怕争论而因循拖延[1]。美国政府是急不可耐了。

在额外措施委员会中，美国与其盟国主要在两点上发生意见分歧：其一，这时提出对中国的经济制裁是否为时过早？其二，是仅仅规定禁运的商品种类，还是要确定禁运的具体商品？

英、法、澳等国认为，对华经济制裁不能为时过早，仓促实行禁运，只能使斡旋委员会谋求停火的努力没有成功的可能。美国政府则称，不能让中国得到这样一种印象，即“支持联合国 2 月 1 日声明的国家没有决心把它作为侵略者对待”，因此对华经济制裁不仅不会妨碍斡旋委员会的工作，而且会加强这种努力[2]。英国等认为应当先提出一个较短的具体禁运货单，而在英国最初提出的单子中没有包括橡胶。

美国政府反对提出具体的禁运货单，因为这必将使有关各国的意见分歧公开化，导致拖延实行禁运。为了争取更多国家的支持，美国代表葛罗斯（Ernest A. Gross）在 5 月 3 日的额外措施委员会会议上说，美国只提出需要禁运的货物类别的方案，而“方案应当是有伸缩性的”，他建议把美国的方案向联合国大会提出，然后由各国自行决定，在此方案下应当对哪些物资实行禁运[3]。

在美国一再施加压力的情况下，5 月 14 日，额外措施委员会通过了美国提出的对中华人民共和国和朝鲜民主主义人民共和国实行禁运的决议，18 日，五届联大在苏联、波兰、捷克等 5 国拒绝参加投票，印度、巴基斯坦、埃及等 8 国弃权的情况下通过这一决议。决议“建议每一个国家：（甲）对中华人民共和国中央人民政府和北朝鲜当局控制下的地区实行禁运武器、弹药和战争工具、原子能材料、石油、具有战略价值的运输器材以及对制造武器、弹药和战争工具有用的物资；（乙）确定从它的领土输

① *FRUS*, 1951, Vol. 7, pp. 1964 – 1965.

② Ibid., pp. 1971, 1973.

③ Ibid., pp. 1979, 1983, 1981。

出的商品中何者属于禁运范围，并实施使禁运办法生效的管制；（丙）在它的管辖范围内，使用一切办法防止其他国家任何逃避依本决议实行的货运管制的情事”，决议并要求各国将实施禁运情况向联大作出报告①。

5月22日，中国政府外交部就五届联大18日决议发表声明，指出这是联大“又一破坏联合国宪章，侵越安全理事会权限并蓄意扩大侵略战争的非法行动”，并表示，美国每一个扩大战争的表示与行动，都只能加强中、朝人民反对美国侵略者的斗志②。

联合国对中、朝实行禁运的决议通过后，送达联合国会员国和23个非会员国，其中有些是和中国没有任何贸易往来的。有43个国家接受了这一决议并加以实行③。中国与资本主义国家的贸易大幅度下降。1951年从资本主义国家输入中国的货物价值4.32亿美元，1952年下降到2.57亿美元。香港是资本主义世界中对中国大陆输出最多的，1951年出口总值为2.81亿美元；1952年下降到0.91亿美元④。

美国及以联合国名义对中国实行的禁运给中国带来了一定的损失，对中国国民经济的恢复与抗美援朝的物资供应造成了一定困难。这主要表现在：（一）1950年12月美国宣布冻结中国在美资产后，中国方面组织力量进行抢救，把已订未运货物紧急运回，以尽可能减少损失，经过半年努力，抢救工作结束。到1951年5月被美国冻结的资产（包括物资）仍有4200余万美元，其中国家损失3200余万美元，私营厂商银行损失约1000万美元；（二）由于抢运物资，积压了大量资金，据1951年3月统计，积压在进口物资上的资金占贸易总资金的1/3强；抢运回来的物资残损短缺比例较大，货物突击运到，仓库拥塞，许多物资因无法妥善保管而受损；（三）进口货物价格上涨，在1951年上半年一般上涨1倍左右，如黑铁

① *FRUS*, 1951, Vol. 7, pp. 1988－1989；《中美关系资料汇编》第二辑上，第460—461页。

② 《中美关系资料汇编》第二辑上，第475—476页。联合国宪章第5章第24条把维持国际和平与安全的主要责任赋予安理会，该条第2款还授予安理会以“特定权力”以履行这一责任。宪章第7章“对于和平之威胁、和平之破坏及侵略行为之应付办法”中载有关于禁运问题的规定，但该章13个条文只提到安理会，没有提到大会。见《国际条约集（1945—1947）》，世界知识出版社1961年版，第42、45—47页。美国绕开安理会，直接提交大会作出决议，故被指称为侵越安理会权限。

③ 《中美关系资料汇编》第二辑上，第632页。后来增加到45个国家，见同书第1115页。

④ 《中美关系资料汇编》第二辑上，第1378页。

皮、钢板、马口铁等，有的甚至上涨4倍以上，如墨粉。由于进口原料价格上涨，并由于国民党对沿海实行封锁，使沿海航运，尤其津沪航运受到严重阻碍，一些工厂因缺乏原材料而开工不足；（四）一些传统出口欧美国家的土产品出口锐减，价格下跌，如1950年土产品出口额为4亿美元，1951年初的计划为2.3亿美元，而且可能还有0.6亿—0.8亿美元的货物销不出去，农民的利益受到损害①。

三 中国反对禁运的努力

针对美国的禁运，中国采取了一系列切实可行的措施，主要有以下三项：

（一）通过召开土产品会议和物资交流大会，加强城乡交流，尽可能开辟土产品的国内市场，把对外贸易滞销的那部分土产品在国内市场销售掉。

（二）把对外贸易的重点转向苏联及东欧人民民主国家。1951年1月全国贸易会议明确提出，要积极扩大对苏联及新民主主义国家的贸易，“一方面，主动地、有步骤地改组国内出口物资的生产，以求逐渐适应苏联及新民主主义国家的需要”；“另一方面积极地向他们提出今后数年内我们在工业器材与工业原料方面的要求，以便他们扩大在这方面的生产，逐渐弥补在美国封锁下我们进口物资不能满足国内工业需要的困难，向着和平民主阵营内部自给自足的方向走”②。1950年，中国对社会主义国家的贸易额仅占中国对外贸易总额的32.4%，1951年增加到52.9%，1952年达到72%，此后直到50年代末一直保持在70%以上，其中对苏贸易1950年占中国进出口总额的29.8%，1951年、1952年分别上升到41.4%，54.8%，最高年份（1955年）达到56.9%。1950年至1955年苏联向中国提供了11笔贷款，用以购买抗美援朝的军事物资和建设器材，自1952年

① 中国社会科学院、中央档案馆编：《1949—1952中华人民共和国经济档案资料选编·对外贸易卷》（以下简作《对外贸易》），经济管理出版社1994年版，第458、461、465、471、476等页。

② 《对外贸易》，第472页。

开始，中国从东欧国家进口成套设备和技术，主要是苏联所援建的 156 项重点工程。此外，中国还从苏联及东欧社会主义国家进口了各种精密、大型机械，有色金属和各种钢材，电工电讯器材，科学仪器，交通运输器材和大量石油。中国供应了它们十分需要的战略原料和其他重要物资，如稀有矿产品、稀有金属、有色金属、大豆、大米、植物油、肉类、茶叶、桐油，等等①。

（三）千方百计开展与资本主义国家的贸易。1. 改变贸易办法，即由以前的结汇贸易改为易货贸易为主，把出口货按其重要程度分成甲、乙、丙三类，每类出口货与重要性相当的进口货交换，只对少量最次要的出口商品才卖成欧汇。易货方法以先进后出或分批进出为原则。2. 调动私商的积极性，鼓励协助私商做进口生意。私商在国外有广泛的关系，有一定的外贸经验，又有一定的资金，公营公司与其订好收购合同，洽定价格，解决其销路与利润的问题；若其资金周转有困难，先付三五成定金，或者干脆委托私商代购代销；并组织私商进行联营，以加强计划性、组织性。3. 把集中正规的进口改变为分散走私的方式，积少成多。许多货物不是整批进口，而是零星分散进口，某些机器分成一小包一小包进口。4. 改变进口渠道。中国不再能从美国及其他主要资本主义国家获得所需的物资，便寻求从别的国家或地区获得，如从锡兰进口橡胶，从巴基斯坦进口棉花，并继续从澳门进口石油制品。由于采取了这些措施，中国冲破美国的禁运争取了大量物资进口，使国内西药的供应基本充足，一些重要物资，如钢板、竹节钢、机器、车胎等也都有大量进口②。

为了强化对华禁运，对敢于不服从的国家进一步施加压力，美国国会于 1951 年 10 月 26 日通过了《1951 年相互防御援助管制法》（即《巴特尔法》），其中规定，凡是接受美援的国家如将“军械、弹药、战争工具、原子能物资、石油、有战略价值之运输器材，以及用于制造军械、弹药及战争工具之首要战略性物资”运往中国等社会主义国家，美国就“立即停

① 沈觉人主编：《当代中国对外贸易》上，当代中国出版社 1992 年版，第 19 页；孟宪章主编：《中苏贸易史资料》，中国对外经济贸易出版社 1991 年版，第 580 页。

② 《对外贸易》，第 470—474 页。

止供给其全部军事、经济或财政援助”①。该法案还附了一个详细的禁运货单。5个月前，美国为了尽早通过联大决议，反对提出具体的禁运货单，声称由各国自行决定哪些货物属于禁运之列；及至联大通过决议，美国又提出了禁运的细目，并以停止美援相威胁，强迫各国就范。

在中国政府争取进口的努力中，香港是一个主要渠道。据美国海军部门的情报，从1950年7月1日到1951年11月30日，总共有330艘非社会主义国家的船只与中国进行贸易，其中一半以上（167艘）是在英国注册的或英商所有的，总吨位超过100万吨。美国对这一情况十分不满。1952年1月8日，艾奇逊致电英国外交大臣艾登（Anthony Eden），转达了杜鲁门对这种情况的“严重关注”。几天后，国家安全委员会122/1号文件出台。该文件名曰《美国对香港和澳门实行出口许可证制度》，可见是专门为了对付这两个地区的。按照文件规定，对香港、澳门禁运军火与所谓战略物资自不待言，美国只能对两地输出“满足当地居民最低限度需要”或“向非苏联地区转口”的不具有战略意义的物资，一旦发现这些物资可能向共产党国家转运，或可能用来作为原材料制造向共产党国家出口的产品，则应停止向港、澳出口②。美国政策给香港带来极大的损害，引起英国政府严重不满。1952年2月22日，艾登致电艾奇逊，抱怨说，美国对香港的贸易管制严重地影响了该地的贸易与工业，引起了大量的失业。他要求美国放松贸易管制，特别是允许香港进口如棉花之类的原材料。美国对英国的要求不予理会③。

一些国家的企业家不愿意为了美国的战略利益而使自己的切身利益长期受损，他们决定改变这种进行贸易的地理范围越来越小、品种越来越少的状况。1951年10月27日至28日，21个国家的经济界人士在丹麦哥本哈根举行集会，成立了国际经济会议发起人委员会，其中中国委员4人。经过将近半年的筹备，国际经济会议于1952年4月3日在莫斯科召开，来自47个国家的471名经济贸易界人士（包括13名美商）出席会议。中

① 《中美关系资料汇编》第二辑上，第616页。

② *FRUS*, 1952 - 1954, Vol. 14 (GPO, 1985), pp. 2, 5 - 8.

③ *FRUS*, 1952 - 1954, Vol. 14, p. 19.

国代表团团长、中国人民银行行长南汉宸在会上表示，中国愿意与所有国家——不论它们与中国是否有外交关系——建立平等互利的国际贸易关系。他指出，禁运给各国经济带来了不利影响，如禁运使橡胶价格连续下降，橡胶出口国利益受到伤害；日本工业本需要中国价廉物美的煤、盐、大豆、油脂及其他原料，而中国也需要日本的工业机器、材料和工业品，因为禁运，双方的要求都不能得到满足，日本必须去买更贵的美国的煤。会议通过全体大会和小组会议的讨论，认为应改变因为美国对中国等社会主义国家实行封锁禁运政策所引起的国际经济关系不正常的状况，"经济制度和社会制度的不同，并不足以妨碍各国在平等互利的基础上扩大经济关系"。会议期间，中国与英国、法国、联邦德国等11个国家的工商团体和企业签订了贸易协议①。会议决定成立国际贸易促进委员会，并在巴黎设立执行局。会后，一些国家先后成立了国际贸易促进团体。中国国际贸易促进会于5月14日在北京成立，南汉宸任首任主席。

四　日本与对华贸易禁运

中日之间贸易关系的曲折发展是禁运与反禁运的一个重要事例。1950年12月6日盟军总部指令日本政府对中国实行类似的禁运，当天正在神户港装船中的出口商品也被撤回，日本通产省宣布停止向中国出口除纤维杂货以外的一切商品。由于美国对中日贸易控制远较对巴统国家严格，中日贸易额急剧下降，据中国对外贸易部统计，1950年两国贸易总额为4700万美元。其中中国出口2100万美元，进口2600万美元；1951年两国贸易总额急剧下降到1 200万美元，其中中国出口90万美元，进口1100万美元；1952年继续下降到400万美元，其中中国出口300万美元，进口100

① 《新华月报》1952年4月号，第166—171页，5月号，第140页；《当代中国对外贸易》上，第22页；石井修：《五十年代对华贸易封锁及美国对盟国关系的处理——以日本为例》，中华美国学会、中国社会科学院美国研究所合编《"二十世纪美国与亚太地区"国际学术讨论会论文集》（以下简称《论文集》），现代出版社1992年版，第227页。林连德编著《当代中日贸易关系史》作49国与会，中国对外经济贸易出版社1990年版，第4页；王和英、武心娟、舒玉敏、许明月合编《中华人民共和国对外经济贸易关系大事记》作42个国家、450名代表与会，对外贸易教育出版社1987年版，第523页。确切国家及代表数待考。

万美元。该年日本对中国出口额只占日本全部出口额的0.04%，从中国进口额只占日本全部进口额的0.7%①。

1952年4月28日，盟国（实际是美国）对日本的军事占领结束，日本重新获得国家主权。为了逐步恢复日本的国际地位，同时也为了使其对华贸易限制级别处于与西欧国家同等的地位上，日本于1952年5月30日第一次表示了加入巴统的愿望。

美国及其主要盟国在是否同意日本加入巴统问题上意见分歧。美国不同意日本加入，主要原因有二：其一，巴统成员除西德以外实际上都是北约成员国，日本加入巴统将是它“在加入北约的路上走了一半”，而日本加入北约显然是不能接受的；其二，美国希望日本对中国实行较欧洲更为严厉的限制。为此，美国主张建立一个专门对亚洲贸易实行管制的独立的组织②。英、法、加支持日本加入巴统，而不同意成立一个单独的组织。英国担心，如果另成立一个组织，美国将强迫其他巴统成员国对中国实行比现在更严格的贸易限制；如果这样的组织严格控制日本对华贸易，日本将在亚洲其他地方成为英国的强劲对手，尤其在东南亚向英国利益挑战。英国还认为，把亚洲贸易与欧洲贸易完全分割开来几乎是不可能的。其余巴统成员国对美国的《巴特尔法》躲之尤恐不及，因此尽量避免与美国打双边交道，它们希望保持甚至加强巴统这个多边接触的框架，认为，日本的加入将加强这个总体框架，因此抱支持态度③。

1952年7月底8月初，美、英、法、加、日5国在华盛顿举行了5天会谈。美国政府希望建立一个总部设在东京、负责亚洲贸易管制的独立机构“远东统筹委员会”。这一计划遭到英、法、加的抵制。因英国等的坚持要求，日本被允许“立即”参加巴统决策层的顾问小组；在工作层次，则设立了“中国委员会”。美国力图使中国委员会具有尽可能强的独立性，而英、法、加则尽量使它与巴统紧密结合。谈判的这种进展自然使美国政

① 田桓主编：《战后中日关系史年表》，中国社会科学出版社1994年版，第14、15、19、27页。但据日本海关统计，1952年两国贸易总额为1 500万美元，其中日本出口1400万美元，见第27页；*Diplomatic History*. Vol. 10, No. 1, p. 85.

② *Diplomatic History*, pp. 85 – 86；《论文集》，第228页。

③ 《论文集》，第228页；*FRUS*, 1952 – 1954, Vol. 14, p. 1292。

府，尤其是国防部极为不满。美国政府决定使日本作出承诺，它将把对华贸易禁运大致维持在现有的水平上。7 月 31 日，美国首席谈判代表、负责经济事务的助理国务卿林德（Harold Linder）告知日本谈判代表竹内，既然不能建立一个独立的远东委员会，美国就必须从日本得到保证，远东的贸易控制将不会放松。按照美国的要求，日本不仅要对军火、有战略意义的物资实行禁运，而且还要对可能具有战略意义的物资实行许可证制度。竹内起先对美国的这一要求表示抗议。美国强硬坚持，美国的谈判代表轮番向他施加压力，负责远东事务的助理国务卿帮办约翰逊（Alexis Johnson）也来帮忙，竹内万般无奈，只好同意作这样的书面保证。9 月 5 日，林德和竹内签署了《日美关于对共产党中国实行出口控制的谅解书》，根据这一文件，日本不仅要对列入国际禁运货单的物资以及没有列入国际货单但列入美国禁运货单的物资实行禁运，而且要对两国都同意的其他物资实行禁运。这就是说，日本对华禁运仍然比其他国家更严。美国当时就向日本提出了一张包括 400 种商品的货单，日本立即同意对其中 280 种实行禁运。有 40 种双方一时难以取得一致。在其余的 80 种中，对其中约 2/3 美国同意日本可向中国输出，但要控制数量，对另外的 1/3 美国仍坚持要实行禁运。即便如此，日本对华禁运仍较以前稍有放松[①]。9 月巴统顾问小组的会议同意上述 5 国作为中国委员会在头半年试验期中的创始会员国，其他巴统成员国可随时参加中国委员会。巴统中国委员会即告正式成立。1953 年 1 月 30 日，日本通产省第一次部分解除对华出口限制，至 1954 年 4 月，日本共 13 次解禁，准许对华出口商品从最初的 4 种增加到 93 种[②]。

一方面是美国竭力要控制日本，一方面是日本有识之士及工商界人士不愿被美国牢牢束缚，为了自身利益要打破美国的控制，这两种趋势进行着针锋相对的斗争。早在 1949 年 5 月日本就成立了日中贸易促进会，1950 年 10 月又成立了日中友好协会，同时，日本一些国会议员组成了促进日中贸易议员联盟。日本前参议员帆足计、参议员高良富（女）和众议

---

① *FRUS*, 1952 - 1954, Vol. 14, pp. 1292 - 1294, 1332, 1382.

② 《战后中日关系史年表》，第 29 页。

员宫腰喜助事先未与政府磋商，先后取道西欧前往苏联，参加莫斯科国际经济会议，这使日本政府感到震惊。莫斯科经济会议以后，5 月 22 日，东京又成立了日中贸易促进会议，6 月 20 日，在大阪成立了关西日中贸易促进会。莫斯科经济会议期间，中国代表团与上述 3 位日本议员进行了接触，并邀请他们访问北京。

5 月 15 日，他们从莫斯科飞抵北京，成为访问新中国的第一批日本客人。6 月 1 日，南汉宸与高良、帆足、宫腰分别代表各方的贸易团体签订了《中日贸易协议》。协议规定自签订之日起到年底的 7 个月内各方出口 3000 万英镑，采取易货方式。协议的最大特点是确定了“同类物资交换”的原则，即按当时双方供求关系的轻重程度，将各方的出口货单分为甲、乙、丙三类，一方要取得对方的甲类物资，就必须以自己的甲类物资进行交换，否则就不能成交。当时开列的甲类货单是：中方出口煤炭、大豆、锰砂、镁砂、猪鬃；日方出口钢材、紫铜、铝锭。乙类货单是：中方出口盐、杂豆、花生仁、桐油、矿产品、羽毛、棉花、羊毛；日方出口化工产品、纺织机械、轮船、无线电器材、电工器材、起重机、卡车等。虽然由于列入日本货单的大部分商品当时都属于禁运之列，因此协议两次延长也只执行了 5%，但作为中日之间签订的第一个民间贸易协定，它仍具有重要意义①。

五　艾森豪威尔任内

艾森豪威尔 1953 年 1 月上任以后立即面临着与美国的主要盟国在对华贸易政策上的分歧。英国政府在西欧国家中在禁运方面追随美国最紧，英商要求发展对华贸易关系的呼声也最强烈。1953 年 3 月英国商务部提出的一个报告反映了英商的这种情绪与要求。报告说，既然其他欧洲国家允许它们的商人向中国出售英国政府不允许本国商人卖给中国的货物，那么英国对华禁运的实际效果就“不是不让中国得到这些物资，而是让欧洲大陆上别的国家的商人去做本该由我国商人做的生意”。商务部官员建议政

① 《当代中日贸易关系史》，第 2—12 页。

府放松对华贸易控制，只禁运真正的战略物资，而就非战略物资开展对华贸易①。美国政府认为，要加强“联合国军”在朝鲜停战谈判中的地位，就要加强而不是放松对中国实行禁运。尽管英、法在此问题上有自己的立场，但英国在西亚和非洲正遇到一系列棘手的问题，如在苏伊士运河区与埃及的争议中需要美国支持，法国正陷在印支战争中，处境日趋困难，更离不开美国的援助，因此在对华禁运方面两国都只好追随美国。3 月 7 日，杜勒斯与艾登在华盛顿举行会谈。美方对一些在英国注册的船只可能向中国转运货物表示极为关注。在美国的压力下，英国同意采取两项新措施：“对于在联合王国及其殖民地注册的船舶实行新的许可证制度，使英国船舶不能载运来自英国的战略物资前往中国”；不让载运战略物资前往中国、苏联或其他社会主义国家的船舶在英国口岸加煤。3 月 28 日，美、法外长会谈结束，两国政府宣布法国将采取类似英国的措施。此后数月中，美国又迫使荷兰、比利时、加拿大、丹麦、挪威、意大利和日本采取了同样的航运管制②。

朝鲜停战协定签字前后，美国政府已经把战后继续实行对华禁运问题提上日程。1953 年 7 月 7 日和 31 日，国家安全委员会第 152/1、152/2 号文件相继出台。在这两个文件中，美国仍然把中国看作“军事侵略者”，并称中国没有因朝鲜战争的结束而“放弃其基本的目标和以武装力量寻求实现其目标的愿望”，因此美国仍然要维持现有的对华禁运，要把对华贸易控制保持在比对苏联及东欧国家严格得多的水平上。美国政府预见到，随着朝鲜战争的结束，美国的主要盟国将越来越不愿意在对华禁运问题上追随美国，“美国与其主要盟国在对华政策上的现有分歧将进一步扩大，甚至可能导致美国与其主要盟国在远东的严重分裂”，为此，美国必须“继续加强努力”，要求盟国继续对中国实行禁运③。

不出美国所料，朝鲜战争结束后，盟国要求放松对华贸易控制的呼声

---

① James Tuck-Hong Tang: *British's Encounter with Revolutionary China*, 1949 - 1954 (St. Martin's Press, 1992), p. 163.

② *FRUS*, 1952 - 1954, Vol. 6, pp. 901 - 902; 《中美关系资料汇编》第二辑上，第 1103、1381—1382 页。

③ *FRUS*, 1952 - 1954, Vol. 14, Part 1, pp. 238 - 240.

越来越高。1954 年 3 月 1 日，英国政府致函美国政府，要求大幅度解除对苏联及其他社会主义国家的禁运。信中指出，贸易管制的办法是在东西方的政治关系日益恶化、战争行将爆发之际确定的。现在情况已经变了，在贸易方面也需要进行新的战略估量。信中接着列举了需要重新审查贸易管制的因素：1. 对苏联集团很快能自给自足的物资及能从别的渠道获得的物资继续实行禁运已失去意义；2. 要有效实行禁运必须有各国的积极配合，如果禁运货单上的物资战略意义不明显，便会失去有关国家的政治支持；3. 西方国家为了发展经济，自己急需扩大对外贸易。英国政府认为，国际货单Ⅰ（军用物资）应当减少，货单Ⅱ（非军用战略物资）应当取消，英国自己拟了一份货单，希望与美国一起向巴统提出。美国政府既不愿意接受英国方案，又怕完全拒绝会遭到盟国一致的反对，认为可取的办法是对英国提议作重大修改，将其纳入美国政策容许的范围。3 月 19 日，艾森豪威尔致电丘吉尔说，缩减禁运项目是美、英两国共同的目标，但美国不准备在这一方面“这样突然地走得像英国提案所建议的那么远”，并强烈表示，那些具有高度的战争潜力意义的设备与原料必须包括在禁运范围之内。最后他建议，由两国负责官员同法国代表一起具体商谈哪些项目可以解禁①。

实际上，放松对华禁运的呼声不仅来自盟国。在 1953 年下半年、1954 年上半年美国政府内部在此问题上也是有不同意见的。国防部、国务院及海外行动委员会不赞成放松对华禁运和财政控制。它们认为，没有直接的迫切的经济原因要求美国放松禁运，而为了使巴统中国委员会与联合国维持禁运，美国自己首先不能放松。美国一放松，势必导致巴统及联合国对华贸易控制的松懈，那将使美国在为解决远东问题而与中国即将进行的谈判中的地位变得更加困难。它们还担心，放松对中日贸易的控制将最终导致日本承认共产党中国。因此，它们建议：1. 美国自己不能放松禁运与控制，但为了宣传与外交的目的对个别商品可以个案处理；2. 日本的贸易控制可以从现有水平逐渐解禁，但仍应高于巴统中国委员会的限制；3. 巴统中国委员会的对华贸易控制及联合国 1951 年 5 月 28 日决议要尽量设

① *FRUS*, 1952 – 1954, Vol. 1, pp. 1082 – 1084, 1103 – 1107, 1119 – 1120.

法维持[①]。

商务部及艾森豪威尔本人倾向于放松对华禁运。他们认为，对中国实行比对苏联更严格的贸易控制，既不能收到应有效果——中国可以从苏联及其他社会主义国家转口得到从美国得不到的物资，又不利于削弱中苏同盟，而对华贸易本应成为分化中苏同盟的"十分有用的工具"。他们认为只要美国能得到"纯利"，把喷气式飞机卖给中国也可以考虑。放松对中日贸易的控制是一举两得的事情：既可以减少中国对苏联的依赖，也可以减少日本对美国的财政依赖。"自由世界"扩大对华贸易的呼声越来越高，美国要拦也拦不住；而美国把自己的对华禁运置于国际普遍同意的水平，恰恰表示美国"政策的灵活性及在多边协商一致的基础上行事的愿望，这有利于巩固自由世界的团结"。他们建议：1. 美国对华禁运降到巴统的程度；2. 日本对华贸易控制降到巴统的程度；3. 抵制把对华出口降到巴统现行水平以下的做法；4. 改变现行对外国资产的管理办法，允许进口原产地为中国的产品；5. 相应改变现行的船舶航运及加煤的管理办法[②]。

但当时美国国内的政治气候对于放松对华禁运仍然十分不利。朝鲜战争虽然结束，对中国的敌对情绪仍未消减，麦卡锡主义仍然支配着美国政治。国会中虽然共和党享有微弱的优势，但共和党内的意见并不一致；实际上，一些共和党议员，如诺兰（William Knowland）向来是最敌视中国新政权的，他们的主张在当时也使艾森豪威尔感到十分头疼[③]。在这种情况下对艾森豪威尔政府来说最保险的做法自然是维持现状。

1954年下半年台湾海峡局势趋于紧张，这使美国政府内在对华贸易问题上持强硬立场的阵容增强，原先倾向于放松对华禁运的商务部，这时甚至与国防部、参谋长联席会议一起主张对苏联及其他社会主义国家实施更全面、更有效的禁运以防向中国转运物资，对不遵守对华贸易限制的国家加以惩罚，对这些国家的出口加以额外控制和限制[④]。

但盟国为各自利益计越来越不愿意在对华禁运方面追随美国。11月

---

① *FRUS*, 1952 - 1954, Vol. 14, pp. 268, 373 - 376.

② Ibid., pp. 268 - 269, 373 - 376.

③ *FRUS*, 1956, Vol. 1, p. 1106.

④ *FRUS*, 1952 - 1954, Vol. 14, pp. 916 - 917.

29日，国务院负责经济事务的助理国务卿帮办卡里加尔维（Thorsten V. Kalijarvi）向杜勒斯报告说，在8月中旬于巴黎举行的经济防务官员会议上，美国因坚持在贸易控制问题上对中国与苏联集团的欧洲部分实行双重的标准而“越来越显得孤立，并使美国在其他事情上发挥领导作用的能力受到损害”。会议指出，过去对中国实行的较对苏联及东欧国家更严厉的贸易禁运收效甚微，美国应在全面评价其对华政策的前提下立即重新审视其对华贸易政策[①]。

美国政府对盟国的离心倾向不能不闻不问，在8月到12月的数次国家安全委员会会议上反复讨论了对华禁运问题，但艾森豪威尔政府仍然下不了决心放松对华禁运。1955年1月4日，杜勒斯向国家安全委员会提出了一个名为《现今美国对远东的政策》的报告，作为这些会议的总结。报告的要点是：1. 美国对中国现行的出口、进口和财政控制应继续保持；2. 敦促“自由世界”的其他国家保持现行的对华出口控制，为使其他国家继续保持现行禁运水平而进行的对个案问题的日常处理不应损害多边的禁运；3. 一旦上述政策严重影响盟国关系，或导致盟国因与中国的贸易需要而与苏联集团和解，国务卿应立即报告国家安全委员会，以便考虑采取适当措施。这一报告在次日的国家安全委员会会议上通过[②]。这样，尽管美国的盟国不断提出解禁的要求，尽管美国政府内部也有不同意见，美国这一极其僵化的政策在艾森豪威尔政府任内一直保持了下来，即便中美大使级会谈也不能使美国的政策有多少松动。美国对华贸易禁运一直到1971年4月，即基辛格秘密访华前3个月才取消。

（原载《中国社会科学》1997年第3期）

① *FRUS*, 1952 - 1954, Vol. 14, pp. 957 - 958.

② *FRUS*, 1955 - 1957, Vol. 2, pp. 2 - 5.

亚非会议的成功与美国遏制政策的失败

一 亚非团结反殖 五国发起会议

召开亚非会议的动议是1954年4月底5月初在科伦坡举行的南亚五国（锡兰、印度、缅甸、巴基斯坦、印尼）总理会议上提出来的。同年12月28日至29日，南亚五国总理在印尼茂物举行会议，讨论亚非会议的最后筹备工作。会议最后决定邀请阿富汗、柬埔寨、中非联邦、中国、埃及、埃塞俄比亚、黄金海岸、伊朗、伊拉克、日本、约旦、利比里亚、利比亚、尼泊尔、菲律宾、沙特阿拉伯、苏丹、叙利亚、泰国、土耳其、越南民主共和国、越南王国、也门等25国参加。《南亚五国总理茂物会议联合公报》对亚非会议的目的列了四项：1. 促进亚非各国间亲善和合作，增进共同利益；2. 讨论与会各国的社会、经济与文化问题和关系；3. 讨论对亚非国家人民具有特别利害关系的问题，如民族主权、种族主义及殖民主义的问题；4. 讨论亚非各国及人民的国际地位，以及对于促进世界和平与合作所能作出的贡献。可见，会议的主旨是反对殖民主义，维护民族独立，增进亚非团结，保卫世界和平。①

二 美国精心策划 力图破坏会议

茂物会议结束不久，1955年1月7日，美国国务卿杜勒斯（John F. Dulles）在他的办公室召集会议商讨美国对亚非会议的立场。出席会议

① 世界知识出版社编：《亚非会议文件选辑》，世界知识出版社1955年版，第1—3页。

的有：中央情报局局长艾伦·杜勒斯（Allen Dulles）、负责太平洋事务的副国务卿帮办罗伯特·墨菲（Robert Murphy）、曾在日内瓦会议上与周恩来交过锋的负责远东事务的助理国务卿罗伯逊（Walter S. Robertson）、国务院参赞麦克阿瑟二世（Douglas MacArthur，Ⅱ）等。杜勒斯和其他国务院高级官员对亚非会议表现出三重担心：第一，像亚非会议这样通过不定期地举行会议实现松散的地区结合的做法，有可能成为一种有效的地区论坛，这种地区集团化的构想与苏联在柏林会议期间提出的主张异曲同工，其要害是要排除美国。如果共产党人得以成功地在亚洲、非洲和欧洲搞成这种排除美国的地区集团，那么共产主义最后吞没这些国家就会比较容易；第二，如果应邀参加亚非会议的国家此后对时不时地举行没有西方参加的会议产生了兴趣，那么印度和中国因其人口众多很可能统治局面，一个副产品是，在联合国内将形成一个强大的反西方的集团；第三，共产党人将在实际上“操纵”会议，他们将提出一系列反殖民主义的提案，其他国家是难以表示反对的；以周恩来在日内瓦会议上所表现的那种外交技巧，“万隆会议将为他在反殖民主义的幌子下向那些幼稚的听众大大传播共产主义的意识形态提供一个极好的讲坛”。与会者反复地挨个儿地分析了“自由”亚非国家领导人的情况，结果发现，没有人能代表“自由世界”去有效地反驳共产党人的宣传。无奈，会议决定采取两个步骤：1. 尽快搞清英国的态度。英国是美国的主要盟国，由于历史的原因，英国在一大批亚非国家中仍然享有相当的影响，所以如果英国反对召开亚非会议，那将便于美国阻止会议的召开；2. 与各相关的友好国家联系，劝它们暂时既不要接受邀请，也不要拒绝邀请，而等待形势的进一步发展。[①] 翌日，美国向英国表示了对亚非会议的种种担心。10 日，英国大使梅金斯（Roger Makins）向美国国务院表示，英国政府认为，“反对举行会议或企图阻止被邀请国参加会议都是一种错误，应该避免从我们方面表现出任何担心，一般说来应该鼓励友好国家中的优秀人物去参加会议；否则，就表

① The U. S. Department of State, ed., *Foreign Relations of the United States* (*FRUS*), 1955 - 1957, Vol. 21, pp. 1 - 5.

现出一种与己无关的态度”①。

1月18日，杜勒斯再次召集会议讨论美国对亚非会议的立场。会议决定：美国要准备两手，最好会议开不成，如果会议真的召开，美国必须使友好国家派遣最能干的代表去万隆，而这些代表又必须得到最充分的情报资料。为此，美国要进行充分准备，要列出一个共产党人可能在会议上提出的问题的单子，要为友好国家准备资料，甚至也可以准备决议案，让一些友好国家在会上提出；但美国不宜过分活动，不能过早作出决定，否则可能反而帮了会议发起国的忙，促成会议的成功。② 在1月25日的国务院会议上，墨菲告诉杜勒斯，亚非会议肯定是要举行的了，现在我们该向友好国家建议，我们赞成他们出席会议。国务院官员麦克卡德尔（Carl W. McCardel）建议成立一个部际工作小组，研究如何“压低”会议调门，或者“接管”会议的问题，他认为最可行的办法是准备一个一般性的决议，使会议能够通过。杜勒斯表示同意，当日即向驻各有关国家的使团发出通函。其中说，国务院担心：1. 共产党人将企图操纵会议；2. 共产党人的主要目的是要离间自由的亚洲国家与其西方盟国的关系；3. 共产党人将利用会议作为达到他们宣传目的的工具；4. 除非非共产党国家表现得十分谨慎与警惕，否则它们就可能接受与共产党国家表达共同目的的决议，而引起未参加会议的非共产党国家的误解。杜勒斯指示驻各国使节向有关国家表示美国的下列主张：1. 美国希望各友好国家能参加会议；2. 应派最得力的人赴会；3. 共产党人将力求通过会议达到他们的目的，对此应有所准备；4. 只要非共产党国家代表团有效合作，即可以挫败共产党人，而取得建设性的结果。③

以美国国家安全委员会执行书记小杰姆斯·莱西（James Lacy，Jr.）为首的部际工作小组随即开始工作。小组的主要任务是分析亚非会议的形势，制定美国应采取的对策，对亲美国家做工作，或者面商，或者向它们提供有关资料，以便影响它们在亚非会议上的态度。鉴于发起国和被邀请

① *FRUS*, 1955 - 1957, Vol. 21, p. 5.

② Ibid., pp. 11 - 17.

③ Ibid., pp. 16 - 23.

国总共30个国家中只有两个是共产党国家，而有10个可以算作是亲西方的，因此工作小组认为美国要影响会议是很有希望的。工作小组认为美国在会议上要达到的目的应该是：1. 成功地反驳共产党国家的指控；2. 鼓励会议对“自由世界”和美国的成就和目标持一种肯定的态度。菲律宾驻美大使罗慕洛（Calos P. Romulo）是美国国务院的工作重点。罗伯逊与莱西早就与罗慕洛就亚非会议进行过商谈，2月10日，麦克阿瑟二世与之共进工作早餐。罗慕洛表示他需要在资料及主张方面得到美国国务院的帮助。2月18日，麦克阿瑟二世与莱西再次会见罗慕洛，并向他提供了一份关于1899年至1955年美国对菲律宾政策的材料。21日，莱西在与罗慕洛的电话交谈中答应再向罗慕洛提供一份关于殖民主义问题决议案的反决议，以及关于中华人民共和国加入联合国问题的反决议案。罗慕洛认为这两个问题都是可能在亚非会议上提出的。①

25日，美国国务院根据部际工作小组的报告正式向驻亚非各国使节发出长达4页的通函，要他们向驻在国政府传达美国政府对会议的考虑，协调各国步骤。通函首先指出，美国希望各友好国家能做好准备，防止共产党国家利用这次会议，给非共产党国家带来损害；不仅如此，还要让会议给非共产党世界带来正面的结果。会议的主要分野应当是共产党国家与所有其他国家，而不是像共产党国家所设想的那样，以“美国的走狗”为一方，以所有其他国家为另一方。电文的主要内容是讨论如何对付中国。美国国务院预计，中国代表团将在会上发挥与其人数不成比例的影响，并将尽力在亚非国家中诋毁美国及其盟国。通函接着又具体指导有关国家如何对付中共的上述指控。通函最后要求各使团与各友好国家及盟国如日本、菲律宾、泰国、巴基斯坦、土耳其、伊朗等国充分地坦率地交换意见，特别要利用这一材料与那些未与西方结盟国家中的亲西方的关键的官员进行商谈。国务院则将在华盛顿与各有关国家使节进行磋商。通函特别要求各使团尽可能地作口头交谈，不要提供书面资料，以免泄露，引起麻烦。②

美国政府估计，中国将会在亚非会议上提出解放台湾的问题，以争取

① *FRUS*, 1955 – 1957, Vol. 21, pp. 33 – 34.

② Ibid., pp. 50 – 54.

亚非国家的同情和支持。美国在会前的工作重点之一就是竭力歪曲台湾问题的事实真相，图谋由亲西方国家在会上对中国施加压力，阻挠中国解放台湾。4 月 7 日，杜勒斯接见英国大使梅金斯，指出，万隆会议可能对台湾海峡形势起重要影响，如果在会上通过任何美国、英国都不喜欢的决议，给中共接管台湾开了绿灯，那么战争的可能性将大大增加，一旦仗打起来，就不会仅限于台湾和沿海岛屿。如果在会上通过了呼吁停火和呼吁双方都不寻求武力的决议，那么维护和平的机会就将大大增加。总之，亚非会议将对远东的战争与和平问题产生十分重要的影响。杜勒斯说，他已决定让某些友好国家做好准备，一旦会上提出台湾问题，就提出停火建议。他希望英国充分运用其对某些友好国家的影响，使台湾局势在会前不致变得更加严重。梅金斯表示他将向英国政府报告杜勒斯的意见，他个人感到，英国政府是愿意采取同样路线的。他问美国打算请哪个国家提出停火建议，杜勒斯说，他还没有决定，但在他考虑之中的国家有巴基斯坦、菲律宾、泰国、土耳其，或者伊朗。如果黎巴嫩大使马利克（Charles Malik）参加万隆会议，那就请他出头。杜勒斯再次强调指出，亚非会议与会国的态度可能对中共在台湾问题上的立场产生“十分重大的影响”。[①] 次日，杜勒斯接见罗慕洛，称对日和约仅仅规定日本放弃台湾，中共是否武装进攻台湾、金门、马祖将在很大程度上取决于万隆会议与会国的态度。如果能在会上通过一项不赞成在台湾海峡使用武力和促成停火的决议，那就可能阻止中共的武装进攻。杜勒斯给了罗慕洛一份简短的决议初稿，罗慕洛表示同意，并称，他将在会上使用这一决议稿。杜勒斯还给了罗慕洛一份阐述美国对台政策的声明，并附有 43 个文件。[②] 在得知黎巴嫩的马利克将参加亚非会议后，4 月 9 日杜勒斯再次接见他并面授机宜。杜勒斯强调，远东的战争与和平问题可能就取决于这次会议。中共可能利用会议进行试探，看有多少亚洲国家支持它用武力夺取台湾，另一方面，如有相当多的代表团敦促会议呼吁在台湾海峡地区放弃使用武力，那就可能有效阻

① *FRUS*, 1955 - 1957, Vol. 21, pp. 79 - 82.

② *FRUS*, 1955 - 1957, Vol. 2, pp. 463 - 464.

止中共进行“侵略”。①

三 周恩来力挽狂澜 保证会议大方向

美国要组织亲美势力在亚非会议上反华反共在当时确实是很有条件的。在所有与会国中，只有中国和越南民主共和国是共产党执政的国家。其他28个与会国中，中国只同其中的6个有外交关系，许多国家与中国素无往来，互不了解，十分隔膜，再加上社会制度与意识形态的不同，对共产主义的偏见，对中国政策（如中国在朝鲜战争、台湾问题上的政策）的误解，它们对中国的态度或者冷漠疏远，或者敌视，有的国家由于长期受西方大国的压迫和欺侮，对大国有一种自然的恐惧感，有的国家与中国接壤，怀疑中国有领土“野心”；有的国家在华侨问题上对中国忧心忡忡。所有这些都是美国可以利用而对中国不利的因素。如果说，日内瓦会议上中国的主要对手是美、英、法等西方大国，在亚非会议上，中国的工作对象是根本不同的，这些国家中有的是北大西洋公约组织和东南亚条约组织的成员国，有的虽未参加这些组织，也在不同程度上受到美国的控制和影响，会议上的分歧和斗争将是不可避免的，情况比日内瓦会议更为复杂。但亚非人民又有共同的历史遭遇、利害关系，有维护和平和独立的共同愿望和要求，会议又有达成协议的基础。针对这种情况，中国代表团的方针是：争取扩大世界和平统一战线，促进民族独立运动，并为建立和加强中国同若干亚非国家的接触和外交关系创造条件，力争会议成功。代表团的具体做法是：多提亚非国家的共同性问题，不突出中国的特殊性问题；中国支持它们，不要求它们支持中国，不提任何不可能达成协议的议题，对于可能对中国进行的攻击、诬蔑，采取申明立场、不为所动的方针，但避免争论。②

亚非会议于1955年4月18日正式开幕。除了中非联邦没有与会，24

① *FRUS*, 1955 - 1957, Vol. 21, pp. 83 - 84.

② 裴坚章主编：《中华人民共和国外交史，1949—1956》，世界知识出版社1993年版，第238—239、242页。

个被邀请国与5个发起国共29国代表团出席了会议。采访会议的各国记者多达400多人，其中美国记者70多人，被戏称为“参加亚非会议的最大的代表团”①。会议采用两种形式：一种是新闻界和公众可以参加的公开会议；另一种是不公开的秘密会议。会议成立三个委员会：由各代表团团长及其顾问们参加的政治委员会、由各代表团成员组成的经济委员会和文化委员会。

虽然会议发起者，尤其是尼赫鲁（Jawaharlal Nehru）的意向是不让共产党国家与反共集团在意识形态和政治上的分歧反映到会议上来，但这毕竟不是一条明确宣布、一致赞成的规则，更何况美国事先费了那么多心机，做了那么多工作。首先打破会议和谐气氛的是伊拉克的法迪尔·贾马利。他把共产主义与旧时代的殖民主义、犹太复国主义并提为三股扰乱和平与和谐的国际势力，诬蔑共产主义是“片面的唯物主义的宗教”、“颠覆性的宗教”，它“在阶级和民族之间培育仇恨”，已经创立了一种“新形式的殖民主义”，“非共产党世界每个国家的领导人都要认真对待共产主义危险的严重性”，进行“防御性的自卫”。一经贾马利发难，对共产主义及中国的攻击便纷至沓来②。巴基斯坦总理穆罕默德·阿里（Mohammed Ali）虽然没有指名道姓地攻击共产主义，但他声称，过去所知道的那种形式的殖民主义是一种时代的错误，而且已在消失之中；现在各国必须小心，不要“打开大门把一种新的更加阴险的帝国主义以解放之名放进来”。菲律宾的罗慕洛是美国在会前工作的重点对象之一，他在会上发言最长，也显得最能言善辩。他赞扬了美国“基本上的好心肠”，并断言，“帝国主义的时代已经日薄西山”；接着便谈到另一种屈服于别国的行为，声称，“某些殖民制度的最恶劣的特征”继续存在，“小国的独立仍然十分脆弱”。他甚至表示“要同美国联合起来反对共产主义”。泰国的旺·威塔雅康亲王是第一个直接攻击中国的代表。他说有三件事引起泰国的担心：一是中国在泰国附近的云南省组织傣族自治区，使泰国“不得不面对渗入

① 阿里·沙斯特洛阿米左约：《我的历程》，周高塔、黄书海等译，世界知识出版社1983年版，第262、267页。

② 弓乃文译：《周恩来在万隆——美记者鲍大可记万隆会议》，中国社会科学出版社1985年版，第38—40页。

和颠覆活动的威胁”；二是泰国境内的300万华侨拥有双重国籍，这也对泰国构成威胁；三是泰国北部有50万越南人。土耳其副总理法丁·罗斯士·左尔奴公然为北大西洋公约组织和东南亚条约组织辩护，说正是“抵抗侵略和保卫和平的决心”产生了这些组织，“世界上爱好自由的国家出于在侵略者的威胁面前保卫自己的独立和安全而决定合作并联合自己的力量”，他还把世界“没有达到和平、安全和稳定状态”归咎于社会主义国家。①

周恩来原来只打算作书面发言，但听了上述发言后，他认为不给予必要的解释和说明，不消除这些误解与疑虑，一则不能达到与亚非国家增进相互了解和团结合作的目的，二则如此继续下去，势必干扰会议大方向，使会议走入歧途。于是他在4月19日下午作了一个有名的即席发言。他说：“中国代表团是来求团结而不是来吵架的。……中国代表团是来求同而不是来立异的。……我们的会议应该求同存异。”他说，本来中国代表团可以在会上提出诸如解放台湾和中华人民共和国在联合国的席位这样的问题，但中国代表团没有这样做，以免使会议陷入对这些问题的争论而得不到解决。接着，周恩来着重讲了三个问题。他强调，首先，亚非国家间存在的不同的思想意识和社会制度“并不妨碍我们求同和团结”，不同社会制度的国家应当建立友好合作和睦邻亲善的关系。其次，虽然共产党人是无神论者，但我们尊重有宗教信仰的人，中国是有宗教信仰自由的国家。是否有宗教信仰和不同的宗教信仰不应该成为亚非国家团结的障碍，挑起宗教纷争的时代早已过去了。第三，所谓外来干涉问题。中国反对外来干涉，也不会去干涉别国内政。中国正准备与有关国家去解决华侨的双重国籍问题。中国境内的少数民族都有自治的权利，如何能说威胁邻邦呢？他呼吁与会者团结起来，为会议的成功而努力。② 周恩来以平等的态度，平心静气地摆事实、讲道理，既阐明了中国的原则立场，又避免了一场争论，赢得了与会者的普遍赞扬。尼赫鲁说：“这是一个很好的演说。”吴努说：这个演说是“对抨击中国的人的一个很好的答复”。阿里也说：

① 裴坚章主编：《中华人民共和国外交史，1949—1956》，第238—239、242页。
② 《亚非会议文件选辑》，第34—37页。

“这是很和解的演说。”连罗慕洛也说：“这个演说是出色的、和解的，表现了民主精神。”①

四 努力求同存异 会议取得成功

亚非会议举行了两天公开的大会发言之后，从20日起即分政治、经济、文化三个委员会进行不公开的秘密讨论。政治委员会在20日和21日讨论了人权、自决、巴勒斯坦、种族歧视等问题。在21日傍晚讨论结束前，锡兰总理科特拉瓦拉（John Kotelawala）突然作了一个关于“新殖民主义”的发言，打破了两天来比较和谐一致的气氛。他声称，殖民主义有许多形式，匈牙利、罗马尼亚等东欧国家同亚洲、非洲的殖民地没有什么两样，应当像反对西方的殖民主义一样反对苏联殖民主义。科特拉瓦拉发言后，周恩来立即要求把这篇演说印发给全体代表，以便他次日对之作出答复。与会者都意识到，会议的成功与否在很大程度上取决于周恩来的答辩。22日上午，周恩来用和解的语调作了简短的答辩，表示不同意关于“新殖民主义”的说法，指出，东欧国家的人民已经按自己的愿望选择了自己国家的社会制度，人们可以赞成，也可以不赞成，但提出一种新的定义进行辩论，无助于这次会议。“最好的办法是在会上相互尊重彼此的意见，而不是进行辩论，因为那样做将不可能对此问题有共同的理解和共同的愿望。”② 虽然周恩来竭力保持克制，但争论没有结束。土耳其、巴基斯坦等国代表坚持要求讨论共产主义问题。土耳其代表左尔奴还宣读了一个九国提案，要求“谴责一切形式的殖民主义，包括鼓动武力、渗透和颠覆活动的国际学说”。九个提案国是：土耳其、伊拉克、菲律宾、巴基斯坦、黎巴嫩、伊朗、利比亚、苏丹、利比里亚。接着，会议代表就共产主义问题和“苏联帝国主义”问题进行了争论。

政治委员会会议上的另一场争论是关于结盟与不结盟的争论。22日下午讨论世界和平与合作问题时，左尔奴再次为土耳其与美国结盟辩护，声

① 李慎之、张彦：《亚非会议日记》，中国新闻出版社1986年版，第18页。
② 阿里·沙斯特洛阿米左约：《我的历程》，第262、267页。

称，北大西洋公约是“和平的支柱”，要是没有北大西洋公约土耳其就不会存在了，也不能来参加这个会议了。针对左尔奴的发言，尼赫鲁发表了整个会议期间最长的也是最动感情的讲话，为不结盟主义进行辩护。但尼赫鲁的发言过于感情冲动，引起一些国家代表不满。23 日上午，贾马利、马利克和罗慕洛先后发言，大意是，印度是个大国，可以不结盟，而小国只能同别的国家联合起来才能保卫自己，只有通过与大国结盟来寻求安全。罗慕洛还详细介绍了马尼拉条约，声称这是一个完全防御性的联盟。[①]关于“苏联殖民主义”以及结盟与不结盟两个问题的争论使政治委员会的讨论陷入僵局，亚非会议似乎再也不能达成任何协议了。

在 23 日的政治委员会会议上，周恩来作了长达一个半小时的发言。他首先论证，与会国家代表都寻求和平，“为此，我们应该撇开不同的思想意识，不同的国家制度和过去、现在由于参加这一方面或那一方面而承担的国际义务”。他提出，如果有些代表不想用“和平共处”（peaceful co-existance）这个词，以为这是共产党使用的名词，那可以换一个名词，可以用《联合国宪章》中的“和平相处”（live together in peace）的提法。关于军事同盟问题，周恩来说，我们基本上是反对对立性的军事集团的，为了讨论集体和平问题，可以先把军事集团问题撇开不谈。周恩来接着讲到所谓“共产党的扩张和颠覆活动”。他指出，中国总理访问印度和缅甸之后，与两国总理共同提出了五项原则，彼此受此约束，这就消除了许多国家对中国的怀疑。如果与会代表不同意五项原则的措辞和数目，那么五项原则的写法可以修改，数目也可以增减，因为我们所寻求的是把我们的共同愿望肯定下来，以利于保障集体和平。接着，周恩来提出了名为和平宣言的议案。议案的内容是亚非国家决心促进相互和共同的利益，和平相处，友好合作。周恩来提出了七条原则，表示中国方面愿意保证实行这七点，并对涉及中国邻邦的许多实际问题作出了口头保证。第一，互相尊重主权和领土完整。中国同 12 个国家接壤，同其中一些国家的边界没有划定，中国准备用和平的方法同邻国确定边界。第二，互不采取侵略行动和威胁。他邀请泰国政府在中泰建交之后派人到中国云南省去访问，看看中

① 《周恩来在万隆——美记者鲍大可记万隆会议》，第 59—62、62 页。

国有无侵略意图；也邀请菲律宾在中菲建交之后派人到中国福建、广东等沿海各省去访问。第三，互不干涉或干预内政。中国决不会有干涉柬埔寨、老挝这两个邻邦的打算，对于所有国家都是如此。第四，承认种族平等。第五，承认一切国家不分大小一律平等。第六，尊重一切国家的人民有自由选择他们的生活方式和政治、经济制度的权利。第七，互不损害。最后，周恩来表示在提案中可以再加上一条，即用和平方法解决国际争端，支持一切正在采取的或可能采取的消除国际紧张局势和促进世界和平的措施。①

周恩来的整个发言都是通情达理的，表示了中国与亚非各国和平相处，谋求共同进步的诚挚愿望。他在会议的关键时刻作了这样一个富于和解精神的发言，并且提出了和平宣言的提案，这就大大缓和了会议的气氛，使他成为排难解纷、平息争端、左右大局、带来和平的人物。正如美国记者鲍大可所评论的，他不打算改变别人的反共立场，但他改变了会议的方向。②

除了大会发言外，中国代表还利用各种机会与各国代表在会外广泛接触。周恩来平等待人、诚恳热情、思维敏捷、谈笑风生，即使是讨论有分歧的问题，也总是平心静气，从不强加于人。这些会外接触，消除了一些误解，增进了彼此了解。4 月 23 日，在印尼总理举行的午宴上，八国代表团团长又就缓和远东尤其是台湾地区紧张局势举行了会谈。周恩来进一步阐述了中国的立场。会谈后，周恩来即席发表了具有历史意义的 69 字声明："中国人民同美国人民是友好的。中国人民不要同美国打仗。中国政府愿意同美国政府坐下来谈判，讨论和缓远东紧张局势的问题，特别是和缓台湾地区的紧张局势问题。"③ 周恩来的这一声明向与会国及全世界表明了中国的积极态度和诚意，得到了国际舆论的广泛赞扬，并导致了后来的

① 中华人民共和国外交部、中央文献研究室编：《周恩来外交文献》，中央文献出版社 1990 年版，第 126—133 页。后来有位代表说："他给人人都送了礼，至少每一个邻国都得到一份。"见《周恩来在万隆——美记者鲍大可记万隆会议》，第 63 页。

② 《周恩来在万隆——美记者鲍大可记万隆会议》，第 59—62、62 页。

③ 《中华人民共和国外交史，1949—1956》，第 245、249—250 页，杰弗里·巴勒克拉夫、雷切尔·沃尔：《国际事务概览（1955—1956）》，陆英等译，上海译文出版社 1985 年版，第 77—80 页。

中美大使级谈判。

在4月24日傍晚举行的公开会议上通过了会议的最后公报。公报分经济合作、文化合作、附属地人民问题、其他问题、促进世界和平和合作、关于促进世界和平和合作的宣言六个部分。公报最后部分根据《联合国宪章》和与会国的普遍愿望提出了处理各国之间关系的十项原则是会议成功的重要标志。[①]

亚非会议是一次重要的会议，它表明了亚非国家维护世界和地区和平，反对殖民主义，支持民族自决和要求种族平等，自己处理自己的事情，以平等的权利参与世界事务，努力发展经济的共同的强烈愿望。亚非会议对中国也是重要的。中国的立场得到了澄清，中国与有关国家间的误会减少了，距离缩短了，和平共处五项原则得到了更多亚非国家的认同。科特拉瓦拉说："我们许多人第一次与中国总理周恩来见面，我必须这样说，虽然我们并不同意他的政治观点，但他使人感到他是一个讲道理的人，是一个愿意尊重别人的人。"巴基斯坦总理穆罕默德·阿里向周恩来表示，巴基斯坦虽然是马尼拉条约成员国，但巴基斯坦并不反华，即使美国在马尼拉条约下采取侵略行动，巴基斯坦也将不参加。旺亲王和罗慕洛也都被说服而认为中国是真诚向往和平的。[②] 最能说明问题的是黎巴嫩代表团团长、黎巴嫩驻美大使马利克与周恩来的一次谈话。4月25日，周恩来在住所会见马利克。马利克说："总理先生，我想我可以说，这次亚非会议上你赢得了每一场重要的战斗……虽然我们在好些问题上，有些是很重要的问题上有分歧，我们却同你建立起了一种亲密的关系，你同亚洲和非洲的重要领袖们作了许多愉快的和甚至恐怕是有收获的接触。我们方面得有机会看看中国共产党人是怎样办事的，而且发现他们看来是和我们旁人一样的人。环绕你们的神秘性部分地消失了。你在会上获得了成功，是比旁人都大的成功。整个会议对你说来纯粹是收益。谁也不能要求更多的了。"[③] 马利克是杜勒斯亲自点的将，是要他在会上去和周恩来进行针锋相

① 《亚非会议文件选辑》，第56—57页。

② 《国际事务概览（1955—1956）》，第77—80页。

③ 中华人民共和国外交部外交史研究室编：《周恩来外交活动大事记，1949—1975》，世界知识出版社1993年版，第106—108页。

对的斗争的。但他通过这次会议得出了这样的结论，可见周恩来外交的成功。亚非会议后，中国同亚非民族独立国家的关系有了一个大的发展，中国的和平外交得到了广泛的开展，美国遏制中国的政策又一次遭到了严重的挫折。

（原载《社会科学研究》1999 年第 3 期）

费正清与美国的中国学

1991 年 9 月 14 日，美国知名中国学家费正清（John King Fairbank）教授因心脏病发作溘然长逝。费正清毕生致力于东亚尤其是中国研究，致力于发展美国的中国学，推动世界的中国学建设，留下了丰富的学术遗产。笔者与他有过多次通信往来，对他的史学思想稍有了解，深知在一篇短文中对他的学术成果和学术活动进行全面评价是不可能的，这里只想就费正清对美国中国学发展的贡献谈几点想法。

开启一代新风的大师

费正清是一位十分勤奋的学者。他一生笔耕不辍，独著、合著、编辑、合编的作品多达 60 余部，还有大量的论文及书评，确实是著作等身[①]。他的论著大致可分四类。第一类是严格意义上的学术著作。他的一些学术论文及根据博士论文改写的专著《中国沿海的贸易与外交》（*Trade and Diplomacy on the China Coast*: *The Opening of the Treaty Ports*, *1842—1854*）是这一类著作的代表。第二类是主要为学生和从事东亚研究的学者编写的关于中国研究的提要目录和文献介绍，他与刘广京合编的《近代中国：1898 年至 1937 年中国著述指南》（*Modern China*: *A Bibliography Guide to Chinese Works*, *1898—1937*）、与邓嗣禹等合编的《中国对西方的反应：文献通考》（*China's Response to the West*:*A Documentary Survey*）及《中国对西方的反应：研究指南》（*Research Guide for China's Response to the West*: *A

① 费正清出版物的详细目录见哈佛大学普塞图书馆藏 Paul M. Evans and George H. Stevens, eds., *The Writings and Puiblished Statements of John King Fairbank*: *A Chronological Bibliography*, *1924—1989*.

Documentary Survey, 1839—1923）是这一类著作的代表。第三类是为教育广大公众写作的关于中国及中美关系的著作，其中最广为人知的当属《美国与中国》（*The United States and China*）。从篇幅上说，第三类著述在他的全部著作中占的分量最大。这类著作依据的是第二手资料，是充分吸收最新研究成果，并把这些成果融会贯通在费正清自己的解释框架之中的产物。第四类是直接论述中美关系、提出政策建议的文章。这些文章与一般的时评文章不同。他总是从历史与现实的结合上来阐述问题，论述当前问题的历史背景和来龙去脉，而不是就事论事。这些论文在发表以后多被汇集成册，如《中国：人民的中央王国和美国》（*China: The People's Middle Kingdom and the U. S. A*）、《认识中国：中美关系中的形象与政策》（*China Perceived: Images and Policies and Chinese-American Relations*）等。总览费正清的上述著作，有以下两个明显特征。

第一，经世致用的史学思想和实践。传统欧洲的汉学是以中国语言文化为主要研究对象的。这似乎是一种象牙塔中的学问，是为研究而研究，为学术而学术。当然这种为求知而求知也是需要的。但费正清的学术思想和实践与他们根本不同。他没有系统阐述过他的学术思想，但在 1968 年任第八十三届美国历史学会会长的演说中，他毫不讳言自己是主张经世治国的[①]。他相信，“研究应当具有实际的效用”，“学者的责任不仅在于增加知识，而且在于教育公众，在于影响政策”。他在自己毕生的学术研究中始终强调历史与现实的联系，强调学术研究与现实政治的关系。他也以这种观念影响他的学生，使他们感到自己肩负着把老师的这种“较少狭隘性而较好准备着了解东亚的自由的、现实的美国观念发扬光大”的责任[②]。这是他的特殊经历及所处的特殊时代所造成的。

费正清在牛津完成了他的博士论文后即返回哈佛任教，并从 1939 年起与赖肖尔（Edwin O. Reischauer）一起开设东亚文明课程。如果没有太平洋战争，他也许会在哈佛安安稳稳地做学者。但在太平洋战争爆发前 4 个

---

① 陶文钊编选，林海、符致兴等译：《费正清集》，天津人民出版社 1993 年版，第 405 页。

② Paul A. Cohen and Merle Goldman, eds. , *Fairbank Remembered* (Published by John King Fairbank Center, Harvard University and distributed by the Harvard University Press, Cambridge and London), pp. 125, 179.

月，他被征召到情报协调局（战略情报局前身）工作，1942 年 9 月至 1943 年 12 月在中国担任战略情报局官员并兼美国驻华大使特别助理。这一职务使他有机会比较广泛和深入地观察中国社会，了解中国实际。他看到国统区通货膨胀严重，人民生活艰难，政府效能低下，官员文恬武嬉，知识阶层对现政权强烈不满，所有这些与国民党在海外进行的宣传相去甚远。他认为，国民党的统治“气数已尽，民心尽失”。这与当时美国驻华大使馆政治官员谢伟思（John S. Service）、戴维斯（John P. Davis）等的看法不谋而合。同时他积极主张派美军观察组去延安，并与中共驻重庆办事处人员保持着良好的关系。他 1944 年回国时带回去的主要信念是：中国的革命运动是中国现实生活的内在产物，它不是 CC 系和戴笠的军统特务们的高压所能扑灭的。蒋介石拿不出什么能与之抗衡的思想武器。正如他在给国务院的一个报告中所说的：我们必须等待伟大的中国革命有朝一日终将发生①。

但当时了解中国实际情况的美国人太少了。而且恰恰是在 1944 年至 1945 年的冬春，在赫尔利（Patrick J. Hurley）来华之后美国越来越偏向于片面支持国民党，其对华政策由战时的扶蒋容共抗日向战后的扶蒋反共转变。1945 年 10 月费正清再度来华，担任美国新闻署驻华分署主任，直至 1946 年 7 月。他亲眼看到国民党官员在接收中大发横财，以及国民党的腐败和愈演愈烈的通货膨胀使以前支持国民党的上层阶级也与国民党离心离德。1946 年 7 月，著名民主人士李公朴、闻一多先后遭国民党特务暗杀。费正清在战争期间就与西南联大的教授们有着特殊的联系，认为他们“代表了美国在华的一种投资和财富”，“是美国在华利益的象征”②。李、闻遇难使他深感震惊，也使他对国民党的统治彻底失望。他愤然撰文，谴责国民党的“倒行逆施”和“强盗行径”，同时指出，美国的对华政策正“面临着两难的选择”：“革命将危及我们的自由主义的利益，然而反动更是现时就破坏这种利益……我们似乎宁要反动的种种已知的罪恶，而不要

① 费正清：《费正清对华回忆录》，陆惠勤等译，章克生校，上海知识出版社 1991 年版，第 301、338、341 等页。

② 《费正清对华回忆录》，第 225 页；《费正清集》，第 308 页。

革命的种种未知的危险"，但"如果我们盲目地反对革命，那么我们终将发现自己将被群众运动赶出亚洲"①。他痛感美国人对中国了解太少，美国对华政策"正在走下坡路，只是美国公众还没有领悟到"②。他要尽一个学者应尽的教育公众的责任。费正清把它作为自己毕生的工作，在撰写向公众普及历史知识的著述方面倾注了大量的努力。他把自己的博士论文放在一边，首先致力于《美国与中国》的写作，并于1948年出版。该书并没有像一般历史著作那样追求细节的翔实，而是提纲挈领地简略介绍中国的自然环境、历史演变、社会结构、文化传统、生活方式以及中美关系的过去和现状，这样的介绍正符合对中国和中美关系了解不多的美国公众的需要，在当时出版具有振聋发聩的作用。此后，他又不断补充修订，在1958年、1971年、1979年、1989年分别出了第二、三、四、五版，发行了数十万册，成为西方有关中国问题著作中最畅销的作品之一。后来尼克松（Richard M. Nixon）在准备对中国进行历史性访问时，《美国与中国》也是他了解中国与中美关系的两三种参考书之一。虽然费正清本人谦虚地把它称作"众所周知的关于中国社会性质的普及性读物"，但恐怕很难举出其他任何一种著作在美国人了解中国方面起了比它更大的作用。在他的笔下，"历史变成了活生生的东西"。每一次出版，费正清都要根据当时的情况注入新的内容，如在1970年完成第三版时，他写道："由于我们在越南的轰炸，美国生活中出现了道德灾难"，美国卷入越南，像以前卷入中国一样，是"灾难性的、无结果的"，"不会取得胜利的"，而只会增添"羞愧和耻辱"③。

除了《美国与中国》，费正清还撰写了大量的这类著述，包括他与赖肖尔合编的3卷本的《东亚文明史》（*East Asia*：*The Great Tradition*；*East Asia*：*The Modern Transformation*；*East Asia*：*Tradition and Transformation*），《伟大的中国革命》（*The Great Chinese Revolution*），以及临终前完成的《中国新史》（*China*：*A New History*）。他在写作这类著作时同样是抱着一种严

① "1946：Our Chance in China"，*Atlantic Monthly*，September，1946. 译文参见《费正清集》，第308、310、320等页。

② 《费正清对华回忆录》，第375页。

③ "Preface" to third edition of *The United States and China*，pp. Ⅸ－Ⅹ.

肃认真、不断进取的态度。《剑桥中国史》的编辑工作使费正清有机会对中国历史进行更加系统、更加深入的回顾，他也就有可能在此基础上进行高度的概括，从而写出《伟大的中国革命》。但费正清并不满足，在完成《伟大的中国革命》之后，几乎立即开始了《中国新史》的撰写。他几乎读遍了近20年来美国研究中国历史及文化的代表作品，在不到500页的著作中，他引用了多达627位学者的930部作品，从而使美国中国学界在社会史、人口史、考古史及人类学等方面的成就在书中都得到反映，而又经过了作者的融会贯通，成为别具一格的中国通史简编。他总结说："根据我的经验，'拾人牙慧'的历史学家影响更持久些。这样的学者说话、写作旁征博引，用别人的研究成果来充实自己。这正是使我们名垂千古的秘诀。"[①] 这是一个可贵的经验。不用别人的研究成果来充实自己，便不可能使自己永远处于学科的前沿，越是到了信息时代越是如此。

费正清除了写作这些教育公众的著作外，还一直十分关注美国对华政策及中美关系的走向，除了麦卡锡主义横行之时及其后的一段时间外，他在不同时期大胆提出自己的政治见解。1949年夏，中国革命胜利在即，费正清在此时提交给哈佛大学一次讨论会的论文中建议美国政府改变敌视中共的态度，停止支持蒋介石，更不要用美国军队去阻挠中共取得台湾；而应对中共给予事实上的承认，与之保持切实可行的商业和文化往来[②]。他认为，"马列主义在中国的胜利，大致上取决于它适合中国舞台的程度、它适应中国的需要和中国的国情的程度，以及它利用中国特有的机遇的程度"。从1961年起，他就不顾麦卡锡主义投在他身上的长长的阴影，经常在美国有影响的报刊上发表短文，阐述自己对中美关系的看法[③]。1966年3月在参议院外交关系委员会主席威廉·富布赖特（J. William Fulbright）主持的听证会上，他对知名中国学家鲍大可（A. Doak Barnett）早先提出的改变美国现有的"遏制和孤立"中国的政策表示赞同，主张实行"遏制而不孤立"的政策，认为"孤立北京只能使我们的处境恶化"，而"遏

---

① *Fairbank Remembered*, p. 149.

② "Communism in China and the New American Approach to Asia", *Next Step in Asia*, (Cambridge: Harvard University Press, 1949). 译文参见《费正清集》，第340—345页。

③ 保罗·埃文斯：《费正清看中国》，陈同等译，上海人民出版社1995年版，第131、289页。

制的目的也仅仅在于遏制，而不是进行恐吓，制造混乱，更不是进行挑衅”。他主张采取迂回的方式逐步改善对华关系：首先允许别的国家与中国改善关系；允许和吸收中国参加多种国际会议、国际组织，直至联合国的各种机构，为中国进入国际社会打开方便之门①。1971 年基辛格（Henry A. Kissinger）访华后，费正清立即撰文赞赏打开中美关系的努力，并告诫说，中国与美国是很不相同的，中国人与美国人有着不同的价值观念，提醒美国政府对打开中美关系进行充分的准备②。尼克松访华后，两国关系迟迟不能实现正常化，费正清认为这种状况应该尽快结束，关键是确认一个中国的政策。他在 1976 年 11 月的一篇文章中指出，在美国的现行政策中，存在着一个中国的理论与美国同两个政权打交道的现实之间的矛盾。他敦促美国政府当机立断，早日实现中美关系正常化③。

无论是在中国还是在外国，许多历史学家不大关注现实政治，认为影响现实政治不是自己的责任，且常常在某种程度上看不起政治学家，以为他们没有什么学问；政治学家也看不起历史学家，以为后者的学问对现实政治没有多少用处。费正清是一个历史学家，他把对历史的研究与对现实政治的关注如此紧密地结合起来，这一点对我们也是有启示的。

第二，使用中国的档案、中国的原始资料研究中国历史。在费正清之前研究中国历史，尤其是中国对外关系史的学者，如英国的马士（H. B. Morse）、法国的高第（Henri Cordier）、美国的丹涅特（Tyler Dennett），他们几乎仅仅根据英国的、法国的、美国的档案资料来研究中国对外关系，认为仅有西方的档案和西方的观点就够了，中国的资料是不可靠的，中国的观点是不需要的。他们的著作严格说来只是英国、法国与美国对华关系史，而不是中国外交史。费正清与他们不同。他开启了使用中国档案研究中国近代史的新风。

费正清是英国牛津大学的博士，但他的博士论文主要是在中国完成

① “New Thinking about China”, *Atlantic Monthly*, June, 1966. 译文参见《费正清集》，第 348、355—357 页。

② John King Fairbank, *China Watch* (Cambridge: Harvard University Press, 1987), pp. 125, 129.

③ “American Intervention and the Chinese Revolution”, John King Fairbank, ed., *Our China Prospects* (Cambridge: Harvard University Press, 1977), pp. 11 – 13. 译文见《费正清集》，第 368—369 页。

的，他把发掘中国档案作为自己工作的重要部分。他1932年来中国时，故宫大内的档案刚刚开放，费正清显然是最早使用这些档案的学者之一，很可能是第一个使用这些档案的外国学者。1933年他用中英文档案写成了第一篇学术论文《1858年条约以前鸦片贸易的合法化》，在《中国社会及政治学报》第17卷第2期上发表。这是费正清登上学术舞台的第一步。他对这篇处女作情有独钟，晚年再读，仍认为“是过得硬的”①。费正清根据博士论文修改而成的专著《中国沿海的贸易与外交》更是依据了大量中国档案而写成的。这部专著也许因为太专，不像《美国与中国》那样广为人知。但这是一部极具学术价值的著作，它赢得了广泛的赞誉，并牢固地树立了费正清作为晚清外交和制度史方面的杰出历史学家的地位②。他后来回忆说，此书的完成“结束了我为培训他人而培训自己的历程”③。此后，使用中国档案研究中国历史成为费正清的一个学术规范。在他后来的一些学术论文中，如《天津教案背后的模式》等无不如此④。他的学生、伊利诺伊大学教授易劳逸（Lloyd Eastman）回忆说：“对他以及对他的学生来说，清季文件不仅仅是研究中国政治体制的手段。它们还是通向另一世界的窗户，在那个世界有活活泼泼的人性特征，有19世纪后期中国官员特有的观察世界的方式。”⑤也就是说，费正清不仅把中国档案作为一种资料来源，而且作为了解中国、了解中国特征的重要依据。

费正清不但自己这样做，而且引导、帮助和要求学生这样做。为此，他做了扎扎实实的工作。1939年至1941年间，他和他的学生兼助手邓嗣禹接连撰写了3篇文章在《哈佛亚洲学报》上发表：第一篇论及清朝公文的传递方式，第二篇较详细地论述了清季档案中的各种公文的类型

---

① 费正清给笔者的信，1990年11月7日。该论文的中译文见《费正清集》，第167—211页。

② 《费正清看中国》，第194页。该书学术价值的一个佐证是，中国社会科学院经济研究所严中平等编著的《中国近代经济史，1840—1894》把《中国沿海的贸易与外交》一书作为重要参考书，在注释中标出引用该书的多达130余处。

③ 《费正清对华回忆录》，第177页。

④ 该论文中译文见《费正清集》，第257—292页。

⑤ *Fairbank Remembered*, p. 89.

及作用，第三篇考察了朝贡关系的管理和运作，可以说是运用关于朝贡关系的文件和《筹办夷务始末》的一个示范。论文后来结集出版，即《清代的政府：三项研究》（*Ch'ing Administration*：*Three Studies*，Harvard University Press，1960）。这样具体地讲述清朝文献，向学生讲解其意义及使用方法，在国外中国学界是没有先例的。他还在学生刘广京、史华慈（Benjamin Schwartz）、邓嗣禹等协助下完成了《近代中国：1898年至1937年中国著述指南》、《中国共产主义文献史》（*A Documentary History of Chineses Communism*，*1921—1950*）、《中国对西方的反应：文献通考》、《中国对西方的反应：研究指南》、《清季史料入门》（*Qing Documents*：*An Introductory Syllabus*）等，都是为了教授学生使用中文文献而编写的教学用书。直到晚年，费正清都十分看重这一类书。他写道：这些“目录学著作和清朝文献书目提要一样，对我的学生们不久要开展的研究来说，都似乎是不可缺少的基础”，“读着这卷书（指《近代中国：1898年至1937年中国著述指南》），我至今仍感到兴奋不已。只要我手头持有这本书，我就能随时告诉我的任何一个学生他应找的中文原始资料的有关情况，并让他知道如何去找”。费正清自称“获得了近40年来在哈佛大学开发该项富矿的特权，大约有60种已出版的专著都直接源出于此”[①]。《中国共产主义文献史》开了系统研究中国革命史的先河，成为西方学者研究中国革命的必读书。他的学生和助手史华慈和布兰特（Conard Brandt）在编辑文件的过程中也分别进行了各自的研究工作，写出了题为《中国共产主义运动和毛泽东的崛起》、《斯大林在中国的失败》的论文，两篇论文都成书出版[②]。他的一位同事羡慕地说，“费正清总是做初步的勘探工作，发现矿石，建立采矿公司，而把采掘工作留给他的学生”[③]。费正清造就了大量使用中国原始资料研究中国的学者，这在西方中国学界是没有先例的。

---

① 《费正清对华回忆录》，第398—399、163页。

② Benjamin Schwartz，*Chinese Communism and the Rise of Mao*（Cambridge：Harvard University Press，1952）；Conrad Brandt，*Stalin's Failure in China*，*1924—1927*（Cambridge：Harvard University Press，1958）.

③ 《费正清看中国》，第201页。

卓有成效的学术企业家

虽然40年代以前美国在中国学方面做了一些工作，但总的来说，直到太平洋战争之前，美国不仅没有东亚研究的传统，也没有支持这一研究的基础设施。从事东亚研究的专业学者不过50人，东亚研究领域与家庭手工业十分相似；中国研究更是不成气候，来华传教士的一些著作成为当时最主要的中国研究成果，如恒慕义（Arthur Hummel）的《清代名人传略》（*Eminent Chinese of the Ch'ing Period*）。美国不曾有任何一所大学有像样的中国历史专业，中国研究处于传统的欧洲汉学的樊篱之中。哈佛的情况也一样，校方的注意力放在西方文明上，对亚洲研究的兴趣仅仅在于它能显扬西方文明，几乎没有一个博士生是以东亚史为专业的。所有主要的汉学家都来自巴黎，东亚研究竟成为法国文化的一个分支，要研究汉学，首先要精通两门欧洲语言，然后再学习古汉语。中国研究分散在历史系、远东语言系和其他一些系和专业，仅有的几个学者各搞各的，互相之间缺乏交流和配合，完全没有形成阵营，“几乎连少数这方面专家之间的合作基础都不具备”。人们对近现代中国更是很少兴趣，当时哈佛燕京学社社长叶利绥（Seri Eliseeff）公开宣称，对1799年以后的中国历史研究已越出历史学范畴，只能归于新闻①。

当费正清1936年应聘到哈佛任教时，他立即主张打破传统汉学的束缚，重视中国近现代史的研究。他决心以哈佛为阵地，充分利用哈佛的人力和物力资源以及哈佛的名望，建立一个新的领域，一种中国研究的新模式；战后，他的志向更有发展。从1936年到退休的1977年间，他推动了数以百计的与中国问题有关的学术研究项目，对促使美国的中国研究成为一个系统的、影响深远和成果丰硕的学科起了比美国任何学者都更大的作用。费正清是美国中国学的“创建之父”乃是美国中国学界的一个共识。

1937年春天，费正清首次在哈佛开设了历史课程“1793年以来的远

① 《费正清看中国》，第52、65—68页，并见徐国琦《略论费正清》，《美国研究》1994年第2期，第75页。

东史”，第二年他开设了使用清朝文献资料的研究班讨论会。他以与邓嗣禹合写的3篇文章作为编写教材的起点。1940年又写成《清朝文献介绍提要》，先是油印供学生使用，1952年才由哈佛大学出版社正式出版。1946年他重回哈佛后，立即着手进行中国研究的组织工作。是年，哈佛大学创立国家和区域研究专业委员会，包括9个研究部门，以扩大对非西方世界的研究。1946年至1949年费正清指导中国及其外围地区的区域性研究计划，该计划除培养本科生外，还设有一个硕士点，用两年时间学习语言，接受训练，完成一个具体的研究项目①。

费正清本人是历史学家，但他深知近代中国研究是一种综合性、跨学科的研究，仅靠历史学家是不够的，因此他不但不排斥社会科学各学科的专家，而且想方设法罗致社会科学家来哈佛充实教学力量。中心的现任主任傅高义（Ezra Vogel）就是社会学家。费正清还把年轻的政治学家斯卡拉皮诺（Robert Scalapino）请到中心。他深知法学专家对研究中国传统社会的重要性，因此力图从哈佛法学院吸引毕业生到中心工作。当他在伯克利遇到孔杰融（Jerome Cohen），知道后者正在学习中文和中国法律时，便立即促成哈佛大学法学院院长邀请他去哈佛做访问学者，并打听在世界各地是否还有研究中国法律的学者。费正清还一直努力想在东亚研究中心设立一个经济学教授的职位。但哈佛大学经济系却不同意，理由是经济系不应与某个专门学科联系起来，尤其不应成为区域研究的一部分。直到1960年经济系才同意派一位经济学家去东亚研究中心。费正清见到26岁的经济学家帕金斯（Dwight Perkins）如获至宝，马上给他一个讲师职位，并为他写了许多给日本、台湾、香港学者的介绍信，让他去亚洲各地考察②。在他以及赖肖尔、叶利绥的积极努力下，哈佛大学部分学者组成了“国际研究和区域研究教授委员会”，使原来互不相干的教授们捐弃门户之见，打破学科界限，汇聚到一起，通过讲座、讨论和特定的合作项目，互相交流、补充，促进学科之间的互相渗透。由于这个委员会的组织和协调，中国研究逐渐发展为包括对亚洲的人口、社会流动、思想潮流、文化演变、

① 《费正清看中国》，第66—67、225页。

② *Fairbank Remembered*, pp. 162, 164, 165；《费正清看中国》，第286页。

经济体制、税收政策、科举制度以及共产主义运动等方面的众多课题进行综合研究的学科，而历史系又在其中起了主要作用，因为历史学便于吸收其他学科的研究成果。经过费正清等筚路蓝缕，竭力倡导，一种多学科、跨学科的区域研究模式逐渐在哈佛发展起来。

费正清在给一本书的序言中写道："一个国家也和个人一样，是会发疯的。"① 他说的美国的发疯就是50年代初的麦卡锡主义的横行。费正清由于坦率发表了对美国对华政策的见解，自然在劫难逃。他被指责为是"丢失中国"的四个约翰之一（其余三个约翰是谢伟思、戴维斯、范宣德，John Vincent），"是老牌的共产党的辩护士"，甚至有说他是共产党员的。费正清在参议院国内安全委员会作证时驳斥了对他的无端指控，他还公开支持和保护与他共过事的外交官柯乐博（O. Edmund Clubb）和那三个约翰，并毫不犹豫地为另一东方学家拉铁摩尔（Owen Latimore）辩护。谢伟思说："对我们这些遭到攻击的人来说，他那清楚明白的作证、镇静自若的态度，以及始终不渝的友情是在艰难岁月中对我们的鼓舞和巨大帮助。"② 从1950年起，他受到联邦调查局的调查，5年后，这一调查的卷案已达1000多页。他虽然也受到迫害，如拒绝发给护照、限制旅行、不许到军事学院等处讲课，但幸运的是，他的遭遇远比谢伟思、范宣德等外交官，甚至比拉铁摩尔等学者为好。由于校方的支持，他的工作没有中断。麦卡锡主义对他的冲击是巨大的，但他并没有因此远离政治，改变初衷，放弃中国研究。相反，他认为麦卡锡主义之所以能在美国猖獗，原因之一就是因为美国人对东亚的历史和现状太无知。由此，他更感到在美国发展中国学的必要性和紧迫性。费正清后来回忆道："在中国问题上回击麦卡锡主义必须依靠教育。由于在'丢失中国'的问题上我受到公开的指责，我便下定决心，持久地负起教育美国公众的义务。"③

1955年春，费正清大胆地在哈佛安排了关于近代中国政治制度和近代中国经济的研究项目，成功游说卡内基基金会对前一项目资助20多万美

① "Preface" For Gary May, *China Scapegoat. The Diplomatic Ordeal of John Carter Vincent.* Washington, D. C.: New Republic Books, 1979.

② 《费正清看中国》，第129、175、180页；*Fairbank Remembered*, p. 25.

③ 《费正清集》，第423页。

元，福特基金会对后一项目资助27.8万美元，并在两年后得到30万美元的追加拨款。这两个项目为1956年在哈佛大学正式建立东亚研究中心准备了必要的财力和研究人员。费正清担任该中心的第一任主任，并一直任职达20年之久。1959年，费正清在其助手林德贝克（John Lindbeck）的协助下，编制了未来10年的详尽的研究计划，并以哈佛对开展当代中国研究负有国家义务为由，又争取到了福特基金会75万美元的资助，该基金会还为在社会学系设置一个教授职位拨款41.6万美元，为在历史系设置一个研究日本的永久性职位拨款20万美元[①]。50年代初，中心设有学制为两年的“区域研究——东亚”硕士班，每年培养约14名硕士研究生。1955年，东亚研究专业（历史和语言联合）开始招收博士生，当年就招收了26名（1975年达到70名）。约有25名教授在研究中心的执委会工作，在1955年到1975年的20年间，约有200名研究人员和学生获得资助，另有60名研究人员不享受资助，而是来利用这里的研究条件。半数以上的研究人员和学生不是在美国出生的，他们来自亚洲及欧洲各国，使东亚研究中心具有了真正的国际性质。在此期间，有60多人在东亚研究中心获得历史和东亚语言学位，在哈佛其他各系科获得东亚博士学位的则有275人左右[②]。哈佛的东亚研究中心成为全美国中国研究的先驱。到70年代，在哈佛取得东亚研究博士学位的学者占据了美国七八十所大学的讲坛，有时同一个地方就有好几位，如密歇根州安阿伯就有6名。有人评价说，费正清所创立的学派只有法国的年鉴学派才能与之相比[③]。有统计称，他在哈佛培养了几千名学生，包括100多个在他的监督下取得博士学位的学生。美国著名东亚问题专家斯卡拉皮诺称费正清是“美国中国学方面最大的学术企业家”[④]。

哈佛大学的东亚研究中心无疑是美国中国学的“旗舰”，但仅有旗舰还不成其为舰队。东西海岸其他一些著名学府的中国研究也在发展。费正清深知，必须把美国各大学的中国研究组织起来，互相协作，展开交流，

① 《费正清看中国》，第232、235页。

② 《费正清集》，第426—427页。

③ *Fairbank Remembered*, p. 112.

④ 《费正清看中国》，第210—211、73页。

才能取长补短，避免人力和物力资源的浪费，推动全美国的中国学研究。1951年春，费正清邀集一些对中国思想文化感兴趣的学者在费城会商，成立了以芮沃寿（Arthur Wright）为首的中国思想研究会，作为远东委员会的下设机构。该研究会于1952年9月在科罗拉多州的阿色本举行学术讨论会，会后出版论文集《中国思想研究》。4年后，费正清又把该研究会学者关于儒家思想、儒教国家制度和行为的论文汇编成册，出版了《中国的思想和制度》[①]。1957年他当选为远东委员会会长。1958年，远东委员会更名为亚洲学会，费正清当选为第一任会长[②]。

在从事美国中国学的组织工作方面，费正清从一开始就表现出大度和宽容，没有门户之见和宗派观念。当时美国的中国学家分裂成亲台湾的和亲大陆的两派，自然真正亲台湾的是少数，他们主要集中在西雅图的华盛顿大学，以研究太平天国的中国学家戴德华（George Taylor）为核心。两个研究中心，一个在东北，一个在西北，形成分庭抗礼之势。费正清深知，要发展美国的中国学，必须克服麦卡锡主义给美国中国学造成的破坏。1959年他请福特基金会资助一次较大的中国问题讨论会，他在写给基金会的信中说："在过去一年多的时间里的大量非正式的磋商使我已确信，在当代中国问题研究领域里，学者之间的合作面临着一个严重的障碍……中国问题研究领域已不可能不受到中国革命的影响，而对中国的事变感兴趣的学者，对此既有理性的也有感情上的体验……我们必须尽最大努力，在一个各方面都能接受的尽可能中立、可行的基础上，恢复我们的团结。"[③] 1959年6月，费正清邀集一批中国学家在纽约州立大学举行会议，筹备成立一个全国性的中国研究组织。作为亚洲学会会长，费正清负责筹备工作，哥伦比亚大学的韦慕庭（Martin C. Wilbur）和加州大学（洛杉矶）的斯坦纳（Arthur Steiner）参与其事。为了团结持不同意见的学者，他主动向戴德华及其朋友伸出橄榄枝，终于在1960年8月召开了现代中国研究联合委员会的首次会议，并由戴德华出任会长，由哈佛东亚研究中

① 参见《费正清集》，第60页。

② 《费正清看中国》，第242页；邓鹏：《费正清评传》，台北天地出版社1997年版，第129页。

③ 《费正清评传》，第129—130页。

心副主任林德贝克任秘书。这个联合委员会的建立揭开了美国中国学研究的新篇章，在学会之下设立了许多学科小组，从经济、社会和政治等各方面对中国进行研究，促进了中国研究与社会科学学科的结合，从而以前所未有的方式使中国研究这个分支学科合理化、系统化[①]。

费正清对中国古代史研究同样予以热情的关注和支持。当有人提出应当仿照恒慕义的《清代名人传略》编一本明代名人传记时，他立即表示赞成，并说服基金会的官员认识到“这一看来很专门的神秘的研究项目”对理解中国可能发挥的作用，使基金会同意给予支持。他还从福特基金会的资助中拨款予以支持[②]。费正清意识到协调中国近现代史和古代史研究、协调中国史和中国其他问题研究的必要性，与戴德华等积极筹划，说服中国古代史研究的牵头人芮沃寿等在60年代初组织了中华文明研究委员会，芮沃寿任会长达10年之久。这个委员会的成立大大促进了美国研究中国的各路人马的联系与配合，促进了美国中国学全方位的发展。

作为学术企业家，费正清除从事组织工作外，还不断提出中国研究的新方向、新课题。他意识到要了解中国必须了解中国的儒学，在50年代初就提出了对中国思想进行研究的问题。至于中国的对外关系，费正清本人自然更有兴趣。1963年亚洲学会年会有一个专题就是东亚传统的国际关系。是年9月，马萨诸塞州理工学院又举办了同一专题的学术讨论会。费正清把有关的13篇论文汇编成册，出版了《中国的世界秩序：中国传统的对外关系》[③]。费正清认为无论在美国还是在中国，在华美国传教士的研究都是被忽视的课题，而这是中美关系中的一个十分重要的问题。他在1969年美国历史学会的会长演说中大声疾呼要加强传教活动的研究，并预言“美国与东亚关系的这个新领域”“一定会从东亚方面加以发展”[④]。在

---

① 《费正清集》，第441—444页；《费正清看中国》，第251—252页；*Fairbank Remembered*, p. 174.

② *Fairbank Remembered*, p. 178；《费正清看中国》，第243页。

③ *The Chinese World Order: Traditional China's Foreign Relations* (Cambridge: Harvard University Press. 1968).

④ 参见《费正清集》，第417页。费正清在1990年10月18日给笔者的信中还说：“我的演说还强调指出美国历史学家在研究传教运动方面的明显失败，我至今不知道原因何在。历史学家干脆把这种研究留给宗教学教授，这显然是放弃学术责任。”

他的推动下，美国历史学会下属的美国与东亚关系委员会于1972年1月发起了一次美国在华新教传教士的专题讨论会。会后，费正清把论文结集出版，名为《在华传教事业与美国》，并为该书写了前言①。今天，中国学者关于在华外国传教事业、教会学校、教会医院等的研究都已经产生了一批成果，可以说费正清当年的预言正在实现。

上文提到的美国与东亚关系委员会是在费正清推动下成立的又一组织。对中美关系的思考使他确信，在美国与亚洲关系中，一些表面的认识掩盖了历史的真相。他觉得需要对美国的东亚政策进行专门研究。1957年，哈佛大学历史系新设了美国远东政策研究这一博士项目，以训练学生比较研究美国与东亚国家的历史，在两种文化之间架起桥梁。1968年，费正清与哥伦比亚大学的博格（Dorothy Borg）教授等发起组织了美国与东亚关系全国委员会。该委员会起初隶属于美国历史学会，1979年起隶属于美国外交史学会，费正清成功地游说福特基金会向该委员会提供资助，委员会立即着手训练学生学习东亚语言，组织研究项目，举办学术会议，培养训练年轻历史学家，并与东亚国家尤其是中国历史学家开展学术交流。著名历史学家孔华润（Warren Cohen）把美国与东亚关系史称作美国历史科学的“刀刃”，费正清的弟子、著名历史学家入江昭（Akira Iriye）认为费正清在美国与东亚关系这一领域中的领导作用与中国学领域中的作用是同样重要的，他也是美国与东亚关系这一学科的“创建之父”②。

费正清不仅关注美国的中国学，他的目光注视着世界各地，这有两个原因。第一，他认为中国研究是一项世界性的事业，美国要了解中国，别的国家也应了解中国；第二，可以把别国的中国学家的看法与美国学者的观点进行比较，看看美国人是否缺乏远见③。而他的影响也远远地超出了国界。哈佛的东亚研究中心具有极强的辐射能力。它似乎是全世界的中国研究中心。费正清编制了一份16个国家包括125名中国学家的名单，向他们寄送各种材料和论文的复印件。他从美国的基金会筹措经费，支持台

① *The Missionary Enterprise in China and America*（Cambridge：Harvard University Press，1974）参见《费正清集》，第218、417页。

② *Fairbank Remembered*，pp. 182，186.

③ Ibid.，p. 273.

湾以及日本、韩国和欧洲一些学者的研究项目[①]。费正清对各国中国学的影响是世所公认的。法国著名中国学家白吉尔（Marie - Claire Bergere）称，“我们都十分依赖费正清所作出的先例，跟着他所开辟的路亦步亦趋”。“他不但为我们提供理念上的帮助，而且提供实际的帮助。”法国另一知名中国学家毕仰高（Lucien Bianco）说，费正清既是美国中国学的带头人，“他过去是，以后也将是我们在欧洲的带头人”[②]。

诲人不倦的导师

哈佛大学东亚研究中心之所以能吸引大批优秀学生，除了费正清筹款有方，他作为导师的个人魅力也是一个重要原因。至今，他的学生们，如今美国各大学中国研究的带头人们，仍然满怀深情地回忆起他们导师的关注与教诲，许多学生称他是“父亲”或“教父”。

当时哈佛大学的教授大多是难以接近的，令学生敬而远之。费正清却平易近人，学生要找他求教或商量问题，他从不拒绝。他慷慨地让他的研究生使用他的书房，只是用过的书必须放回原处。许多人就是在他的书房里开阔了眼界，知道了中国研究的山外青山。费正清对学生十分负责。学生交给他的论文，他常常在48小时之内返还，并附上整整一页或两页的批语，从内容、风格到标点符号的使用都提出具体意见，或者先把论文还给学生，过后再给书面意见。有的评语很具体，比如：“不要什么事情都说两遍”；有的则相当辛辣，比如“这不是写给家庭妇女看的”[③]。

费正清并不企图支配、控制学生，但他总是让学生们感觉到他的存在，感受到他的影响。他让学生自己认识到该做什么，让学生自己提出想法，然后他再提出意见和建议，使学生的计划变得更加合理和完善。他的学生柯文（Paul A. Cohen）记得，费正清是如何谨慎地激发他对美国在华传教士问题的热情，“他巧妙地把诱饵装在钩子上，于是我一点一点地去

① 《费正清看中国》，第287页；台湾学者张朋园对费正清与台湾学者的学术交流作了专门研究，见张朋园《郭廷以、费正清、韦慕庭——台湾与美国学术交流个案初探》，台北1997年版。

② *Fairbank Remembered*, pp. 196 - 197.

③ Ibid. , pp. 122, 107.

咬”。他的学生、徐继畬研究专家龙德威（Fred Drake）称，费正清改变了他的生活。费正清常对他的学生说：“搞中国研究是件容易事！只要你跨进世界上最伟大的革命与世界上最伟大的大学之间的第一层就行了，这就像一架自动钢琴。”[①] 他就是把学生一个一个地领进第一层，然后指引他们一层一层地往上攀登。

费正清以自己独特的方式营造自由讨论的学术空气，把众多弟子笼络在他的周围，他特别得意的办法是星期四下午的茶会。每星期四下午5时，他家里总是高朋满座，他和夫人费慰梅（Wilma C. Fairbank）以茶点招待哈佛的同人和学生，以及从外地来的访问者。在茶会上没有长幼尊卑之分，外国学生可以借此练习英语，人们可以自由讨论各种问题，交流信息，切磋学术，结交朋友。有时他会给一些同人或学生发来书面邀请，但没有被特别邀请者同样受到欢迎，来者不拒。周四下午茶会成为费正清雷打不动的制度，保持了33年之久。费正清自己认为“这些茶会帮助我的学生组成了一个友好相处、志同道合的共同体”，是他一生中最值得记忆的“发明”[②]。

费正清深知出版研究成果对培养人才和发展中国学的重要性。为此他筹集款项，从1956年起出版哈佛东亚研究丛书。在第一个10年共出版了37种，第二个10年出版了103种，1970年和1971年出书最多，共43种，创造了每月两书的纪录。其中4/5以上的著作是关于中国的[③]。费正清对许多书稿给予认真的指导。田纳西大学教授郝延平1962年开始做关于19世纪中国买办的论文。他每写完一章，费正清就拿走审阅，并必定在第二天早上送回。费正清对整个论文的结构，内容、文字都提出具体意见。1965年论文完成后，费正清又安排他去英国做了一段时间的研究，1968年又让他再做修改，并说：“你能使这篇论文成为一本很好的书。只要再稍做努力，你就能使一本‘好’书成为一本‘很好’的书。”费正清读过郝延平的修改稿后写道：“你的书稿给我留下极深的印象……这是一项真

---

① 《费正清看中国》，第212、125页。
② 《费正清对华回忆录》，第174页。
③ 《费正清集》，第428页。

正的成就，我祝贺你。”一本高质量的专著就这样诞生了[①]。

对于外国研究中国的年轻学者，他同样给予关注和扶植。以色列学者史扶邻（Harold Z. Schiefrin）想研究孙中山，抱着试试看的心情从以色列的希伯来大学给费正清写信，使他喜出望外的是，费正清立即回了一封长信予以鼓励，并提出具体建议；接着又给他寄去许多参考书，有的是从香港寄去的。然后，费正清又邀请他到哈佛去做研究，终于使史扶邻得遂心愿，写成关于孙中山的专著，成为国际知名的孙中山专家[②]。

为了培养和鼓励年轻学者，费正清还撰写了大量的书评。书评在他的著作中，尤其是后期的著作中占了相当大的分量。他常常把具有类似内容的几种书合在一起评论，比较它们的优劣，指出各自的长处和短处，进而借题发挥。比如在《毛泽东为新的教育制度而斗争》一文中，他把昂格尔（Jonathan Unger）的《毛泽东治理下的教育》、苏珊·舍克（Susan Shirk，谢淑丽）的《竞争的同志们》以及泰勒（Robert Tyler）的《中国知识分子的困境：政治与大学的入学》3种书合在一起进行评论，肯定了前两者把对出版物的研究与调查研究结合起来的方法，批评了后者完全在图书馆里做研究，“未能立足于事实的基础之上”，“采用了不完全的数据和估计”，等等。同时指出，要了解中国的现在，与其去把中国与别的国家（比如加纳）进行比较，不如从中国自身出发进行研究[③]。

费正清与我们中国学者有不同的文化背景、不同的观察问题的方法，他的有些看法与中国学术界的观点比较接近，有的则与中国史家的观点相去甚远[④]。这种现象在海外中国学中是相当普遍，也是很自然的。百家争鸣的原则应当既适用于中国学者，也适用于中国学者与外国学者之间。

在《费正清集》的《序》中，费正清以十分简单的话语表达了非常

---

① *Fairbank Remembered*, p. 115. 郝延平的专著即《十九世纪中国的买办：东西方之间的桥梁》。Hao Yanping: *The Compradore in Nineteenth Century China: Bridge Between East and West* (Cambridge: Harvard University Press, 1970).

② 《纪念费正清》，第201—202页。史扶邻的专著即《孙中山与中国革命的起源》。Harold Z. Schiffrin: *Sun Yat-sen and the Origin of Chinese Reuolution* (Berkeley: University of California Press, 1970).

③ 《费正清集》，第295—299页。

④ 参见《费正清集》前言。

深刻的思想。他写道："今天我们全都进入了同一个世界……我们的生存大体取决于各国人民进行合作的程度。"[①] 他相信，中美这两个国家及其代表的文化是能够共存的，关键在于相互了解。他毕生的事业，归根到底是为了促进中美两国人民的相互了解。他的一个始终不渝的信念是，如果美国人需要一个更安全的未来，那么就要使他们了解中国，并且用这种知识来认识中美关系[②]。随着经济全球化的迅速发展，随着信息时代的到来，费正清的这种观点具有越来越现实的意义。

（原载《历史研究》1999 年第 1 期）

① 《费正清集》，第 4 页。
② 《费正清看中国》，第 9、2 页。

牢牢把握中美两国的共同利益

——纪念中美关系正常化30周年

2008年是中国改革开放30周年，也是《中华人民共和国和美利坚合众国关于建立外交关系的联合公报》（简称《中美建交公报》）发表30周年。这不是偶然的巧合。在邓小平关于中国改革开放的总体设想中，中美关系正常化占有重要的位置：它将有利于为中国的现代化建设创造一个良好的外部环境，美国也可能成为中国的重要的经济合作伙伴。30年的实践证明，邓小平当初的设想是完全正确的。

30年来，中美关系发展之路是一条坎坷曲折的道路，虽历经风雨，但总的趋势是向前发展的。[①] 在经历了冷战结束后的动荡不定、大起大落后，在进入21世纪后中美建设性合作关系得到进一步拓展和深化。人们可以从这30年的中美关系历史中总结出许多经验，但笔者认为，最基本的一条是要牢牢把握两国的共同利益。抓住了这一条，两国关系就能克服障碍，继续前进。

一　对共同利益的把握决定两国关系的状况

一个国家的外交政策服务于它的国家利益。从根本上说，国与国之间的关系是建立在两个国家的共同利益基础上的。只有符合各自国家利益的国际关系才能得到本国人民的拥护，才能持久。国家利益既是客观的，又是主观的。它是客观存在的，无时无刻不以有形和无形的方式表现在国家

① 胡锦涛：《在美国总统布什举行的正式欢迎午宴上的致辞》，载钟建和编《全面推进21世纪中美建设性合作关系——胡锦涛主席对美国进行国事访问》，世界知识出版社2007年版，第13页。

的主权和领土完整、国家的安全、人民的经济福祉、文化生活等方方面面。但它又是主观的，需要由决策者去主观地加以判断和认定，并用一定的标准进行衡量。1972 年的《中华人民共和国和美利坚合众国联合公报》（简称《上海公报》）声明："任何国家都不应自称一贯正确，各国都要准备为了共同的利益重新检查自己的态度。"①自《上海公报》发表以来，中美关系的历史就是两国不断确认共同利益的历史。每当两国都认定，中美关系是符合各自国家利益时，两国关系就改善、就发展；相反，每当有一方对此产生怀疑或否定，中美关系就倒退、就会颠簸不稳。

在中美关系发展进程中，美国在对国家利益的判断方面曾屡屡失误。在 1971 年前，美国深受意识形态的驱使，对中国采取遏制政策，在国际上以台湾当局代表"中国"，导致了中美两国间的敌对和隔绝。中国在对国家利益的认定方面也有教训。在改革开放以前的相当一段时间，中国认定世界大战不可避免，而且迫在眉睫。诚然有当时的历史情况，但过分强调美苏发动世界大战的危险，"势必导致我国始终处于临战状态，对经济建设产生了不利影响"，国家的"好多决策，包括一、二、三线的建设布局，'山、散、洞'方针的制定都是从这个观点演绎出来的。对形势的这种判断，在内政上必然坚持以阶级斗争为纲，以备战为中心，势必不能以经济建设为中心"。②国家建设因此受到的影响是显而易见的。

20 世纪 60 年代末 70 年代初，中国领导人正确地断定，苏联扩张主义是对中国安全的主要威胁，中美两国在抗衡苏联扩张方面有共同利益。中美双方在这方面达成了共识，这才打开了中美关系之门，结束了两国长达 20 多年的对抗和隔绝的局面。《上海公报》的发表表明，中国领导人对中国与美国的共同利益的认知已经超越了社会制度和意识形态。在此之前，中国的外交是推进世界革命；而此后，中国外交逐渐向着新的战略方向转型，直到 1982 年中国正式提出独立自主的和平外交政策。

20 世纪 70 年代末，苏联仍在竭力扩张并于 1979 年入侵阿富汗。此

① 刘连第、汪大为编著：《中美关系的轨迹——建交以来大事纵览》，时事出版社 1995 年版，第 486 页。

② 杨成绪：《坚持独立自主的和平外交政策》，上海人民出版社 1998 年版，第 22、15—16 页。

时，不仅中美和解的战略基础仍然存在，而且两国还有了新的共同利益。中国要实行改革开放既需要一个相对稳定的国际环境，又需要外国的市场、资金和技术，而美国是西方世界的老大，是最大的发达国家，从上述两方面来说，中美关系正常化都是十分重要的，也是中国改革开放必要的外部条件。对此，邓小平有明确的论述。他在 1978 年 2 月与挪威外交大臣的谈话时说："现在，美国还没有把中国摆在它的议事日程上……我们对自己有清醒的估计，我们实现四个现代化，需要同西方世界合作。更重要的是，在政治上对付超级大国，我们更需要合作。"[①]这段话有着深刻的含义，邓小平所说的"超级大国"当指苏联无疑。从政治上说，中美关系正常化是改善中国国际环境的关键。当时，中越关系恶化，越南的挑衅威胁了中国西南边陲的安全，也对中国的现代化建设形成掣肘。中国的改革开放要有一个良好的国际环境，为此就需要实现中美关系正常化。[②]另外，虽然中国早已与一些资本主义国家建立了外交关系，但有的国家看美国的眼色行事，中国与它们的关系没有得到充分发展。与美国建交将有助于改善中国与西方国家的关系。从经济上说，没有正常的国家关系，两国之间的经贸关系也发展不起来。而美国方面则是在感受到苏联扩张对美国利益越来越大的威胁时才决定与中国关系正常化的。因此，中美两国建交是建立在两国决策者对双方共同利益的确认之上的。80 年代两国关系的全面稳定发展也是以共同利益为基础的。

冷战结束后，美国失去了 40 多年的主要战略对手（苏联），这导致美国安全战略框架的解体和美国总体外交政策的迷惘和混乱。中美关系也进入一个不稳定的时期，根本原因就是美国决策者和政界人士对中美两国还有没有共同利益、中美关系对美国有多少重要性产生了怀疑。20 世纪 90 年代初，在美国很流行的一种看法可以概括为"中国崩溃论"。不少政界和学界人士从东欧剧变和苏联解体中得出一个错误结论：既然共产党执政

① 中共中央文献研究室编：《邓小平年谱，1975—1997》上，中央文献出版社 2004 年版，第 287 页。

② 1979 年 1 月底 2 月初邓小平访美时就教训越南一事与卡特总统进行沟通，参见陶文钊《中美关系史，1911—2000》（下），上海人民出版社 2004 年版，第 81—82 页。

了70多年的国家都可以这样迅速地土崩瓦解，为什么中国不会步苏联后尘?[①]有人甚至撰文说："中国处在疆土分裂、政治崩溃和民主革命的边缘。"[②]至于中美关系，一些人认为，在政治上，既然苏联已经解体，中美关系正常化的战略基础消失了，中国对美国已经没有什么战略意义。在经济上，美国对中国的出口还不及欧洲的一个小国奥地利，中美关系对美国的重要性已经大大降低了。因此才有"中国需要美国，而美国不怎么需要中国"这样的议论。

然而，事实并非如此。美国总统乔治·赫伯特·沃克·布什（即老布什）对中美关系的战略意义则有比较深刻的了解，因此才与中国领导人一起，竭力维护中国的最惠国待遇，防止两国关系的滑坡。克林顿就任总统后对中美关系的认识比较肤浅，在他任期的头三年，中美关系实际处于一种"漂浮期"。而中国领导人一再强调中美两国的共同利益。1993年11月，江泽民主席在出席西雅图亚太经合组织（APEC）领导人非正式会议时与克林顿会晤。江泽民在阐述了人类面临的和平与发展两大主题后强调："在这些重大问题上，中美是有共同利益的。中国不搞军备竞赛，不搞军事集团，不会对美国的安全构成威胁。相反，如果中美增加信任，可以在世界上做些事情。""国际形势有了变化，但中美在许多问题上有着共同利益这一点并没有改变。"他还针对当时双方的一个争论焦点说，"最惠国待遇不是单方面的给予，更不是一种恩赐，而是对双方都有利的，应该继续下去"。[③] 1994年11月，江泽民在雅加达再次会晤克林顿，继续强调两国的共同利益，认为"无论从政治还是经济角度考虑，中美两国发展合作的条件优越，领域十分广阔"。[④]实际上，1992年邓小平到南方考察后，中国掀起改革开放的新高潮，中国正式提出建立社会主义市场经济，中美经济上的相互依赖越来越深，这就为中美共同利益开辟了新的空间和机

① Michael Oksenberg, "The China Problem," *Foreign Affairs*, Vol. 70, No. 3, 1991, p. 2.

② Harry Harding, "Red Star Rising in the East," *The Washington Post*, March 9, 1997, p. X-4.

③ 江泽民：《把一个和平繁荣的世界带到二十一世纪》，载《江泽民文选》第1卷，人民出版社2006年版，第333—334页。

④ 刘连第编著：《中美关系的轨迹——1993年—2000年大事纵览》，时事出版社2001年版，第53页。

遇。及至中美两国领导人在 1995 年 10 月再次会晤时，双方已经达成共识："两国之间存在着广泛、重要的共同利益，建立健康、稳定的中美关系符合两国利益。"克林顿还向江泽民保证，"美国对中国的政策，不是孤立、不是遏制，也不是对抗，而是全面接触"。[①] 1997 年 10 月 24 日（江泽民访问美国前夕），克林顿在"美国之音"就中美两国共同利益发表长篇演讲，这是美国总统第一次这样全面、系统地阐述中美共同利益。[②]这表明，中美关系发展的实践已经使克林顿对两国的共同利益有了比较深刻的认知。

美国是一个高度多元化的社会，克林顿政府的认识未必代表得了共和党人。得克萨斯州州长乔治·沃克·布什及其团队在竞选中就不赞成建立中美"建设性战略伙伴关系"的说法，认为中国是美国的"战略竞争者"，至少也是"竞争者"。赖斯在一篇名为《促进国家利益》的文章中写道："中国不是一个'现存的'大国，而是一个试图改变亚洲力量的均势并使自己得到好处的大国。仅凭这一点，它就是一个战略竞争者，而不是克林顿政府所称的'战略伙伴'。"[③] 这说明，当时布什及其团队在中美两国共同利益的认定方面是有偏差的。

形势比人强。中美两国的共同利益是客观存在的，乔治·沃克·布什执政以后，在处理中美关系具体问题时，尤其是当他们面对地区和国际问题需要中国合作时，他们也就体会到了与中国的共同利益。2001 年 10 月，中美"建设性合作关系"的提出正式表明两国领导人对两国的共同利益达成了共识。2002 年 2 月，布什在访华时表示，美国政府期望在各个领域扩大和加强与中国的合作，这不仅对美中两国有利，对维护世界和平与促进合作都是十分重要的，[④]再次表示了他对两国共同利益的确认。后来，赖斯

---

① 刘连第编著：《中美关系的轨迹——1993 年— 2000 年大事纵览》，第 93 页；江泽民：《当前国际形势和我们的外交工作》，载《江泽民文选》第 2 卷，人民出版社 2006 年版，第 203 页。

② William J. Clinton, " Remarks to the Asia Society and the United States- China Education Foundation Board, " *Public Papers of the Presidents of the United States*: *William Clinton*, October 24, 1997, pp. 1424 – 1429.

③ Condoleeza Rice, " Promoting the National Interests, " *Foreign Affairs*, January/February, 2000, p. 50.

④ 载《人民日报》2002 年 2 月 22 日。

国务卿不止一次称中国是美国的“全球伙伴（Global partner）”[①]，从而表明，中美两国的共同利益是在不断扩大和增进。近年来，中美之间建立了战略对话和战略经济对话的机制，这也是两国不断确认和构建共同利益的平台。中美双方对两国的共同利益的清晰认定是布什政府任期内中美关系得以保持七年多稳定的根本原因。

二 牢牢把握核心的国家利益

一个国家的利益有许多表现，就其重要性而言，有对国家至关重要的利益、重要利益和一般利益。通常说来，涉及国家主权和领土完整的利益是一个国家的至关重要的利益，具体到中美关系，对中国至关重要的利益首先就是台湾问题。

中国不允许台湾以任何方式从中国“独立”出去。台湾回归祖国，完成祖国的统一大业是中国几代领导人和中国人民的共同意志。2002 年 11 月，中国共产党第十六次全国代表大会明确提出，在 21 世纪，中国的战略目标是“推进现代化建设、完成祖国统一、维护世界和平与共同发展”。[②]在台湾问题上，中美两国既有共同利益，也有分歧。作为中美关系政治基础的三个联合公报的核心内容都是台湾问题。在 1972 年尼克松访华时，尽管有共同对抗苏联的战略需要，但如果两国不能在一个中国问题上达成共识，中美和解也是不可能的。中美建交时达成的新共识是，中华人民共和国政府是代表中国的唯一合法政府，美国与台湾地区只能保持非官方关系。1982 年发表的《中华人民共和国和美利坚合众国联合公报》（简称《八一七公报》）达成的新共识是，美国要逐渐削减对台军售，直到彻底终止。在改革开放的新时期，中国确定了“和平统一，一国两制”

① 2008 年 6 月 29 日，赖斯在访问中国时举行的记者招待会上说：“我们之间（中美两国）有分歧，但这些分歧没有模糊一个非常重要的事实。这个非常重要的事实就是，美国与中国就是必须合作共事，如果我们要解决我们在国际社会中面临的许多挑战的话。”http：//www. america. gov/st/peacesec-english/2008/June/20080630132640abretnuh0. 8307611. html。

② 江泽民：《全面建设小康社会，开创有中国特色社会主义事业新局面——在中国共产党第十六次全国代表大会上的报告》（2002 年 11 月 8 日），人民出版社 2002 年版，第 1 页。

的方针；美国继续坚持要和平解决台湾问题，因此在“和平解决”的问题上两国也有共同点。没有这些共识，中美关系就失去了政治基础。

中美两国在台湾问题上有分歧。确保台湾不“独立”涉及中国的主权和领土完整。中国为了祖国的统一大业要保留一切可能的手段，不宣布放弃使用武力；而确保台湾地区“安全”涉及美国对盟友和朋友承诺的信誉问题。因此，在实现中美关系正常化时双方都没有完全达到自己的目的，而且在中美建交三个多月后，美国国会又通过了所谓的《与台湾关系法》，以国内法的形式把美国对台湾地区的“安全承诺”写了下来。随着后来台湾地区社会的转型，美国更对台湾地区的民主予以认可，并通过军售和加强军事关系等途径强化了对台湾地区的安全承诺。①

但是，这一切并不意味着美国支持台湾当局肆无忌惮的“台独”分裂活动。从中美建交以来，历届美国政府都很清楚，对于美国来说，维持台湾海峡现在这种不统、不独、不战、不和的局面，台湾地区不正式宣布“独立”，中国也不要对台湾动武，这是最符合美国利益的。中国政府在台湾问题上的立场十分明确，中国不惜一切代价维护祖国的统一，美国对此并不怀疑。如果台湾当局铤而走险，两岸的军事冲突将难以避免，美国也可能被拖入一场与中国的战争，这不是美国的利益所在。尤其在小布什执政期间，美国的战略重心始终在大中东地区。在东亚地区，美国急于解决的是朝核问题，而在这个问题上又亟须中国的合作。在台湾海峡地区，美国的目的是保持现状。陈水扁的“台独”分裂活动尤其是法理“台独”实际上挑战了布什政府的战略部署，不符合美国的利益。近年来，胡锦涛主席在会晤布什总统时也一再提醒，“‘台独’将断送台海和平，并将严重破坏亚太地区的稳定和繁荣，中美双方都应站在这个战略高度来认识‘台独’的危害，共同遏制‘台独’势力的分裂活动”。②“坚决反对和制止‘台独’，维护台海和平稳定，符合中美共同战略利益。”③ 唯其如此，中美双方才有可能在反对和遏制“台独”分裂势力方面作出共同的努力。

---

① 参见陶文钊主编《冷战后的美国对华政策》，重庆出版社2006年版，第1页。

② 车玉明、陈鹤高：《胡锦涛主席会见布什总统（新华社圣地亚哥11月20日电）》，http://news.xinhuanet.com/world/2004-11/12/content_2241550.htm.

③ 《胡锦涛同布什通电话（新华社北京12月6日电）》《人民日报》2005年12月7日。

三 不断拓展和深化两国的共同利益

30年来，中美两国的共同利益呈现不断拓展和深化的趋势，这既是国际形势发展使然，也是中国综合国力日益提升，在国际事务中发挥的作用越来越大的结果。

当前的中美关系与建交初期相比，甚至与20世纪90年代相比，一个明显的特征是内容丰富得多了，范围宽广得多了。两国关系已经远远超越了双边关系的范畴，有着越来越多的地区和全球性的内涵。美国是最大的发达国家，中国是最大的发展中国家，中美两国都是安理会的常任理事国，它们都对国际社会负有重要责任。在地区和国际上出现重大的安全、经济问题时，中美两国应当对问题的解决起到重要的作用。责任随国力而增长。随着中国国力的增长，国际社会对中国的期望也会增加，中国对地区和世界和平与繁荣的作用也会随之增加，这是很自然的事情。

冷战结束以后，非传统安全威胁上升，包括自然灾害与环境破坏、流行性疾病、有组织的跨国犯罪、恐怖主义、大规模杀伤性武器的扩散等。所有这些都是全球性的挑战，没有一个国家可以单独地应对它，没有一个国家可以独善其身。在应对所有这些挑战方面，中美两国都有共同利益。这是一个客观的事实。中美关系基础的扩大增强了两国关系抵御风险的能力，有利于两国关系的长期稳定。20世纪90年代初期，人权问题拖累了两国关系；到90年代中期，台湾问题又使中美关系跌入低谷。以后再出现类似的纷争，两国决策者就要考虑到整个的中美关系，考虑到两国在其他方面的合作和共同利益，因为某一个问题导致双边关系全面下降和冷却的可能性比过去减少了。

两国共同利益的深化突出表现在经济方面。改革开放30年来，发展经济是中国全党全国工作的重心。中国领导人因势利导，一步一步地把中国经济从产品经济引向商品经济，再从商品经济引向市场经济，使中国经济按照经济规律来发展。中国的改革开放和现代化建设与世界经济的全球化完全是同步的。邓小平反复强调要“抓住时机”、“善于利用时机”，这个时机从根本上说，就是世界经济全球化。中国几代领导人对全球化采取了非常积极的态度，他们非常清楚，全球化对中国是利弊兼有，挑战和机遇并存。全球化是一把双刃剑，关键在于我们如何掌握，有没有本事来掌握。中国领导人引导中国积极地投入经济全球化，遵照“参与其中，趋利避害，适时有为，徐图改造”的方针，[①]使中国经济从全球化中获益，反过来中国经济的发展也推动了全球化的进程，推动了世界经济的发展。其中一个突出的事例就是中国加入世界贸易组织（简称“入世”）。[②]中国就“入世”与美国、欧盟等进行了马拉松式的谈判。这个过程一直伴随着中国国内关于“入世”是利大于弊还是弊大于利的辩论。因为“入世”，中国需要对美国等作出一些让步，可能会损失一些部门的局部利益。同时，不少人担心，“入世”可能会对中国的一些产业部门（如农业及汽车、电子、通讯等行业）带来冲击，不利于这些部门的发展。中国领导人坚定地认为，“入世”符合中国的全局利益和长远利益，只要善于趋利避害，就可能把“入世”的收益最大化、损失最小化。中国自 2001 年底“入世”以来的事实完全证明了这一点。“入世”六年多来，中国对外贸易每年都保持 20% 以上的增长率，现在中国稳居世界第三贸易大国、第二出口大国的地位。原来人们担心的冲击并没有出现。中国对美国的贸易也保持了这样的发展速度，2001 年，两国贸易额美方统计是 1215 亿美元，中方统计是 804 亿美元；2007 年，已经分别跃升到 3215 亿美元和 3020 亿美元。中美两国互为第二大贸易伙伴，中国连续五年是美国出口增长最快的市场。中美贸易占中国对外贸易的 14% 强，占美国对外贸易的 11% 强。当美国企业在华投资继续快速增长之际，中国企业也开始在美国进行投资。中美经贸关系是互利共赢的关系。中国需要美国的投资和美国消费者购买中国产品；美国需要中国来帮助降低包括资本、商品和劳务在内的所有东西的价格。中国价廉物美的商品帮助美国保持了低通胀，每年为美国消费者节省 1000 多亿美元；美国零售商通过销售中国商品赚取了巨额利润。两国市场的依存和产业链的互补日益增强。两国经济不断深化的互相依赖是

① 参见钱其琛：《外交十记》，世界知识出版社 2003 年版，第 388—390 页。

② 王勇对此有详尽的论述。参见王勇《中美经贸关系》，中国市场出版社 2007 年版，第 388—390 页。

"两国共同利益基础的底部"。[1]在20世纪90年代两国关系动荡不定时，经济关系就是两国关系的稳定器、减震器；在21世纪，两国利益的融合和经济合作将继续源源不断地为两国关系发展提供强大的动力。

实际上，中美经贸关系的所有方面并不都是互利共赢的，一方获益，另一方受损的"零和博弈"仍然随处可见。对于美国纺织业集中的那些州来说，中国的纺织品和服装是个"威胁"；同样，"沃尔玛"来到中国，这对中国的一些零售商可能不是"福音"。具体到某些原料、产品和市场的问题，贸易中的这种"零和博弈"将会长期存在下去，这也是中美经贸摩擦的原因。但从中美经贸关系对于两国经济整体影响来说，它无疑是互利共赢的关系，而且中美经济关系也将成为全球经济的最大的发动机和压舱石。[2]

四　相互照顾彼此的关切

一个国家的利益除了有重要性方面的分别，也有轻重缓急的排序。在某个时候某个问题突出了，成为一个国家的主要关切。两国互相照顾彼此关切也就是尊重对方的利益，这是在处理两国关系时需要加以密切注意的问题。

1990年8月2日，伊拉克入侵并吞并科威特，海湾危机爆发。海湾地区的石油储量和产量在世界上都占有十分重要的地位，是美国和西方国家的经济"生命线"。伊拉克的行为显然严重损害了美国和西方国家的利益。冷战结束后，美国意欲建立"国际新秩序"，伊拉克这一谋求建立地区霸权的行动，是对美国全球"领导地位"的挑战，美国绝对不能袖手旁观。1990年8月7日，布什签署了出兵海湾的"沙漠盾牌"计划。为了师出有名，美国需要联合国安理会的授权，需要中国的支持。8月31日，美国驻华大使馆向中方转交了布什总统给邓小平的信，布什表示，"美国不会

---

① 黄仁伟：《中美共同利益的构成和演变——纪念上海公报发表三十周年》，载倪世雄、王义桅主编《中美国家利益比较》，时事出版社2003年版，第105页。

② 王缉思：《推荐序》，载王勇《中美经贸关系》，第1—3页。

缩小或降低具有重要战略性的中美关系”，美国对中国就伊拉克占领科威特所采取的原则立场表示赞赏。美国希望中国支持美国出兵海湾。对于海湾危机，中国主张通过和平方式解决，呼吁伊拉克与安理会合作，立即从科威特撤军，原则上不赞成大国的军事卷入。11 月 6 日，美国务卿贝克会晤中国外长钱其琛，再度劝说中国不要阻拦联合国安理会通过授权对伊拉克采取一切必要的行动，包括军事行动的决议。为此，美国承诺将寻求机会取消对华制裁。贝克表示，美国无意在海湾驻扎陆军，危机消除后，美国会立即撤军。11 月 20 日，贝克又通过电话与钱其琛再度磋商，希望中国对美国即将向安理会提出的决议投赞成票，至少不要否决。11 月 27 日，布什又分别给江泽民主席、杨尚昆主席、李鹏总理写了内容相同的信，希望中国在安理会支持美方即将提出的决议。考虑到当时海湾危机已经成为美国的最大关注，也考虑到这是恢复中美关系的一个机会，中方对安理会 678 号决议投了弃权票。钱其琛后来回忆说，在当时，“中方对有关决议，不予否决，已是最大的照顾了”，是“很不容易的”。[①]

“9·11” 事件后，美国最重要的关注是反恐和防止大规模杀伤性武器的扩散。2002 发布的《美国国家安全战略报告》就指出，“我们国家面临的最大威胁是激进主义与技术的结合”。[②]中国充分顾及美国的关注，在反恐、防扩散，尤其在朝鲜半岛无核化方面与美国进行了卓有成效的合作。[③]中美两国对伊拉克战争的看法有分歧。美国认为它是反恐战争的一部分，而中国并不认同。在伊拉克战争之前，中国也明确地表明了自己的立场。就中国与伊拉克的关系同中美关系比较，伊拉克的资源是中国所需要的，但中伊两国的联系毕竟有限；中美关系更具有全局性、战略性和长期性。因此中国在伊拉克问题上既坚持了原则立场，又保持了维护中美关系大局的务实精神。[④]在伊拉克战争后的数年中，中国为了减轻伊拉克人民的痛

① 钱其琛：《外交十记》，第 75、81、97、99、101、105、187 等页。

② The White House of the United States, *The National Security Strategy*, September 20, 2002, p. 1.

③ 美国助理国务卿希尔作为布什第二任期美方谈判代表对中美两国在朝核问题上的合作共事深有体会，他多次讲到，“六方会谈表示了合作关系，尤其是美中两国在互相关切问题上的合作”，“我们确实找到了互相交流的方式，找到了合作的方式”。*Washington File*, August 19, 2005, p. 6.

④ 牛海彬：《超越零和，走向共赢》，载倪世雄、王义桅主编《中美国家利益比较》，第 124 页。

苦，迅速恢复伊拉克人民正常的生活，并为了维护中美关系的大局，对涉及伊拉克战后重建的有关安理会决议都投了赞成票，并且免除了伊拉克欠中国的债务，也对伊拉克战后重建进行了力所能及的援助。这些举措都对近年来中美关系的稳定和发展起到了积极作用。

在乔治·沃克·布什任期内，中国方面的首要关切无疑是台湾问题，是反对和遏制台湾当局的“台独”分裂活动。如果美国不能照顾中方的这一关切，不能在这个问题上与中方合作，两国关系的稳定是难以想象的。正如上面所述，双方在这一问题上保持了比较好的沟通和磋商，美方比较充分地理解中方的关切，并且采取了相应的措施，从 2007 年 6 月以来，布什政府各级官员对台湾当局的“入联”公投多次公开进行严厉批评，也在一定程度上影响了台湾的民意。在 2008 年 3 月 22 日的投票中“入联公投”被挫败。26 日，胡锦涛主席在与布什总统的电话交谈中赞赏布什总统和美国政府多次表示坚持一个中国政策、遵守中美三个联合公报、反对“台独”、反对“入联公投”、反对台湾地区加入联合国及其他只有主权国家才能参加的国际组织的明确立场，希望中美双方继续为维护台海和平稳定共同努力。[①]由于双方的关切都得到较好的照顾，使两国在各个方面的共同利益得到均衡的增进，中美关系才得以保持不断改善的势头。

展望未来，我们对中美关系保持比较长期的稳定是有信心的。虽然两国之间还存在着一些分歧，而且不可能在短时间内消除这些分歧；虽然两国关系还会受到各种因素的影响，包括国际形势的变化，国内政治的因素等；虽然美国还有人在鼓吹“中国威胁论”，但笔者坚定地相信，两国共同利益的增进是国际形势发展使然，是全球化的必然趋势，也是中国综合国力增长的一个自然结果。虽然中美关系还可能会有波折，但只要双方都牢牢把握两国的共同利益，两国关系向前发展这个大趋势是不会改变的。

（原载《世界经济与政治》2008 年第 11 期，收入本文集时有删节）

① 《人民日报》2008 年 3 月 27 日。

邓小平与中美关系,1977—1991

邓小平同志不仅是中国改革开放的总设计师，而且在本文所述的年代是中国对美政策的主要决策者，是中美关系的主要推动者。作为中美关系政治基础的三个联合公报中有两个是在邓小平的亲自主持或坐镇指挥下达成的。在对美政策的决策之中，他如同革命战争年代指挥千军万马一样，运筹帷幄，决胜千里。他有最强的原则性，在事关国家主权的原则问题上决不让步，甚至不惜冒使中美关系倒退的风险；但他同时又表现了最大的灵活性，使中美关系一次又一次地跨越障碍，绕过暗礁，曲折但顽强地向前发展。邓小平同志在不同情况下处理中美关系的决断、方式、做法给我们留下了宝贵的财富，值得我们认真研究。

本文限于篇幅，只选取十几年中美关系中的三个关键时刻做三个简单的案例分析。

一　果断拍板，实现中美关系正常化

从尼克松1972年访华到1978年底两国决定实现关系正常化，经过了近7年时间。这里有国际国内的种种原因，包括美国寻求与苏联的缓和、水门事件、中国的“文化大革命”，以及台湾问题，等等。[①]及至1978年，中国拨乱反正的工作已经取得重大成就，实行改革开放的条件日臻成熟，中美关系正常化的迫切性也越来越显现出来。

在邓小平关于中国改革开放的总体设想中，中美关系正常化显然占有重要的位置。他在1978年2月与挪威外交大臣的谈话是很说明问题的。

① 见陶文钊《美苏缓和与中美建交》,《哈尔滨工业大学学报》(社科版)2001年第2期。

他说："现在，美国还没有把中国摆在它的议事日程上……我们对自己有清醒的估计，我们实现四个现代化，需要同西方世界合作。更重要的是，在政治上对付超级大国，我们更需要合作。"[①]这段话有几层意思。从政治上说，中美关系正常化是重要的。首先，当时中苏关系仍然处于不正常状态。实现中美关系正常化对于牵制苏联是重要的。虽然邓小平不像毛泽东在70年代初那样公开倡导联美反苏的战略，但这种战略考虑显然仍然存在。1977年、1978年他在接见外宾时多次提到反对霸权主义的问题，当时的霸权主义显然主要是指苏联。其次，当时中越关系恶化，威胁了中国西南边陲的安全，也对中国的现代化建设形成掣肘。中国的改革开放要有一个良好的安全环境，这种情况是不能继续存在下去的。实现中美关系正常化对解决中越问题也是必要的。这一点从1979年邓小平访美时就此与卡特总统进行沟通可以看出。[②]总之，中国即将开始的改革开放和现代化建设需要有一个良好的外部环境，中美关系正常化是改善中国的国际环境的关键。其次，从经济上说，中国需要同西方合作。中国要吸引外资，要引进国外先进的技术和设备，中国产品也需要国外的市场。美国作为最大的发达国家，显然是邓小平考虑进行合作的重要对象。没有正常的关系，两国之间的经贸关系也发展不起来。

出于上述原因，邓小平在1977年、1978年积极推动两国关系的正常化。1978年1月4日，他接见民主党参议员爱德华·肯尼迪（Edward Kennedy）时说："我们希望两国正常化的进程越快越好，如果这个问题很快解决，我相信两国人民都会高兴。归根到底，中美两国之间的关系问题，要从政治角度来考虑，要从长远的战略观点来解决。"2月16日，他在会见民主党参议员亨利·杰克逊（Henry Jackson）时又说："中美关系如果早一点正常化，中美贸易发展的速度可能快得多。美国现政府没有把中美关系正常化摆上日程。"[③]他还表示，两国关系实现了正常化，他愿第一个到华盛顿去，显示了他对改善两国关系的迫切心情和热情。

---

① 中共中央文献研究室编：《邓小平年谱，1975—1997》上，中央文献出版社2004年版，第287页。

② 见陶文钊《中美关系史，1911—2000》下，上海人民出版社2004年版，第81—82页。

③ 《邓小平年谱》，第254、268页。

卡特1977年当政以后，仍然继续推行与苏联缓和的政策，没有“把中美关系正常化摆上日程”。但苏联乘美国热衷于搞缓和的机会，不遗余力地在第三世界进行扩张，威胁美国利益，以致国家安全事务助理布热津斯基（Zbigniew Brzezinski）在1978年头几个月给总统的一些报告中指出，“美国的战略态势在恶化”，美苏关系中存在着严重的危险。1978年3月、5月，卡特在两次讲演中发出了对苏强硬政策的信号。他抨击苏联“不加节制”地发展军事力量，认为“缓和对苏联来说似乎意味着为谋求政治利益和增长各方面的影响继续进行侵略”，表明了他对与苏联缓和的失望；并警告说，“要么对抗，要么合作，苏联任便选择。美国对这两种可能都有足够的准备。”[①]美苏缓和的挫折使美国改善对华关系的势头大大加强。

为了推动中美建交，早在1977年11月初，中国政府就向布热津斯基发出了访华邀请。但卡特没有拿定主意。直到1978年3月中旬，卡特才决定让布热津斯基访问中国。

布热津斯基一行于5月20日到达北京。5月21日，邓小平与布热津斯基举行了小范围的会见。布热津斯基一再表示，“卡特总统已经下定决心”实现两国关系正常化，并建议双方从6月开始进行绝对保密的谈判。邓小平立即接受了这一建议。[②]他说：

> 很高兴听到卡特总统的这个口信。在这个问题上，双方的观点都是明确的，问题就是下决心。如果卡特总统是下了这个决心，事情就好办。我们双方随时可以签订关系正常化的文件。过去我们也说过，对自己国家统一的问题我们怎么能不关心、不急于解决呢？我们很希望能早日解决这个问题。在这个问题上，我们历来阐明的就是三项条件，即断交、撤军、废约。这三项条件都涉及台湾问题。我们不能有别的考虑，因为这涉及到主权问题……关于两国关系正常化问题，你

---

① *Public Papers of the Presidents of the United States*: *Jimmy Cater*, 1978, part I, pp. 531 –533, 1054 –1057.

② Zbigniew Brzezinski, *Power and Principle* (New York: Farrar. Straus. Giroux, 1983), pp. 211 –218; James Mann, *About Face. A History of America's Curious Relationshio with China*, *From Nixon to Clinton* (New York: Alfred A. Knopf, 1999), pp. 88 –89 .

们要表示你们的希望，这可以；但我们也要表示我们的立场，即中国人民在什么时候、用什么方式解放台湾，是中国人自己的事。[①]

布热津斯基的访问对中美关系正常化具有重要意义。在经过5年的踌躇不前之后，这次访问给正常化进程注入了新的动力，正常化由此进入了实施阶段 。这次访问的另一意义是，由于双方决策者坦率地就全球和地区问题广泛交换意见，并取得诸多共识，两国决策者之间初步建立起了一种互相信任的关系，这对于双方在一些棘手问题上求得互相谅解，达成妥协方案是尤其重要的。

在实现正常化的关键问题台湾问题上，美国在接受中国的"断交、撤军、废约"三项条件的同时也提出了三项条件：第一，废除美台《共同防御条约》将会在国会引起争议，因此卡特政府决定，采用"终止"条约的办法，即在正常化后该条约还将有效一年，然后终止；第二，美国在正常化时将发表希望台湾问题和平解决的单方面声明，中国方面不予驳斥；第三，在美台《共同防御条约》终止后，美国将继续向台湾出售有限的防御性武器。[②]这三个问题就成了正常化谈判中所要解决的关键问题。

布热津斯基访华回国后，中美之间有三个渠道在进行接触：第一，美国驻华联络处主任伍德科克（Leonard Woodcock）与黄华之间的谈判。但从7月到9月中旬，基本上还是各说各的，没有接触到建交中的实质问题。也许是美国方面故意拖延谈判，因为在11月国会中期选举之前是不可能采取行动的。第二，布热津斯基在华盛顿与中国驻美联络处代主任韩叙及新主任柴泽民经常会见，主要是交换对国际形势，尤其是对苏联的看法。第三，中国驻美联络处还与国务院有着正常外交往来。而在正常化谈判的最后关头，邓小平更是从后台走到前台，亲自进行谈判，处理这三个关于台湾的棘手问题。

10月11日，卡特召见回国述职的伍德科克，决定把中美建交的日期

① 中共中央文献研究室编：《邓小平思想年谱，1975—1997》，中央文献出版社1998年版，第65页。

② Jimmy Carter, *Keeping Faith. Memoirs of A President* (St. James Place and London, 1982), p. 197.

定为1979年1月1日。他希望在圣诞节前能向美国人民宣布三项重大成就：戴维营埃以会谈的成功、美中关系正常化、与苏联限制战略武器谈判达成协定。[①]

中国方面也急需实现中美关系正常化。中越两国就华侨问题的谈判破裂，越南排华愈演愈烈；越南还不断在中越边界挑起纠纷，制造事端，中国正在考虑对越南进行有限的惩罚性打击。11月10日至12月15日，中共中央在北京召开工作会议，讨论党的工作重心转移到社会主义现代化建设上来的问题，为随后举行的党的十一届三中全会进行准备。在海峡两岸关系方面，中国政府也正在酝酿对台湾发出新的信息。在邓小平当时的内政外交的全盘考虑中，中美关系正常化占有重要地位。11月2日，邓小平在中共中央政治局会议上指出，看来美方想加快中美关系正常化，我们也要抓住这个时机。外交部先把对方的具体想法搞清楚，谈的时候不要把门关死，同美国关系正常化的步伐要加快，从经济意义上讲也要加快。26日，邓小平召集有关人员开会，研究同美国谈判关系正常化问题，强调最重要的是不要错过机会。[②]同时，邓小平利用各种渠道来推动正常化谈判的进程。

谈判到了最后关头，12月13日上午，邓小平在人民大会堂与伍德科克和他新到的副手芮效俭（Stapleton Roy）举行会谈。伍德科克向邓小平呈上美方修改后的公报稿，并告知邓，为了避免国会中的争议，美国准备根据美台《共同防御条约》第十条，在条约到期前一年通知对方终止条约。邓小平指出：我已经看过了先前美方起草的公报，布热津斯基最近跟柴泽民谈话的记录也读到了。美台条约既然是一年后终止，那么一年之内是否仍然有效呢？并指出：在终止期以前的一年里，美国不应该再向台湾出售武器。希望伍德科克先生能够理解对台军售问题是何等重要。他强调：对台出售武器会破坏中国的和平统一。[③] 这样，在关于美台条约问题上双方达成妥协：为了避免不必要的障碍，中方同意条约“终止”；美方

① Michel Oksenberg, “A Decade of Sino-American Relations”, *Foreign Affairs*, Fall, 1982, p. 184.

② 《邓小平年谱》，第417、441页。

③ Patrick Tyler, *A Great Wall. Six American Presidents and China* (A Century Foundation Book, 1999) pp. 262 - 263；《邓小平年谱》，第452页。

同意在 1979 年不向台湾出售武器。

关于第二个问题，要中国放弃对台湾使用武力的问题，实际是从 50 年代中美大使级会谈以来美国方面的一再要求，并一直遭到中方拒绝。邓小平在谈判中、在建交前后的多个场合，反复阐明了中方的立场。他在 11 月 28 日会见美国友好人士斯蒂尔时指出，美国方面要中国承担不使用武力解放台湾的义务，这不行。建交后的 1979 年 1 月 5 日，他在会见 27 名美国记者并接受采访时说：

> 在双方达成建交协议的时候，卡特总统有一个愿望，希望能够用和平方式解决台湾问题。我们注意到这个愿望，但是我们同时也表示这是中国的内政问题。我们当然力求用和平方式来解决台湾回归祖国的问题，但是究竟可不可能，这是一个很复杂的问题。在这个问题上，我们不能承担这么一个义务：除了和平方式以外不能用其他方式来实现统一祖国的愿望。我们不能把自己的手捆起来，如果我们把自己的手捆起来，反而会妨碍和平解决台湾问题这个良好愿望的实现。

最后，双方达成妥协。邓小平在审阅外交部《关于中美关系正常化问题第六次会谈的请示报告》时批示："要明确表示：美方可表示和平解决的愿望，同时我方也要用相同的方式表示，什么时间、用什么方式解决台湾归回祖国，完全是中国的内政。"①

最棘手的问题是关于售台武器。布热津斯基在看了伍德科克关于 12 月 13 日与邓小平的谈判汇报后感到，中美双方之间存在误解。美国答应的是在 1979 年内美国不与台湾作新的军售交易，但 1979 年以后，美国仍将继续向台湾出售武器。而中国领导人要求的是美国从此终止对台军售。12 月 14 日（华盛顿时间），柴泽民去白宫见布热津斯基，讨论正常化后两国的互访安排。柴泽民说，看来一切都很顺利，尤其是美国同意终止对台军售。布热津斯基反驳说，不是这么回事，是在 1979 年这一年中美国

① 《邓小平年谱》，第 442、449—450 页。关于邓小平的批示，《邓小平年谱》中说明的日期是 12 月 13 日前夕。

不再向台湾出售新的武器，此后，美国将恢复向台湾出售有限的防御性武器。柴泽民不胜诧异，原来在这个最敏感的售台武器问题上，双方并没有取得一致。会见柴泽民后，布热津斯基立即致电伍德科克询问，中方是否了解，在1979年之后，美国将恢复对台湾出售武器。伍德科克和芮效俭报告说，他们阅读了所有的谈判记录，关于这一点曾“含蓄”提到。

布热津斯基即刻致电伍德科克，要他紧急求见邓小平，向他说明此事。这时，离预定发表公报的时间只剩下十几个小时了。12月15日下午4时，伍德科克和芮效俭怀着惴惴不安的心情来到人民大会堂与邓小平再次会谈。这可真是到了一个关键时刻。如果双方都坚持己见，那么中美关系正常化就会功亏一篑，两国关系的历史就会根本不同。自然，如果不解决美国售台武器问题，也会留下一个很大的后患。这时，邓小平果断拍板，两国先建交，美国对台军售问题建交以后接着谈。邓小平说，中美建交后，希望美国慎重处理同台湾的关系，不要影响中国争取最合理的方法和平解决台湾问题；如果美国继续向台湾出售武器，从长远讲，将会对中国以和平的方式解决台湾回归祖国的问题设置障碍；在实现中国和平统一方面，美国可以尽相当的力量，至少不要起相反的作用。他还说，他保留在建交以后继续讨论美国对台军售问题的权利。伍德科克表示他将立即向华盛顿如实汇报。[①]

这时，中共中央工作会议刚刚结束，两天前，邓小平在会上作了著名的《解放思想，实事求是，团结一致向前看》的报告。这个报告成为改革开放新时期的号角，成为即将召开的具有重大历史意义的中共中央第十一届三中全会的主题。正是在这样一个历史性的关键时刻，邓小平在国内政策上作出具有重大历史意义的决策的同时，也在外交政策方面作出了重要的抉择。

1978年12月16日上午10时（华盛顿时间15日晚9时），华国锋和卡特在各自国家首都同时宣读了《中华人民共和国和美利坚合众国关于建立外交关系的联合公报》。公报说，两国商定自1979年1月1日起互相承

① 韩念龙主编：《当代中国外交》，中国社会科学出版社1990年版，第230页；*A Great Wall*, pp. 268 – 269；“A Decade of Sino-American Relations”, *Foreign Affairs*, Fall, 1982, p. 184.

认并建立外交关系，并将于1979年3月1日互派大使并建立大使馆。美国承认“中华人民共和国政府是中国的唯一合法政府。在此范围内，美国人民将同台湾人民保持文化、商务和其他非官方关系”。公报还说，美国政府“承认中国的立场，即只有一个中国，台湾是中国的一部分”。

同时，中美两国政府分别发表声明。美国政府的声明说：

> 1979年1月1日，美利坚合众国将通知台湾，结束外交关系，美国和中华民国之间的共同防御条约也将按照条约的规定予以终止。美国还声明，在四个月内从台湾撤出美方余留的军事人员。
>
> 今后，美国人民和台湾人民将在没有官方政府代表机构，也没有外交关系的情况下保持商务、文化和其他关系。
>
> 美国深信，台湾人民将有一个和平与繁荣的未来。美国继续关心台湾问题的和平解决，并期望台湾问题将由中国人自己和平地加以解决。①

中国政府的声明指出：“解决台湾归回祖国、完成国家统一的方式，这完全是中国的内政。”当记者问到“是否允许美国继续向台湾提供用于防务目的的军事设备”时，华国锋说：

> 美方在谈判中曾提到在正常化后美方将继续有限度地向台湾出售防御性的武器。对此，我们是坚决不能同意的。在谈判中，中国多次地明确表明了我们的态度。我们认为，在两国关系正常化后，美方继续向台湾出售武器，这不符合两国关系正常化的原则，不利于和平解决台湾问题，对亚太地区的安全和稳定也将产生不利的影响。这就是说，我们之间有不同的观点，有分歧，但我们还是达成了公报。②

---

① 《人民日报》1978年2月17日；*The US Department of State Bulletin*, Vol. 79, No. 2072 (January 1979), pp. 25 – 26.

② 《人民日报》1978年12月17日。

当华国锋在人民大会堂举行记者招待会时，邓小平在后台坐镇。邓小平是中美建交这精彩一幕中国方面的总导演，这样说是恰如其分的。

二 坚持斗争，达成《八一七公报》

卡特政府遵照建交谈判中的承诺，在1979年没有与台湾进行新的武器交易。但到1980年，新的军售交易就又开始了。在台湾提出的求购武器清单中包括了高性能的FX系列战斗机。①

1980年11月，里根（Ronald Reagan）在大选中获胜。里根是共和党的保守派，十分亲台，他在竞选中曾发表了许多有损中美关系的言论，但中国领导人知道，在选举中候选人的言论，主要是出于攻击对手，制造轰动效应，争取选票的目的。及至当政，他们必须面对现实，竞选中的言论未必就是他们实际的政策。在里根待任时，1981年1月4日，邓小平乘接见美国参议院共和党副领袖史蒂文斯（Theodore Stevens）和共和党少数民族委员会主席陈香梅的机会表示，"中美关系不但不要停滞，而且要发展。我们对竞选期间和总统就任以前的言论是注意的，但我们可以对这些言论做某种理解。我们重视的是美国新政府上任后采取的行动"。他以他特有的坦率，批评了有些美国人持有错误观点，特别强调了台湾问题对中美关系的重要性，指出：

> 由于台湾问题迫使中美关系倒退的话，中国不会吞下去。中国肯定要做出相应的反应。我们说中美关系停滞不好，倒退更不好，但是一旦发生某种事情迫使我们的关系倒退的话，我们也只能正视现实。至于倒退到什么程度，那要看导致倒退的来势如何。这种话说多了并不好，但要明确一点，即在台湾问题上如果需要中美关系倒退的话，中国只能面对现实，不会像美国有些人所说的那样，中国出于反对苏联的战略会把台湾问题吞下去，这不可能。②

① FX是指F系列的先进战斗机，可能是F-16，可能是F-5-G。

② 《发展中美关系的原则立场》，《邓小平文选》第2卷，第375—378页。

中国最关注的是美国向台湾出售武器的问题。1月中旬，荷兰政府不顾中国政府的多次警告，决定批准向台湾出售潜艇。中国政府决定将中荷关系降为代办级。《人民日报》还专门为此发表评论员文章，指出："我们决不容忍任何国家搞'两个中国'或'一中一台'的阴谋，也决不容忍任何同中国正式建交的国家向台湾出售武器。我国政府在台湾问题上的立场是坚定不移的，任何人以为中国政府和中国人民会拿原则作交易，那就大错特错了。"[①] 此后，中国官员经常提及此事，美国官员认为这是对美国的警告。

3月9日，《华盛顿邮报》披露，台湾当局希望从美国购买F－16战斗机。虽然国务院发言人在当天的新闻发布会上对此予以否认，但此事已引起中国政府极大关注。同时，中美双方在建交时已经同意，建交以后继续谈判美国售台武器问题，中方急于重开谈判。

1981年6月中旬，黑格（Alexander M. Haig，Jr.）国务卿访华。黑格希望，如果美国放宽对中国的技术转让，向中国出售一些经过选择的军事装备，中国政府对美国对台军售就会比较容忍。这无疑是一种错误估计。实际上，在英、法急于向中国出售武器时，中国并没有采购多少。6月10日，外交部新闻司发言人发表谈话，再次重申反对美国向台湾出售武器的立场。他说："我们已多次声明，我们宁可不要美国的武器，也绝不同意美继续干涉我内政，售武器给台湾。如美竟然不顾我一再坚决反对，继续卖武器给台湾，我势必做出强烈反应。"[②]实际上，中国政府确实在进行这种"强烈反应"的准备。就在黑格抵达北京前夕，6月13日，中共中央政治局举行常委会议专门讨论中美关系。邓小平在会上说：对美国一定要有最坏情况的打算。不要怕中美关系倒退，更不要怕停滞。对在停滞、倒退的情况下如何同美国交往，要认真准备。中美关系中突出的问题是台湾问题。对美国向台湾出售武器，我们不能含糊其词。[③]

---

① 《人民日报》1981年1月20日。

② 《人民日报》1981年6月11日。

③ 《邓小平年谱》，第748页。

6月14日至16日，黑格访问中国。16日，邓小平会见黑格，着重谈了售台武器问题。他说：

> 摆在我们面前最敏感的问题还是美国向台湾出售武器。现在台湾海峡形势很平静，有什么必要不断向台湾出售武器？这样的问题涉及到中国最大的政策之一，就是要统一祖国、解决台湾问题。我们真心诚意地希望中美两国关系不但不要停滞在现阶段的水平上，而且要发展，这对全球战略有益……中美关系确实存在阴影，干扰我们的战略意图，干扰我们的战略目标。就中国方面来说，希望发展两国的关系。但我们也不回避，不能不想到，假使这个干扰行动太厉害会引起相应的反应，导致中美关系停滞，甚至后退，思想上要有这种准备。我讲的这些话不是外交辞令，是把我的真正心里的话都讲了。[①]

邓小平的一番“心里话”显然给黑格留下了深刻印象。他回国以后即着手制定一项表明台湾不需要FX战斗机的决策：他支持参谋长联席会议办公室组织一项各部门的联合分析，以得出台湾不需要FX战斗机的结论，同时继续在现有的技术水平上向台湾出售武器。他也希望美国政府能向中国政府提出一个比较有吸引力的可供选购的武器清单。[②]但在美国支持向台湾出售先进武器的力量仍然强大。6月下旬7月上旬，数十位亲台国会议员，如高华德（Barry Goldwater）、赫尔姆斯（Jesse Helms）等致函里根总统，敦促向台湾出售FX战斗机。[③]所有这些，都引起中国政府的高度关注。

8月下旬，前总统卡特访问中国。中国领导人，尤其是邓小平在会见卡特时，强调了中国在台湾问题上的一贯立场，表示“真诚希望中美关系不要停滞，要继续发展下去”。卡特在访问结束时说，中国领导人给了我一个清晰的信息，如何处理台湾问题将决定中美关系的未来。他说：“他

---

① 《邓小平年谱》，第749页。

② Robert Ross, *Negotiating Cooperation. The United States and China*, 1969 – 1989 (Standford University Press, 1995), p. 183.

③ 《中美关系的轨迹》，第51、53页；《人民日报》1981年8月27日。

们提出这一问题的力度使我感到惊讶并得到深刻印象。我见到的所有国家领导人都以各自独特的方式向我阐明这一问题的重要性，这不是一种威胁，而是一种坚定的声明，这一问题对中国人民具有深远的重要性。”①

8月26日，新华社记者发表题为《休想以美国之法管中国之事》的述评，指名道姓地抨击众院外委会主席扎布洛基（Clement J. Zablocki）在台湾鼓吹“两个中国”的言论。8月20日至22日，扎布洛基率领众议院访问团抵台湾作了三天访问。他们与台湾当局讨论了售台武器、台湾防御能力以及《与台湾关系法》的执行情况等问题，还信口开河地向记者表示，美国政府将在明年年初就向台湾出售FX战斗机作出决定，对此，中国方面当然不能保持沉默。②

为了表示反对美国继续向台湾出售武器，尤其是先进战斗机，中国政府推迟了副总参谋长刘华清的访美。7月18日，邓小平在接见香港《明报》社长查良镛时表示，虽然中国希望与美国发展战略合作，但如果美国迫使中国按照美国的意愿办事，中国已经作好了让中美关系倒退的准备。这篇采访直到8月25日才发表，显然中国政府在等待事态的发展。8月底，访华回国的参议院外委会成员格伦（Marshall Green）向报界表示，中国领导人向他指出，中美关系很可能因为美国向台湾出售武器的问题而倒退。③

中国政府在反对美国向台湾出售武器的同时，在和平解决台湾回归祖国方面又采取了一项重要步骤。9月30日，人大常委会委员长叶剑英向新华社记者发表谈话，阐明了台湾回归祖国、实现和平统一的九条方针，在国际上引起了积极的反响。

为了表示对里根政府的不满，中国政府在1981年的下半年邀请了众多的前政府官员访华 。中国政府一再表示，希望中美关系能克服困难，进一步向前发展。这些前政府官员也表达了类似的想法。里根政府也认识到了问题的严重性，黑格向里根建议，暂缓就售台新的武器作出决定。中美

① 《人民日报》1981年8月28日；Doak A. Barnnett, *The FX Decision. Another Crucial Moment in U. S. -China-Taiwan Relations* (The Brookings Institution, 1982), p. 33.

② 《人民日报》1981年8月27日。

③ *Negotiation Cooperation*, p. 184. ; *The FX Decision*, p. 33.

双方并决定，在即将在墨西哥坎昆举行的合作与发展会议期间，由赵紫阳和里根直接进行讨论。

在赵紫阳赴坎昆之前，10 月 16 日，中共中央政治局举行常委扩大会议，讨论与里根的会谈。邓小平在会上指出：我们处理荷兰问题，就是给美国的警告。因为美国对台湾的做法，实际上就是霸权主义。因此，在同里根会谈时可以说：我们是从战略角度考虑中美关系的，双方都不要玩打牌游戏。打牌是不从政治角度、不从战略利益考虑的，有时甚至也不从国家利益考虑。如果是打牌，牌就可以随时换，也可以随时丢掉。从战略的角度、政治的角度考虑问题，才能有个稳定的政策。[①] 10 月 23 日，在里根离开坎昆后，黄华外长与黑格继续进行会谈。黄华正式提出，中美两国立即开始就美国截止武器售台的具体日期进行谈判。如果美国拒绝，那中美关系只好降格，中国政府将从美国召回大使。美方表示愿意继续与中方进行会谈，在此期间美方将谨慎行事。

12 月 4 日起，恒安石（Arthur W. Hummel）大使先后与章文晋、韩叙副外长在北京就美国售台武器问题进行谈判。美方同意此后售台武器在性能上和数量上将不超过中美建交以来的水平，但拒绝承诺到一定期限完全停止售台武器，只表示将逐步减少，最终解决这一困难问题。它仍坚持要把美国减少售台武器及最终解决这一问题与中国和平解决台湾问题直接联系起来。[②]

1982 年 1 月 10 日，助理国务卿霍尔德里奇（John H. Holdridge）一行抵达北京。黑格给他的指示说，里根政府决定不向台湾出售 FX 战斗机，而只是与台湾继续联合生产 F－5－E，并同意与中国政府谈判向台湾出售武器的限制。在反复考虑了 6 个月之后，里根终于决定，不能因为向台湾出售先进战斗机而使中美关系倒退，这个代价太大了，虽然他一心想帮助他的“老朋友”，他还是不能冒这个险 。霍尔德里奇离华后，章文晋与恒安石继续谈判，但进展缓慢。美国仍然竭力要把售台武器问题与中国放弃

① 《邓小平年谱》，第 778 页。

② 《当代中国外交》，第 236—237 页。

对台湾使用武力联系起来，遭到中国坚决反对。①

针对谈判的胶着状态，为了再一次表明中国的严正立场，邓小平采取了异乎寻常的举措。2月中旬，他接受了《瞭望》周刊的采访，邓小平直率地表示，中国“没有回旋的余地”，“实在不行，关系就倒退吧!”“那有什么了不起?”“我看中华民族还是存在的。”他警告说：“现在我们等着瞧。我们对可能发生的任何情况都已经做好了准备。”总之，整个春天，中美关系仍然处于剑拔弩张的极度紧张状态，稍一不慎，就有倒退的危险。

在黑格的极力敦促下，4月5日，里根致函邓小平和赵紫阳，建议布什（George Bush）副总统在预定的大洋州和东亚之行中访问中国 。5月3日，里根又在给胡耀邦总书记的信中写道：“我们的政策将继续建立在只有一个中国的原则之上。我们将不允许让美国人民与在台湾的中国人民之间的非官方关系削弱我们对这一原则的承诺。”②

5月5日，布什一行到达杭州。按照原定计划，赵紫阳和黄华与布什举行了会谈。但这次访问的重头戏是5月8日邓小平与布什的会见。会见开始时，邓小平对布什说：“你是比较了解中国的。你作为中国的老朋友，我们衷心欢迎你。我们希望通过你这次到北京来，能够把两国之间存在的一些阴影、一些云雾一扫而光。”布什说：“我们感到美中两国关系是非常重要的…… 我希望在我离开贵国时，我们双方能够更深入地理解这种关系的根本性质。”邓小平以其特有的坦率一针见血地说：

> 中美之间的中心问题是美国向台湾出售武器的问题，它是检验中美关系稳固性的准则。这个问题解决好了，才可建立相互信任的关系。两国关系只有在相互信任的基础上，才能发展……里根政府多次声称，只有一个中国，美国尊重中国的主权，但这要在实际行动上表现出来，首先是在售台武器问题上表现出来，因为这不仅牵扯十亿人

① *Negotiating Cooperation*, pp. 186 – 187; *A Great Wall*, pp. 320 – 321.

② The U. S. Department of State, ed., *American Foreign Policy. Current Documents.* 1982, p. 1028, 1030. 美国历届政府使用的是“一个中国的政策”，而不用“原则”，这里是少有的使用“原则”的例子。

民的感情，而且是侵犯中国主权、阻挠中国和平统一的问题。美国领导人要承诺，在一定时期内逐步减少，直到完全终止向台湾出售武器。至于承诺的方式，可以商量，公报的措辞可以研究。但我们一定要达成谅解或协议，内部一定要肯定这一点…… 虽然我们制定了一系列具体方针，力争用和平方式解决台湾问题，实现祖国统一，但我们不能承担不使用武力的义务。如果美国政府无限期地长期向台湾出售武器，实际上是给台湾提供保护伞。①

布什访华时带来了一份新的公报稿。在邓小平会见布什两小时后，中方立即提出了对案。美方认为，中美谈判取得突破的条件开始具备了。从此，谈判的气氛得到改善。

尽管中美之间已经原则同意达成协议，拟订公报仍然是一个艰难的过程。当时双方的主要分歧在于：中方要求美方确定对台军售的最后期限，美国不答应；美方要求把减少对台军售与中方和平解决台湾问题的承诺联系起来，中方不同意。美方谈判人员坚持认为，美国不能使用任何暗示终止售台武器的语言。

美国与台湾合作生产 F－5－E 战斗机的合同即将期满，白宫必须在 8 月 20 日前向国会通报其继续与台湾联合生产的意图，在此之前，中美两国必须就美国对台军售达成一项协议，否则，中美两国也就可能永远达不成一项协议，而且中国政府势必对美台联合生产战机作出强烈反应，霍尔德里奇担心将会出现中国的“爆炸”。② 中美关系又到了一个何去何从的决断时刻。7 月 13 日，恒安石向邓小平递交了里根的一封信以及美方的公报草案。里根在信中表示，美国不谋求执行长期向台湾出售武器的政策，也不会无限期向台湾出售武器。美方新草案除将上述意向写入条文外，还

① 《邓小平思想年谱》，第 220—221 页；《邓小平年谱》，第 822—823 页。据随行的霍尔德里奇回忆，在双方按照惯例互相寒暄后，邓小平建议他和布什进行 15 分钟的个别交谈。于是，邓小平、布什、恒安石以及中方的一位译员走进了一个小会议室。一个小时过去了，他们的个别交谈才结束。霍尔德里奇从未从布什或恒安石那里听说他们到底谈了些什么，但他推测，邓小平和布什之间取得了某种谅解。见 John Holdridge, *Crossing the Divide. An Inside Account of the Normalization of U. S. -China Relations* (New York: Rowman and Littlefield Publishers, Inc, 1997), p. 226.

② *Negotiating Cooperation*, pp. 195 – 196; *Crossing the Divide*, pp. 230 – 231.

表示：美国无意在数量和性能上超过美中两国建交后几年的供应水平。美国预期在一段时间内逐步减少对台湾的武器出售，直至最终导致问题的解决。5天后，中国方面放弃了要求美国设定售台武器最后期限的条件，同意以逐步减少售台武器作为条件。①

台湾方面对谈判自然格外关注，对中美之间即将达成的新公报备感紧张。7月14日，台湾北美事务协调委员会间接与霍尔德里奇接触，希望美国就美台关系作出新的保证。里根政府同意了台湾提出的文本，并于7月下旬向台湾作了保证。②

中美双方于8月15日达成了协议，并定于17日发布公报。公报共九条。在第五条中，美国重申了"无意侵犯中国的主权和领土完整，无意干涉中国内政，也无意执行'两个中国'或'一中一台'的政策"。公报的核心的内容是第六条：

> 美国政府声明，它不寻求执行一项长期向台湾出售武器的政策，它向台湾出售的武器在性能和数量上将不超过中美建交后近几年供应的水平，它准备逐步减少它对台湾的武器出售，并经过一段时间导致最后的解决。在作这样的声明时，美国承认中国关于彻底解决这一问题的一贯立场。③

在这里，美国政府作出了三项承诺：即"不超过"、"逐步减少"、"最后的解决"。虽然美国没有同意设定一个终止武器售台的最后期限，但这三项承诺毕竟也是重要的进展，也是对美台关系的一个约束。

---

① 《邓小平年谱》，第830页；*A Great Wall*, p. 325.

② 美国根据台湾提供的文本向台湾作出的六项保证是：

1. 不同意设定终止对台军售的日期；
2. 不同意在对台军售前事先与中国政府商量；
3. 充当台湾与大陆之间的调停人；
4. 同意修改《与台湾关系法》；
5. 不改变对台湾主权的立场；
6. 不对台湾施加压力，促其与大陆进行谈判。

③ 《人民日报》1982年8月18日；*American Foreign Policy. Current Documents.* 1982, pp. 1038–1040.

在公报正式公布前，邓小平接见恒安石，就公报中的一些规定进一步阐明了中国政府的立场，他请恒安石向里根转达：

一、中美《八一七公报》已达成正式协议，期待美方切实履行其承诺和保证；“经过一段时间导致最后的解决”，这个“一段时间”的含义很清楚，即是有限的，不应推到遥远的将来，至于“最后的解决”，其含义也只能是停止最终售台武器，而不应作任何别的解释。

二、台湾回归祖国的问题完全是中国的内政，中国在公报中重申了争取和平解决台湾问题的政策，这决不意味着中国向美国或任何人作出什么承诺，当然也不允许曲解为美国停止售台武器要以台湾问题的和平解决为前提，希望双方不要在这个问题上有任何误解。

三、中方重视中美关系，愿为两国关系的健康发展同美方一起努力。但无可讳言，在中美关系上始终存在着一片乌云，这就是美国单方面制定的、严重违背中美建交公报原则的《与台湾关系法》。这个法即便未被修改，美国总统在执行该法时也有很大的机动权限，希望美国能正视这个问题。

邓小平还说，逐步减少当然不是一年减少一美元。①

《八一七公报》使中美双方在解决建交时遗留下来的美国售台武器问题方面，迈出了重要的一步。如果美国方面切实履行公报，后来中美两国间的许多摩擦本来是可以避免的。但后来的事实表明，美国并没有这样做，甚至还有严重违反公报的情况。中国方面为此不得不进行持续不断的交涉和严正的斗争。

即便公报没有解决美国对台军售问题，公报起码表明，中美双方都不愿意让这个问题破坏了整个中美关系，不愿意让这个问题阻碍了中美关系中其他方面关系和交往的发展，都希望把这个问题放在整个中美关系的大框架之中来加以解决。在公报达成后的五六年中，由于台湾问题在中美关

---

① 《当代中国外交》，第238—239页；*A Great Wall*, p. 326；采访朱启桢。但美国政府则有自己的打算。美国对台军售1980年为5.98亿美元，美国政府认为，计算军售价格要把美元贬值、通货膨胀的因素考虑在内，1980年的5.98亿美元相当于1982年的8.35亿美元。依照负责政治事务的副国务卿伊格尔伯格的设计，如果美国售台武器以8.35亿美元作为基数，每年减少2000万美元，加上通货膨胀的因素，美国对台军售可以维持40年甚至更多。见 *A Great Wall*, p. 332.

系中不再成为突出问题，当然也由于当时的其他种种因素，两国关系在政治、军事、经济、文化等各方面得到了全面的发展，成为中美关系中以前没有、以后也难得的稳定发展时期，两国之间的纽带越来越紧密、越来越强固，使中美关系能够经受后来急风暴雨的考验。

三 沉重坚定，应对急风暴雨

80年代末，戈尔巴乔夫提出“新思维”，给国际社会主义运动造成极度思想混乱。东欧发生剧变，柏林墙倒塌，东欧国家相继变了颜色。1989年春夏，北京发生了政治风波。以美国为首的西方世界对中国处理政治风波的方式作出强烈反应，实施联合制裁，一时间，黑云压城城欲摧。邓小平一方面坚持社会主义不动摇，一方面坚持改革开放不动摇，为处于十字路口的中国指明了前进的方向。在对美政策方面，他在这种极其严峻的形势下，临危不乱，沉着坚定，勇于斗争，善于斗争，使中美关系经受了考验。布什总统参与了中美关系正常化的进程，对中美关系的重要性有比较深刻的了解，他认为保持与中国的接触对于两国关系和美国的全球战略都是重要的。在北京政治风波后的一段时间里，他一方面对中国实行了一些制裁措施，一方面又抵制了国会和一些利益集团的压力，没有从中国召回大使，保持了对华最惠国待遇，与中国领导人一起，使中美关系避免了大的滑坡。

为了获得关于中国的第一手资料，并与中国领导人保持接触，1989年6月8日，布什决定直接给邓小平打电话，这是中美两国领导人之间前所未有的。但中国驻美使馆经请示国内后，回复白宫说，中国领导人没有与外国领导人通电话的习惯。6月20日，布什亲笔给邓小平写了一封长信。信一开头他就说，他是怀着对邓小平的“极大的尊敬”，“以一个朋友，一个真正的老朋友的身份来写这封信的”。他希望邓小平“帮助维持这种我们都认为是非常重要的关系”，并询问，中方是否同意接受华盛顿的秘密使者。[①] 6月23日，总统国家安全事务助理斯考克罗夫特亲自把信送到

① George Bush, *All the Best: My Life in Letter And Other Writings* (New York: A Touchstone Book, 1999), pp. 428-431. 布什在信中用了“老朋友”三个字的汉语拼音。

中国大使馆，交到韩叙大使手里 。不到24个小时，韩叙即回复美方，中方同意接待密使。布什当即决定派斯考克罗夫特访华。

6月30日，国家安全事务助理斯考克罗夫特（Brent Scowcroft）和副国务卿伊格尔伯格（Lawrence Eagleburger）开始了他们秘密的北京之行。7月2日，邓小平和李鹏会见美国特使。会见前，邓小平对参与会见的李鹏和钱其琛说：今天只谈原则，不谈具体问题。制裁措施我们不在意，吓不倒我们。在会见中，邓小平说，布什是他的朋友，在过去一些年中他认为布什是可以信赖的，布什不大说什么空话和言不由衷的话。但他批评布什对天安门事件的处理，“美国卷得太深了”，现在光靠友谊解决不了什么问题，国会试图采取的一些措施是可能使两国关系破裂的，他说：

> 现在中美关系确实处在一个很微妙甚至可以说相当危险的地步。中国没有触犯美国，任何一个小问题都没有触犯。问题出在美国。美国在很大范围内直接触犯了中国的利益和尊严。我要明确告诉阁下，中国的内政决不允许任何人加以干涉，不管后果如何，中国都不会让步。中国的内政要由中国来管，什么灾难到来，中国都可以承受，决不会让步。中国领导人不会轻率采取和发表处理两国关系的行动和言论，现在不会，今后也不会，但在捍卫中国的独立、主权和国家尊严方面也决不含糊。①

斯考克罗夫特说，中国最近的行动也许是中国的内政，但中国要考虑它对美国和对西方世界产生的影响。邓小平毫不客气地说，那我们就要看看美国到底采取什么行动。中国有句俗话：“解铃还需系铃人。”希望美国将来的行动能解开这个铃，希望美国不要火上浇油。斯考克罗夫特说，布什总统与美国人民对中国最近发生的事态的感觉是一样的，但他同时对必须维持美中两国关系深信不疑。他希望这样来处理事件，过一段时间两国就能有健康的关系。但这很不容易，而且要付出代价。而且事态的发展也有可能使布什总统不能这样做。中国所做的和中国的行为方式对美国以及

---

① 《邓小平思想年谱》，第433页。

西方的舆论将产生巨大的影响。[①]这次秘密出使是中美关系处于困难时刻的一次沟通，鉴于当时的实际情况，一次出使是不可能产生戏剧性效果的。7月2日下午，美国特使乘坐飞机离开北京回国。

斯考克罗夫特一回到美国，立即前往布什在缅因州的别墅汇报情况。7月21日，布什再次致函邓小平。他在信中表示理解中国对外国干涉中国内部事务的想法。他还表示，在最近举行的七国首脑会议上，他和日本首相一起缓和了对中国的批评。他表示他个人致力于美中两国之间的合作，希望中国和美国一起来解开这个铃，恢复中美关系。[②]

布什致邓小平的信和斯考克罗夫特的访问表明，即使在双方关系最紧张的时刻，两国领导人仍然在努力试图制止中美关系的进一步下滑。8月11日，邓小平复信布什，指出：我说过“解铃”、“系铃”的话，意思是，美国深深地卷入了中国的内政，其后又带头对中国进行制裁，在很大范围内触犯了中国的利益和尊严，由此引起的中美关系的困难，责任完全在美国方面，应由美国来解决。美国对华采取的制裁措施还在继续，干涉中国内政的事件仍时有发生。我希望这种情况早日改变，相信布什总统在这方面是可以有所作为的。[③]

9月间，邓小平两次会见外宾，阐明他对中国和国际问题的看法。16日，邓小平会见美国哥伦比亚大学教授李政道，斩钉截铁地表示：“中国在十年改革开放中制定的各项方针政策不会改变，十三大制定的路线不能改变，谁改变谁垮台。”[④]19日，他会见日中友好议员联盟会长伊东正义和由他率领的访华团，批评了西方七国首脑会议对中国处理动乱的指责，指出，霸权主义和集团政治已经行不通了，会议关于中国的决议是根据一些谎言和歪曲了的事实作出的，是对中国内政的干涉，是中国不能接受的。

---

① George Bush and Brent Scowcroft, *A World Transformed* (New York: Alfred A. Knopf, 1998), pp. 107－111.

② *All the Bests*, pp. 428－431, 435－437. 1989年7月14至16日，每年一度的七大国首脑会议在法国巴黎举行。会议在15日发表的政治宣言中，“谴责”中国对北京政治动乱的处理是“中国违反人权的暴力镇压”，宣称要采取中止对华高层政治接触及延缓支付世界银行的贷款等制裁措施。

③ 《邓小平年谱》，第1285页。

④ 《邓小平思想年谱》，第437页。

这样处理问题是太肤浅了。①

1989 年下半年，中美双方在继续作出努力，制止中美关系的滑坡。10 月 28 日至 11 月 2 日，尼克松访问了中国。他在行前曾经和布什总统详细讨论了这次访问，并给邓小平写了信。邓小平在会见尼克松时说，中国同美国应该结束这几个月的过去，开辟未来。他说："考虑国与国之间的关系主要应该从国家自身的战略利益出发。着眼于自身长远的战略利益，同时也尊重对方的利益，而不去计较历史的恩怨，不去计较社会制度和意识形态的差别，并且国家不分大小强弱都相互尊重，平等相待……人们支持人权，但不要忘记还有一个国权。谈到人格，但不要忘记还有一个国格。特别是像我们这样第三世界的发展中国家，没有民族自尊心，不珍惜自己民族的独立，国家是立不起来的。"他请尼克松转告布什总统："结束过去，美国应该采取主动，也只能由美国采取主动。"②

尼克松回国后，向布什总统作了汇报，也向国会两党领袖提出一份报告。布什认为，这次访问对使中美关系回到正常化的方向作出了很大的贡献，"它至少帮助了我思考问题"。③

尼克松访华后不久，基辛格又于 11 月 7 日至 10 日访问了中国。刚刚辞去中央军委主席职务的邓小平在会见基辛格时说："中美合作的基础是有的。那种按社会制度决定国与国关系的时代过去了。不同社会制度的国家完全可以和平共处，发展友谊，找到共同的利益。中美之间肯定能够找到共同利益。"他还请基辛格转告布什，美国应采取适当方式，明确宣布取消对华制裁；双方共同努力，争取在较近期内落实几项较大的中美经济合作项目；建议美方邀请江泽民总书记于第二年适当的时间正式访美。11 月 17 日，他在会见前美国驻华大使伍德科克时又一次表示："中美要友好相处，这有利于世界的和平和稳定，有利于地区的和平和稳定。我们不做伤害美国的事，美国也不能做伤害中国的事……中国是不怕孤立的，是不

① 《人民日报》1989 年 9 月 20 日。

② 《邓小平文选》第 3 卷，第 331—333 页；《邓小平思想年谱》，第 440 页。

③ *Public Papers of the Presidents of the United States*：*George Bush*, 1989, Vol. II (1990), pp. 1473–1474.

怕压力的，同中国闹僵没好处。要尽早结束这个纠葛，最好不要超过今年。”[①]在这些谈话中，邓小平既表明了不怕压力的坚定立场，也表达了尽早结束中美关系不正常状态的希望，并为此作出了不懈努力。

根据形势的发展和尼克松、基辛格、伍德科克等带回来的信息，布什打算再派特使访华。12 月 9 日至 10 日，斯考克罗夫特和伊格尔伯格再次访问北京。这次访问是公开的。12 月 10 日，邓小平在会见斯考克罗夫特一行时说："你这次访问是非常重要的行动。中美两国之间尽管有些纠葛，有这样那样的问题和分歧，但归根到底中美关系是要好起来才行。这是世界和平和稳定的需要。尽快解决 6 月以来中美之间发生的这些问题，使中美关系得到新的发展，取得新的前进，这是我们共同的愿望。”表达了他对中美关系重要性的看法和迅速恢复两国关系的期待。他强调了中国稳定的重要性，指出，“如果中国动乱，问题就大得很了，肯定要影响世界。这不是中国之福，也不是美国之福”。谈到中美关系对世界形势的重要性时，他说：“1972 年到现在的 17 年中，世界局势总的比较稳定，中美关系的发展是形成这样好的局势的一个原因，占的分量不轻。”他还重申，“美国的制度中国不能搬，美国的制度究竟好不好，美国人自己说，我们不干预。两国相处，要彼此尊重对方，尽可能照顾对方，这样来解决纠葛”。最后，他请特使转告布什总统，“在东方的中国有一位退休老人，关心着中美关系的改善和发展”。[②] 斯考克罗夫特转达了布什总统对邓小平的问候，并对邓小平星期天抽时间会见客人表示感谢。这样，即使在最严峻的 1989 年下半年，中美两国领导人一直保持着接触，一直保持着交流的渠道畅通。

邓小平还采取分化瓦解的策略来打破西方的制裁。他敏锐地察觉到，在制裁问题上日本与其他西方国家的态度有区别，就着重做日本的工作。1989 年 9 月 19 日，他会见由伊东正义率领的日本友好议员联盟代表团，强调中日友好的重要性。12 月 1 日，他又会见以樱内义雄为团长的日本国际贸易促进协会访华团，对他们顶住压力来中国访问表示赞赏。邓小平和

① 《邓小平年谱》，第 1297、1300 页。

② 《邓小平文选》第 3 卷，第 350—351 页。

中国政府的工作很快取得可喜的成果。1989 年 12 月 5 日，日本政府与中国政府签署了日本向中国提供 50 亿日元无偿资金援助的协议。3 天后，日本又邀请邹家华国务委员访问日本，从而突破了西方对中国联合制裁的防线。[①]

邓小平不仅在思考恢复中美关系，而且在勾画中美关系的长远发展。在斯考克罗夫特一行 12 月来华访问时，他提出了一揽子的解决方案：第一，从两国的根本利益出发，尽快结束纠葛，开辟未来；第二，中美之间达成解决办法，必须同步或基本同步实现；第三，将来两国之间如果发生纠纷和争执，双方都应该采取克制的态度，保持接触，解决问题。[②] 1991 年秋，邓小平更提出了对美政策的十六字方针：增加信任，减少麻烦，发展合作，不搞对抗。[③] 在后冷战时期中美关系跌宕起伏的复杂情况下，这一方针发挥了十分重要的指导作用。

邓小平为发展中美关系作出的历史性贡献远不止这些。但从上述历史片段也可以看出，他始终站在战略的高度，从世界大局和中国改革开放的大局出发看待中美关系；他始终牢牢把握中华民族的根本利益，坚持原则，捍卫中国的尊严和国格；他十分强调把握时机，在关键时刻果断拍板，作出重要决定；他娴熟地掌握谈判艺术，善于应对形势，作出必要的妥协，创造双赢的局面。这些都是他留给我们的极其宝贵的财富。

（原载《社会科学研究》2005 年第 5 期）

① 参见宫力《邓小平与美国》，中共党史出版社 2004 年版，第 553—555 页。

② 《邓小平年谱》，第 1305 页。

③ 参见宫力《邓小平与美国》，第 633 页。

中国入世以来的中美经贸关系简析

中国入世以后，中国的对外贸易获得新的势头，中美经贸关系也更加迅速地发展。到2003年，中国已经上升为美国的第三大贸易伙伴，仅次于加拿大和墨西哥，美国成为中国的最大贸易伙伴。虽然美国对华贸易逆差仍在上升，但美国对华出口同样迅速增长，中国是美国出口增长最快的市场。实际上，按美方统计，美国对中国的出口额2000年为162亿美元，2004年为347亿美元，增长了114.2%。2001年至2004年美商在华实际投资179.9亿美元，占从1980年到2004年美商在华实际投资480.3亿美元的37.5%。①

表1　**2001—2004年中美贸易（中方统计）**　（单位：亿美元）

年　份	进　口	出　口	总　额	平　衡
2001	262	542.8	804.8	280.8
2002	272.3	699.5	971.8	427.2
2003	338.6	924.7	1263.3	586.1
2004	446.7	1249.4	1696.1	802.7

表2　**2001—2004年美中贸易（美方统计）**　（单位：亿美元）

年　份	进　口	出　口	总　额	平　衡
2001	1022.8	191.8	1214.6	—831
2002	1251.7	220.5	1472.2	—1031.2
2003	1523.8	284.2	1808	—1239.6
2004	1967	347	2314	—1620

① 参见周世俭《布什第二任期内中美经贸关系面临的几大问题》，《国际贸易》2005年第3期。

中美经贸关系迅速发展的原因

中美经贸关系的迅速发展归功于以下因素。

第一，近年来中国经济保持了持续高速增长的势头。美国经济在经历了一个短期衰退以后也迅速回升。2000 年美国经济衰退的迹象已经显现，第三季度 GDP 出现 0.5% 的负增长。2001 年经济继续下滑，“9·11”恐怖主义袭击对美国直接的物资和财产损失超过 600 亿美元，间接损失难以数计。2001 年实际国民生产总值增长率仅为 1.2%。以制造业为代表的大多数产业普遍衰退，个人消费增长趋缓，失业率上升，布什政府采取了一整套扩张性的财政政策，刺激经济增长，并较快收到成效，经济衰退在 11 月份结束，随即开始增长，2001 年第四季度经济恢复增长，该季度增长 2.7%，2002 年继续缓慢增长，全年增长率为 2.4%。2003 年虽然石油价格上涨，但经济复苏势头加快，全年实际增长 3.1%。2004 年经济继续保持增长势头。[①] 中国经济的高速增长和美国经济的复苏是导致两国经贸关系进一步快速发展的基本原因。

第二，两国的经济发展状况和经济结构决定了两国经济上互补性很强，发展双边的经贸关系是互利的。中国是一个典型的发展中国家。虽然改革开放 20 多年来，中国国民经济的结构与以前相比已经有了调整，但发展中国家的基本特点没有改变。中国的比较优势是丰富的劳动力资源和相对较低的劳动力价格，中国的出口商品以劳动密集型产品为主。美国的相对优势在于密集的资本、高科技和服务贸易，美国对华出口的商品也以资本和技术密集型产品为主，服务贸易的巨大潜力则尚待开发。全球化为中美经贸关系的发展提供了新的平台，将国际分工推向更高的层次，使各国经济上的相互依赖更加紧密，资本追逐利润的特点也表现得更加明显。在美国，由于劳动力价格昂贵，导致美国生产低档日用消费品的厂商让出该市场，或者将生产转移到劳动力相对便宜的国家和地方，在那里生产这

① 参见王荣军《美国经济加快复苏》，中国社会科学院美国研究所编《美国年鉴·2004 年》，中国社会科学出版社 2004 年版，第 221—227 页。

些消费品，然后再返销回美国。中国从改革开放以来，积极主动地参与国际产业分工。中国一方面以自有资源生产并大量出口制成品，另一方面大量承接从海外转移来的劳动密集型加工业，并主要以海外市场为生产目标。中国出口美国的产品中一半以上是日常生活用品。2003 年美国超市的“巨无霸”沃尔玛公司一家在中国的采购就达 150 亿美元。这种资源重新合理配置是两国经贸关系发展的加速器。①当然，这也不是说，中美两国的贸易只有互补性，没有竞争性，但总的来说，互补性大于竞争性是一个不争的事实。

第三，中国入世对两国经贸关系的发展作用甚大。一方面，年度审议对华最惠国待遇（正常贸易待遇）的干扰不再存在，两国经贸关系中的政治障碍基本消除；另一方面，中国在入世后认真履行入世承诺，降低农产品、化肥、化工产品、通讯产品、汽车等工业制成品的进口关税，大幅度削减非关税壁垒，加大国内市场开放的力度，国际投资者对中国市场的信心倍增，中国在跨国公司全球布局中的地位更加提高，从而大大促进了中美双边经贸关系的发展。中国入世之前，平均进口关税已从最高点的 1982 年的 55% 降低到 2001 年的 15%。降低幅度为 3/4。2003 年中国平均进口税率是 11.5%，制成品平均进口税率是 10.3%。虽然这个税率仍高于美国等发达国家的水平，但却远低于其他发展中国家的水平。中国政府对全国性和地方性的涉及对外贸易与货物出入境管理、国内分销与零售、投资和融资、服务贸易、生产准入等各方面的法律、规章、制度进行全面审查，凡与世贸组织规范相抵触的，或取消，或修改。2002 年第一批取消了 789 项行政审批项目，2003 年 3 月又取消了 406 项审批项目，另将 82 项行政审批项目改变了管理方式，移交行业组织或社会中介机构管理。②外商投资环境进一步改善。仅 2002 年前三季度，全国新批外商投资企业 24771 家，较上年同期增加 33.4%，合同外资金额 698.5 亿美元，增长 37.5%，实际使用外资金额 336.4 亿美元，增长 22.4%。全球最大的 500 家跨国公

① 参见湛柏明《中美贸易的互补性与摩擦性》，《国际贸易问题》2004 年第 6 期。

② 参见贾怀勤《中美两国贸易政策对双边贸易平衡影响之辨析》，《国际贸易问题》2004 年第 4 期，第 5 页。

司有近400家在中国开设了企业。[①]根据中国美国商会2002年6月的调查，在中国经商的美国公司中80%的公司相信，中国入世对他们的企业有“积极”或“非常积极”的影响，27%的公司由于中国降低关税和改善透明度在头半年已经感觉到了预期的影响，11%预计在头一年可以感觉到，26%的企业认为可以在1—2年内感觉到。总共88%的企业预期在四年内可以感觉到。64%的公司已经在中国盈利，26%的公司预期可以在三年内盈利，4%的公司认为可以在4—5年内盈利。[②]美国贸易代表12月11日向国会作的关于中国履行入世承诺的报告指出，中国作为世贸组织的新成员在这一方面已经取得了“意义重大的进步”，“虽然要做的事还很多”。报告还说，中国政府的努力主要集中在中央政府和地方政府两个层面上改进指导货物与服务贸易的法律与规则的框架，这是一个规模广泛的教育运动。[③]中国美国商会2004年的白皮书《美国企业在中国》指出，在接受调查的1600家会员公司中，3/4是盈利的，有些甚至盈利颇丰。并指出，“中国目前恪守其世贸组织义务，同去年相比有显著的进步。一些领域正越来越受竞争力的左右，而非政府许可”。[④]

第四，从2001年下半年以来，中美关系保持了大体稳定，没有冷战结束后一再出现的大起大落，尤其是“9·11”后，中美两国在地区和全球层面的合作进一步发展，良好的政治和战略关系使两国经贸关系的发展有了好的大背景。布什总统2001年10月到上海参加APEC领导人非正式会议，2002年2月对中国进行工作访问，胡锦涛副主席2002年4月底5月初访问美国，江泽民主席2002年10月访问布什家乡克劳福德牧场，温家宝总理2003年12月访问美国，切尼副总统2004年4月访问中国。至于两国商务官员的互访则更加频繁。所有这些访问都直接或间接地促进了两国的经贸关系。比如在江泽民主席2002年10月访美前夕，10月21日，

---

① 李雨时：《我国对外贸易一年来回顾与前瞻》，http：//www. szhboftec. gov. cn/zhc/jmdt/0302/0227 - 2. ht。

② AmCham-China：*WTO Implementation Report*. Fall 2002，pp. 2，5.

③ “USTR Reports to Congress on China's WTO Compliance”，*Washington File*，December 13，2002，p. 2.

④ 中国美国商会：《美国企业在中国（2004）》，第11页。

中美两国的13家知名企业在纽约举行5个合作项目的签约仪式，涉及化工、电信、能源等领域，合同金额47亿美元。温家宝总理2003年12月访美前，中美两国于11月12日在华盛顿和底特律签署了三个大宗采购合同，中国购买新型波音737民航飞机、通用电气公司生产的发动机、通用汽车公司生产的凯迪拉克、别克及其他名牌轿车，总计金额达60亿美元。不久，中国又与美国签署了农产品采购合同，金额达24亿美元。

第五，布什政府支持自由贸易，支持与中国发展经贸关系。在2000年国会辩论对华永久性正常贸易关系立法（PNTR）时，布什虽然正在竞选当中，但他超越党派界线，公开呼吁国会议员支持对华PNTR，使中国成为美国的一个正常贸易伙伴。布什当政后，美国政府宣布恢复美国贸易发展署1989年以后暂停的官方对华援助计划，该计划有利于扩大中美两国在能源、基础设施、环保技术等方面的合作。7月31日美国商务部和中国外经贸部在北京签署了《中美贸易发展合作框架协议》，具体化了多项援华协议，包括神华液化煤项目、上海空气监测项目、山东空气监测项目、中国石油天然气集团公司石油污染物排放自动监测系统等项目利用美国贸易发展署资助的协议。①同时，中国政府也在“9·11”以后与美国加大经济方面的合作力度，减轻“9·11”事件给美国经济带来的损失。2001年10月，中国四家航空公司与美国波音公司签订了价值约20亿美元的订单合同，这是在美国的航空和旅游业遭到沉重打击后波音公司接到的第一个大订单。

中美两国经贸关系的发展也不是一帆风顺的。一些过去存在的老问题仍然存在，并且继续发展，同时又产生了一些新问题。这几年中的主要问题有：贸易不平衡问题、人民币汇率问题、反倾销问题、知识产权问题。

关于贸易逆差问题

根据美方的统计，从1991年起，中国成为仅次于日本的贸易逆差国，从2000年以后，中国取代日本成为最大的贸易逆差国。在美国原先有一

---

① 《人民日报》2001年7月31日。

种期望，以为中国入世以后美国对华逆差会缩小，但这种情况没有出现。虽然美国对华出口增长迅速，但中国对美出口增长更快，根据美方统计，2003 年美国对华贸易逆差为 1240 亿美元，2004 年的逆差为 1620 亿美元，比 2003 年增长了 30% 多。美国对华贸易逆差比对日贸易逆差 752 亿美元的两倍还多。因此美国有一些人，尤其是国会中有一些人就试图把贸易逆差问题政治化。这种观点的集大成者是美中经济与安全评估委员会 2005 年 1 月 11 日发表的一项研究报告。这项由经济政策研究所国际项目主任罗伯特·斯科特署名的报告名为《美中贸易，1989—2003——在全国和各州对就业和各个行业的影响》。报告指出，中美贸易的逆差不断增长，它对美国经济的负面影响也越来越大，导致美国不但在劳动密集型而且在高科技领域丢失就业岗位，美国各州、各行各业都未能幸免。报告指出，在 1989 年到 2003 年的 14 年间，美国对华贸易逆差增长了 20 倍，从 62 亿美元增长到 1240 亿美元。这导致美国丢失了 150 万个就业岗位。在中国 2001 年入世后，美国对华贸易逆差增长了一倍多，美国把就业岗位丢失给中国的速度也就比先前快了一倍。中国输美的高档电子产品和通讯设备这些高科技产品增长的速度远比劳动密集型产品要快。因此在人们原先以为不会受中国低工资竞争影响的半导体工业现在也受到了贸易赤字的影响。在汽车工业和航空航天工业中国的份额也在增大。报告还逐个行业、逐个州地考察了美国对华贸易逆差的影响。美中经济与安全评估委员会主席达马托在公布这一报告时称，“有了这些资料，我们就可以开始评估中国对我们的经济安全和国家安全的影响。这一报告是对我们发展这种理解的一个突破性贡献”。①

美中贸易逆差的问题尤其引起美国制造商的关注。2003 年 5 月，美国制造业协会公布了《对华贸易对美国制造业的影响》的调查报告，其中说，根据协会最新的民调，75% 受访的美国制造业人士认为，美国制造业正面临着巨大的危机，64% 的受访者认为，中国发展成为出口大国是对他

① “Study Criticizes Impact of China Trade Deficit on U. S. Economy”, *Washington File*, January 12, 2005, pp. 7 – 9; “U. S. -China Trade, 1989 – 2003. Impact on Jobs and Industries, Nationally and State by State”, http//usinfo. state. gov.

们生存的最大威胁。[①]

关于贸易逆差问题，中美两国相关部门在90年代就曾进行过多次会商。近年来，在两国官员的会晤中，中方一再指出，中美贸易不平衡主要是结构性、转移性、互补性的。美中贸易逆差不是引起美国失业的原因，对美国产业也不构成威胁。在2003年12月温家宝总理访美时，商务部副部长马秀红指出，美对华出口连续三年增长，增长幅度超过美国对任何外国的出口增长。美国2002年出口整体下降4.9%。但对华出口增长15%；2003年头9个月，美国出口整体上升2%，对华出口则上升18.5%。[②]中国学者进一步指出，双方对逆差的统计存在巨大分歧。2002年的逆差，美国的统计数额是中国的2.4倍。按中国的统计，中国是第五逆差国。产生这种分歧有多种原因。美方统计出口时使用离岸价，没有包括装卸、搬运和保险费，统计进口时使用到岸价。香港转口是重要原因。根据美国商务部的研究，香港的转口加价幅度在25%左右，而根据别的研究，加价幅度更大。美国把香港的加价计入中国出口价造成了夸大中国出口。美方对逆差的统计没有计入服务贸易。美国在商品贸易存在逆差，但在服务贸易却一直是顺差，而且在迅速增长。2001年服务贸易顺差增长了11%，达到53亿美元。[③]

关于中美贸易迅速增长的原因，中国学者指出，第一，经济全球化加剧了国际竞争和美国产业结构调整，在美国劳动密集型产业早已成为夕阳产业，中国的劳动密集型产品对美国旺销完全是市场力量驱动的。第二，美国公司实行全球化战略，利用中国的人力资源优势在中国加工制造，或者在中国大量采购，这是美国企业为成本最小化和利润最大化采取的市场行为。加工贸易在对美出口中占的比重很大。2002年为66.9%。而三资企业加工贸易额占到全部对美出口的48%左右。中国的加工贸易的特点是“大进大出，两头在外”。即加工贸易以进料加工和来料加工为主，原材料和销售市场两头在外，加大了对外贸易的进出口流量。第三，逆差很大程

① 参见牛向东《国家利益使然——美国迫人民币升值采取的政治经济手段分析》，《国际贸易》2004年第2期，第27页。

② 《新华月报》2004年第1期，第39页。

③ 陈宝森等：《中美贸易逆差研究》，第42—45页，商务部网站2004年1月13日。

度上是转移了美国对亚洲其他国家原有贸易逆差的结果。如果把亚洲作为一个整体，则中国对美贸易顺差的增加与其他国家对美贸易顺差减少相抵后，总体对美贸易差额的变化不大。从1990年到2002年，中国在美国进口中的份额从3%增加到11%，而日本、中国台湾和韩国的份额却从27%下降到17%，可见亚洲对美国的出口总额变化不大。第四，中国电子产品生产规模大、出口量大，但中国在电子工业的国际垂直分工中处于下游，研发能力和自主创新能力不高，高技术、高附加值的产品如CPU、集成电路、操作系统等中国基本不能自主生产，或产量很低，中国事实上只是组装加工中心。而且中国高技术出口占世界高技术出口的比重小，仅为1.8%，远低于韩国的4.1%、新加坡的7.7%的水平。第五，美国的出口管制政策妨碍了美国对华出口的增长。美国对中国的高科技出口一直严格管制，包括核反应堆、卫星、集成电路和程控交换机、先进机床等都由于美国政府和国会的阻挠而未能成功。以2002年为例，中国进口高新技术产品828亿美元，比上年增长了29%，而从美国进口的高科技产品仅为41亿美元，占同类进口总额的4.9%。美国国际经济研究所的数据表明，由于对华实施高科技管制政策，美国每年要丧失35亿—135亿美元的贸易机会。[①]2001年美国国防部、国务院和商务部组成的技术出口审查委员会极力阻止美国半导体制造商中芯国际（SMIC）向中国转让两项光电子技术。2002年2月，美国审计总署向参议院提交了一份名为《出口限制：美国急需就中国半导体产业快速发展作基本政策评估》的报告，要求政府对华实行更严格的技术出口管制。2003年，国务院再次指责波音和休斯公司向中国提供可能用于制造洲际导弹的卫星和火箭技术，两公司被罚款600万美元。[②]美国公司对政府的这种政策也非常不满。中国美国商会在其白皮书中抱怨说，在中国的主要贸易伙伴中，“美国的出口管制政策是最严厉的”，限制美国企业向中国出口双重用途的技术“只会使美国公司将市场拱手让给其外国竞争对手”。他们建议，为了保持美国高科技产品在全球

---

① 陈宝森等：《美国对华贸易逆差研究》，第45—58页；湛柏明：《中美贸易的互补性与摩擦性》，《国际贸易问题》2004年第6期，第52页。

② 李方安：《美国对华技术出口管制的效果评判与前景分析》，《国际贸易问题》2004年第7期，第56页。

市场的竞争力，美国政府应该取消无效或基本无效的出口管制措施，根据目前中国高科技产业能从国外买到的竞争性产品和技术情况以及未来预测情况，评估现行出口管制政策及程序的效果。[①]美国对华技术管制是一把双刃剑，受伤害的不仅是中国，而且是美国的商业利益。在未来15年中，中国电信业、计算机和半导体市场年均增长率有可能达到20%—40%，[②]这将为美国企业带来巨大的商机，如果美国政府一味限制美国对华技术出口，必然损害美国企业的全球竞争力，严重损害美国在这些领域中的领先地位。

布什政府对贸易逆差的看法与美国的贸易保护主义者不同。在2004年2月17日公布的《2005年总统经济报告》中指出，中国入世以后的大部分时间里，美国对中国的出口比从中国的进口的增长快，2003年与2002年相比，美国对华出口增长了28%，而从中国进口增长了27%。从中国进口的增长主要是从太平洋地区进口转移的结果，中国现在是亚洲制造商出口产品的最后组装地。美国从太平洋地区的进口在90年代中期在美国进口中的比例达到最高峰，现在的比例其实比那时还有所下降。因此美国对华贸易逆差对美国经济的影响微乎其微。[③]这种看法是比较符合实际的。美国著名经济学家、兰德公司资深研究员沃尔夫认为，中美贸易逆差从全球贸易的角度看不是问题，但从双边贸易的角度看是一个问题，因为2004年中国的贸易总额是1.15万亿美元，而中国的贸易盈余总共是320亿美元，不到3%；经济学家不认为是个大问题，但政治家认为是大问题。他们总是可以借此大做文章。[④]

反倾销问题

与贸易逆差问题密切相连的问题是美国对中国实施反倾销的次数较以

① 中国美国商会：《美国企业在中国（2002）》，第15页；王勇：《2002年中美经贸关系回顾》，中国社会科学院美国研究所编：《美国年鉴》，中国社会科学出版社2003年版，第253页。

② 李方安：《美国对华技术出口管制的效果评判与前景分析》，《国际贸易问题》2004年第7期，第56页。

③ "2005 Economic Report of the President, February 17, 2004", *Washington File*, February 18, 2005, p. 4.

④ 采访沃尔夫，2005年3月29日。

前大大增加。2002 年美国从中国的进口额占其总进口额的 8%，但对中国的反倾销案件却占美国反倾销案件的 20%。[①] 2000 年至 2004 年 6 月底美国对华反倾销达 38 起，平均每年 10.9 起。[②] 而此前从 1990 年到 1999 年十年间，美国对华反倾销案 54 起，年均 5.4 起。近年来，美国对中国的彩电、合成蓝靛、对虾、刹车零件、纺织品、浓缩苹果汁、罐装蘑菇、熨衣板、聚乙烯包装袋、木制卧室家具等进行反倾销案裁定或调查。由于美国不承认中国的市场经济地位，美国在进行反倾销调查时不以中国国内的销售价格作为支持价格，而以第三国相似产品的成本或出售价格作为基础来计算中国产品的正常价格，由于中国产品生产成本与第三国生产成本之间存在的差异性，容易高估相似产品的价格，导致倾销行为的成立，也使中国企业在反倾销诉讼中难以取胜。比如美国在对中国彩电进行反倾销调查时，以印度同行业的生产成本作为判定依据，然后裁定对中国彩电征收反倾销税。近年来，美国的反倾销和特保措施使中国一系列的行业受到损失，尤其是化学工业、农业、商业、饮食业、机械设备制造业、食品制造业等。[③]而首当其冲的是纺织业。

我国是世界上最大的纺织品生产国和贸易国，是影响世界纺织品和服装贸易的重要力量。我国纺织工业纤维消费量占全球的 1/4 左右，棉纱、化纤、丝绸、服装等的出口额占世界第一位。多年来，纺织品为中国的外贸顺差作出了巨大贡献。2000 到 2004 年，纺织品和服装出口为 3414 亿美元，进口 747 亿美元，顺差 2667 亿美元，年均 533 亿美元。2003 年纺织品和服装出口为 788 亿美元，2004 年更达到 951 亿美元。[④]纺织品和服装也是中国对美出口的主要商品之一。美国是世界最大的纺织服装品市场，产品消费量占全球的 20%，仅服装一类每年市场销售额就达到 100 亿美元左右。而在美国的服装消费中约有 60% 为进口。美国的纺织业与其制造业的平均水平相比，效益差、收入低，是典型的衰退部门。1950 年，该部门的

① 湛柏明：《中美贸易的互补性与摩擦性》，《国际贸易问题》2004 年第 6 期，第 49 页。

② 参见周世俭《未来四年中美贸易步入多事之秋》，《国际商报》2004 年 11 月 24 日。

③ 《必须面对的问题》课题组：《必须面对的问题——我国纺织业外部政策环境变化及影响》，《国际贸易》2004 年第 1 期，第 21 页。

④ 参见周世俭《冲突与摩擦会明显增加》，《国际贸易》2005 年第 3 期，第 23 页。

GDP 在制造业中的比重为 9.8%，2000 年下降到 3.2%，而且还有继续下降的趋势。根据劳工部门的统计资料，自 1997 年到 2003 年上半年，共有 290 多家纺织厂倒闭，20 万工人失去工作，约占纺织业就业人员总数的 30%。而中国的纺织品和服装行业具有较强的国际竞争力。以每小时美元计算工资，墨西哥为 2.23 美元，中国为 0.62 美元，以单件服装的成本计算，墨西哥为 2.17 美元，韩国为 2.98 美元，泰国为 2.79 美元，而中国为 1.6 美元。[①]因此中国出口美国的纺织品的增长是很自然的。

2002 年 1 月实行了长达 40 多年的纺织品配额全部取消，这对中国纺织品的发展是难得的历史性机遇 。中国纺织品出口迅速增长，2002 年增长 15.6%，2003 年增长 27.6%，2004 年增长 20.6%。[②] 美国国际贸易委员会 2004 年 2 月 9 日的报告指出，由于中国有能力以有竞争力的价格制造任何式样、任何质地的纺织品和服装，中国已经准备好成为美国纺织品和服装的居于支配地位的供货商，这种状况将导致美国国外供货基地的意义重大的改变。为了规避从一个国家进口的风险，报告建议美国进口商与中国以外的低成本国家，尤其是印度拓展贸易关系，孟加拉国和巴基斯坦也可能成为一些商品的主要供货国。报告也指出，由于地理位置的近便，墨西哥和加勒比国家仍将是短线产品的主要供货国，中美洲自由贸易区也可能促进这一地区对美国的纺织品出口。[③]

报告的建议有些是远水不解近渴。美方实际已经采取的措施是以保障措施、特殊保障措施、反倾销、技术壁垒等手段限制中国纺织品。2002 年 9 月美国纺织品生产商协会（ATMI）就以从中国进口的纺织品激增、扰乱其国内市场为由，向美国政府提出对从中国进口的针织布等五种纺织品重新设置配额限制。其实这五种纺织品美国本土并不生产，根本谈不上对美国同类产品的市场扰乱和产业受损。2003 年 4 月，美国商务部宣布，已制

---

① 宫占奎、李红年：《美国纺织服装产业的贸易保护及对策》，《国际经济合作》2004 年第 9 期，第 56 页；朱启荣、张旭青、张海森：《中美纺织品贸易摩擦原因分析与思考》，《国际经贸探索》2004 年第 3 期，第 71 页。

② 参见周世俭《冲突与摩擦会明显增加》，《国际贸易》2005 年第 3 期，第 23 页。

③ "China Expects to Become Dominant Textile, Apparel Supplier", *Washington File*, February 11, 2005, p. 5.

定限制中国纺织品进口的有关法律程序性文件，表示对上述五种纺织品进口重新设限进入审核与操作期。11 月美国商务部所属纺织品协议执行委员会（CITA）宣布对从中国进口的针织布、胸罩、袍服三个类别实施特殊保障措施，设定 7.5% 的增长限额。2004 年 10 月 CITA 又裁定对中国的袜子实施过渡期纺织品保障措施限制。稍后，又受理了对中国产棉制裤子的设限申请。此外美国六家纺织业组织和一家劳工组织还递交了对中国产的衬衫、内衣、床单、长丝巾、棉纱、人造纤维裤子、毛制裤子等的设限申请。[①]中美两国在纺织品问题上的硬仗在所难免。

美国对中国纺织品的特殊保护措施还将对其他国家产生示范效应。这些国家不仅包括其他中国纺织品的主要进口国，而且还包括那些与中国纺织品和服装出口有竞争关系的发展中国家。有部分国家不需要像美国那样将 WTO 规则转化为国内法，而可以直接对中国的纺织品采取特殊保护措施。那样，情况就更为严重。这是中国纺织品要面对的一个严重问题。

美国对华纺织品出口重新设限的决定违背了世贸组织的根本宗旨，与世界纺织品服装的贸易自由化的大势背道而驰。中美纺织品贸易的迅速发展，是两国业界共同努力的结果，也是美国进口商、分销商和消费者自主选择的结果，是中美两国双赢的现实选择。对中国纺织品的重新设限不仅打击了中国业界，而且损害了美国业界和消费者的利益。

2004 年 3 月上旬，美国联邦参议院通过决议对由联邦政府出资的外包项目实行限制，一些州议会也通过了相应的决议。对于美国国内出现的这种新保护主义的倾向，美国一些有识之士深不以为然。美联储主席格林斯潘 2004 年 3 月 12 日在众议院教育与劳动力委员会作证时指出，他理解由于全球化和经济创新的加速，美国的一些就业岗位转移到了国外。从 2001 年以来，美国的制造业失去了 100 万个蓝领工人的岗位，近年来又出现了白领工人的岗位向印度和中国外包的现象。但美国从“全面和强健地”参与全球化中得到了“最大的好处”。在对外贸易中设置障碍可能暂时缓解就业市场的紧张状态，但这不是长久之计，其结果是“我们的生活水准会停滞不前，甚至可能下降”。而如果别的国家进行报复，那美国肯定要丢

① 参见周世俭《冲突与摩擦会明显增加》，《国际贸易》2005 年第 3 期，第 23 页。

失就业岗位。要创造就业岗位只有扩大生产，并以新的就业岗位来替代旧的就业岗位。[①]美国前贸易代表巴尔舍夫斯基在2004年6月出席太平洋经济盆地理事会第37届国际大会时也曾说，目前美国制造业的失业与贸易尤其是中美之间的贸易无关。[②]

面对美国和国际上对中国出口的种种限制，中国方面既要根据世界贸易组织的规定，通过外交手段据理力争，也要从产业的发展方面打开思路。要避免中国出口企业压价竞争，鼓励国内优势企业强强联合，进行企业重组和跨国并购，与国际纺织跨国公司和全球采购集团建立战略联盟，形成一批能直接进入国际市场一线、具有自己的名牌产品的国际性企业集团。目前，中国纺织行业出口以中低档产品为主，高附加值产品比重较低，出口服装价格仅相当于法国和意大利的1/4、英国的1/3。而中低档产品则采取薄利多销的方针。这固然可以在短期内提高出口竞争力和市场占有率，但同时造成大量的出口集中在少数发达国家，容易招致贸易争端。中国纺织品应该走出低价竞争的怪圈，提高产品档次和附加值，优化产品结构，实行市场多元化。

人民币汇率问题

中国从1994年起实行人民币与美元连锁的汇率制度。在美元于2002年贬值前，在强势美元的带动下，人民币也随之升值。在90年代末的亚洲金融危机中，国外的普遍预料是中国会使人民币贬值，但中国从稳定大局出发，决定人民币不贬值，顶住了亚洲各国货币竞相贬值的风波，对亚洲各邻国度过危机作出了贡献，受到各国普遍赞扬。2002年美元开始贬值。美国一些出口商、劳工组织和国会议员开始指责人民币盯住美元的政策，认为中国通过这种固定汇率制故意低估了人民币的价值，使中国出口美国的商品变得便宜，而使美国输入中国的货物变得昂贵，从而削弱了美

---

① "Protection Does Little to Create Jobs, Greenspan Says", *Washington File*, March 12, 2004, pp. 12 – 15.

② 参见王立《中美博弈市场经济地位》，《国际经济合作》2004年第8期，第41页。

国商品的竞争力，增大了美国对华的贸易逆差，导致“美国的物质财富不正常地向中国转移”，并导致美国丢失制造业的就业岗位。在2003年美国国会参众两院的诸多委员会举行了十余次各种听证会，出席作证的有政府官员、专家学者、美国制造商协会、纺织行业协会、美国商会等工商界组织和各大工会组织的代表。由美国最大的工商业集团美国制造商协会牵头、80多家机构联合组成的“健全美元联盟”召集会议，对政府和国会施加压力。6月25日，美国纺织品生产商协会（ATMI）向美国参议院小企业委员会听证会提交了题为《外币的人为操纵对美国纺织业的影响》的证词，声称“中国将其货币贬值40%，然后其他亚洲竞争对手的货币也贬值40%，最终导致美国制造业经历美国经济大萧条以来最严重的衰退”，“对美国纺织业而言，亚洲货币贬值的效应不亚于一次‘浩劫’”。[①]

2003年9月压人民币升值的浪潮达到高峰。9月初，美国财政部长斯诺专程为人民币汇率问题访问中国。财政部长金人庆、中国人民银行行长周小川与他就此进行了深入的探讨。温家宝总理接见了客人。温总理介绍了中国政府的汇率政策。他说，中国实行的是以生产供求为基础的、单一的、有管理的汇率制度，中国将根据经济发展水平、经济运行状况和国际收支状况，在深化金融改革中进一步探索和完善人民币汇率形成机制。他强调，保持人民币汇率在合理均衡水平上的基本稳定，符合中美两国的共同利益。同时，周小川还向媒体充分阐述了关于贸易平衡和人民币汇率问题。他指出，中国政府并不追求贸易赢余，经常项目应该有一个大体平衡；也不追求外汇储备快速增长。国际贸易的理论和世贸组织的精神从不强调双边贸易，而是强调多边贸易平衡。现在中国的经常项目总量上是平衡的，美国对华贸易的逆差不是人民币汇率的问题，而是其他方面的问题，如结构方面和财政赤字问题。他同时指出，人民币汇率是参照美元还是参照“一篮子”货币来制定，是有讨论余地的。他还表示，中国有很多改革要完成，汇率改革要与其他改革相衔接，在实现汇率浮动之前，贸易开放包括服务贸易开放要比较充分，资本项目管制要得到消除，中国国有

① 王宵鸣、苗迎春：《中美经贸关系影响因素论》，《哈尔滨工业大学学报》（社科版）2004年第7期，第76页。

商业银行的改革要基本做好。[①]

美国业界和国会继续向政府施加压力。9 月 5 日，民主党参议员舒默和共和党参议员格拉厄姆等提出一项法案，其中说，人民币的“人为低估”在美国“从 2001 年 3 月以来丢失 260 万个制造业岗位中起了主要的作用”，法案要求布什政府与中国进行谈判，确保“中国接受以市场为基础来确定货币价值的系统”。在这一法案成为法律后，将进行 180 天的观察，除非布什总统可以证实，中国不再操控人民币汇率，否则美国将对从中国进口的货物额外征收 27.5% 的关税。[②]当然要通过这样一项法律不是一件容易的事。于是利伯曼、格拉厄姆等 8 人又在 9 月 9 日提出了一项决议案，指责中国“违反世贸组织和国际货币基金组织协议的精神和文字，操控人民币汇率以赢得贸易和竞争方面的优势”，表示支持财政部长继续与中国进行谈判以导致以市场来确定人民币价值，并要求中国继续以遵守入世承诺的方式行动。在众议院也提出了类似决议案，要求中国允许人民币自由浮动，由供求关系的市场力量来决定人民币的价值而政府不加干预。[③]在国会的敦促下，布什政府此后不断在人民币汇率问题上对中国施加压力。10 月贸易代表佐利克、商务部长埃文斯访华，11 月贸易副代表辛纳访华，人民币汇率都是主要议题之一。在温家宝总理于 2003 年 12 月访问美国时，他在多个场合，包括与布什总统的会谈中都提到了人民币的汇率问题。陪同温总理访问的中国国家发改委主任马凯和商务部副部长马秀红也在各种场合就人民币汇率问题进行了阐释。

2004 年是美国的大选年，一些试图在大选中与布什一争高下的民主党候选人和一些利益集团也在就业和人民币汇率问题上纷纷表态，表示要采取强硬态度，美国在人民币汇率问题上对中国的压力持续不减。国会也继续对人民币盯住美元的政策进行猛烈攻击。3 月 25 日，斯诺出席众议院财政委员会作证。他表示，中国政府已经采取了行动使人民币朝着可浮动的

① 《新华月报》2003 年第 10 期，第 89—91、158 页。

② “Senate Bill Presses Market-Based Value for China's Yuan”, *Washington File*, September 10, 2003, pp. 3 - 5.

③ “Proposed Resolution Calls for Market-Based Valuation of Yuan”, *Washington File*, September 11, 2003, pp. 8 - 9.

汇率发展，包括加速资本账户的自由化以促进资本自由流动，以及采取重大措施支撑其银行系统。他认为解决这个问题的最好途径是通过外交方式继续与中国交涉，并向中国提供技术支援。[①] 4月，美国劳联—产联和制造商协会提出请愿，要求政府对中国的“劳工权利”和“劳工标准”以及人民币汇率政策发起“301”调查，布什政府认为接受请愿就是倒退到经济孤立主义，拒绝了请愿。斯诺在4月28日发表的声明中说，政府的政策是明确的，对于全球贸易体系、对于美国和中国来说，中国走向浮动汇率是最有利的，中国也已经意识到这一点，并正在为此目的采取积极措施；布什政府一直就此积极与中国接触，并产生了实际效果。结果之一是设立了美中技术性合作项目，它将促使人民币向以市场为基础的汇率制度浮动。[②]9月9日，这些行业协会再次提出同样请愿，并威胁要对从中国的进口商品征收40%的关税。请愿再次遭到布什政府拒绝。美国贸易代表发言人的米尔斯在当天发表的声明中批驳了他们的要求，认为对中国商品征收40%的关税的要求是一种“冒险”，这等于“在美国的周围筑起高墙，从而伤害美国的出口，消灭就业岗位，危害美国经济”。声明强调，在美国的参与下，中国正在积极工作使其金融基础设施现代化，为浮动汇率机制进行准备；中国对美国承认其市场经济地位深感兴趣，而要做到这一点，人民币的自由兑换是不可或缺的要求。同日，财政部部长助理尼科尔斯在声明中指出，布什政府在敦促中国尽快实现人民币采取以市场为基础的汇率方面的努力是“史无前例的”，中国正在向正确的方向前进，为了取得结果，美国“将会尽可能咄咄逼人地行事”。[③] 2004年9月底，中国财政部长金人庆和中国人民银行行长周小川在第十六届中美经济联委会上与美国同行又着重讨论了人民币汇率问题。中方重申，将进一步推动金融服务领域的自由化和开放，并承诺进一步推进改革，积极稳妥地向以市场

① “Treasury Chief Snow Reports Progress on China Exchange Rate”, *Washington File*, March 26, 2004, pp. 11 - 12.

② “Snow Encouraged by Chinese Moves Toward Flexible Exchange Rate”, *Washington File*, April 29, 2004, p. 9.

③ “Administration Will Not Investigate China Currency Policy”, “Treasury Cites Progress on China Currency Exchange Rate Issue”, *Washington File*, September 10, 2004, pp. 8 - 13.

为基础的、更有弹性的汇率体制推进，并介绍了中国为创造条件而采取的措施。①

按照1988年美国的贸易法，美国商务部需要一年两次向国会就美国主要贸易伙伴是否通过故意操纵汇率来赢得对美国的竞争优势，从而损害美国贸易作出报告。在2004年12月3日财政部向国会提出的报告说，在2004年上半年美国的重要贸易伙伴中没有国家在操纵汇率。讲到中国，报告说，中国正在强化它关于让人民币向着以市场为基础的浮动汇率发展的承诺，并正在为此奠定适当的基础。②

对于人民币汇率问题，美国的一些有识之士也表示了自己的看法。摩根·斯坦利银行首席经济学家史蒂芬·罗奇在向美中经济与安全评估委员会作证时说，“中国并没有基于货币贬值而竞争。我的估计是：即使人民币大幅升值，也不可能给中国出口价格带来很大影响。例如，如果将人民币升值20%……中国对美国出口的价格将只会上升4%，这几乎不足以导致需求转向美国制造的产品”。在2005年1月的达沃斯世界经济论坛上，罗奇又一次表示，人民币升值并不能解决美国的双赤字问题，西方国家不应在此问题上对中国施加压力。研究中国经济问题的专家罗迪在国会作证时也说：如果“中国使其人民币浮动，更有可能发生的是人民币贬值而不是升值。因此，我们劝告中国人让他们的货币浮动时应该非常谨慎。它具有潜在的危险……将使货币朝着与我们的利益相反的方向运动”。③

从世界经济发展史来看，任何国家的经济市场化和国际化，其汇率制度长期目标必定是浮动汇率。中国也确认了这一长远目标。但国际上，尤其是美国的一种倾向是在中国还没有为浮动汇率作好准备的情况下迫使中国将人民币汇率自由化。因此概括起来可以说，一方面，布什政府不希望看到由于人民币汇率问题妨碍两国的经贸关系和整个的双边关系，在一定程度上抵制了国内的贸易保护主义倾向；同时，美国出于其自身的利益，并且国内的贸易保护主义势力也不会善罢甘休，因此在今后一个相当长时

---

① 《新华月报》2004年第11期，第72页。

② “United States Finds No Currency Manipulation by Trading Partners”, *Washington File*, December 7, 2004, p. 5.

③ 陈宝森等：《中美贸易逆差研究》，第59页；《国际先驱论坛报》2005年2月4—10日。

期内，人民币汇率问题仍将是两国长期关注的问题，美国还会不断对中国施加压力。对于中国来说，汇率长期不调整不是好事。但是在目前情况下，人民币汇率的任何变动都会对国际收支和宏观经济运行产生很大的影响。因此这是一个长期的、深层次的、影响全局的问题。中国方面采取十分谨慎的态度是完全必要的。

关于知识产权问题

美国拥有世界上最先进的技术、最多的专利，在许多行业，技术是美国最大的竞争优势，因此知识产权保护也是美国政府和公司最关注的问题。版权产业在美国国民生产总值中具有重要地位。根据美国国际知识产权联盟发表的报告，2002 年美国核心版权产业创造了大约 5351 亿美元的产值，占 GDP 的 5.24% 左右，总体版权产业产值估计为 7912 亿美元，约占 GDP 的 7.75%。[①]客观地说，改革开放以来，中国的知识产权保护从无到有，从不完善到逐渐完善，走过的道路是艰难的，取得的进展是巨大的，中国已经初步建立了一个比较完善的知识产权保护系统，中国已经承诺履行世贸组织《与贸易有关的知识产权协议》，因此在该领域的谈判总体上已经结束，中国知识产权的法规已基本符合世贸组织的规定。

中美两国之间曾于 1992 年 1 月签署知识产权谅解备忘录，1995 年 2 月和 1996 年 6 月签署知识产权协议。从那时以来，中国政府不断加强打击盗版侵权行为的力度，从 1996 年到 2003 年查处了用于生产非法光盘的生产线 182 条，而且这些生产线没有一条是中国自己生产的。同一时期，海关查处的盗版光盘 3 亿多张。可见大量光盘是从海外流入中国市场的，盗版侵权的源头在境外，中国也是受害者。

美国近年来对中国一再发起 337 条款调查。2003 年，在国际贸易委员会受理的 13 起有关美国专利的案件中，涉及中国当事人的有 9 起；2004

① 王宵鸣、苗迎春：《中美经贸关系影响因素论》，《哈尔滨工业大学学报》（社科版）2004 年第 7 期，第 77 页。

年前9个月，在23起“337调查”中涉及中国的有10起。可见问题之尖锐。[①]美方认为，中国保护知识产权的责任分散，各政府机构存在责任不明和职责重叠的现象，例如，国家专利局负责专利保护，外经贸部负责国际合作和协调，国家技术监督局负责检测产品的技术规格，海关总署负责查处违反知识产权保护的进出口，而美国公司寻求实施知识产权保护要找国家工商局和质量监督局。另外，美方对中国实施知识产权保护执法力度不够表示不满。[②]根据中国美国商会发表的《白皮书》，美国公司对中国履行入世承诺中感到最不满意的是关于知识产权保护问题。在2001年的《白皮书》中说：“知识产权侵权现象仍然十分普遍，使中外知识产权拥有者继续深受其害。侵权现象在以下领域中尤为严重：伪造商标产品、侵犯版权、软件盗版、互联网域名盗用。”报告肯定中国政府对侵权行为的查处，但认为“处罚力度不够”，因此“威慑力小甚至毫无威慑力”。报告还指出，在中国“专利申请过程严重拖拉”。[③]在2002年的报告中又指出，虽然中国根据世贸组织有关规定修改了《专利法》、《著作权法》和《商标法》，对一些违反知识产权的案件给予刑事处罚，但执法状况不佳，处罚力度太小，以致违反知识产权的状况仍然普遍存在。[④] 2004年的报告中更是指出，“中国猖獗的侵权活动，继续影响着许多产品和技术，涉及行业包括媒体和娱乐、制药、信息技术、消费品、电器设备、汽车零件和许多其他行业。虽然中国已为解决这一问题建立了一个基本健全的法律、监管框架，但缺乏一个有效的执法体系。我们认为，总体而言，市场形势是在恶化，而不是在改进。”这是在整个报告中对中国履行入世承诺最严厉的

---

① “337条款”最初见于美国《1930年关税法》第337节，“337条款”即由此得名。最后一次修正后的“337条款”规定，如果任何进口的行为存在对美受保护的知识产权的不公平行为，并且对美国产业可能造成抑制或垄断，美国国际贸易委员会可以应美国国内产业的申请进行调查。“337条款”的制裁方式分为两种：针对列明公司的不公平进口产品的有限排除令和针对特定类别的所有不公平进口产品的普遍排除令。见《中国商报》2004年10月15日。

② 《中美经贸关系中期展望》课题组：《新因素——中美经济贸易关系中期展望》，《国际贸易》2001年第4期，第6—7页。

③ 中国美国商会：《美国企业在中国（2001年）》，第53—55页。

④ AmCham-China：*WTO Implementation Report*, Fall 2002, pp. 14 - 15.

批评。[1] 2003年3月28日美国贸易副代表帮办弗立曼在对参议院外委会东亚与太平洋小组委员会关于中国履行入世承诺的报告中说，“在知识产权方面，中国确实在法规的框架方面作出了重大的改善。主要的挑战是缺少有效的执法。要在这方面取得重大的进展，中国必须投入更多的资源和政治意愿”。[2]在2004年5月3日美国贸易代表办公室发布的关于知识产权保护情况的报告中，中国被列入了置于306条款下的监察名单，这意味着，如果到2005年上半年监察表明中国回避执行先前与美国达成的关于知识产权的协议，贸易代表可以直接对中国实施贸易制裁。[3]

2004年4月国务院副总理吴仪率中国代表团赴美，出席升格后的第一次中美商贸联委会。吴仪副总理代表中国政府作出承诺，对知识产权法律和法规作出具体改进；加强知识产权的宣传教育和执法工作；批准加入世界知识产权组织数字公约；建立中美知识产权联合工作小组，以解决执法问题；出台关于刑事责任标准的司法解释，内容覆盖起诉、定罪和量刑三个方面。[4] 中国政府已决定从2004年10月到2005年9月用一年时间严厉打击侵权行为，保护知识产权。

世界各个国家的知识产权保护都有一个从不完善到逐渐完善的发展过程，美国也不例外，没有一个国家可以一步登天实现完善的知识产权保护。即便美国现在也远没有达到完善的地步，国内的侵权行为也还相当严重。[5]中国是一个发展中国家，中国的经济发展水平决定了，中国还不可能一下子就达到发达国家现在的标准，中国只能按照中国的立法，采用国际上多数国家的规范做法保护知识产权。诚然，中国的知识产权保护任重道远，但中国政府是在努力这样做的，而且成效也是明显的。在知识产权保

① 中国美国商会：《美国企业在中国（2004年）》，第29、57—63页。报告中在讲到中国履行入世承诺时，认为有的已达到要求，如关税、银行、证券与基金管理等；有的已基本履行承诺，如标准等；有的是有喜有忧，如透明度。知识产权保护一项是中国美国商会最不满意的。

② “Statement by Deputy Assistant U. S. Trade Representative Charles Freeman to U. S. Senate Committee on Foreign Relations Subcommittee on East Asian and Pacific Affairs, March 18, 2003”, *Washington File*, March 20, 2003, pp. 9 – 11.

③ “U. S. Release 2004 Report on Intellectual Property Protection”, *Washington File*, May 4, 2004, p. 2.

④ 赵烨：《八协议为中美贸易减压》，中国人民大学复印报刊资料《外贸经济、国际贸易》2004年第6期。

⑤ 一位美国经济界人士告诉笔者，美国国内使用的计算机软件大约1/3是盗版的。

护问题上一味施压或者以制裁相威胁是于事无补的。

平等协商，共图发展

中美经贸关系中尽管存在着种种贸易争端，但争端涉案金额对于每年1600多亿美元的两国贸易来说，影响是有限的。由于从本质上说，两国的经贸关系是互利的，所以这种关系仍然能在克服摩擦中继续发展。而且在近期关于制造业外包和离岸化政策的争论中，美国舆论普遍支持制造业的国际转移，认为这种转移不会导致“产业空心化”，美国转移的产业往往是低技术、创新度低、附加值低、劳动生产率增长缓慢、已经失去竞争优势的部分。高效益、技术知识密集型、创新速度快的制造业部门仍然保持不断增长，很少外移。通过制造业的外移，美国消费者得以享受发展中国家低价格的好处，节省开支，保持低通货膨胀，省下来的钱又可以去购买别的产品和服务，促进就业机会的创造。所以外包和离岸化不过是“有利于美国发展的一种国际贸易新形式”。[①]

实际上，中美两国的经贸关系还有很大的发展空间。中国作为世界上最大的发展中国家，就人均GDP来说，还处于世界中低收入国家的水平，工业化进程仅仅处于中期发展阶段，具有长期的经济发展动力和巨大的市场需求力，尤其对于资本品的持续扩大的需求将为美国等在资本密集型产品领域具有很强竞争优势的发达国家提供巨大的商机和利益。如果美国能够放宽对中国高科技出口的限制，就将能从对华出口和投资中获取更大的利益，也有利于中美两国贸易的平衡和美国创造就业机会。而对中国出口商品的限制和打击不仅将使美国消费者的利益受到损害，也将殃及在华投资的众多美国企业。

中国正处在完善市场经济的过程中，有许多改革需要实施，加强知识产权的保护，规范市场，改革金融系统，使人民币向着浮动汇率发展，这些既是中国经济发展本身的需要，也是改善对外贸易环境的需要。在这方

① 参见李志能《美国企业在中国持久性战略转移——美国服务业国际转移北京分析》，《国际贸易》2004年第8期，第33页。

面中国政府将会坚持不懈地作出努力，而不取决于美国是否对中国施加压力或压力的大小。根据国际经验，一个国家在经济迅速发展和对外贸易迅速增长的时期，往往会遭遇较多的国际经济摩擦。在日本、韩国的经济起飞过程中都经历过这个阶段。总体说来，近年来中国在对外贸易中的争端是中国经济迅速崛起和对外开放程度不断扩大过程中的正常现象，对于中美之间的贸易争端也应当以一种平常心来冷静地对待。

2003 年 12 月，温家宝总理在访问美国时向布什总统提出了处理中美经贸争端的五项原则：互利共赢，把发展放在首位，发挥双边经贸协调机制的作用，平等协商，不把经贸问题政治化。这些原则得到美方的赞同。双方并同意将中美商贸联委会升格，由吴仪副总理任中方主席，由美国商务部长和贸易代表任美方主席。在 2004 年 4 月 21 日举行的中美第 15 届商贸联委会也是第一次升格后的联委会上，双方都作出了一些让步，达成多项共识，签署了八项协议。中方除保证加大保护知识产权的力度外，还承诺向外国公司放开物资销售系统；同意不在 2004 年 6 月 1 日实行无线局域网（WAPI）加密标准；承诺实行“技术中立”的政策，允许国内电信供应商自行决定接受哪一种型号的第三代移动电话标准；取消 2004 年 1 月发布的禁止进口美国化妆品的禁令；不扩大对国内邮政业务的垄断。美国方面同意放宽高科技出口到中国的限制。[①]这次会议为通过协商解决分歧树立了一个范例。毫无疑问，中美经贸关系仍将在克服障碍中蓬勃地发展，并继续为中美关系提供强大的动力。

（原载《同济大学学报》（社会科学版）2005 年 6 月第 16 卷第 3 期）

① 赵烨：《八协议为中美贸易摩擦减压》，《21 世纪经济报道》2004 年 4 月 26 日。

利益调适：中美关系中的恒久课题

近一个时期来，中国周边的一些事态使人们对中美关系又产生了许多困惑：美国借口天安舰事件，与韩国一起在东亚海域举行联合军演，而且扬言在年内要每月举行一次，美国宣布要派航母“乔治·华盛顿号”开进黄海，参加军演，引起中国强烈不满；中国三大海军力量在黄海、东海、南海举行军演，济南军区在山东、河南举行防空演习表示捍卫国土的决心；奥巴马政府高调“重返”东南亚，加入了《东南亚友好合作条约》，与一些国家频繁举行联合军演，恢复与印尼的军事关系，并将在下月邀请东南亚各国领导人赴华盛顿参加美国—东盟峰会；美国政府一改以往的中立政策，通过6月新加坡亚太安全会议期间国防部长盖茨的表态，尤其通过7月下旬东盟地区论坛上希拉里·克林顿国务卿的表态公然介入中国与一些东南亚国家之间的领土争议，在中国与这些国家间挑拨离间；美国竭力拉拢印度，对中国与巴基斯坦签订的民用核协议百般指责；美国特别看重与越南的关系，正与越南谈判分享核燃料和核技术的协定，“乔治·华盛顿号”航母访问了越南，美越进行了联合军演，等等。所有这些，使人们从2010年4月以来刚刚恢复的对中美关系的一点乐观情绪一扫而光。到底如何看待这些事态发展？如何看待最近的中美关系？

美国真的准备接受一个强大、繁荣的中国了吗？

要回答上述问题，不能不稍微回顾一下冷战结束以来中美关系的发展，以及美国对中国的定位。

冷战结束之初，在美国政界和学界相当多的人的看法是“中美关系无用论”，甚至是“中国崩溃论”。在克林顿政府的头几年，美国是把对中国施压、迫使中国改变政策作为一项优先的政策选择的。不少人甚至指望中国步苏联的后尘。在那几年中美关系麻烦不断。经过几年的磨合，克林顿政府意识到，中国不是前苏联，对中国片面打压的政策是行不通的，稳定两国关系符合美国的国家利益。大致从1996年5月起，克林顿政府把政策重点转移到了稳定中美关系上，在他的第二任期实现了江泽民主席访美（1997年10月底11月初）和克林顿访华（1998年6月底7月初），这是冷战结束后两国关系重新正常化的标志。2000年美国通过了对华永久性正常贸易关系立法，随后中国加入了世界贸易组织。这个立法是两国关系具有实质性意义的突破。在布什政府期间，两国建设性合作关系全面提升，中国的现代化事业也继续蓬勃发展。但美国国内对中国和中美关系还有许多不同看法，"中国威胁论"仍有市场。为了回应这些看法，副国务卿佐利克在2005年9月21日发表了著名的演说，全面阐述对华政策。他肯定了中国过去几十年中"异乎寻常的经济发展"和不断扩大的国际参与，同时认为，对中美关系来说，主要的问题是中国如何运用它不断增长的影响力。他提出，中国应当成为国际社会"负责任的利益攸关方"，应当与国际社会更多合作来共同缔造未来的国际体系。美国希望中国寻求"和平崛起"，但不会把赌注都押在这一方面，也就是说，美国还要"两面下注"。[①]这个讲话比较清楚地反映了美国政界和学界多数人的心态。奥巴马政府反思布什政府的单边主义，提出了建立美国领导下的全球伙伴关系的主张，在2009年11月访问中国时双方达成的联合声明中也说，双方"将采取切实行动稳步建立应对共同挑战的伙伴关系"。[②]在出访东亚之前接受路透社记者采访时，奥巴马表示，"我把中国视为不可或缺的伙伴同时也是竞争者"。[③]既是伙伴，又是竞争者，奥巴马的这个说法还算比较实际。

世界金融危机对国际格局产生了重大影响，也把中国在国际舞台上的

---

① Robert Zoelick, "Whither China: Membership to Responsibility?", September 21, 2005. http://us-info.state.gov/eap/Archive/2005/Sep/22 – 290378/html.

② 《中美发表联合声明，推进两国合作》，《新华每日电讯》2009年11月18日第5版。

③ "Obama's Interview with Reuters", November 9, 2009. http://www.reuters.com/article/2009/11/10/us-obama-text-idUSTRE5A902Q20091110.

角色放大了、突出了。美国和整个西方世界在危机中遭到重创。美国失业率至今高达9.5%，财政赤字高达1.4万亿美元，占了GDP的10%。虽然对于美国是不是衰落无论在中国和国际上都有争议，但美国眼前的困难是肯定的，它的GDP在全球经济中的比重也在下降。而中国在2009年仍然保持了9.1%的高速增长。国际上普遍估计，2010年的增速将超过10%。国际上于是有了种种预测，有说中国2050年GDP超过美国的，有说20年赶上的，最乐观的估计甚至说中国只要9年就会成为世界最大的经济体。不管哪种估计正确，似乎美国GDP世界头把交椅的地位已经坐不太稳了。这使美国人感到焦躁不安，甚至不安全。从第二次世界大战结束以来，美国人稳坐世界第一经济大国的交椅，这是美国“领导世界”的基础。美国人不能容忍世界第二的地位，甚至不能容忍并列第一的地位。美国必须是世界老大。奥巴马在他2010年的国情咨文中也表达了同样的意思。现在一些美国人认为，即使中国和平崛起，对美国仍然是一个威胁，因为它威胁到了美国的霸权地位。而现在世界上没有别的国家可以对美国造成这样的威胁。尤其让美国人感到难以置信的是，中国这样一个人均GDP不到美国1/10的国家居然成了美国最大的债主，当中国国内有人倡言抛售美国国债时，美国确实有人担心中国会这样做来惩罚美国，甚至提出“中美国”概念的哈佛大学经济史学家弗格森也悲观预言中国会大量减持美国国债，中美会走向“离婚”。这样美国对中国的担心从抽象变得现实，从笼统变得具体，从政治家和学者关心的课题变成民众都可以普遍感觉到的事情。

再看近年来中国与周边的关系。中国实行“以邻为伴、与邻为善”、“睦邻、安邻、富邻”的政策成效显著，中国国力的增长也使其与周边的关系有了雄厚的经济基础。在东北亚，朝鲜与中国的关系自不待言；中国取代美国成了韩国、日本的最大贸易伙伴，成了韩国最主要的投资对象国，中韩关系持续升温；而由于韩国的民族主义、韩美对朝鲜看法的分歧（尤其是在金大中、卢武铉任内）等原因，美韩同盟关系有所削弱；中日关系从2006年以来不断改善，尤其是民主党首相寻求在美国和亚洲之间的某种平衡，而美日之间则因为美军在冲绳基地搬迁问题争吵不已，在前首相鸠山提出的“东亚共同体”中也没有美国的位置，引起美国的警觉；

加之日韩关系因为历史、领土等原因总是疙疙瘩瘩。总之，在美国政界和学界不少人看来，在东北亚，中国的影响力在增长，美国的势力在削弱。[①]在东南亚的情况也大致如此，下文再详细讲。在许多美国人看来，美国由于被阿富汗战争和伊拉克战争所拖累，对亚洲没有给予足够的注意，任随中国的影响力在亚洲增长起来，导致了亚洲的力量“失去平衡”。现在美国要来建立新的平衡，实际上就是重塑美国在东亚的主导地位。这就是最近中国周边一系列事态发生的大背景。这些事态可以看作是中美两国在地区问题上的新一轮利益调适。

中美关系中的利益调适

31 年来的中美关系从总体上来说是利益驱动的。在两国关系发展的各个阶段，两国不断确认共同利益，又不断进行利益调适。

在 20 世纪 80 年代和 90 年代，两国在双边关系的三个大的方面进行利益调适：台湾问题、人权问题以及经贸关系。自然，这三个方面的调适都没有结束。进入 21 世纪，中美关系的基础越来越广阔，范围大大拓展，包括了越来越多的地区和国际问题，有的学者把它称为两国关系的“全球化”。但如同一个硬币有两面，中美两国间的共同利益拓展了，两国利益的相互冲撞也随之增加了。这主要表现在地区和全球性问题上。

以现在令人瞩目的东南亚来说吧，美国在这里面临的局势是复杂的。因为美国在越南打了美国人自己承认的历史上第一次失败的战争，越战结束以后，美国长期对东南亚提不起兴趣，也缺乏对东南亚的明确的战略。东盟不是由美国主导的地区组织，东盟成员国的历史背景、社会文化、意识形态、经济发展水平等状况都不一样，甚至差别很大，美国对这些国家的兴趣和政策也大不一样。东盟的兴起本身就是对美国战略的挑战。1995 年美越关系实现了正常化，但战争遗留下来的创伤还在干扰两国关系。在 1997—1998 年东亚金融危机期间，克林顿政府反应迟钝，无所作为，此后

① 几年前，当中国在关于朝核问题的六方会谈中担当东道主时，就有美国学者认为，“朝鲜半岛正在重新进入中国的势力范围”。（美国波士顿大学教授陆伯彬 2006 年 6 月 21 日在美国所作的报告。）

也就只好默许由东盟主导地区合作进程，东南亚几乎处在美国外交的边缘地位。“9·11”后，美国把这里视为反恐的第二战场，但美国的强硬政策与这里的一些穆斯林大国如印尼发生分歧，2006年6月拉姆斯菲尔德访问印尼时，他与印尼国防部长苏达索诺会谈的时候发生争吵，记者招待会上又公开争吵。苏达索诺公开表达对美国的不满，称“美国不要把自己强硬的反恐手段强加给他国”。[1]除了反恐，美国对于东南亚似乎不再有多少别的兴趣，美国长期拒绝签署《东南亚友好合作条约》，国务卿赖斯两度缺席东盟地区论坛，美国对东南亚的投资和贸易整体呈现下降趋势，[2]美国国内就有学者批评布什政府忽视了东南亚。而与此同时，中国在崛起，中国与东南亚国家之间的关系在改善。中国在东亚金融危机期间对东南亚国家施以援手，坚持人民币不贬值，并竭力增加从东南亚的进口；并通过“10+1”、“10+3”、东盟地区论坛等机制不断增加对这个地区的影响力。如今中国—东盟自贸区已经正式开始运行，中国与东盟的经贸合作驶入了快车道。在东南亚美国对于力量“失衡”的感觉比在东北亚更加强烈，奥巴马政府才要这样高调地宣布“我们回来了”，虽然美国从来都没有离开过。

笔者不是说，只有中国可以发展与东盟的关系，美国就不能改善与东盟各国的关系。美国当然也可以加强与东盟的合作，只要这种合作有利于地区的稳定。在2009年11月的中美《联合声明》中中方就表示，欢迎美国作为一个亚太国家为本地区和平、稳定与繁荣作出努力。但是就此次美国介入关于南海的领土争议来说，是与上述中方的愿望背道而驰的。此次希拉里·克林顿在东盟地区论坛上发难，提出南海的领土争议问题，无论从内容还是提出问题的方式都是很不恰当的。首先，美国从来都不是南海领土争议的一方。以前美国历届政府的立场都是保持中立。约瑟夫·奈在担任克林顿政府助理国防部长时曾表示，美国南海政策的要义就是“积极的中立主义”。直到去年，美国国防部长盖茨在访问马尼拉期间还向新闻界表示，美国的现行政策是不介入南海岛屿的领土主权争端。[3] 现在奥

① 王缉思、倪峰、余万里主编：《美国在东亚的作用》，时事出版社2008年版，第33页。

② 参见唐笑虹《奥巴马政府的东南亚政策与美国—东盟关系的发展》，《和平与发展》2001年第3期，第43页。

③ 参见蔡鹏鸿《美国南海政策剖析》，《现代国际关系》2009年第9期，第2页。

巴马政府要改变以往的中立政策，要介入关于南海的领土争端了。其次，关于这个争端，中国主张中国与有关国家进行双边谈判，而一些东南亚国家要求进行多边谈判，希拉里·克林顿在讲话中表示赞成通过“合作的外交努力”来解决，实际是支持进行多边的谈判。这就在意见不同的两方中表示支持其中的一派。再次，希拉里·克林顿大谈国际法和海洋法，却闭口不提关于南海争议的历史依据，好像这种争议是今日才有的，这是一种很片面的立场。在东盟地区论坛这样庄严的国际场合以这样片面的方式提出问题，就是对中国立场的挑衅，是在中国与其东南亚邻国之间制造不和，挑拨离间。这样做的结果无疑只会把问题搞得更加复杂、更加麻烦，“越帮越忙”，更不利于问题的解决。

从另一方面说，美国与东南亚国家发展关系也是有限度的。首先，从美国方面看，东南亚在奥巴马政府的工作日程上排在了很后边。从国内来说，经济复苏、创造就业岗位肯定是对中期选举乃至对奥巴马能否连任最具有关键意义的事情。接下来还有移民、气候变化等一大堆问题。从外交来说，阿富汗和巴基斯坦反恐进展如何显然是对2012年大选具有重要意义的因素，此外还有核不扩散（包括伊朗和朝鲜的核问题）、中东和平进程、从伊拉克撤军等一系列问题。这些问题的紧迫性、重要性都超过美国与东南亚的关系，所以奥巴马政府可以花在东南亚的精力是有限的。再从东南亚国家来看，它们毕竟与中国山水相连，毗邻而居，双方之间有着许许多多的联系和共同利益。一些东南亚国家对中国的迅速崛起有担心、有戒备，中国设身处地也可以理解。但如果真的出头露面来反对中国，那就只能使它们自己更不安全，使它们自己的国家利益受到损害。现在美国拉拢这些国家，实际上是想利用这些国家为美国平衡、牵制中国服务；这些国家在中美两国之间周旋是为了获得多一点的安全感，并在经济上得到一些好处。美国与这些国家之间也就是相互利用罢了，笔者认为美国在东南亚拼凑所谓亚洲版小北约这种可能性微乎其微。实际上，与美国走得最近的国家、美国的盟国菲律宾在8月9日对美国贸然插手南海事务就公开说了“不”。针对希拉里·克林顿所说的美国在南海“有国家利益”，菲律宾外长阿尔韦托·罗慕洛在当天的记者招待会上明确地说，南海谈判应该严格地在东盟国家与中国之间进行，不需要美国或其他任何第三方的介入。[①]显然，他对希拉里·克林顿的“帮忙”并不领情。

中美两国可以避免战略摊牌

对于当前的事态发展，国内和国外的媒体上有种种估计和预测，有的认为，随着中国的崛起，中美两国“可能会陷入逐渐升级的战略竞争”，中美之间的战略摊牌可能会加速到来，甚至发生战争，或者“代理人战争”（中国与美国在东南亚的代理人之间的战争）。笔者认为这种估计未免过于悲观。中美之间的战略摊牌没有历史的必然性。

首先，两国之间的种种纠葛没有改变两国具有广泛共同利益这一中美关系的基本属性，尤其是经济上的相互依赖。这种相互依赖确实已经把两国捆绑在一起，谁也离不开谁。

其次，两国之间的纷争也没有改变双方合作共同应对非传统安全威胁的重要性，无论是在应对自然灾害、传染性疾病到气候变化（处理人与自然之间的关系），恐怖主义和大规模杀伤性武器的扩散（处理人与人之间的安全关系），以及全球金融危机（处理人与人之间的经济关系）中都是这样。

再次，两国之间的纷争也没有改变中国与国际体系的关系。过去31年来，中国是在现存国际体系内得到发展的。这个体系是由以美国为首的西方建立起来的，是由美国主导的。中国可以在这个体系内发展、美国和西方可以容忍中国的发展这样一个事实是传统的国际关系理论所无法解释的，但它却是一个事实。这里有两个基本要素。一个是，中国不挑战现存的国际秩序，实质是不挑战美国的霸权地位。实际上，从邓小平当初进行改革开放就定下了这个方针。在苏联解体、冷战结束时他又重申了这个方针。他说的“不扛大旗不当头”，实际上是说不扛反美的大旗，不当反美的头，不学苏联，不挑战美国的霸权地位。过去30多年中国就是这样做的，今后也还会这样做下去。当然对于美国损害中国利益的行为我们要说不，要坚决斗争，

---

① 《菲律宾反对美插手南海》，《环球时报》2010年8月10日第1版。

但那与挑战美国的霸权地位是两回事。第二个要素是，美国或者认为中国的发展没有威胁到它的根本利益，或者认为已经不可能再组织起一个集团（如在冷战时期那样）来阻止中国的发展。这里情况比较复杂，在美国国内也有各种各样的看法，从 90 年代以来就一直有关于“中国威胁”的辩论，在各个时期关于“中国威胁”的调门也不一样。但是，在美国政界和学界有两点基本的共识：第一，中国的发展是遏制不了的。上面提到的 2005 年 9 月佐利克的讲话就是这种共识的一个表现。2009 年 9 月副国务卿斯坦伯格发表了类似的讲话，他表示“我们准备欢迎中国作为一个繁荣的成功的大国登场”，[①]美国是不是真的准备好了是另一回事，但他这样说，实际上表示美国意识到中国的发展是不可遏制的。第二，在全球化的时代，要组织起一个遏制中国的同盟是不可能了。上面已经提到，即使美国的盟国，如日本和韩国，都已经与中国发展起了这样深刻的经济相互依赖关系，谁也不想改变这种相互依赖。在全球化时代，国家之间已经结成了错综复杂的利益关系网，你中有我，我中有你。国家与国家之间的关系已经不像冷战时期那样泾渭分明，非白即黑。两国之间在某一问题上有共同利益，但在别的问题上又意见不一。这种情况在当今世界上太多了。这种全球化时代的新特征是中国崛起的重要外部环境。

美国要调整对中国的心态

随着中国的发展，中美之间在地区和全球性问题上进行进一步的利益调适势在必行。毋庸讳言，中国的国家利益在拓展。在 20 年前，海上航行安全显然没有像现在对中国这样重要。现在中国 90% 的对外贸易通过海上运输，在每年通过马六甲海峡的 5 万艘船中近六成驶向中国。海上安全成为中国的紧要问题。2009 年 1 月在联合国授权下中国战舰加入多国海军舰队，赴非洲亚丁湾护航，这是中国海军首次走出太平洋执行战斗任务。

① “Administration's Vision of the U. S. -China Relationship”, Deputy Secretary of State James B. Steinberg's Keynote Address at the Center for a New American Security, Washington, D. C., September 24, 2009. http://www.state.gov/s/d/former/steinberg/remarks/2009/169332.htm.

美国显然不能再把中国定位为一个“大陆国家”，显然不能再把中国海军的活动范围限制在所谓“第一岛屿链”之内。中国过去与非洲的关系，尤其是与拉丁美洲的关系十分有限。现在中国要发展全方位的外交政策，肯定会加强与非洲、拉美的关系，在美国可能又会有人对这一事实提出种种质疑。这些都需要两国之间进行深入的沟通，合情合理地予以解决。这对两国关系的稳定是绝对必要的。

对于正在发展中的中国，美国要进一步调整心态。这里主要有三个方面。

首先，美国要确实准备接受一个繁荣和强大的中国，要消除对中国发展的过敏心理。这话说起来容易，做起来难。美国的心态是“老子天下第一”。美国人不仅不能屈居第二，甚至连并列第一也不能容忍。现在中国不跟你争这个老大。中国不仅没有这个能力，也没有这个意愿。但美国也要认识到，每个国家都有生存和发展的权利。中国贫穷落后的时间太长了，不能老是落后下去，中国有发展的权利。即使将来有一天中国的 GDP 总量真的赶上和超过了美国，就人均来说比美国还是差得很远。中国人永远不会照搬美国人的生活方式。美国的军费占世界的将近一半。美国的军事装备和设施别说与发展中国家比，就是与其他发达国家比都遥遥领先。可是现在中国增加一点军费，改善一点武器，美国就有专家说“改变了亚太的军事平衡”，未免太言过其实了。这里有美日同盟，美韩同盟，美国与澳大利亚、菲律宾、泰国等的军事同盟，美国还在关岛不断增强军事部署，中国这点兵力如何能够“改变亚太的军事平衡”呢？在许多中国人看来，美国的这种说法是“只许州官放火，不许百姓点灯”。美国人的这种心态是一定要改变的。中国的“四化”本来就包括了国防现代化。中国的军事力量是一定要现代化的，将来中国也会拥有航母，拥有“蓝水海军”。调整心态，欢迎和接受中国的军事力量现代化才是正确的办法。不然，不仅中美两国之间会摩擦不断，而且美国自己整天忧心忡忡，日子也会过得很不舒服。

其次，美国要习惯于其他国家有自己的利益，与美国不同的利益，因而在一些国际问题上有不同的政策和做法。只要是两个不同的国家，就会有不同的利益。即使盟国也不例外。上面提到的这些年来美日同盟的调整、美韩同盟的调整就是例子。近几年来美国政界和学界的一些人对中国关于国家利益，尤其是核心利益的阐述有意见，说你们核心利益的清单越来越长。其实，中国的国家利益比美国的国家利益简单得多了。第二次世界大战以后，美国把它的国家利益划到了全世界。中国可没有这样。

诚如前面所说，中美关系是利益驱动的，在今后两国之间还会不断地进行利益调适。在利益调适的过程中，相互尊重对方的核心利益是一个重要的原则。南海涉及中国的主权和领土完整，涉及中国的核心利益，但它不是美国的核心利益。美国说要保持这里的航行自由，这里航行从来没有不自由过，所以提出这个问题是一个伪命题。至于美国的军用舰只和飞机要到中国的专属经济区里来进行侦察活动，那就要依照有关的法律办事，不能与航行自由混淆起来。

再次，美国要改变居高临下、唯我独尊的心态，更加平等地对待别的国家。在去年 11 月中美《联合声明》中就写进了“双方本着平等和相互尊重的精神处理有关分歧”，但这也是说起来容易，做起来难。美国当超级大国时间太久了，总习惯于充当国际警察，对别的国家挥舞指挥棒，甚至粗暴干涉别国内政。这两年来，美国国内对单边主义已经有了一些反省。但是当这种居高临下的态度已经成为一种政治文化的时候，真的要改不是容易的事情，甚至可能是痛苦的过程。但这个问题总是要解决的。

31 年来的中美关系给了我们两条基本的经验：第一，两国关系从来都不是一帆风顺的，我们总要准备对付各种摩擦、麻烦、困难、起落；第二，就如邓小平在中美关系最困难的日子所说的，“归根到底中美关系是要好起来才行，这是世界和平和稳定的需要”。[①]当前两国关系中碰到一些新问题，以后还可能会有别的问题，如关于新的国际机制的构建问题，两国之间不会没有斗争，甚至可能有尖锐的斗争。但是既有斗争，又有合作，这就是中美关系。

（原载《当代世界》2010 年第 9 期）

---

① 中共中央文献研究室编：《邓小平年谱，1975—1997》（下），中央文献出版社 2004 年版，第 1304 页。

中美关系与中国融入国际体系

中国改革开放的进程就是融入国际体系的进程，笔者认为32年来这个进程大致经历了四个阶段：第一阶段从1978年底至1989年中，邓小平发动了改革开放，党的十一届三中全会和十二大决定实行工作重心的转移，中国开始实行一整套与过去非常不同的政策和做法；第二阶段，80年代末到2000年，中国抵制了冷战结束、苏联解体对中国的冲击，既坚持了社会主义，又坚持了改革开放，第三代领导人坚持邓小平有中国特色的社会主义的理论，中国就加入世界贸易组织与各国达成协定；第三阶段从2001年到2009年，中国加入世界贸易组织，北京申办和成功举办奥运会，上海申办和成功举办世博会，中国更好地向世界展示自己，改革开放从经济层面向文化层面拓展；第四阶段，2009年以后，中国与国际社会合作应对金融危机，应对气候变化，在地区和国际事务中发挥更大作用。

中国融入国际体系的一个关键问题是处理与美国的关系。在过去32年中，中国在以美国为首的西方主导的国际体系中得到了发展；而另一方面，美国也从中国融入这个体系得到了很大的好处，虽然中美关系从来都不是一帆风顺的，但从总体来说，一个现存的超级大国与一个正在迅速崛起的大国不但实现了和平共处，而且建立起了一种相互依赖、互利双赢的关系，这种情况是传统的国际关系理论所不能解释的。因为按照传统的说法，新崛起的大国必然挑战现存的国际体系，必然与既在的大国发生矛盾和冲突，两者之间的战略摊牌是不可避免的。[①] 那么到底是哪些原因使中

① 对这一点说得最明确和最坦率的是大家熟知的美国学者米尔斯海默，他坚称，作为国际体系的主导者，美国的国家利益是与美国在国际体系中的霸权地位紧紧联系在一起的。崛起的中国与仍然处在霸权地位但正在走向衰落的美国必将爆发冲突。这是守成的霸权国家与新兴的霸权国家之间无法避免的最后摊牌。See, for instance, Zbigniew Bzrezinski and John Mearsheimier, "Clash of the Titans", *Foreign Affairs*, January/February 2005, pp. 46－50.

国过去32年的发展打破了这种传统规律，使中国能够超越大国竞争、最后走向对抗的宿命，而走出一条与美国和平共处、寻求互利双赢的发展道路呢？本文试图从时代的角度、中国的角度、美国的角度对这一问题进行初步的探讨。

一 时代的角度

邓小平发动改革开放一方面是基于对中国自身经验的深刻总结和中国自身需要的强烈意识，另一方面是基于对国际形势的洞察。在“文化大革命”中中国的口号是“备战、备荒、为人民”，是“深挖洞、广积粮、不称霸”，是“不是战争引起革命就是革命制止战争”，总之，国际形势的发展方向不是世界大战就是世界革命。如果是那样，当然就没有改革开放可言。在20世纪70年代末80年代初，邓小平经过对国际形势的冷静观察和客观分析，改变了战争不可避免的估计，认为世界和平因素的增长超过战争因素的增长，世界大战是可以避免的，争取较长时期的和平是可能的。[①] 因此我们的时代是和平与发展的时代。这种对时代特性的判断是中国共产党确定新时期路线和方针的基本依据。

过去32年的国际形势发展完全证实了邓小平对国际形势的判断。虽然由于民族、宗教、领土和其他原因，局部战争和动荡一直不断，但国际形势总体来说是和平的，中国的周边环境是和平的，尤其是大国之间没有战争。实际上，由于在全球化时代大国之间的关系日益呈现竞争与合作同步加强的趋势，爆发传统意义上大国战争的可能性变得越来越小。[②]就美国来说，它是一个现存的大国，在后冷战时代是唯一的超级大国。它的外交政策目标是保持超级大国的地位，在地区和全球事务中的主导地位。美国的霸权地位不仅是建立在美国国力的基础之上的，而且是建立在现行的国际体系、国际制度之上的。比如说，国际金融体系中以美元作为主要储存

① 田曾佩主编：《改革开放以来的中国外交》，世界知识出版社1993年版，第1—2页。

② 参见高组贵《国际战略与安全环境发展的三大趋势》，《国际问题研究》2010年第4期，第29页。

货币这种做法，既是美国国力的体现，也是一项制度规定，而这恰恰成为美国霸权地位的一个重要依据。所以如果有国家公然挑战美国的霸权地位（如伊拉克的萨达姆是冷战结束后公开挑战美国霸权地位的国家领导人），寻求颠覆现行的国际体系或寻求国际体系的剧烈改变，那是美国所不能容忍的。但中国的改革开放不是这样一个进程，而是中国融入现行国际体系的进程。从改革开放一开始，中国就宣布，中国实行全面开放的战略，既对资本主义国家开放，也对社会主义国家开放；既对发展中国家开放，也对发达国家开放；中国也广泛地参加联合国和其他国际组织的多边经济活动。这个过程是中国改变自己，适应世界的过程，至少头一二十年是这样。在 80、90 年代中国有一个很流行的口号，叫“与国际接轨”。这个说法很实在，也很贴切。由于冷战的原因，由于与国际社会的长期隔离，中国的许多制度、政策、做法都与国际上通行的做法不同，有的甚至格格不入。国际活动，尤其是国际经贸活动要求有统一的标准、一致的做法，中国就必须改变自己来适应世界。一个突出的例子是中国在加入世界贸易组织时有关部门清理、废除的各种大大小小的法规数以千计。既然这样，中国融入国际体系就没有构成对国际体系的挑战，因此美国是可以容忍的。

过去 32 年中中国的发展当然首先得益于中国自身的正确抉择，特别是邓小平提出的改革开放战略，以及中国所实行的各项方针政策的正确。但现存的国际格局基本上保障了中国的现代化建设有一个比较稳定的安全环境和良好的经济环境。也就是说，中国的改革开放和现代化建设得益于现存的国际体系。既然如此，中国自然不会去挑战它、颠覆它，而是要维护它、建设它、改善它。中国维护核不扩散体制是中国维护现行国际秩序的一个典型事例。1998 年 5 月，印、巴相继进行了核试验，从而有可能引发南亚次大陆的核竞赛，破坏国际军控机制。中国与美国一起迅速作出反应，协调政策立场，共同倡议召开安理会五常外长会议。在安理会会议上，中美就南亚核试验发表的联合公报被接受为安理会第 1172 号决议，成为处理南亚问题的指导性文件。两国在印、巴核问题上的合作为国际社会有效制止南亚核竞赛、维护地区和平作出了贡献。朝核问题是又一个例子。中国在六方会谈中扮演了东道主、参与者和美朝之间的调停人的三重角色，只有中国可以起到这样一个特殊的作用。国际社会普遍对此表示肯定。布什总统和美国高官一再对中国所起的作用表示赞赏和感谢。[①] 另一个例子是20世纪的东亚金融危机。在东亚国家货币普遍贬值，直接影响到中国的出口贸易时，中国政府宁愿自己受损失，以负责任的态度宣布人民币不贬值，并且力挺港币，从而避免了东亚国家货币新一轮贬值的浪潮。中国还通过国际货币基金组织向受危机影响最严重的泰国和印度尼西亚提供援助，尽量扩大从东南亚的进口。所有这些措施都有利于东亚各国应对金融危机，稳定金融，恢复经济，也避免了危机波及国际金融体系。

自然，国际体系也不是一成不变的，它本身也在变化。实际上，后冷战时期国际形势的一个特点就是国际体系以和平渐进的方式持续变革，比如世界贸易组织在90年代进行了乌拉圭回合的谈判，现在正在进行多哈回合的谈判，等多哈回合谈成了，货物贸易，尤其是农产品贸易和服务贸易又会有新的规矩。中国是最大的发展中国家，经济规模比较大，中国融入国际体系肯定会给国际体系带来影响。但迄今为止的情况清楚表明，中国对国际体系的影响是正面的、积极的，中国与国际体系是良性互动的关系。

我们这个时代的另一个显著特点是世界经济加速全球化。美国无疑是从中受益最大的发达国家。中国的发展也得益于全球化。中国几代领导人高瞻远瞩，明智决策，克服障碍，积极参与全球化，保证了中国经济持续高速增长。中国在现代化过程中要经历大量劳动力从农村向城市转移的过程，这既是中国的一个优势，又是挑战。当发达国家和地区实行产业升级换代、将劳动密集型产业外包时，中国大量引进外资，为中国大量城镇人口和农民工提供了就业岗位，在相当程度上促进了中国的城市化过程，推动了中国经济的迅速增长。中国是引进外资最多的发展中国家。截至2009年底，外商投资总额已达1万亿美元，在华投资的外企达到68万家，世界500强中的西方跨国公司几乎都已进入中国。外资企业产值占我国工业

① 2003年10月19日，鲍威尔国务卿在接受CNN记者采访时说："总统致力于这一问题的外交解决、政治解决……他向中国国家主席胡锦涛表示，'请你们继续发挥你们已在发挥的重要作用，作为我们的前导，担任六方会谈的召集人和六方会谈的参与者'。" Interview by John King of CNN", Bangkok, Thailand, October 19, 2003, http://www.state.gov/secretary/former/powell/remarks/2003/25346.htm.

产值的30%以上，纳税占20%以上，出口占56%以上，创造就业岗位5000万个。自然中国今后要实行经济转型，要提高经济增长的质量，强调经济增长中的技术创新成分、自主知识产权成分，但由于中国人口众多，劳动力资源丰富，劳动密集型产业即便在今后相当长时间内仍然是必须倚重的。

中国加入世界贸易组织是中国经济进一步全球化、市场化的一个标志，是中国领导人趋利避害、把中国经济进一步推向国际大舞台的重要举措。实际上，中国"入世"进一步改善了中国经济发展的外部环境，刺激了中国经济，尤其是对外贸易的发展。从2001年底"入世"到2008年，中国的对外贸易三年翻一番，这是经济学家们事先没有估计到的。中国现在稳居世界第三贸易大国地位，并成为世界最大的出口国、最大的外汇拥有国。中国入世功不可没。对外贸易的迅速增长和外资的大量注入对于中国经济的发展起了强劲的拉动作用，中国经济的持续高速发展也对世界经济尤其是本地区经济的发展起到了积极的促进作用，成为世界经济中一个非常积极的因素。

在世界经济全球化过程中，中国与美国建立了高度相互依赖的关系。两国已经互为第二大贸易伙伴多年。美国是中国最大的出口市场，中国是美国出口增长最快的市场。价廉物美的中国产品节省了美国消费者的开支，①帮助保持了美国的低通货膨胀；美国制造业的大量外包在相当程度上解决了中国的就业问题。②中国从对美贸易中赚取了大量赢余，反过来又用这些美元外汇购买了大量美国国债，以致双方可能已经建立了有的学者所称的"相互确保摧毁"的局面。③即便不是"相互确保摧毁"，至少也是一损俱损，一荣俱荣，而不是零和游戏。自然中美两国的经济关系还不是完全对称的。美国的经济实力比中国强大得多，这里"相互确保摧毁"不

① 在中美第二次战略经济对话前，国务院副总理吴仪于2007年5月17日在《华尔街日报》发表文章指出，在过去十年中，中国输美商品为美国消费者节省了6000亿美元，仅2004年一年就节省了1000亿美元。news. xinhuanet. com/fortune/2007－05/18/con . . . 2007－5－18。

② 产业外包是全球化过程中相当普遍的现象。如果美国不外包给中国，它也会外包给别的发展中国家，因为这些产业，如玩具、制鞋等在美国已经是夕阳产业，完全没有国际竞争力。

③ 庞中英：《美国对华政策的合作与冲突策略》，《国际观察》2010年第4期。

过是相互依赖的另一种说法而已。总之，中美两国经济从总体上来说是互利双赢的，在具体的原料、市场、就业岗位等问题上仍然存在着"零和博弈"，但两国的经济总的来说是在朝着"利益共同体"的方向发展。

后冷战时期的另一个特点是非传统安全威胁突出。这种威胁大致有三类：一类是处理人与自然之间的关系，如自然灾害、传染性疾病、气候变化等；另一类是处理人与人之间的安全问题，如恐怖主义、大规模杀伤性武器的扩散、贩毒、贩卖人口等；第三类是处理人与人之间的经济关系问题，如全球金融危机等。对于这些威胁，没有一个国家可以置身事外，没有一个国家可以单独应对。唯一的办法是国际社会合作加以应对。唯其如此，这些年关于全球治理的讨论非常热门。全球治理毫无疑问缺不了大国的参与。前些时候美国有人提出 G2 的概念，似乎是强调美中两国合作应对全球治理的重要性。中国没有接这个茬，温家宝总理在 2009 年 11 月奥巴马总统来访时还特别就此做了说明，表示 G2 不是中国的政策。但大概没有人怀疑，中美两国的合作对全球治理的重要性。奥巴马总统也一再强调了美中合作对应对国际社会面临的挑战的重要性。他在 2009 年 7 月中美第一次战略与经济对话的开幕式上的致辞中说道："美中关系将塑造 21 世纪，其重要性不亚于世界上任何双边关系。因此，我们必须巩固双边合作伙伴关系，这是我们共同承担的责任。""美中两国拥有共同利益。如果我们通过合作来推进这些利益，我们两国人民和整个世界都将获益，这也是解决当前众多紧迫的全球性挑战的一个先决条件。"①

二 中国的角度

从中国的角度看，与美国寻求和平共处之道是中国现代化建设和融入国际社会的必要条件。1978 年 12 月 16 日（北京时间）中美发表了《建交公报》，两天后，中共十一届三中全会在北京开幕。而全会前的中央工

① The White House, Office of the Press Secretary, "Remarks by the President at U. S. – China Strategic and Economic Dialogue", July 27, 2009. http: //www. america. gov/st/testtrans – english/2009/July/20090727111325bpuh0. 250690.

作会议更是与中美建交谈判同时进行的。这不是偶然的巧合。在邓小平改革开放的大战略中，与美国关系的正常化是重要的一环。美国是西方世界的老大，在当今国际安全体系、经济体系中占有首要地位。如果美国抵制、排拒中国融入国际体系，那中国的改革开放就会遇到巨大的外部障碍和困难。中美邦交正常化之前，虽然不少西方国家已经与中国建立了外交关系，但由于中美没有建交，它们得看美国的眼色行事，所以它们与中国的关系也发展不起来。中美关系正常化能使中国的改革开放拥有一个比较稳定的外部环境。再者，中国现代化建设需要资金、技术和市场，美国作为经济和技术最发达的国家，可能成为中国所需的资金和技术的重要来源，成为中国商品的重要市场。1978 年 12 月中央工作会议期间（也正是中美建交谈判期间），邓小平在谈及中美建交问题时说，“这确实是个大局”。[①] 三十几年来的实践充分证明，当初邓小平的判断是完全正确的。

中国的现代化建设在过去 32 年中取得了举世瞩目的成就，但这没有改变一个基本的事实，中国仍然是一个发展中国家，仍然处在社会主义的初级阶段。这是中国的基本国情。1987 年 10 月，中共十三大对社会主义初级阶段的理论作了系统阐述。这个初级阶段至少要上百年，而中国目前仍远没有超出这个初级阶段。在十三大以后的二十多年中，中国领导人又多次阐明，社会主义初级阶段是需要多代人的努力来加以建设的。最近，在 2010 年 9 月的联大一般性辩论中，温家宝总理的讲话主题就是认识一个真实的中国。中国的一系列对内对外政策都是从这样一个基本国情出发的。

——中国确定了和平发展的方针。中国的发展需要一个长期稳定的和平环境，尤其是周边环境；中国发展的途径是和平的，而不是像新老殖民主义者那样搞侵略、扩张和掠夺；中国发展了，将对地区的稳定和繁荣，对世界的和平和人类的共同发展作出更大的贡献。中国领导人多年来在许多重要的场合强调了中国和平发展的方针。江泽民指出：“历史反复证明，一个国家对于世界和平是否构成威胁，不在于它的国力是否强大，而在于它奉行什么样的内外政策。中国对内一心一意致力于社会主义现代化建

① 童桐等：《改革开放中的美国因素》，《世界知识》2009 年第 2 期，第 15 页。

设，对外坚持奉行独立自主的和平外交政策，我们内外政策的根本原则决不会改变。我们将一如既往地为维护地区与世界和平作出不懈的努力。”①胡锦涛在中共十七大上的政治报告中又重申：“中国将始终不渝走和平发展道路。这是中国政府和人民根据时代发展潮流和自身根本利益作出的战略抉择。”②自然，中国和平发展的战略抉择不仅基于中国的上述基本国情，也是中国的社会主义制度、中国的历史文化传统所决定的。

——中国不输出意识形态，不以意识形态作为区分国家关系亲疏远近的标志。邓小平在反复强调和平共处五项原则时特别指出，国与国的关系不应当以社会制度和意识形态的的异同论亲疏、好恶。这是从中国外交和国际关系的实践中得出来的经验教训。中国曾经实行过“一边倒”和“一条线”战略，出现过以美国划线和以苏联划线的倾向，影响了中国与同美或同苏友好的一些国家的关系。实践证明，世界上绝大多数国家是反对霸权主义、维护世界和平的。国家与国家之间的关系十分复杂，是由地缘政治、地缘经济等许多因素决定的。只有超越社会制度和意识形态，普遍实行和平共处五项原则，才能发展正常的国家关系，营造对中国现代化建设有利的国际环境。③“阳光包含七种色彩，世界也是异彩纷呈。每个国家、每个民族都有自己的历史文化传统”，④一个国家的意识形态是这个国家长期的历史文化积淀的产物，企图输出意识形态，试图以自己的意识形态改变别的国家，结果常常是适得其反。32 年来，中国在外交中实行这一原则，从容不迫地发展与所有国家的友好关系。

——中国不挑战美国霸权。中国不是苏联，中国既没有与美国争夺世界霸权的能力，也没有这个意图。中国当前的综合国力与美国还有很大差距。即使中国将来强大了，也不称霸。这是中国几代领导人反复作出的承诺。既然中国发展的目的不是为了争夺世界霸权，中国当然不会对现存的

---

① 《江泽民论有中国特色的社会主义》，中央文献出版社 2002 年版，第 531 页。

② 胡锦涛：《高举中国特色社会主义伟大旗帜 为夺取全面建设小康社会新胜利而奋斗——在中国共产党第十七次全国代表大会上的报告》（2007 年 10 月 15 日），人民出版社 2007 年版。

③ 参见《改革开放以来的中国外交》，第 6 页。

④ 世界知识出版社编：《努力建立中美建设性的战略伙伴关系——江泽民对美国进行国事访问》，世界知识出版社 1998 年版，第 68 页。

霸权国家提出挑战。最近，在纪念中华人民共和国成立 61 周年的招待会上，温家宝总理在致辞中又强调："中国的发展不会损害任何人，也不会威胁任何人。中国绝不会走'国强必霸'的路子。"[①]

台湾问题是中美关系中最敏感、最重要的问题。中美三个联合公报的核心问题都是台湾问题。实现祖国的最后统一是中国的核心利益。笔者长期以来一直有一个想法：中美关系中有方方面面的问题，但它们对两国关系的重要性是不一样的。如果说，在中美关系中有一个问题处理得不好可能颠覆了整个中美关系，那就是台湾问题。中国几代领导人都十分重视中美关系中的台湾问题。邓小平早在 80 年代就说过，"台湾问题是中美关系中的主要障碍，甚至可能发展成为两国关系中的爆发性问题"。[②] 江泽民也曾对布什说："台湾问题对中美关系的稳定太重要了。"[③]胡锦涛近年来在与布什的多次会晤中反复强调中美两国共同维护台海局势稳定的重要性。[④]可以说，没有在台湾问题上的基本共识，就没有中美关系的稳定。而在台湾问题上，两岸关系是关键；在两岸关系中，大陆的政策又具有主导的作用。有的美国学者说，如何解决台湾问题是对中国和平崛起的考验。近年来中国领导人在推进两岸关系的和平发展方面采取了一系列重要举措，从 2008 年 5 月以来，两岸关系实现了历史性转折，走上了和平发展的轨道，尤其是两岸之间《经济合作框架协定》的签订和即将生效必将对两岸关系产生深远的影响，两岸之间的大交流的局面已经形成。两岸关系的和平发展不是大陆的权宜之计，而是从两岸的实际情况出发的一个战略决策。两岸关系的和平发展也大大降低了美国军事介入台海问题、中美两国发生军事冲突的危险。

---

① 《人民日报》2010 年 10 月 1 日。

② 邓小平：《和平共处原则具有强大生命力》（1984 年 10 月 31 日），《邓小平文选》第 3 卷第 97 页。

③ 江泽民：《对当前中美关系和国际局势的几点看法》，《江泽民文选》第 3 卷第 525 页。

④ 如 2005 年 11 月布什访华时，胡主席在与布什的会谈中表示高度赞赏美方多次重申坚持一个中国政策、遵守中美三个联合公报、反对"台独"。他指出，中美共同"反对和遏制'台独'，维护台海地区和平稳定，符合中美双方的共同利益"。《国家主席胡锦涛与布什总统共同会见记者》，2005 年 11 月 20 日。http：//news. xinhuanet. com/photo/2005 - 11/20/content_ 3808900. htm.

三 美国的角度

中美两国会不会发生冲突，不仅取决于中国，也要取决于美方的态度。美国对华政策在过去32年中，尤其从冷战结束以来有一个演变的过程。

在90年代初，在美国时兴“中国崩溃论”。一些美国政界人士和学者，包括长期从事中美关系研究的学者从东欧的剧变和苏联的解体中错误地推断出一种看法：既然共产党执政70多年的国家都可以这样迅速地分崩离析，为什么中国不会步苏联的后尘?①一些人公开宣称，“中国处在疆土分裂、政治崩溃或民主革命的边缘”。②在他们看来，中国共产党领导的政权的崩溃是指日可待了。中央情报局局长罗伯特·盖茨在任命他的参议院听证会上说，东欧和苏联共产党政权的寿终正寝引导美国的情报部门去“想……想象不到的事情。显然，我们同样需要考虑中国未来可能的选择”③。1992年民主党候选人、阿肯色州州长克林顿也曾说：“中国有一天也会走上东欧和苏联共产党政权的路。美国必须做它能做的一切来鼓励这个进程。”④ 江泽民对90年代初美国对中国的看法有一个精辟的概括：东欧发生剧变，美国有人寄希望于我们“变”。1991年，我国华东地区发生严重水灾，美国有人认定我们要“乱”。这年12月，苏联解体，美国有人认为我们要“垮”。美国1992年向台湾出售F-16战斗机，1995年允许台湾当局领导人访美，美国有人对所谓“邓后的中国”作了种种猜测，加大了对我们的压力，企图把我们压“倒”。但是中国没有“变”、没有“乱”、没有“垮”、没有“倒”，而是形势越来越好，更加发展壮大起来。⑤

---

① See Michel Oksenberg, “The China Problem”, *Foreign Affairs*, Summer 1991, Vol. 70, No. 3, p. 2.

② See Harry Harding, “Red Star Rising in the East”, *The Washington Post*, March 9, 1997, p. X-4.

③ Jim Mann, *About Face: A History of America's Curious Relationship with China, From Nixon to Clinton* (New York: Alfred A. Knopf, 1999), p. 229.

④ *The China Business Review*, January-February, 1993, p. 18.

⑤ 江泽民：《当前国际形势和我们的外交工作》，《江泽民文选》第2卷，第203页。

中国的发展出乎美国一些人的意料。遵照邓小平“冷静观察、沉着应付、稳住阵脚、韬光养晦、有所作为”的战略方针，中国经受住了东欧剧变、苏联解体带来的巨大冲击波，并且坚持改革开放不动摇。尤其在1992年春邓小平南方谈话之后，我国掀起了改革开放的新高潮，经济持续增长。中国这种出乎意料的发展使一些美国人从一个极端走向了另一个极端，“中国威胁论”在90年代中期在美国蔓延开来，尤其在1996年春台海事件之后这种论调在军界迅速高涨。1997年《即将到来的美中冲突》的出版是“中国威胁论”达到高潮的标志。但大部分中国学家还是坚持了客观冷静的看法，不赞成“中国威胁论”。通过论战，客观、理性的认识占据了上风，实现了中美两国领导人的互访，美国国内在对华政策上的共识开始出现。1997年江泽民主席访美和1998年克林顿总统访华是后冷战时期中美关系重新正常化的标志。

但当时美国社会在对华政策上的共识仍然脆弱。由共和党控制的国会对首脑互访强烈反弹，攻击克林顿的访华是对中国的“叩头”，攻击克林顿1998年6月在上海所作的“三不”表态，[①]攻击两国元首达成的建立建设性战略伙伴关系的共识，把中国称作“战略竞争者”。他们还耸人听闻地提出了“中国窃取美国高技术”的问题，拼凑《考克斯报告》，平白无故地制造了“间谍案件”。这些负面的事态毒化了中美关系的气氛。1999年5月发生的美国导弹袭击中国驻南斯拉夫大使馆事件，更使两国关系降到了建交以来的最低点。

但两国关系经受住了严峻的考验。这一时期两国关系具有实质性意义的重大进展是两国就中国加入世界贸易组织达成协定，2000年美国通过了对华永久性正常贸易关系（PNTR）立法。克林顿政府为这一立法付出了巨大努力。共和党总统候选人、得克萨斯州州长乔治·沃克·布什也公开号召国会两党议员支持这一立法。这一立法把两国经贸关系置于新的稳定的基础之上，排除了过去每年因为对华最惠国待遇（1998年后称正常贸易待遇）的审议对中美关系造成的周期性冲击。而中美两国经济上相互依

① 即美国不支持台湾“独立”，不支持“两个中国”和“一中一台”，不支持台湾参加由主权国家组成的国际组织。

赖的不断深入发展则为两国关系提供了源源不断的动力。

2001 年 9 月 11 日恐怖主义对美国的袭击对美国政治、社会、民众的日常生活和心理都产生了深远影响。美国认定恐怖主义是对美国国家安全的主要威胁，使上述关于“中国威胁”的政策辩论基本中止。在“9・11”后的三年多中，美国反对改善中美关系的利益集团的声音比 90 年代小了许多，完全掀不起大浪；即使发表一些言论，也引不起公众注意。美国还认定中国是反恐斗争的合作对象，迅速确立了两国“建设性合作关系”的定位。两国在各个方面的合作，尤其在美国最关心的反恐、防止大规模杀伤性武器的扩散方面的合作成为两国关系中的新亮点。

到 2005 年，“9・11”已经过去四年多了，类似“9・11”的新攻击没有发生。一方面，美国提防恐怖主义再次袭击的措施没有放松；另一方面，像过去几年那样压倒性地关注反恐也是不可能长久继续下去的。而中国的经济和综合国力却在持续快速增长，它在东亚和国际事务中影响力在不断扩大，美国人对中国的担心重又强烈起来。针对这种情况，2005 年 9 月 21 日，美国副国务卿佐利克在美中关系全国委员会发表讲话，系统阐述对华政策。他在讲话中肯定了中国过去几十年中“异乎寻常的经济发展”和不断扩大的国际参与，明确表示，“今天的中国不简单是 40 年代末的苏联”，“美国可以与一个正在上升的中国合作”。同时认为，对中美关系来说，主要的问题是中国如何运用它的不断增长的影响力。他提出，中国应当成为国际社会“负责任的利益攸关方”，中国应当与国际社会更多合作来共同缔造未来的国际体系；美国希望中国寻求“和平崛起”，但不会把赌注都押在这一方面，也就是说，美国还要“两面下注”。[①] 佐利克“负责任的利益攸关方”这个说法后来写进了一系列美国的政府文件，包括 2006 年 3 月的《国家安全战略》，成为一个时期美国对华政策的标准表述。

2008 年 9 月爆发的全球金融危机对国际格局产生了深远影响，由于世界各大经济体或者陷入衰退，或者受到不同程度的影响，而中国的经济克

---

① Robert Zoelick, “Whither China: Membership to Responsibility?”, September 21, 2005. http://usinfo.state.gov/eap/Archive/2005/Sep/22 – 290378/html.

服了负面影响仍然保持了高增长，中国又拥有较多外汇储备，在国际社会应对金融危机的努力中发挥了重要作用，中国被推到了国际舞台的中央，被置于聚光灯下。如果没有金融危机，这种变化或许会在5到10年之内发生，现在变化的时间被缩短，因而变得相当抢眼。奥巴马在几次讲话中都实际上把中国列为美国的竞争对手，如在2010年的国情咨文中讲到发展高速铁路的时候，在关于教育的讲话中。[①]尤其在东亚地区，美国认为在过去这些年中中国在东北亚和东南亚的影响都在增长，而美国由于过分专注于反恐，把过多的力量和资源投在了伊拉克和阿富汗，忽视了东亚地区。中美两国在这里力量和影响的此长彼消挑战了美国的地位，现在美国要在这里重建美国的“领导地位”，美国才这样高调地重返亚洲。

于是在国际上和中国都有一些人在议论，美国是不是在靠发展与中国一些周边国家，如印度、越南的关系来遏制中国，或正在拼凑亚洲版的小北约遏制中国。对此，笔者以为，第一点，“遏制”这个词是冷战时代美国对苏联和社会主义国家的政策，也是尼克松访华之前对中国的政策的概述，冷战早已结束，国际形势发生了根本的变化，现在的情况比那时复杂得多，这个词已经不能准确概括美国现在的对华政策 。确实在美国不乏想要遏制中国的人，笔者也接触过这样的人，但他们不代表美国对华政策的主流。美国现在的对华政策还是一种两手的政策，即一方面与中国进行接触，在有共同利益的诸多领域进行合作；另一方面对中国的崛起又心怀疑虑，因此要实行牵制、平衡的政策，包括加强与中国邻国的关系，防范中国挑战美国在亚太地区乃至全球的利益。实际上还是佐利克所说的“两面下注”。美国政策的接触和牵制这两手都在加强。但总起来说，中美两国的共同利益大于分歧，合作是两国关系的主要方面。第二点，关于亚洲版的小北约，笔者认为是完全不现实的。冷战结束后，国家利益变得错综

---

① 在2010年的《国情咨文》中他说：“从最早的铁路到州际高速公路网，我们国家都在竞争中领先。现在没有理由让欧洲或中国发展比我们更快的火车，或建立生产清洁能源产品的新工厂。”“State of Union Address”, www. huffingtonpost. com/2010/01/27/state-of-the-union. 在2010年9月14日关于教育的一次讲话中他说：“当别的国家正前所未有的与我们进行竞争，当中国北京的孩子、印度班加罗尔的孩子比以前都更加用功，比以前都学得更好时，你在学校里的成功不仅将决定你自己的前途，而且将决定美国在21世纪的成就。” Obama’s Back-to-School Speech, September 14, 2010, blogs. suntimes. com/sweet/2010/09/obamas_ back-to-school_ speech_ 2. html.

复杂，中国的经济增长和对周边国家实行的睦邻政策，使中国与周边国家形成了高度相互依赖的关系，中国现在是日本、韩国、澳大利亚的最大的贸易伙伴，中国—东盟自由贸易区从今年起正式运行，中国与印度的贸易近年来也大幅度增长。虽然中国与有的周边国家之间还有一些分歧，包括领土争议，但这些国家与中国比邻而居，山水相连，笔者认为，它们不会因为美国的一些忽悠，就一头扎到美国怀里，与美国结成反对中国的同盟。南海的问题曾经在东盟地区论坛上成为热点。但在 9 月下旬的美国—东盟峰会（实际上只是在联合国大会期间奥巴马与各国领导人匆匆忙忙地用了一顿午餐）上这个问题却没有提起，在会后发表的联合声明中根本没有提到南海，多少有关的只是声明 25 点中的第 18 点，“根据相关的普遍接受的国际法原则，包括联合国海洋法与其他国际海事法规，以及和平解决争端的原则，重新确认地区和平与稳定、海上安全、不受阻碍的商业与航行自由的重要性”。[①] 东盟地区论坛后，美国助理国务卿坎贝尔也在一些场合讲到，美国愿意支持一种程序，鼓励中国与其邻国就南海等处的领土争端进行对话，美国不会直接介入其中。他也坦率地承认，东盟国家没有寻找一个调解人的愿望。

在中国和美国都常常会有人问到，美国对中国的定位到底是什么？实际上，这种定位也是有变化的。冷战结束后，一个著名的说法是“非敌非友”。美国学者提出后，中国学者中许多人也接受了。近来，有的美国学者又有一种说法。他们把美国与世界各国的关系划分为六种。在坐标右边的依次是：伙伴、盟友、英语国家（partners, allies, English speaking countries）；在坐标左边的是竞争者、对手、敌人（rivalries, adversaries, enemies）。而中国是处在伙伴和竞争者之间。实际上，现在的奥巴马政府正是这样定位两国关系的。在 2009 年 11 月访问东亚之前接受路透社采访时奥巴马说：“我把中国看作是至关重要的伙伴（a vital partner），同时也是竞争者（competitor）。对我们来说关键是要确信，竞争是友好的，是为着顾客和市场，是在中美两国都是其成员的国际规则范围之内的……在一些

① “Joint Statement of the 2nd U. S. -ASEAN Leaders Meeting”, New York, September 24, 2010. www. whitehouse. gov/the-press-office/2010/09/24/joint. .

关键性的问题上，如气候变化、经济复苏、核不扩散等，很难看到没有两国的合作我们两国中的一方可以达到各自的目的。”①奥巴马把中国既当成伙伴，又视为竞争者，说得还算实在，与中美关系的实际状况比较吻合。

在过去32年中，处理好中美关系对于中国融入国际社会是重要的，以后也还是这样。中美关系中的具体问题会有所变化，但两国关系的基本格局大致也还是这样。中美关系的发展是两国不断进行利益调适的过程。但如同一个硬币有两面，中美两国间的共同利益拓展了，两国利益的相互冲撞也随之增加了。这主要表现在地区和全球性问题上。这个调适的过程会有利益冲撞和博弈，可能会有痛苦，但最后，双方都会感觉可以忍受，或者还比较舒服。今后一个时期中美关系中可能会有较多的麻烦，但这些麻烦和摩擦会在可控的范围内，利益调适的过程是可以管理的。两国从政策的决定到实施，从大政方针到具体的策略，从应对突发事件到日常交往，从事关全局的大问题到具体问题的处理都已经积累了相当丰富的经验。虽然中美关系从来都不是一帆风顺的，但两国是可以避免战略摊牌的。

（原载曲星主编《后危机时期国际格局演变与中国的和平发展环境》，时事出版社2011年版）

① Obama's Interview with Reuter, November 9, 2009. http: //www. reuters. com/article/2009/11/10/us-obama-text-idUSTRE5A902Q20091110.

美国对台湾政策的演变

半个多世纪来，台湾问题一直是中美关系的核心问题，是中美关系中最重要、最敏感的问题。每一次中美关系的大调整都伴随着美国对台湾政策的调整。直到现在以及在可以预见的未来，美国对台湾的政策也会在很大程度上影响中美关系，在很大程度上影响中国完成国家统一的大业。今天的美国对台湾政策是历史演变的结果，在许多方面，都还与历史有密切的联系。本文旨在对美国对台湾政策在半个多世纪中的来龙去脉做一个历史的考察，着重阐明那些历史的关节点，以便更清楚地了解今天的美国对台政策。

一 提出和宣扬“台湾地位未定论”

1949 年 10 月中华人民共和国成立以后，美国对新中国的政策没有立即定型，美国决策者内部有不同意见。[①] 但当时美国政府中的主流意见是从中国的内战中脱身。1949 年 12 月下旬，国务院向驻外使领馆发出一份内部文件，其中说，台湾落入共产党之手，国民党的垮台是意料中的事，为了防止此事可能给美国声誉带来的损害，应当运用一切材料向公众宣传，台湾没有什么战略价值，没有特殊的军事意义，台湾的丢失不会严重损害美国和其他反共国家的利益，台湾问题完全是中国政府的事情。[②] 1950 年 1 月 5 日，杜鲁门就台湾问题发表声明，他重申美国历来的门户开

---

① 美国学者中对这一问题的最详尽的阐述见唐耐心《艰难的抉择——美国在承认新中国问题上的争论》，复旦大学出版社 2000 年版。

② Franz Hunt, *The United Story of Douglas MacArthur* (New York: The Davin-Adair Company, 1954) pp. 448 – 449.

放政策，保证美国遵守《开罗宣言》和《波茨坦公告》关于台湾归还中国的规定，并称：

> 美国对台湾和其他中国领土都没有掠夺意向。美国目前无意在台湾获取特别权利和特权，或建立军事基地。美国亦无意使用武装力量干预现在局势。美国政府将不遵循足以使之卷入中国内争的方针。同样地，美国将不对在台湾的中国军队提供军援或军事上的意见。①

这是美国政府明白无误地表示遵守国际协议、不干涉台湾问题的一次政策宣示。但在这个声明中也埋下了一个钉子，那就是笔者加了着重号的“目前”二字。它为美国的反悔留下了后路。实际上，杜鲁门的声明言犹在耳，美国政府内部的反对派就开始反攻，各种主张援助台湾的国民党力量，防止人民解放军解放台湾的建议纷纷提出，其中最突出的是当时在日本担任盟军总司令的麦克阿瑟（Douglas MacArthur）。他在1950年5月29日和6月1日连续两次提出关于台湾的备忘录，强调台湾对于美国的战略重要性，称它是从阿留申到菲律宾这个沿海岛屿链不可缺少的一环，他说：“台湾在共产党人手中好比一艘不沉的航空母舰和潜艇供应站，其十分理想的地理位置既能实现苏联的进攻战略，又能挫败以冲绳和菲律宾为基地的美军的反击行动”，他竭力主张援助在台湾的国民党军队，“防止台湾被一个共产党国家所统治”。②

甚至在国务院内，对台湾政策的说法也在发生微妙的变化。可以说，在朝鲜战争爆发前夕，美国改变对台湾政策的酝酿渐趋成熟。朝鲜战争的爆发为这种改变提供了一个契机。

6月25日，朝鲜战争爆发。这是朝鲜的一次内战，但美国政府却认为这是苏联全球战略的一部分，是苏联“对美国在全球领导地位的挑战”。美国政府立即作出反应，向南朝鲜军队提供援助。27日，杜鲁门发表声

① *The U. S. Department of State Bulletin*, Vol. 22, No. 550 (January 16, 1950), p. 79.

② The U. S. Department of State, ed., *Foreign Relations of the United States* (*FRUS*), 1950, Vol. 7, pp. 161 – 165.

明，其中第二点是：命令第七舰队开进台湾海峡，以阻止中国大陆对台湾和台湾对中国大陆的一切海空行动，在朝鲜战争中将台湾海峡“中立化”。关于台湾，他特别说，台湾“未来地位的决定，必须等待太平洋安全的恢复、对日和约的签订或经由联合国的考虑”。[①]杜鲁门的这一说法不但与《开罗宣言》和《波茨坦公告》背道而驰，而且也与他1月5日的声明大相径庭。这是美国政府作为政府的政策第一次公开提出“台湾地位未定论”。这种政策一经提出，就延续了20多年。28日，周恩来总理发表声明，严正指出，“不管美国帝国主义采取任何阻挠行动，台湾属于中国的事实，永远不能改变”，中国必能“收复台湾和一切属于中国的领土”。[②]

1951年9月，美国煞费苦心筹备了四年之久的对日和约会议在旧金山举行。由于美国的阻挠，中华人民共和国没有派代表出席会议。由于在一系列原则问题上的分歧，苏联等国代表没有在对日和约上签字。由美国操纵的和会最后通过的和约关于台湾问题是这样表述的：“日本放弃对台湾及澎湖列岛的一切权利、权利根据与要求。”[③]这一表述显然是从《开罗宣言》的倒退，是杜鲁门先前提出的“台湾地位未定论”的一个翻版。

在1954—1955年和1958年的两次台湾海峡危机期间，美国政府进一步贯彻这种“台湾地位未定论”的政策主张。1954年秋，美国策划了一个方案，打算把沿海岛屿问题提交联合国，实现所谓“安理会停火”，在征得英国和新西兰同意后，由新西兰向联合国提出。提案的实质是：联合国将持续关心沿海岛屿的局势，以表示长远解决的某种可能。由联合国来介入一个主权国家内部的问题，这是“台湾地位未定论”的进一步实施。一旦联合国介入，把台湾从中国割裂出去的阴谋就算开了一个头。[④]但当1955年1月新西兰在美、英支持下向联合国提出这一方案时，它遭到了海峡两岸同样坚决的反对。周恩来总理兼外交部长在多个场合严正指出，新西兰提案“包含一个阴谋，那就是把属于中国内政的事情……放在国际舞

① 世界知识出版社编：《中美关系资料汇编》第二辑上，1960年版，第89—92页。

② 同上。

③ 田桓主编：《战后中日关系文献集》，中国社会科学出版社1996年版，第102—103页。

④ *FRUS*, 1952 - 1954, Vol. 14, pp. 577, 651 - 653, 663 - 664；顾维钧：《顾维钧回忆录》第11分册，中国社会科学院近代史研究所译，中华书局1990年版，第347—349页。

台上，这是要造成‘两个中国’，要割裂中国的领土”；“首先一个问题是，一切努力都不能容许落入两个中国的圈套里。现在国际上有一个阴谋，要在台湾地区搞成两个中国的形势。正因为这个原因，所以新西兰的提议是不能同意的”。[①]

台湾当局认为“停火”等于要台湾放弃“反攻大陆”，是制造“两个中国”的前奏，因此同样强烈地反对这个提案。也是在这个时候，“两个中国”的观点开始在美国流行。甚至艾森豪威尔也在一次记者招待会上说，“两个中国”的方案是“经常被研究的可能性之一”。[②]台湾当局多次抨击新西兰方案和美国政界关于“两个中国”的主张。2 月 8 日，蒋介石在台北国父纪念日大会上发表长篇讲话，斥责新西兰停火案是“荒谬提案”，是“不守正义，不讲公理……乘人之危，落井下石”，“所谓两个中国的奇论，尤其荒谬绝伦”，把新西兰提案骂得狗血喷头。[③]由于海峡两岸的共同抵制，也由于苏联的反对，新西兰提案最后不了了之。

1954 年美台之间还就《共同防御条约》进行了磋商和谈判。美台之间有一项分歧，就是条约的适用范围。台湾方面当然希望把沿海岛屿列入共同防御范围，但美国不同意。美国不想承诺防卫沿海岛屿，只愿将台湾、澎湖列入条约。最后双方经过一再讨价还价，采用了“台湾、澎湖及其附近”这样模糊的措辞。[④]

第一次台海危机之后，美国的政策仍然是企图使台湾与大陆的分离永久化，制造“两个中国”的局面。美国一方面竭力加强台湾的防卫，一方面要求台湾当局放弃防守金门、马祖等沿海岛屿。1955 年 4 月，参谋长联席会议主席雷德富（Arthur Radford）和负责东亚事务的助理国务卿饶伯森（Walter Robertson）赴台与蒋介石谈判。蒋坚决拒绝撤出金门、马祖等沿海岛屿，声称，不管有没有美国的帮助，他都要保卫金、马；他宁愿在防

---

① 中华人民共和国外交部、中央文献研究室编：《周恩来外交文选》，中央文献出版社 1990 年版，第 106—107 页；中华人民共和国外交部外交史研究室编：《周恩来外交活动大事记》，世界知识出版社 1993 年版，第 100 页。

② 顾维钧：《顾维钧回忆录》第 12 分册，中国社会科学院近代史研究所译，中华书局 1993 年版，第 62—63 页。

③ 秦孝仪主编：《先总统蒋公思想言论总集》第 26 卷，台北 1984 年版，第 257—264 页。

④ 梅孜主编：《美台关系重要资料选编》，时事出版社 1996 年版，第 317 页。

守中失败，也不愿放弃金、马。雷德富和饶伯森没有说服蒋放弃金、马，但至少传达了一个信息：美国不会再帮助他协防金、马。[①]

这一信息使蒋介石警觉。他要紧紧地拽住美国，拖美国下水。从7月起，他不顾美国军事顾问团的反对，开始向金、马大量增兵。不久，驻金、马的蒋军就达到了10万人，占了全部国民党军队的三分之一，而且是其中较为精锐的部分。1956年2月8日，台湾“外交部长”叶公超在答复“立法院”咨询时称，“我政府决心坚持外岛……任何国家不能迫使我放弃外岛”。[②]

在1958年的第二次台海危机中，美国与蒋介石就是否防御沿海岛屿的矛盾又尖锐表现出来。美国一方面派第七舰队为台湾与金、马之间的运输护航，一方面仍然力劝蒋放弃沿海岛屿。蒋坚持己见，并频频接见美国记者，表示，“无金、马就无台、澎”，“到了最后生死存亡关头”，他不相信美国会妨碍他“采取紧急性的自卫报复行动”。[③]美国对蒋诉诸舆论十分恼火。国务卿杜勒斯（John F. Dulles）在9月30日的记者招待会上直言不讳地说，“把如此众多的部队部署在这些岛上是不明智的……是相当愚蠢的……是既不明智又不谨慎的”。[④]次日，蒋介石抨击杜勒斯的表态说：“就假定杜勒斯先生说过据说是他说的话，这也只是单方面的声明，因此我的政府没有任何义务来遵守它。”[⑤]美蒋矛盾由此公开化。

为了解决这一矛盾，10月下旬，杜勒斯访问台湾。杜勒斯在一项书面文件中要台湾当局表示停火的意愿，承诺不以武力打回大陆，不以沿海诸岛来封锁厦门和福州，不以这些岛屿作为进攻大陆的跳板，并减少在这些岛屿的驻军。台湾当局强烈反对。“外交部长”黄少谷称，“这等于让本政府自愿承认‘两个中国’的概念”，这是不可能的。最后经过反复讨价还价，双方达成一项公报，其中最重要的两点内容是：应蒋的坚持要求写

① *FRUS*, 1955 - 1957, Vol. 2, pp. 511 - 517.

② 陈志奇：《美国对华政策三十年》，台北1981年版，第137页。

③ 《先总统蒋公思想言论总集》，第39卷，第117—126页。

④ *FRUS*, 1958 - 1960, Vol. 19, p. 301; *The U. S. Department of State Bulletin*, No. 1008 (October 20, 1958), pp. 597 - 604.

⑤ 《中美关系资料汇编》第二辑下，第2824—2826页。

上了“双方认为在当前情况下，金门、马祖与台湾、澎湖在防卫上有密切的关联”；在美国的坚持要求下，蒋实际上同意“不凭借武力”反攻大陆。[①]蒋介石接受美国要求是十分勉强的，公报发表后，台湾当局竭力淡化这一承诺，并在不同场合进行“澄清”。

在由国民党保住金门、马祖这一点上，实际当时大陆和台湾是有默契的。杜勒斯上述讲话以后，周恩来10月3、4日在中央政治局常委会上指出，杜勒斯的谈话表明，美国想趁目前这个机会制造“两个中国”，要我们承担不用武力解放台湾的义务。以此为条件，美国可能要台湾放弃所谓“反攻”大陆的计划，并从金门、马祖撤退。杜勒斯这个政策，一句话就是以金、马换台、澎，这同我们最近在华沙中美大使级会谈中侦察美方底牌的情况是一致的。美方在会谈中说的比杜勒斯更露骨。针对美国搞“两个中国”的阴谋，中国领导人决定改变原先先解放金门、马祖等沿海岛屿，后解放台湾的打算，暂不解决金、马问题，而是让这些岛屿继续留在国民党手中。毛泽东认为，金门、马祖留在蒋介石手里，保留了一个大陆与台湾对话的渠道；如果把金门、马祖收回，美国就会把台湾孤立起来，造成“两个中国”的局面。毛泽东决定暂停炮击，加强政治攻势。10月6日，《人民日报》发表《告台湾同胞书》，宣布暂停炮击七天。到13日，又宣布再停止炮击两星期。炮击金门进入了打打停停的阶段。稍后毛泽东在会见著名文史学家曹聚仁时说：只要蒋氏父子能抵制美国，我们可以同他合作。我们赞成蒋保住金门、马祖的方针，如蒋介石撤退金门、马祖，大势已去，人心动摇，很可能垮。只要不同美国搞在一起，台、澎、金、马要整个回来。[②] 这样，在第二次台海危机中，大陆和台湾联手保卫了“一个中国”的原则，粉碎了美国搞“两个中国”的企图。

美国制造“两个中国”企图的另一场所是联合国。起先，美国操控多数，一次一次地对中国在联合国的代表权问题实行所谓“延期审议”或“不审议”，让台湾当局继续占据中国的席位。到了60年代初，随着广大

---

① *FRUS*, 1958 - 1960, Vol. 19, pp. 421 - 425, 428 - 429, 439 - 440, 442 - 444.

② 见廖心文《1958年毛泽东决策炮击金门的历史考察》，《党的文献》1994年第1期，第35页；中央文献研究室编：《周恩来年谱，1949—1976》中卷，人民出版社1989年版，第177—181页。

的发展中国家越来越多地加入联合国，美国的指挥棒也越来越不灵了。1961 年，肯尼迪政府曾考虑在联合国里搞“两个中国”的方案：即中华人民共和国和台湾当局在联合国里各占一个席位。蒋介石坚决反对这一方案。他向美国表明，他的立场是宁可退出联合国，也不接受“两个中国”的局面。他在 4 月给肯尼迪的信中说，“本政府不可能接受‘两个中国’或影响中华民国在联合国合法权利的其他安排”。叶公超在把信递交给国务院时强调，1958 年 10 月杜勒斯和蒋介石签订的联合公报是台湾当局所能作出的最大让步。①最后在十六届联大上以中国代表权问题属于“重要问题案”，需要 2/3 多数通过为由，美国再一次阻挠恢复中华人民共和国的合法权利。

尽管在 60 年代美国操纵联大，年复一年地通过所谓“重要问题案”，赞成恢复中华人民共和国合法席位的国家却是越来越多。到 1971 年第二十六届联大时，美国又变换了手法。8 月 2 日，国务卿罗杰斯（William Rogers）发表声明说，“美国将在今秋的联合国大会中支持要求中华人民共和国入会的行动。同时，美国将反对任何排除中华民国、剥夺它在联合国代表权的行动”。②中国政府对美国这一明目张胆搞“两个中国”的声明予以严厉的抨击。在二十六届联大上，由阿尔巴尼亚等 23 国提出的立即恢复中华人民共和国的一切合法权利、把蒋介石集团的代表从联合国一切机构中驱逐出去的有名的 2758 号提案以 76 票赞成、35 票反对、17 票弃权的压倒多数获得通过，美国、日本等提出的“双重代表权”提案成为废案，美国搞“两个中国”的图谋遭到国际社会的唾弃。

二　对台湾政策艰难的、不彻底的转变

60 年代末，由于国内、国际的种种原因，美国在酝酿对华政策的调整。尼克松总统在 1969 年入主白宫后，即着手把打开中美关系意图付诸实施，终于实现了 1971 年 7 月和 10 月美国国家安全事务助理亨利·基辛

① *FRUS*, 1961 - 1963, Vol. 23, pp. 46 - 48.

② 冬梅：《中美关系资料选编（1971. 7—1981. 7）》，时事出版社 1981 年版，第 82—84 页。

格（Henry Kissinger）的两次访华。[①]

基辛格1971年7月9日在与周恩来的第一次会谈中就表示："关于台湾的政治前景，美国政府不支持'两个中国'、'一中一台'的解决方案。"周恩来问：贵国政府对所谓台独运动持什么态度？基辛格回答："美国政府不支持台独。"[②] 这一表态具有重要意义。基辛格显然懂得，台湾问题是打开中美关系的基础。美国不在台湾问题上作出承诺，打开中美关系是没有希望的。基辛格的表态也使中国领导人心中有了底。这一表态是尼克松得以顺利访问中国、中美关系得以解冻的前提。

在尼克松1972年2月访华时，在22日与周恩来的会谈中，他一开始就谈到了美国方面解决台湾问题的以下原则：

第一，只有一个中国，台湾是中国的一部分，美国不再发表类似"台湾地位未定"的声明；

第二，美国不曾也不会支持任何台湾独立运动；

第三，在美国逐渐撤出台湾时，会竭尽所能运用影响力，阻止日本进驻台湾；

第四，美国支持任何和平解决台湾问题的办法；

第五，不支持台湾方面"反攻大陆"；

第六，谋求与中华人民共和国建立外交关系。[③]

基辛格和尼克松这里说的"不支持"后来一直成为历届美国政府的对台湾政策。为什么这里用"不支持"而不是"反对"，笔者与不少美国学者讨论过这个问题。美国在台协会前理事主席卜睿哲（Richard Bush）是这样解释的：支持是一端，反对是另一端，"不支持"是在这两者之间的什么地方。"不支持"表示美国对台湾问题的最后解决持中立的立场，美国所关注的是解决的过程必须是和平的，最后的解决办法是两岸所接受的。[④]直到现在美国官方也还是这样来解释"不支持"的意思的。

---

① 详见陶文钊《中美关系史，1911—2000》中卷，上海人民出版社2004年版，第七章第三节和第八章。

② Memorandum of Conversation, Kissinger and Chou Enlai, July 9, 1971, pp. 4 – 5.

③ Memorandum of Conversation, Nixon and Chou Enlai, February 22, 1972, pp. 5 – 7.

④ 采访卜睿哲。

上述尼克松表态的第四点是关于和平解决台湾问题。周恩来清楚表明，如果放弃使用武力，就会妨碍中国行使主权，而中国政府是不会接受干涉中国内政的。正是由于这个原因，在美国最初提出的公报草案中有一条：美国对和平解决台湾问题不制造障碍，但后来被删去了。最后发表的《上海公报》中是这样说的："美国认识到，在台湾海峡两边的所有中国人都认为只有一个中国，台湾是中国的一部分。美国政府对这一立场不提出异议。它重申它对中国人民自己和平解决台湾问题的关心。考虑到这一前景，它确认从台湾海峡撤走全部美国武装力量和军事设施的最终目标。在此期间，它将随着这个地区紧张局势的缓和逐步减少它在台湾的武装力量和军事设施。"①这是美国一个中国政策的最初表述，后来的表述或者是重复了这一表述，或者在此基础上有所前进。

从 1972 年 2 月尼克松访华到 1978 年底实现中美关系正常化共花了近 7 年时间。正常化的进程之所以这样艰难，有许多原因，包括国际政治和两国国内政治的原因，但台湾问题显然是重要原因之一。邓小平在 1977 年 8 月会见来访的美国国务卿万斯时指出："我们多次说过，要实现中美关系正常化，在台湾问题上有三个条件，即废约、撤军、断交，按日本方式。老实说，按日本方式本身就是一个让步。现在是要美国下决心。"②

到 1978 年下半年卡特政府下了决心接受中国的三项条件，实现两国关系正常化。但美方也提出了三项条件：一，"废约"一项可根据美台《共同防御条约》的规定变通处理，即在中美建交的当日通知台湾方面终止条约，然后一年后条约无效的办法，以免在国会讨论废约所引起的种种麻烦；二，美方将在发表建交公报的同时发表声明，希望台湾问题和平解决，中方不予驳斥；三，中美建交后，美国还要向台湾出售防御性武器。

关于美方的第一个要求，中方很快就同意了。关于要求中方放弃使用武力的问题，在中美大使级会谈中美方也曾一再提出，一直遭到中方拒绝。在中美建交前后，邓小平在多个场合反复阐述了中国政府的立场，即

① 《人民日报》1972 年 2 月 28 日。

② 中共中央文献研究室编：《邓小平思想年谱，1975—1997》上，中央文献出版社 1998 年版，第 188 页。

中国不能承诺放弃使用武力。1979 年 1 月 9 日，邓小平在会见由萨姆·纳恩（Sam Nunn）率领的美国参议院代表团时强调，“我们不能承担不使用武力解决台湾问题的义务。我们如果承担了这个义务，等于把自己的手捆起来，蒋经国、台湾当局就有恃无恐，可能导致根本不同我们谈判，导致和平解决台湾问题成为不可能。所以我们不能把自己的手捆起来，捆起来不利于用和平方式解决问题”。[①] 最后双方达成妥协，在发表建交公报时美方发表声明，表示“关心台湾问题的和平解决”；中方同时发表声明：“解决台湾回归祖国、完成国家统一的方式，这完全是中国的内政。”[②]

棘手的是售台武器的问题。中方认为，既然美国已经答应在 1979 年（美台《共同防御条约》名义上仍有效）停止售台武器，在这个条约无效以后美国还有什么权利再向台湾出售武器？但美方对这一条十分坚持。离预定发表建交公报只有十几个小时了，邓小平还在人民大会堂与伍德科克进行最后一次谈判。如果双方都坚持己见，建交的机遇就有可能丧失；如果不解决美国售台武器的问题，也会留下一个很大的后患。在这个关键时刻，邓小平果断拍板，两国先建交，美国对台售武问题建交以后接着谈。[③]

中美关系正常化是历史的必然，是两国关系发展水到渠成的结果。但最后的谈判确实又有相当的戏剧性。卡特政府既瞒着国会，也不让盟国和台湾事先知道，在某种程度上甚至瞒着国务院。12 月 15 日，在中美建交的消息公布之前数小时，白宫和国务院忙着与有关方面打招呼。国会对此十分不满。

12 月 30 日，即在美台断交的前一天，卡特总统发布行政命令，其中说，“政府各部门和机构在解释所有美国的法律、规定或命令中，提到任何其他国家、政府和类似实体的条款以及应用这些法律、规定或命令时，应把台湾包括在内”；将有一个法人形式的非官方机构来代表美国人民的

---

① 中央文献研究室编：《邓小平年谱，1975—1997》，上，中央文献出版社 2004 年版，第 468 页。

② 《人民日报》1978 年 2 月 17 日；*U. S. Department of Sate Bulletin*，Vol. 79，No. 2072（January 1979），pp. 25 - 26.

③ 《人民日报》1978 年 12 月 17 日。

利益，这一机构的名称不久将公布；美国和台湾之间的现有的国际协议和安排继续有效，从 1979 年 1 月 1 日起，将由各部门和机构根据它们的条款并通过这一机构加以实施和执行；他将要求国会制定有关美国人民同台湾人民之间的关系的法律。[①]这个行政命令本身是自相矛盾的。一方面，它只承认美国人民与台湾人民之间的民间关系，这是对蒋经国提出的互设“政府间代表机构”的反驳；另一方面，命令又把台湾当作类似国家的政治实体看待。这个“非官方机构”就是美国在台协会。

在中美建交的联合公报宣布后，美国政府采取了三管齐下的措施善后与台湾的关系。第一，除了美台《共同防御条约》从 1980 年 1 月 1 日起将予以终止外，继续执行美台之间的其余 59 项条约和协定；第二，国务院的律师会同其他政府部门的法律顾问立即着手就调整美国与台湾的关系拟订一项新的法案；第三，成立了美国在台协会，并于 1 月 16 日将其作为一个民间团体在哥伦比亚特区予以注册。协会的总部将设在华盛顿，在台北设主要办事处，在高雄设分部。按照美国在台协会的注册文件，该协会的活动包括四个方面：第一，“使美国人民及台湾人民在没有正式代表或外交关系的情况下，维持商业、文化或其他关系”；第二，“代表美国及其人民进行及执行对台湾人民的计划、交易及其他关系的利益”；第三，“使国际协定及安排在符合上述一、二项的情况下执行”；第四，“代表美国人民履行原由政府履行的职责”。[②]可见，美国在台协会履行的是大使馆的部分职能。

1 月 26 日，国务院向国会提交了一份《台湾授权法案》，它主要是关于美国在台协会的技术性的规定，完全没有涉及政治性问题。这一提案与一些国会议员们的想法大相径庭。他们倾向于通过立法来修改卡特政府的对华政策，尤其是加强对台湾的关注。参众两院经过两个多月的辩论，终于出台了《与台湾关系法》。除了一些技术性的规定外，该法最重要的内容是所谓对台湾的“安全承诺”。该法第二条说：

---

① The U. S. Department of State, ed. , *American Foreign Policy. Current Documents*, 1977 - 1980, pp. 973 - 974.

② 《美国对华政策三十年》，第 481 页。

> 美国决定同中华人民共和国建立外交关系是基于台湾的前途将通过和平方式决定这样的期望；
>
> 认为以非和平方式包括抵制或禁运来决定台湾前途的任何努力，是对西太平洋地区的和平和安全的威胁，并为美国严重关切之事；
>
> 向台湾提供防御性武器；以及使美国保持抵御会危及台湾人民的安全或社会、经济制度的任何诉诸武力的行为或其他强制形式的能力。

该法第三条又规定：

> 美国将向台湾提供使其能保持足够自卫能力所需数量的防御物资和防御服务；
>
> 总统将对台湾人民的安全或社会、经济制度的任何威胁并由此产生的对美国利益所造成的任何危险迅速通知国会。总统和国会应依照宪法程序决定美国应付任何这类危险的适当行动。①

简而言之，必须用和平方式解决台湾问题。台湾问题最终如何解决，这完全是中国的内政，而该法却把纯属中国内政的问题作为美国国内法阐述的主题，这就粗暴地践踏了中国的主权，干涉了中国的内政。这两条实际上规定了美国对台湾的安全承担义务，当然，这种义务不像即将终止的美台《共同防御条约》那么明确，人们也可以做不同的解释，将来的政府在执行这些条款时也可以有所选择，这是用心良苦的模棱两可。

中国政府密切关注着《与台湾关系法》的立法过程。在国会辩论《与台湾关系法》期间，中国政府就一再进行交涉。《与台湾关系法》出台后，4 月 19 日，邓小平在会见以丘奇（Frank Church）为首的参议院外委会访华团时指出："中美两国关系正常化的政治基础就是只有一个中国，现在这个基础受到了干扰；中国对美国国会通过的《与台湾关系法》是不

---

① *American Foreign Policy. Current Documents*, 1977 - 1980, pp. 989 - 994.

满意的，这个法案最本质的一个问题，就是实际上不承认只有一个中国。卡特总统表示他在执行这个法案时要遵守中美建交协议，中国正在看美国以后所采取的行动。[①] 4 月 28 日，中国外交部照会美国政府，严正申述了中国反对“两个中国”、“一中一台”的立场。面对中国政府的一再抗议，卡特政府于 7 月 6 日复照说，美国将遵守两国建交时达成的各项谅解，“国会最后通过的美台关系法并不是在每一个细节上都符合政府的意愿，但它为总统提供了充分的酌情处理的权力，使总统得以完全按照符合正常化的方式来执行这项法律。”[②]

《与台湾关系法》的出台是中美关系正常化过程中的一个强烈的不和谐音，它埋下了以后中美关系中的许多矛盾和摩擦的祸根，成为两国进一步发展关系的主要制约和严重障碍。

三　对大陆和台湾的双轨政策

（一）《八一七公报》的达成

中美关系正常化后，美国的政策总的来说是双轨政策，即发展与中国大陆的关系，包括政治的、经贸的以及各种民间的关系，同时，保持与台湾的所谓“实质性”关系，包括经贸关系、人员往来以及军售。

1980 年，非常亲台的里根当选为美国总统。这极大地刺激了台湾求购美国先进武器的热情。中国政府进行了坚决的斗争，严重警告，如果美国将先进的武器卖给台湾，中国政府势必作出强烈反应，中美关系可能倒退。[③]从 1981 年 12 月到 1982 年 8 月经过长达 8 个月的艰苦谈判，中美之间达成了第三个联合公报，即《八一七公报》。公报的核心内容是第六条：

> 美国政府声明，它不寻求执行一项长期向台湾出售武器的政策，它向台湾出售的武器在性能和数量上将不超过中美建交后近几年供应

① 田增佩主编：《改革开放以来的中国外交》，世界知识出版社 1993 年版，第 386 页。

② 同上书，第 386—387 页。

③ 《人民日报》1981 年 6 月 11 日；《邓小平思想年谱》，第 191—192 页。

的水平，它准备逐年减少它对台湾的武器出售，并经过一段事间导致最后的解决。在作这样的声明时，美国承认中国关于彻底解决这一问题的一贯立场。

这里美国实际上作了三个承诺：第一，它不长期卖武器给台湾；第二，售台武器在性能和数量上不但不超过建交后近年的水平，还要逐渐降低和减少；第三，实现最后的解决。为了防止美国的曲解，公报达成后，邓小平在接见美国大使恒安石（Arthur Hummel，Jr.）时说，“最后的解决”只能是美国停止向台湾出售武器；逐渐减少售台武器当然不是一年减少一美元。[①]

里根政府达成这一公报是十分勉强的。公报发表后，他就口授了一个备忘录，其中说：只要两岸的军力平衡能得以维持，美国就将限制对台军售；如果大陆将其军事力量升级，美国也将提升台湾的军力，使之与大陆军力的改善相匹配。[②] 这样，里根就把刚刚达成的公报的实质内容掏空了。这一备忘录放在国家安全委员会的保险柜里。以后，凡是要讨论对台军售问题时，人们就会将这一文件从保险柜里拿出来，看当时里根总统是如何考虑这一问题的。

中美关于《八一七公报》的谈判是为了解决建交遗留的问题，所以可以看作是正常化谈判的延续。建交是在民主党卡特总统任内实现的，这个公报是在共和党里根总统任内达成的，这使两国关于“一个中国”的共识更加巩固。虽然里根本人是亲台的，与中方达成这个公报是很勉强的，但两国的共同利益仍然占了上风。美国在公报中作出的承诺是模糊的、有限度的。如同正常化谈判时双方都没有完全达到自己的目的一样，公报也没有完全解决美国对台售武问题。但公报在解决遗留问题方面毕竟迈出了重要的一步，实际上是对《与台湾关系法》的一种限制。而由于台湾问题在一个时候不再居于中美关系的显要地位，两国其他各个方面的关系长足发

---

① 《当代中国外交》，第238—239页。

② James Mann, *About Face. A History of America's Curious Relationship with China*, *From Nixon to Clinton* (New York: Alfred A. Knopf, 1999), p. 127.

展起来，使两国关系的纽带越来越强固，反过来又给两国关系中的台湾问题的解决提供了较好的环境和条件。

在中美两国谈判公报期间，台湾方面十分紧张。1982 年 7 月，应台湾方面的强烈要求，美国对台湾作出了六项保证，承诺不确定对台售武的最终日期。[①]这是美国脚踩两只船的一个典型事例。

（二）对《八一七公报》的严重违反

《八一七公报》达成以后的数年中，美国基本上是遵守这个公报的，美国虽然没有大幅度地减少对台军售，但至少没有增加。美国第一次严重违反《八一七公报》是在 1992 年向台湾出售 150 架 F－16 战斗机。这次军售既有大气候，也有小气候。

大气候主要是指冷战结束后，中美之间共同对付苏联扩张的战略基础不复存在，中国和中美关系对于美国的重要性在许多美国人看来成了问题。不仅如此，由于苏联的解体，当时在美国流行“中国崩溃论”，一些政界人士、一些社会名流甚至一些中国学家认为，既然共产党执政 70 多年的苏联都可以这样迅速地分崩离析，为什么中国不会步苏联的后尘？[②]一些人甚至公开声称，“中国处在疆土分裂、政治崩溃或民主革命的边缘”。[③]冷战的结束和美国一些人对冷战结束后国际形势和中美关系的分析是美国向台湾出售 150 架 F－16 战机的大背景。

小气候主要是美国的大选。1992 年是大选年。由于当时美国经济低迷，老布什在竞选中落后于民主党对手克林顿，而生产 F－16 战斗机的工厂恰好就在布什的家乡得克萨斯州。当时，法国正在努力促成台湾购买法国生产的幻影－2000 战斗机。消息传来，对政府的压力骤然增大。以得州众议员巴顿和吉林为首，100 名众议员联名致函布什，要求批准向台湾出售 F－16 战斗机。接着，54 名参议员也向布什发出呼吁，信中说：“向台湾出售 F－15、F－16 还是 F－18 并不要紧，问题的关键是台湾购买美国

① 详见《邓小平与中美关系，1977—1991》中的有关段落。

② 参见 Michel Oksenberg, “The China Problem”, *Foreign Affairs*, Summer 1991, Vol. 70, No. 3, p. 2.

③ 参见 Harry Harding, “Red Star Rising in the East”, *Washington Post*, March 9, 1997, p. X－4.

工人生产的美国飞机。"[①]在国会的压力下，在竞选形势的压力下，布什终于作出了一项错误的决定。这是对《八一七公报》的严重违反。150 架 F－16A/B 战斗机的价值是 58 亿美元，超过了从 1982 年至 1991 年这十年售台武器的总和。更为严重的是，它为美国以后把更先进的武器卖给台湾开了一个恶劣的先例。

（三）李登辉访美

到了克林顿政府时期，中美关系继续动荡起伏，麻烦不断：1993 年的"银河号事件"，美国国会反对北京申办 2000 年奥运会，支持中国的所谓"持不同政见者"，把对华最惠国待遇与人权挂钩，等等，不一而足。但所有这些事件对中美关系的破坏都没有李登辉访美来得大。

1996 年是台湾第一次民选地方领导人。老谋深算的李登辉早就开始着手进行准备。他正在竭力进行所谓"拓展国际空间"的努力，其中最重大的举动就是访问美国。他绕过他的"外交"机构，通过由他直接操纵的"台湾综合研究院"雇佣美国公关公司，游说国会。1994 年 6 月，"台湾综合研究院"与华盛顿的一家公关公司卡西迪公司签订合同，台湾在三年内向该公司支付酬金 450 万美元，而该公司要做的就是为台美关系"创造奇迹"，即游说国会同意李登辉访美。

国务院深知李登辉的访问可能引起严重后果，拒绝为李登辉发放签证。1995 年 2 月 5 日，国务卿克里斯托弗在国会作证被问及此事时同样清楚表明，允许李登辉访美"与美台关系的非官方性质不相符合"。4 月 17 日，当他在联合国会议期间会见中国外长钱其琛时同样表示，美国不会向李登辉发放签证，并说，李访美不符合美台之间的非官方性质，美最多考虑的是李登辉延长过境签证。[②]

5 月 2 日，众议院以 396 比 0 票通过邀请李登辉访美的决议，9 日，参议院以 97 比 1 票通过了同样的决议。自然，这两项都是对行政当局没有约束力的意向性决议，行政当局如果坚持己见是可以加以拒绝的。于是一

① 参见张敏清《布什政府向台湾出售 F－16 战斗机的决定》，《美国研究》2000 年第 4 期。

② *About Face*, p. 322；钱其琛：《外交十记》，世界知识出版社 2003 年版，第 305 页。

些亲台议员又积极向总统进行游说，他们表示，如果政府不采纳国会意见，国会将采取立法行动。其实，克林顿本人就是倾向于向李登辉发放签证的。他认为李登辉有权访问母校，但访问应该完全是私人性质的、非政治性的。5 月 17 日，当他与克里斯托弗、国防部长佩里（William Perry）共进早餐时，三人达成一致意见：为李登辉发放签证，同时尽量缩小此事对中美关系可能造成的伤害。① 当他们作出这一决定时，国务院和国家安全委员会中的中下层官员中仍有人强烈主张拒绝李登辉的请求，但最高当局主意已定。

6 月 7 日，李登辉在台湾"新闻局长"胡志强等的陪同下对他的母校康奈尔大学进行了访问。国务院对他的访问作了种种限制，但此次访问仍然对中美关系造成了重大的伤害。访问突破了美国政府自己宣布的规定，而且它可能产生的一种含义是，美国对台湾的政策会走到哪一步？访问损害了中美关系的"政治基础"，纵容了台湾当局的分离主义政策，助长了国际上的反华气氛。为了使美方认识到问题的严重性，中方采取了一系列措施，推迟了一系列预定的访问。

尽管中方对李登辉访美作出了强硬反应，但毕竟中美两国之间存在着广泛和深远的共同利益，因此双方都不愿扩大事态，而是采取积极措施限制此事对两国关系的伤害，努力恢复正常关系。7 月 28 日，克里斯托弗在启程前往文莱参加东盟地区论坛前，在华盛顿全国新闻俱乐部发表了题为"为实现一个和平与繁荣的亚太地区的美国战略"的讲话，强调美国长期奉行一个中国的政策，"这是符合我们大家的最大利益的政策"，"我们承认中国的立场，只有一个中国，台湾是中国的一部分。我们重申，我们无意倡导或支持'两个中国'或'一中一台'的政策"。② 这篇讲话是克林顿当政以来发出的最积极的对华政策信息，从而为两国外长在文莱的会晤创造了良好的气氛。

8 月 1 日，两国外长在文莱举行了友好、积极的会晤。克里斯托弗转

---

① *About Face*, p. 324; Robert Seuttinger, *Beyond Tiananmen. The Politics of U. S. - China Relations*, 1989 - 2000 (Brookings Institution Press, 2003), p. 215.

② Warren Christopher, *In the Stream of History. Shaping Foreign Policy for a New Erea* (Stanford: Stanford University Press, 1998), pp. 296 - 298.

交了克林顿给江泽民的信。克林顿在信中表示，美国将反对和抵制台湾争取“独立”的努力，将不支持“两个中国”，或一个中国与一个分离的台湾，将不支持台湾加入联合国。克林顿还邀请江泽民在不久的将来访问美国。[①]

8月底，副国务卿塔尔诺夫（Peter Tarnoff）访华，与李肇星副外长举行会谈。针对中国先前提出的要美国保证不再发生类似李登辉访美事件的要求，塔尔诺夫正式通报了美方的答复：这类访问将是私人的、非官方的、很少的，而且要个案处理。[②]虽然美国没有完全达到中方的要求，但美国作出的上述保证也已经表明，美方对台湾问题的敏感性有了认识，对保持与台湾关系的非官方性质采取了一定措施。

10月下旬江泽民主席出席了联合国纪念反法西斯战争胜利50周年的活动。10月24日，江泽民和克林顿在纽约举行了两小时的正式会晤。两国领导人都表示重视中美关系，都强调两国之间的共同利益，都强调台湾问题对两国关系的重要性。克林顿重复了美国上述关于台湾领导人访美的保证，并建议两国应在重大的国际和地区问题、经贸关系以及军事交往等方面加强合作和对话。[③]在李登辉访美后回国述职的李道豫大使作为江主席的陪同人员前往纽约，参加了中美首脑会谈，此后就留在了美国，也就算是返任了。这样，因为李登辉访美受到伤害的中美关系得到了修复。

1996年3月，台湾将举行地方领导人选举。这是台湾历史上第一次由民众直接选举领导人。为了表示对台湾局势的严重关切，震慑“台独”势力，大陆决定举行导弹演习。3月8日凌晨（华盛顿时间7日下午），人民解放军向台湾的两个主要海港基隆东北21海里和高雄西南30海里海面发射了三枚东风-15短程导弹，15日又向高雄西南发射了一枚同类导弹，4枚导弹全部命中目标。3月12日至20日，人民解放军在福建沿海进行了海空实弹演习，18日至25日又在台湾海峡进行了海陆空联合演习。

对于大陆的军事演习，美国的反应是，在演习之前力图阻止大陆的演

① *In the Stream of History*, pp. 289；*About Face*, p. 330；《外交十记》，第321页。

② 《外交十记》，第313页；*The New York Times*, August 28, 1995.

③ 《外交十记》，第314页。

习，在不能阻止大陆演习的情况下则派遣两个航母编队驶向台湾海峡。一时间，台湾海峡地区剑拔弩张。3 月 15 日，中国政府结束在台湾海峡地区的导弹演习。20 日，新华社宣布解放军在东海和南海进行的海空演习结束。25 日，结束在台湾海峡的陆海空联合演习。此后，美国“独立号”航母返回了冲绳基地，“尼米兹号”返回了华盛顿州不来梅基地。美国并向台湾施加压力，促其取消了原定于 4 月举行的马祖地区的射击演习和 5 月举行的“汉光 12 号”三军实兵对抗演习。台海局势趋于缓和。

本次台海地区的事态可以说是一种“准危机”（near crisis）。中国政府一开始就宣布，这只是一次演习。美国方面和台湾方面也没有做别的判断。所以从一开始有关各方就基本排除了军事冲突的判断。正如美国国防部长佩里所说，“我们不相信中国打算进攻台湾。我们不认为在那里会发生军事冲突。但是，我们把增加在那里的海军存在作为一种……预防性措施”。[①]尽管如此，由 13 艘战舰和 150 架飞机组成的这两个航母战斗群仍然是从 70 年代越南战争结束以来美国在这一地区最大规模的一次军事集结。

（四）寻求稳定台海局势

台湾海峡地区的这次准危机对克林顿政府有一种强烈的警醒作用，使美国决策者认识到，数年来中美关系那种随波逐流的状况不能再继续下去了 。5 月份，克林顿政府一再发出信息，希望改善中美关系。

7 月 6 日至 10 日，总统国家安全事务助理莱克（Anthony Lake）访华，中美两国恢复了从 1989 年以来中断了的战略对话。此后，两国高层互访频繁，两国关系出现了持续改善的势头。

由于意识到台湾问题的敏感性，克林顿政府对台湾问题也采取了更加谨慎的态度，在此后数年中采取了极力维持现状的政策。美国政府官员在私下也清楚地告诉台湾官员：不要以为你们有一张空白支票，不论你们做

---

① John O'Neil, "U. S. Sending More Ships to Taiwan Area in Warning China", *The New York Times*, March 11, 1996, p. A-5.

什么我们都会支持。[1] 台湾的“务实外交”不能突破一个中国的框架，不能谋求单方面改变两岸关系现状，这是美国向台湾发出的明确信息。

在台湾领导人过境签证问题上，克林顿政府也更加谨慎地加以对待。1997 年 1 月，台湾的“副总统”连战要求过境签证，国务院要求他不在美国从事任何公开的活动。当他的发言人在洛杉矶机场举行记者招待会后，国务院要求他缩短在美国逗留的时间。1997 年 9 月当李登辉再次要求过境签证时，国务院同意他在夏威夷过境，但不许他会见任何夏威夷州的政府官员。1996 年 3 月末，当美台举行例行的军售商谈时，克林顿政府没有同意新的对台军售。[2]

但以上只是问题的一个方面。另一方面的情况是，美国政府感觉到，在台湾海峡地区仍有爆发军事冲突的可能性，从此，不事声张地加强了与台湾军方的关系，除了售台武器外（这是“硬件”），美国发起了一个软件计划（software initiative），包括与台湾军事人员进行“战略对话”，在美国的国防大学、军事院校、普通大学和智库中培养台湾军事人员，美国军方向台湾提供各种建议和指导，帮助改造台湾军队，使其从人员编制、作战思想、训练、后勤给养、维修保养等方面都能适应新的更加先进的武器。[3]从 1996 底，美台之间开始进行所谓第二管道“蒙特雷会议”，美国方面以助理国防部长帮办为首，参加人员包括国防部、参谋长联席会议、国务院、国家安全委员会、中央情报局等部门的有关人员，台湾方面由“副参谋总长”为首。这种会议每年举行两次，一次在年底或年初，一次在 6、7 月份。对有关军事问题进行广泛的讨论。

在中美关系改善的大背景下，1997 年 10 月江泽民主席访问了美国，1998 年 6 月底 7 月初，克林顿总统对中国进行回访。6 月 29 日，克林顿抵达上海。30 日上午，克林顿在上海图书馆与各界人士进行座谈。当有学者问到美国对台湾的政策时，他说：“我曾经有机会重申我们的台湾政策，那

---

① Nancy Tucher, ed., *China Confidential. American Diplomats and Sino-American Relations*, 1945 – 1996 (New York: Columbia University Press, 2003), p. 489；采访卜睿哲。

② Robert Ross, “The 1995 – 96 Taiwan Strait Confrontation”, *International Security*, Vol. 25, No. 2 (Fall 2000), p. 109.

③ 采访卜睿哲。

就是，不支持台湾独立，或两个中国，或一中一台。另外，我们并不认为台湾应该加入以国家为主体的国际组织。"①这就是人们一般所说的"三不"政策。这不是新的政策，但由克林顿在上海亲口讲出来，对台湾仍然造成一定的冲击。此番讲话后，台湾方面在指责他的表态的同时，极力贬低其意义。6月30日，台湾的"行政院长"萧万长称，"美方如果真正关心中华民国政策，随时欢迎与我们会谈，不需要做这样的发言"。"外交部政务次长"李大维会见记者时表示，"美国此时重复'三不'的说法并无必要，且对美国政策的实质也无所增减"。当时任台北市长的陈水扁则说，"不支持并不代表反对，而且台湾的问题不能以美国或中共的看法为原则"。②

同时，国务院授权卜睿哲一再向台湾方面表示，美国对台湾的政策的任何部分都没有发生变化；克林顿政府相信，台湾的民主化对海峡两岸的和平和稳定作出了贡献，因为台湾人民是"明智的、谨慎的，他们会以负责任的态度来对待台湾的前途"；虽然美国政府敦促海峡两岸恢复对话，但应该是在双方都能接受的基础上，而不是北京单方面的要求的基础上来恢复这种对话，"对话的结果必须得到台湾民众的赞许"。克林顿本人也作了类似的阐述。他指出，美国不仅希望台湾问题和平解决，而且希望这种解决办法是"得到台湾人民认可的"。③

克林顿的"三不"表态不仅遭到台湾的反对，而且在共和党主导的国会引起反弹。参议院共和党督导洛特（Trent Lott）7月7日对此提出强烈批评，并提出一项决议案，重申了美国对台湾的"安全承诺"，即和平决定台湾的未来并提供防御武器，并敦促克林顿设法使中国政府宣布放弃对台湾使用武力。参议院在10日通过了这项决议。20日，众议院通过了类似的决议案。该决议案支持所谓台湾自决的原则，主张台湾参加国际组织。④

---

① 正源编著：《克林顿访华言行录》，中国社会科学出版社1998年版，第205页。

② 《参考消息》1998年7月1日。

③ Richard Bush, *Untying the Knot. Making Peace in the Taiwan Strait* (Brookings Institution Press, 2005), pp. 261, 262.

④ 《参考消息》1998年7月12、23日。有的亲台的前政府官员更猛烈地攻击克林顿的表态。中美建交前最后一任"中华民国科科长"费浩伟竟然不顾最起码的事实说："对于台湾究竟是不是中国的一部分，美国一直是保持沉默的"，克林顿的表态"破坏了美国近30年来奉行的成功政策"，"这是美国政策重大且可能是非常危险的转变"。

1999 年 3 月，以美国为首的北约借口科索沃的“人道主义灾难”对南斯拉夫联盟进行大规模持续猛烈空袭。5 月 8 日，一架美国轰炸机发射的导弹击中了中国大使馆，造成了 3 名中国记者死亡，20 多名使馆人员受伤，使馆馆舍受到严重毁坏。这一事件和此前发生的一系列事件，诸如美国媒体对中国的妖魔化，污蔑中国窃取核机密和其他高新技术的李文和冤案和《考克斯报告》，中美关于中国加入世界贸易组织的谈判遭到挫折等等事件结合在一起，中国人民的愤懑如火山喷发般爆发出来，中美关系跌入了自 1979 年建交以来从未有过的低谷。

李登辉以为有机可乘，于 7 月 9 日在接受“德国之声”记者采访时宣称：台湾当局自“1991 年修宪以来，已将两岸关系定位为国家与国家，至少是特殊的国与国的关系”，云云。[①]这是台湾当局首次毫不避讳地公开否定长期以来在国际上和在两岸之间具有共识的“一个中国”的原则，破坏两岸关系稳定的基本框架。“两国论”发表的时候，除了“国家安全会议”的少数官员及“两国论”小组成员外，其他官员一概不知情，甚至“总统府秘书长”黄昆辉和“党秘书长”章孝严都是在李接见记者前一个多小时才知道此事。此言一出，舆论大哗，各方批评纷至沓来。

李登辉分裂国家的企图由来已久。“两国论”的新定位是由“强化中华民国主权国家地位”小组在“国家安全会议”指导下，利用特别的秘密经费，经过 9 个月的努力，在 6 月完成研究报告的。该小组由蔡英文、张荣丰、陈必照、林碧炤组成，关键人物是前两者。[②] 本来计划在 1999 年进行修宪时以提案的方式修改宪法中有关“中华民国”的主权部分，然后再在 10 月份亚太经合组织部长级会议上提出。李登辉却临时改变主意，事先既不通知其高层幕僚，也没有与美国进行沟通，迫不及待地抛出了

---

① 在场负责口译的林碧炤将之译为 State to state relationship ，two states in one nation. 访谈结束之后，林还特地告诉德国记者，这是李登辉首次就两岸问题的新定位对外界宣布，足见是有预谋的。见徐学江主编：《危险的一步——“两国论”真面目》，新华出版社 1999 年版，第 89 页。

② 有的媒体报道，当时任陆委会主任的苏起也是这个小组成员。但苏起自己说，他“完全不知道小组的存在及背景”，见苏起《危险边缘——从两国论到一边一国》，台北天下远见出版社 2003 年版，第 79 页。

"两国论"。李登辉这样做自有其打算。[①]

首先，这与台海两岸关系的发展密切相关。1992年台湾海基会和大陆海协会几经磋商，就"一个中国"的原则达成共识。1993年4月在新加坡举行首次汪辜会晤。1998年10月实现了第二次汪辜会谈。海基会董事长辜振甫于10月14日率参访团前来大陆与汪道涵进行了会谈。双方并就加强两岸各方面的交流达成四点共识，汪道涵应于1999年秋天访问台湾。第三次汪辜会谈很可能在"一个中国"的框架下开启两岸政治性对话。这种事态发展是李登辉极不愿意看到的。为了破坏第三次汪辜会谈，给会谈设置障碍，他选择在这个时候抛出"两国论"。[②]

其次，这与美国对台政策有关。1998年6月克林顿访华时公开宣布了"三不"政策，"一个中国"的原则再次得到确认。"两国论"就是要颠覆这一原则。

再次，随着2000年3月台湾领导人选举的临近，李登辉在任期内所剩时间无几，他主宰台湾政坛的机会也很有限了。他有意在下台之前，将两岸关系的轨道铺好，以"两国论"为继任者定下基调，并借此操纵台湾的政局发展。

李登辉抛出"两国论"事先没有与克林顿政府通气，这使美方极为不满。7月12日，白宫副发言人福利表示，美国政府长期以来坚持的"一个中国"政策没有改变。13日，国务院发言人鲁宾在例行记者会上一再强调美国坚持"一个中国"政策，两次重申克林顿的"三不"政策 。鲁宾表示美国政府建议两岸进行"面对面"的"有意义的实质性"对话，不希望大陆和台湾任何一方发表言论或采取行动阻碍两岸对话的进行。[③] 在台北，美国在台协会驻台北办事处主任张戴佑（Darryl Johnson）及副主任

---

① 《危险边缘——从两国论到一边一国》，第73页；《李登辉"两国论"出笼的前前后后》，《参考消息》1999年7月21日。

② 13日，由林碧炤召集海基会和幕僚小组会商，一方面讨论汪道涵访台的相关议题，另一方面也判断，汪访台的可能性降低，大陆将取消10月的汪辜会谈。而实际上，使这次会谈无法进行正是李登辉的目的。《参考消息》1999年7月21日。

③ Michael Laris, " Taiwan Jettison ' One China ' Formula; Irate Beijing Warns Step Is ' Dangerous ' ", *The Washington Post*, July 13, 1999, p. A – 14; "Transcript: State Department Noon Briefing", July 13, 1999, *Bulletin*, July 14, 1999, pp. 3 – 6;

杨苏棣（Stephen Young）会见李登辉，要求他对“两国论”作出解释。张戴佑拿出事先准备好的《中华民国宪法》及过去台湾的相关政策声明，质疑“两国论”是否已经偏离了宪法，改变了政策。7月23—25日，美国在台协会理事主席卜睿哲前往台湾，要求李登辉作出解释，对李登辉事先未与美国商量突然发表“两国论”表示不满和深深的关注。向李登辉表示，美国对台湾的政策没有改变。台湾方面向卜睿哲保证不会修宪，或修改诸如国统纲领、两岸人民关系条例等相关法律，现行的大陆政策绝无改变。[①]

此后一段时间，克林顿本人、国务卿奥尔布赖特（Madeleine Albright）和国家安全事务助理伯杰（Samuel Berger）分别在不同场合重申美国一个中国的政策。总之，在李登辉的“两国论”抛出后的十几天里，克林顿政府采取了相当积极的态度，明确表示不赞同“两国论”，希望维护美国对华政策原则基础，维护台湾海峡地区的现状，不要再给由于“炸馆”造成的中美关系的挫折雪上加霜。李登辉以为当时中美关系正处于低潮，有机可乘。殊不知，他的突然发难不但没有在中美关系中间打入楔子，反而为中美关系打破僵局、走出低谷创造了契机，这大概是他始料不及的。

在美国智库和舆论对李登辉“两国论”的一片讨伐声中，由新保守派组成的“新美国世纪计划”的声音格外刺耳。1999年8月下旬，该智库与传统基金会联合发表题为“关于保卫台湾的声明”，其中说“对于美国来说至关重要的是作出种种努力来阻遏中华人民共和国对台湾的任何形式的恐吓，并且毫不含糊地宣布，如果台湾，包括金门、马祖等沿海岛屿遭遇进攻和封锁，美国将去保卫台湾”。声明接着批评克林顿政府的一个中国政策“是危险的，与美国的战略利益、美国过去的政策、美国的民主理想背道而驰”。声明最后说，“在台湾问题上保持战略和道德上的模糊的时代已经过去了”，现在该是对台湾作出清晰的承诺的时候了。在这个声明上签字的有22位著名的新老保守派人士，包括两个组织的负责人福尔纳（Edwin J. Feulner, Jr.）和克里斯托尔（William Kristol），前中央情报局长伍尔西（James Woolsey）、前驻联合国大使柯克帕特利克（Jeane J. Kirkpatrick）、前国家安全事务助理理查德·阿伦（Richard V. Allen）、

---

① *Beyond Tiananmen*, p. 382；《参考资料》1999年7月26、27日。

前国防部长温伯格（Caspar Weinberger）、前助理国务卿沃尔夫威茨（Paul Woolfowitz），还有约翰·博尔顿（John R. Bolton）、路易斯·利比（I. Lewis Libby）、理查德·帕尔（Richard Perle）、罗伯特·卡根（Robert Kagan）等。[①] 他们的主张甚至超过了1954年12月签订的美台《共同防御条约》的规定，在那个条约中，“共同防御”的范围也没有包括金门、马祖等沿海岛屿。实际上他们是要把这个条约连同1955年1月的《福摩萨决议案》一起复活，使台海局势回复到50年代去。他们虽然人数不多，但能量却相当大，而一旦他们成为决策者，自然对政府的政策产生直接影响。这一点我们在下一届政府的政策中即将看到。但克林顿政府没有理睬他们。

四　布什政府对台政策的调整

从2001年到2004年，乔治·沃克·布什政府的对台湾政策有过两次重要的调整。这既与他的理念有关，更是数年来国际关系和中美关系发展的产物。

（一）“尽其所能协防台湾”

布什当政之初实行ABC（Anything but Clinton）的政策，与克林顿的政策拉开距离。当然在台湾问题上，他不可能完全与克林顿对着干。但他的政策与前任也有着显著的不同。第一，他认为克林顿政府对中国不够强硬，对台湾支持太少，他要采取措施“纠偏”。第二，美国历任政府根据《与台湾关系法》，在台湾问题上实行所谓“战略模糊”，即不明确说出如果台湾海峡地区发生军事冲突美国会怎么做。布什当政后，立意使对台政策“清晰化”，在他当政百日接受美国广播公司节目主持人查尔斯·吉布森（Charles Gibson）采访时，当记者问到如果台湾遭到攻击，是否有责任

① The Heritage Foundation and the Project for the New American Century：“Statement on the Defense of Taiwan”．其中许多人后来在乔治·沃克·布什政府中任职：沃尔夫威茨是国防部副部长，约翰·博尔顿是副国务卿，路易斯·利比是副总统切尼的国家安全事务助理，理查德·帕尔是国防部长的高参。

去保卫台湾时，布什说他的政府将“尽其所能协防台湾”这样的话。[①] 从尼克松以来，不论是共和党总统还是民主党总统，还没有一位美国总统作过这样的表态。虽然次日在接受CNN记者采访时他又说了一些仿佛是“亡羊补牢”的话，表示“我愿意帮助台湾自卫，就我的观点而言，在政策上实际没有任何的改变”，“我当然希望台湾坚持一个中国政策。而宣布独立不是一个中国的政策，我们将与台湾一道确保这样的事情不会发生。我们需要和平解决这一问题”，等等。[②] 但他先前说的话已经出口，而且那确实就是他的意思，就是他的决策班子的主张。第三，布什政府继续提升美台关系，尤其是军事关系。2001年4月美国答应的售台武器（4艘基德级驱逐舰、8艘柴油动力机潜艇、12架P-3C反潜飞机、12架MH-53E扫雷直升机、54艘AAV7A1两栖突击装甲车等）是美国历来最大的单笔售台武器。2002年3月，台湾的“国防部长”汤曜明前往佛罗里达参加“国防峰会”，美国国防部副部长沃尔福威茨等前往与会。这是1979年以来访问美国的台湾最高层级的“国防部”官员。台湾“国防部”的副部长康宁祥、陈肇敏、林中斌等都在不同时间访问美国，甚至一反往例直接进入五角大楼，超过了国务院原先的规定。[③] 第四，在克林顿时期，台湾领导人在出访南美途中在美国过境，是只能待在旅馆里，不能进行公开活动，不能接受媒体采访的。布什政府认为对台湾领导人的这种待遇过于“屈辱”，简直就是把人软禁在饭店里，以后要按照“安全、舒适、便利”的原则，“善待”台湾领导人。从此，台湾领导人过境美国就得到了更大的自由。

上述事态发展可以说是布什政府对台湾政策的第一次调整。之所以作出这样的调整，有四个原因。第一，布什在任州长时期很少涉及外交事

---

① 《执政百日接受全国广播公司（ABC）“早安美国”节目的采访（4月24日采访，25日播出）》，中国社会科学院美国所课题组编：《布什言论》，2002年1月，第85页。

② 《接受有线新闻网的采访》，2001年4月25日，《布什言论》第94页。

③ 《危险边缘》，第231页。美国在向台湾出售先进武器时总是说，这是对大陆针对台湾的导弹袭击的反应。这种说法是苍白无力的。中国在东南沿海部署的军事力量是对“台独”的震慑，这一点也得到了许多美国学者的认同。如史文就说：“中国沿着台湾海峡部署军事力量的目的是为了遏制台湾和美国排除最后统一的选择。”See Michael Swaine：“Trouble in Taiwan”, *Foreign Affairs*, March/April 2004, p. 43.

务，对台湾问题在中美关系中的敏感性和重要性了解甚少；他的“家庭教师”赖斯（Condoleezza Rice）原来是苏联问题专家，对中美关系也懂得不多；第二，布什在竞选中曾称中国是“竞争者”或“战略竞争者”，他和他的主要决策班子是怀着对中国的战略疑虑进入白宫的。[①] 除了布什总统，他的一些内阁成员实际也是这样认为的。如赖斯在2000年1—2月号的《外交》双月刊上写道：“中国不是‘现存的’大国，而是一个试图改变亚洲力量的均势并使自己得到好处的大国。仅凭这一点，它就是一个‘战略竞争者’。”[②] 提升与台湾的关系自然是在战略上牵制中国的高招；第三，那些新保守派在克林顿政府时就要求总统明确说出“保卫台湾”之类的话，现在他们得势了，成了决策者，他们的总统就说出了他们早就想说的话；第四，2001年4月1日发生了南海“撞机”事件，虽然此事本身是突发事件，但它恶化了中美关系的大环境，促使了上述美国对台政策的调整。

这一调整对于海峡两岸关系影响甚大。民进党本来就是一个以争取台湾“独立”为己任的运动。陈水扁在2000年5月的就职演说中虽然言不由衷地作了“四不一没有”的表态，[③] 但他无时无刻不在寻找机会，运用一切资源和手段，推行他的“渐进式台独”的路线，搞“去中国化”。而与美国的关系是台湾领导人脖子上的“通灵宝玉”，与美国关系的任何变化都会在台湾的政治生态上敏感地反映出来。布什政府在对台政策上的上述调整自然不会被台湾领导人放过。尤其是布什所说的“尽其所能协防台湾”的表态被有的美国学者批评为是给了台湾一张空白支票，似乎台湾做什么都会得到美国的支持，似乎台湾可以依靠美国来对

① 1999年11月19日，布什在加州里根图书馆作对外政策演讲，这是他在整个竞选期间的唯一的专门的对外政策演讲。讲到中国时，他说：“我们必须把中国看清楚。而不是通过装腔作势和伙伴关系的透镜…… 中国是竞争者，而不是战略伙伴。我们必须不抱恶意地与中国打交道，但也必须不抱幻想。”

② Condoleeza Rice, “Promoting the National Interests”, *Foreign Affairs*, January/February, 2000, p. 56.

③ 陈水扁说：“只要中共无意对台动武，本人保证在任期之内，不会宣布独立，不会更改国号，不会推动两国论入宪，不会推动改变现状的统独公投，也没有废除国统纲领与国统会的问题。”

抗大陆。

2001 年 9 月 11 日恐怖主义对美国的袭击在很大程度上影响了美国的内政和外交，也影响了中美关系。虽然中美关系在“撞机”事件结束以后就开始恢复，但“9 · 11”引起的美国对恐怖主义的关注以及 2002 年 10 月重新浮出水面的朝核问题显然极大地促进了中美关系的改善。美国在反恐战争和防止大规模杀伤性武器的扩散中需要中国的合作，美国对中国有战略上的需求，两国合作的领域进一步扩大，这也就给布什政府调整其对台湾政策提供了新的背景。正如国务卿鲍威尔（Colin Powell）在 2003 年 11 月所说：“21 世纪的美中关系正是建筑在这些具有地区和全球重要性的问题的具体合作之上的：一个一个具体的问题、一件一件具体的事情、一个一个具体的挑战、一项一项具体的倡议、一个一个具体的项目……建立和保持一种健康的总体关系对美国是好事，对中国是好事，对地区是好事，对国际社会也是好事。”①

在 2001 年和 2002 年中，美国的注意力不在台湾问题上，对陈水扁的“渐进式台独”采取了睁一眼闭一眼的态度。而陈水扁却越做越出格，2002 年 8 月初，原来与台湾有“邦交关系”的太平洋岛国瑙鲁断绝了与台湾的关系，与中华人民共和国建立了外交关系。陈水扁恼羞成怒，在 8 月 3 日以视讯直播的方式，向在东京举行的“世界台湾同乡联合会”年会发表讲话说：“台湾是一个主权独立国家……台湾跟对岸中国‘一边一国’，要分清楚……个人诚恳地呼吁和鼓舞大家，要认真思考公民投票立法的重要性和迫切性。”② 抛出了大陆与台湾是“一边一国”的论调。他的这一说法显然直接挑战了美国的一个中国政策。于是美国国家安全委员会发言人麦科马克、国务院副发言人里克一再表示，“我们……的政策众所周知，是长期的，没有发生变化。我们的政策是一个中国政策，我们不支持台湾独立”。③

---

① Colin Powell, “Remarks at Conference on China- U. S. Relations,” Texas A&M University, November 5, 2003 (www. state. gov/secretary/rm/2003/25950. htm)

② 《危险边缘》，第 303 页。

③ “ Taiwan's Leader Supports a Vote on Independence”, *The Wall Street Journal*, August 5, 2002;《美官员说美坚持一个中国政策》，《人民日报（海外版）》2002 年 8 月 9 日。

（二）反对单方面改变现状

通过“公投”决定台湾前途是民进党的一贯主张。陈水扁的第一任期台湾经济萧条，失业率创纪录，民生凋敝，社会不宁，在社会治理方面实在是乏善可陈。[①] 2003年上半年的一些民意调查表明，他的支持率落后于“泛蓝”。他可以用什么办法来转移选民注意力，刺激2004年的选情呢？盘算来盘算去，他决定利用统独问题，通过公投来刺激选情。2003年9月28日，陈水扁在民进党十七周年党庆晚会上第一次亮出“台独”时间表，声称要在2004年“完成历史性首次公投”，在2006年“催生台湾新宪法”，于2007年实施“新宪法”（后又称2008年5月20日正式实施）。他还在10月6日接受《华盛顿邮报》专访时称，他坚定地认为，“海峡两岸一边一国。一个是中国，一个是台湾”，并称：“公民投票一定会落实，新宪法一定会诞生。台湾不是另一个国家的一个省或一个州。任何民主的改革是我们自己的内部事务。我不认为任何一个民主国家可以反对我们的民主理念。”[②] 他以实施民主、坚持改革为幌子，表示要坚持他的“台独”理念，显示了前所未有抗中拒美的强硬姿态。

陈水扁为了公投制宪似乎已经到了不顾一切的地步，美国政府不能不一再作出反应。在上述报道发表的当天，10月7日，国务院发言人鲍润石（Richard Boucher）在记者招待会上罕见地把陈水扁在2000年“5·20”就职演说又翻了出来，把“四不一没有”的承诺逐字逐句地念了一遍，指出这些承诺应予遵守。他重申一个中国的政策，并要求两岸不要有升高紧张或阻碍对话的言行。[③]

大陆方面严密注视着事态的发展。11月17日，国务院台湾事务办公室负责人就陈水扁当局通过“公投立法”进行“台独”分裂活动发表措辞严厉谈话指出，陈水扁的所作所为彻底暴露了其分裂国家的真面目，正在一步步地把台湾同胞拖向危险的深渊。祖国大陆方面坚决反对陈水扁当

---

① 连李登辉都在北高市长选前公开批评陈水扁“只会选举，不会治国”。见《危险边缘》，第321页。

② 《参考消息》2003年10月14日第10版。

③ 同上。

局通过“公投立法”和“台独公投”进行分裂活动。一旦台湾通过不设限“公投法”，大陆将作出强烈反应。“台独就意味着战争”。[①]

为了向国际社会尤其是美国进一步表明中国政府的严正立场，11月21日，即将访问美国的温家宝总理在中南海紫光阁接受美国《华盛顿邮报》总编辑唐尼（Leonard Downie，Jr.）专访，针对台湾“公投”问题表示，我们不放弃和平解决台湾问题的努力，但是对任何分裂祖国的挑衅行动，我们不会坐视不管。中国人民会不惜一切代价，维护祖国的统一。[②]

11月27日，台湾“立法院”三读通过国亲两党共同推出的“公投法草案”，民进党与“行政院”提出的“公投法草案”被否决。在“有关改宪和重大政策方面”，“适用范围”的条文删除了“变更中华民国的领土范围、国名和国旗”等内容，“泛绿”则在“防御性公投”上扳回一层，明定台湾遭受外力威胁、主权有变更之虞时，总统得直接经行政院会决议，将国安事项交付公民投票。即所谓17条。

“公投法”的出台和台湾几个月来的事态发展显然引起美国政府的高度关注。11月下旬，美国白宫和国务院发言人和高官频繁表态，重申一个中国的政策。11月18日、19日、20日、22日、25日，国务院发言人鲍润石、国务院副发言人厄尔立等一再表示，美国反对任何一方试图单方面改变现状，继续敦促两岸不要做出或者说出会增加台海紧张，或者使得对话更加困难的举动或者言辞。19日，在记者追问下，副国务卿阿米蒂奇说，台湾为加入世界卫生组织举行公投是不必要的。12月1日，鲍润石又说，美国反对台湾举行任何会改变台湾地位或走向台湾“独立”的公民投票。12月4日，白宫发言人麦克莱伦重申美国反对两岸任何一方改变台海现状，这个说法包括反对大陆动武和台湾“独立”。[③]

为了加强美国表态的力量，11月底12月初，国家安全委员会负责东亚事务的资深主任莫健（James F. Moriaty）奉布什之命三次秘密访台，并

---

① 廖翊：《国台办副主任王在希：台独就是战争，武力恐难避免》，http：//news. xinhuanet. com/newscenter/2003 - 11/18content_ 1185507. htm

② “Government Resolute on Taiwan Issue”，*China Daily*，November 24，2004.

③ 中国新闻网：《新闻背景：近一个月美国在台湾问题上的频繁表态》，sina. com. cn，2003年12月9日。

带去布什亲笔信，要求陈水扁帮他“个人一个忙”，停止可能会危及台海安全的行动，如公投。[①] 但陈水扁已把选举和公投绑在了一起，如果此时取消公投，显然对他的选举是极为不利的。12 月 5 日，陈水扁接受《纽约时报》记者采访，再次为他搞所谓“防御性公投”进行辩护，并称“我们不接受将公投和台湾独立画上等号”。12 月 7 日陈水扁参加台中造势大会，称公投题目就是“台湾 2300 万人民坚决要求中国撤除针对台湾的飞弹，公开宣布放弃使用武力”，这是反飞弹、反战争的防卫性公投。至此，美台在台湾公投问题上的分歧公开化。

12 月上旬，应美国总统布什的邀请，温家宝总理对美国进行了正式访问。台湾问题显然是两位领导人会谈的中心议题。12 月 9 日华盛顿时间中午 12 时许，两位领导人在白宫举行联合记者招待会，布什明确表示反对任何单方面改变台海地区现状的决定，严厉批评陈水扁说：“台湾领导人的言行表明，他可能作出决定单方面改变现状，对此我们是反对的。”布什的这一表态不能不说是对台湾的一种冲击。许多美国学者都感到，总统当着中国总理的面，这样直言不讳地、不用任何外交辞令地批评陈水扁，确实表示了他对陈水扁的强烈不满。稍后，12 月 20 日，布什在与胡锦涛主席通电话时又再次重申，美国不希望海峡两岸的任何一方企图片面改变现状。[②] 布什总统的这一表态可以说是美国对台湾政策的又一次调整。它表明，布什政府的政策是要维护台湾海峡地区的稳定，它认识到破坏这种稳定的是陈水扁当局，是一小撮“台独”势力。现在布什政府的政策重点是向台湾当局施加压力，是要把陈水扁管住，不要让他的言行破坏了台海的稳定。

2 月 11 日 鲍威尔在众议院国际关系委员会作证时说，“看不出台湾有

---

① 《参考消息》2003 年 12 月 7、8 日，2004 年 1 月 8 日；Susan V. Laurence, “Bush to Chen: Don’s Risk It”, *Far East Economic Review*, May 20, 2004, p. 29.

② *Washington File*, December 10, 2003, pp. 2 – 3 。布什总统的表态后，虽然也有少数国会议员加以批评，如众议院民主党领袖南希·佩洛西、众议院台湾小组副主席罗伯特·韦克斯勒等认为，这是对“自由人民通过投票表达观点的权利进行了责难，他严重破坏了美国的传统，即美国站在希望获得民主和自由的人民的一边”（《参考消息》2003 年 12 月 12 日），但总的来说，比起 1998 年 6 月克林顿在上海公开宣示“三不”政策来美国国会中的反弹小得多。有的美国学者认为，这是因为国会中最支持台湾的那些人正是共和党的右派，他们虽然不满总统的这一表态，但他们也不能与自己的总统为难。2004 年 2 月 12 日与史文的访谈。

需要举行公投，不过台湾是一个民主社会，如果他们选择要举办公投，他们可以公投。只是我们已清楚地告诉他们，美国不愿看到因为公投的举行，而导致改变两岸现状”。他还说，美国对台湾公布的两个公投题目都不支持。①

就在台湾选举前一天，3 月 19 日，发生了神秘的“枪击案”。第二天，陈、吕仅以 0.2% 的微弱多数获胜，“泛蓝”不服，进行了持久的抗争。但陈水扁执意要搞的公投却马上有了结果：两个议题的投票率分别为 45.17% 和 45.12%，均未过半，公投无效。

4 月 21 日，美国众议院国际关系委员会举行纪念《与台湾关系法》25 周年听证会，助理国务卿凯利（James Kelly）出席作证。虽然从 2003 年 10 月以来，美国国务院和白宫发言人以及美国决策者，包括布什本人曾经多次表态阐明美国对台湾政策，但这个证词是对这种政策的唯一的比较完整、比较全面的说明。证词总的调子仍然是布什说的反对单方面改变现状。但证词中有几点特别值得注意。第一，证词强调台海地区的现状要由美国来定义，这自然是一种霸权主义的说法。但当时这话主要是说给台湾方面听的。因为陈水扁对现状的解释是“一边一国”。凯利的证词可以说是对陈水扁所说的现状的否定。第二，证词说，中国政府领导人不放弃对台湾使用武力，在台湾宣布独立时将采取军事行动。虽然美国对中国的这一立场持有强烈异议，“但我们和台湾领导人如果把这些声明看作是虚声恫吓那是不负责任的”，“我们敦促台湾人民也同样严肃地看待这些声明”。他还进一步说：“在我们看来，任何单方面走向独立不会使台湾得到比它现在已经享有的自由、自治、繁荣和安全更多的东西”，而大陆方面的反应“将可能摧毁许多台湾已经建立起来的东西”。证词并要求陈水扁“实施负责任的、民主的和克制的领导，这是保证台湾的和平和繁荣的未来所必需的”。这段话十分重要。20 多年来，还没有一位美国高官这样警告过台湾领导人。把这段话翻译得更直白一些就是，如果台湾领导人和民众要和平、要繁荣，那就不要搞“台独”；要搞“台独”，就会失去和平，失去繁荣。第三，证词几处强调了美国

① 《参考消息》2004 年 2 月 13、17 日。

的“安全利益”，美国将“明确地和直白地表示意见，如果我们感觉这种努力将对美国的安全利益带来潜在的负面影响，或者可能破坏台湾自身的安全利益。如果要美国支持，那么台湾的修改宪法就应该是有限度的。如果我们不知道限度何在，那么我们将不会予以支持。总统关于反对单方面改变现状的表态将在与台湾关于政治演进的对话中予以加强”。这段话是明显地针对陈水扁关于2006年制宪（后改为修宪）的时间表说的。他明白地告诉台湾当局，不要乱来，否则，别怪我们不客气。第四，自布什当政以来，美国没有再继续积极鼓励两岸进行政治对话。但在证言中，则比较积极地鼓励两岸进行对话。并且明白告诫台湾“不要把我们的支持解释为是抵抗这种对话的空白支票”。[①]

总之，从布什2003年12月9日讲话以来，出现了一种类似中美两国联手遏制法理“台独”的新形势。当然，美国对台湾政策的内在矛盾仍然无法克服，美国还在向台湾发出混乱的信息。虽然布什政府的基本政策是维持台海的现状，但美国军方还在加强与台湾的关系，尤其在向台湾施加越来越大的压力，敦促台湾购买美国2001年4月答应的一大笔武器。[②]

---

① “Kelly Says Taiwan Relations Act Key to West Pacific Stability”, *Washington File*, April 22, pp. 5 - 12.，有的美国学者如欧伯格指出：“比较而言，台湾在政治上和战略上从美国得到的，远比它对美国利益作出的贡献多。在某些方面，在历史的大部分时间里，台湾对美国来说更多是负担，而非资产。因此美国在期待台湾尊重美国利益和需要方面不必显得那么拘谨。” Ezra F. Vogel, ed. *Living with China. U. S. -China Relations in the Twenty-first Century* (New York: W. W. Norton anc Company, 1997), p. 73.

② 这笔军购中的四艘基德级驱逐舰已于2003年5月成交，但其他各项因为数额太大，台湾“立法院”一直予以抵制，到9月下旬，这项军购已经第三十次闯关失败。在美台军售方面，可以清楚地看到实实在在的商业利益。现在的美国政要个人几乎都有商业利益背景，或曾任一些大公司的CEO，或者在一些大公司有重要的股份。切尼与哈利伯顿公司的关系尽人皆知。美国国防部是每年支配数千亿美元的一个大政治— 商业体，那些军火商与国防部的关系一直是人们谈论的话题。军工复合体通过多种渠道对政策施加影响。他们可以游说本州的联邦议员，通过他们向行政当局施加压力 。他们可以直接与国防部官员打交道，影响他们的政策。他们还可以直接讨好武器购买国的政要，甚至贿赂他们，如台湾购买法国拉法耶特舰的情况那样。在陈水扁过境纽约的活动中，军火商是主要的赞助者。2004年4月被迫辞职的美国在台协会理事主席夏馨（Therese M. Shaheen）及其丈夫狄利塔（Lawrence Di Rita）长期从事军火生意，而其丈夫是拉姆斯菲尔德的亲信，他先是拉姆斯菲尔德的幕僚长，后是国防部的发言人。这种直接的联系正是利益集团影响美国对台政策的一个极好的例子。为了让台湾购买更多的美国武器，五角大楼甚至故意夸大大陆针对台湾的威胁。从这个意义上说，在维持台海地区的稳定方面，五角大楼本身就是布什总统面临的一个大的障碍。

结　语

第一，美国对台湾政策从根本上是矛盾的。美国一方面讲信守一个中国政策，信守中美之间的三个公报；另一方面又实行《与台湾关系法》，布什政府更说成是“基于三个公报和《与台湾关系法》的一个中国政策”，把两个互相矛盾的东西放在一起，近乎荒唐。只要《与台湾关系法》存在一天，美国对台湾政策的矛盾就存在一天，《与台湾关系法》是这种矛盾的根源所在。现在国会和社会上少数人认为海峡两岸的情况比70年代美国确立一个中国政策时已经发生了很大的变化，因此美国应该对这个政策进行重新评估。[①] 这是一种危险的论调。美国的一些有识之士也指出，尽管台湾海峡存在着紧张状态，台湾发生了变化，70年代确立的框架依然是最好的，实际上也是唯一现实的处理美国与中国大陆和台湾的选择。[②] 对于那种鼓吹重新评估一个中国政策的说法我们要保持高度的警惕。

第二，虽然美国对台湾政策的这种矛盾是一直存在的，但实际上不同的总统任上甚至同一位总统的不同时期的政策天平的倾斜是不同的。比如在克林顿政府的前三年，美国政策的天平显然倾向于台湾，从1996年以后，克林顿政府则更重视稳定和改善中美关系。在布什政府任内也发生了这种政策的调整。现在要求美国取消《与台湾关系法》还不现实，但如何贯彻它则是总统权力范围之内的事，比如向台湾出售什么样的武器、出售多少武器，美台军事关系如何，情报共享的程度如何，把美台之间的官员互访限制在什么层面，台湾领导人在美国过境给予什么待遇，诸如此类的问题基本上是行政当局可以决定的问题。

第三，中美关系是一个“大关系”，美国对台湾的政策是服从于这个大关系的。当中美关系从整体上得到改善时，美国对台湾的政策比较偏向于维持海峡的稳定；当中美关系从整体上受到损害时，美国对台湾的政策

---

① 如美中经济和安全评估委员会在2004年6月15日向国会提出的报告中称：“海峡两岸最近的局势发展给美国的‘一个中国’政策带来了越来越大的压力，这表明美国需要把目前的现实情况考虑在内重新评估这一政策。”《参考资料》2004年6月21日。

② *Living with China*, p. 74.

便倾向于支持和纵容“台独”势力。冷战结束以来有过多次这样的调整，最明显的有三次：冷战结束后美国向台湾出售 F－16 战斗机；在克林顿第二任期对台湾政策的调整；布什政府任内对台湾政策的调整。自然，反过来说，美国对台湾政策如何也给中美整体关系产生很大影响，

第四，美国对台湾的基本政策是维持不统、不独、不战、不和，维持台湾事实上与大陆相分离的局面。从长远来说这个政策与中国实现祖国统一的目标是相矛盾的，美国的政策将是中国实现统一的一大障碍。但实现祖国统一的目标需要时间，需要持之以恒地做工作，不能急于求成。在这方面，大陆是有耐心的。时间在统一一边。在当前，中国政府的政策是要维护台海的稳定和和平，寻求两岸的共同繁荣。而美国现行的政策是要维护台海地区的现状。中美两国的政策有某种重合之处，这是可以加以利用的。

（原载《学术咨询委员会集刊》第 2 辑，社会科学文献出版社 2006 年版，收入本文集时有删改）

美国的“一个中国”政策

从1972年尼克松访华以来，美国历届政府都表示奉行“一个中国”的政策。但美国的“一个中国”政策与中国所主张的一个中国原则既有重合的部分，又有不同的含义。双方对于中美之间的三个公报的解读也有所差异。这里，笔者根据美国政府的文件，以及笔者多年来与美国智库交流的体会，对美国所主张的“一个中国”政策进行概括和分析，以便更好地“知己知彼”，更深入地了解美国政策的实质和复杂性。

第一，美国对台湾主权“不采取立场”。美国“一中”政策的最早最经典的版本是1972年2月发表的《上海公报》。公报中的表述是：“美国认识到（acknowledge），在台湾海峡两边的所有中国人都认为只有一个中国，台湾是中国的一部分，美国政府对这一立场不提出异议。”在1978年12月的建交公报中重复了《上海公报》的表述：美国“承认（acknowledge）中国的立场，即只有一个中国，台湾是中国的一部分”；“承认（recognize）中华人民共和国政府是中国的唯一合法政府”。在1982年的《八一七公报》中又重复了建交公报中的说法。[①] 对于上述表述，中美双方的看法是有分歧的。中方理所当然地认为，公报的表述解决了台湾的归属问题，即台湾是中国领土的一部分，这应该是一个中国的基本内涵。但美方则持不同的观点。美方称，在三个公报中美国并没有清楚地阐述自己对台湾地位的立场，而只是“认识到”（在台湾将acknowledge翻译为“认知”·）中方的立场；台湾是中国的一部分；这是中方的立场，而不是美方的立场，美国对此既没有表示赞同，也没有表示反对。还有的美国学者

① 世界知识出版社编：《努力建设中美建设性的战略伙伴关系——江泽民主席对美国进行国事访问》，世界知识出版社1998年版，第224、228页。

说，美国的"一个中国"政策就是"三不"：不支持台湾"独立"，不支持"两个中国"或"一中一台"，不支持台湾加入联合国和由主权国家组成的国际组织。也有美国学者表示，美国的"一个中国"政策就是在同一个时候只承认一个政府代表中国。[①]

上述争议实质上是关于台湾主权之争，关于台湾最终地位的争论。1950 年 6 月 27 日杜鲁门在朝鲜战争爆发后的声明中称，台湾"未来地位的决定，必须等待太平洋安全的恢复、对日和约的签订或经由联合国的考虑"，[②] 正式把"台湾地位未定论"作为美国政府的政策提出。1970 年，美国国务院在一份给国会参议院的备忘录中说："由于台湾和澎湖没有为任何现存的国际安排所包括，这一地区的主权是一个没有解决的问题，它要留待未来的国际决议来加以处理。"1971 年 7 月基辛格秘密访问北京期间，国务院法律事务办公室官员罗伯特·斯塔尔（Robert L. Starr）在给国务院中华民国科科长斯尔维思特（Charles Sylvester）的一份备忘录中讲到台湾的法律地位时又引用了这一说法。[③] 1972 年 2 月尼克松访问中国时就解决台湾问题对中国领导人做了一系列保证，其中第一条就是，美国不再发表类似"台湾地位未定"的声明。[④] 诚然，美国以后没有再公开重提"台湾地位未定"，但实际上，美国并没有真正放弃"台湾地位未定"说。[⑤]

在建交公报发表以后，常务副国务卿克里斯托弗就在参议院作证说，美国政府"承认（acknowledge）中国的立场，即只有一个中国，台湾是中

---

① Shirley A. Kan, *China/ Taiwan: Evolution of the 'One China' Policy—Key Statements from Washington, Beijing, and Taipei* (CRS Report for Congress, Updated April 10, 2002), p. 2. Senate Report 96 - 7, *Taiwan Enabling Act Conference Report*, Report of the Committee on Foreign Relations, United States Senate, Together with Additional Views on S. 245, March 1, 1979, p. 7. 中美双方对公报解释的争论可以说已经持续了三十多年，这种争论看来还要继续下去。

② 世界知识出版社编：《中美关系资料汇编》第二辑上，世界知识出版社 1960 年版，第 89 页。

③ John J. Tkacik, Jr., "Stating America's Case to China's Hu Jintao: A Primer on U. S. - China- Taiwan Policy". *Heritage Foundation Backgrounder*, No. 1541, April 26, 2002.

④ "Memorandum of Conversation, Nixon and Chou Enlai", February 22, 1972, pp. 5 - 7.

⑤ John J. Tkacik, Jr., "Stating America's Case to China's Hu Jintao: A Primer on U. S. - China- Taiwan Policy". *Heritage Foundation Backgrounder*, No. 1541, April 26, 2002; Xu Shiquan and Ezra E. Vogel, "Dampening the Taiwan Flash Point", in Richard Rosecrance and Gu Guoliang, eds., *Power and Restraint. A Shared Vision for the U. S. -China Relationship* (New York: Public Affairs, 2009), p. 114.

国的一部分"；"但那不是美国的立场"。在《八一七公报》达成后，1982年8月国务院又致函国会议员说，"美国对于台湾的主权问题不采取立场"。[①] 在此前，1982年7月里根政府对台湾的六点保证中第五点所说的"美国不改变对台湾主权的立场"，也就是说，美国不改变这一立场，继续对台湾主权不采取立场。[②]

晚近的一个例子是2007年7月美国国务院致联合国负责政治事务的副秘书长的九点非文件。其中第一点就是："美国认识到中国关于台湾是中国一部分的观点。我们对台湾的地位不采取立场。我们既不接受也不拒绝台湾是中国一部分这种要求"，美国不持有"台湾是中华人民共和国的一部分"的立场。[③] 中美关系正常化后美国历届政府不再声张美国对台湾主权的立场，但美国政策的内核说到底仍然是"台湾地位未定论"。[④]

第二，《与台湾关系法》及对台湾的安全承诺、对台军售。美国政府说起美国的"一个中国"政策，总是说"基于三个联合公报和《与台湾关系法》的一个中国政策"。[⑤]

美国国会中亲台议员对于卡特政府在实现美中关系正常化时未能使中方宣布放弃对台湾使用武力十分不满。于是当卡特政府为美台断交后双方的事务性安排向国会提交法案时，国会就把这个法案变成了向台湾作出所谓"安全承诺"的法律。1979年4月成立的《与台湾关系法》规定，美国期望台湾的前途将通过和平方式决定，"以非和平方式包括抵制或禁运来决定台湾前途的任何努力，是对西太平洋地区和平和安全的威胁，是美

① Harvey Fieldman, " A Premier on U. S. Policy Toward the ' One China ' Issue: Questions and Answers", *Heritage Foundation Background*, No. 1429, April 12, 2001.

② John J. Tkacik, Jr., *Rethinking "One China"* (Heritage Foundation, 2004), p. 69.

③ John J. Tkacik, Jr., "Taiwan's ' Unsettled ' International Status: Preserving U. S. Options in the Pacific", Heritage Foundation, *Issues. Backgrounder*, *No.* 2146, p. 11. 在1982年7月里根政府对台湾的六点保证中，第五点美国不改变对台湾主权的立场。这种立场就是这个非文件中阐述的观点。

④ See Xu Shiquan and Ezra F. Vogel, "Dampening the Taiwanese Flash Point", in Richard Rosecrance and Gu Guoliang, eds., *Power and Restraint. A Shared Vision for the U. S. - China Relationship*, p. 114.

⑤ "Electoral Change on Taiwan, Building Peace in the Taiwan Strait" by Richard Bush, Chairman of the Board and Managing Director, American Institute in Taiwan, March 29, 2000. 布什在任期间多次做了这样的表态，如他2003年12月9日对温家宝总理的表示。Office of the White House Press Secretary, "President Bush and Premier Wen Jiabao Remarks to the Press", December 9, 2003. www. white house. gov/news/releases/2—3/12/20031209 - 2. html.

国所严重关切的"；总统应将对台湾人民的威胁通知国会，总统和国会将依照宪法程序决定应采取的措施；美国将继续向台湾提供防御性武器，使其保持足够的自卫能力。[①]《与台湾关系法》中的安全承诺包括两个方面：美国须保持足以抵抗任何寻求武力或对台湾施加压力的能力，美国要向台湾出售武器使台湾保持防卫能力。[②] 但在这个安全承诺中有着故意的模糊。首先，这种安全承诺不是给台湾百分之百的承诺。如 1995—1996 年台海危机时期的助理国防部长奈（Joseph Nye）所强调的，"美国人不想给台湾百分之百的保证，即不管台湾做什么，美国都会帮助台湾防御大陆的进攻，因为那将鼓励台湾采取非常危险的步骤"[③]。其次，它也没有明白说出，万一台湾海峡地区发生了军事冲突，美国将如何介入，采取什么措施；再次，其中规定了向台湾售武，但究竟提供什么、提供多少、什么时候提供，这仍然是要由总统来斟酌决定的。

《与台湾关系法》是对中美关系正常化的反弹，它侵犯了中国的主权，伤害了中国的核心利益，是对中国内政的粗暴干涉，是对"一个中国"政策的破坏。中国政府对这一法案提出了严正交涉和抗议。卡特政府保证，将完全按照中美关系正常化的方式来执行这项法律。在中国方面看来，《与台湾关系法》与中美三个联合公报是互相对立的文件，从而使美国对

---

① Lester L. Wolf and David L. Simon, eds., *Legislative History of the Taiwan Relations Act with Supplement* (New York: The Pacific Community Institute, 1993), pp. 288 - 289. 卜睿哲认为，《与台湾关系法》中最成功的部分是成立美国在台协会，从而可以维持对于美台之间都"极为重要的关系"。他认为，把《与台湾关系法》解释成要求美国向台湾出售武器和保卫台湾是夸大了该法的法律含义。首先，在美国的立法中，常常用 shall 来确保行政机构采取国会所愿的行动，但在《与台湾关系法》中却用了 will，这就使规定更多成了国会意愿的阐述，而不是有法律约束力的授命；其次，在此项立法中没有迹象，美国要决定台湾的军需。显然，美国售台武器将根据判断台湾需要的不同标准而发生很大的变化；再次，该法的规定以及各届政府的做法实际只是在售台武器过程的末尾知照国会。因此，《与台湾关系法》并非规定*必须*卖武器给台湾。因为不论从实质上还是从程序上，这个法都没有这样硬性的规定。Richard Bush, "Thoughts on the Taiwan Relations Act," *China Times*, April 2009.

② "Electoral Change on Taiwan, Building Peace in the Taiwan Strait" by Richard Bush, Chairman of the Board and Managing Director, American Institute in Taiwan, March 29, 2000.

③ "Military Muscle - Flexing in a Chinese Political Game", *International Herald Tribune*, March 18, 1996. 在 1995—1996 年的台海危机中，克林顿政府既警告台湾方面，如果大陆对台湾采取军事行动，台湾未必可以指望美国的支持；又告诉北京，如果发生军事冲突，中国不能排除美国站在台湾一边进行干预的可能性。See John Tkacik, Jr, "Stating America's Case to China's Hu Jintao: A Primer on US-China - Taiwan Policy," April 26, 2002. *Backgrounder* No. 1543.

台湾的政策陷入不可解脱的矛盾之中。

在1982年的《八一七公报》中，美国就对台军售作出了新的承诺：不寻求长期向台湾出售武器的政策；售台武器的数量和性能不超过1980年的水平；逐步减少售台武器，直至彻底解决问题。这个公报的签订也是中美双方进行妥协的结果，它没有从根本上解决对台军售的问题。实际上里根政府是很不情愿达成这个公报的。公报成立后，里根马上发出了一个由国务卿舒尔茨（George Shultz）和国防部长温伯格（Caspar Weinberger）提出的“总统指示”，其中说：“美国削减售台武器完全是以中国和平解决中华人民共和国和台湾之间的分歧为条件的……也就是说，向台湾提供的武器的数量和质量完全是以中华人民共和国对台湾造成的威胁为条件的。无论在数量还是质量方面，台湾对中华人民共和国的防卫能力都将予以保持。”[①]

邓小平通过数年中美关系的实践，在1983年6月一次会见美籍华裔学者的讲话中说，“美国的当权人士从未放弃搞‘两个中国’或‘一个半中国’”。[②] 但在80年代美国基本上遵守了《八一七公报》的规定。对公报的第一次严重违反是1992年对台出售150架F－16A/B战斗机。此后，美国政府又一再违反公报的规定，把大批先进武器售予台湾。

台湾方面对《八一七公报》的谈判十分关注和担心，而且由于亲台议员的泄露，他们对谈判情况也颇为了解。7月14日，台湾北美事务协调委员会间接与助理国务卿霍尔德里奇（John H. Holdridge）接触，提出了一个要求美国对台湾作出保证的文本。[③]

霍尔德里奇及其部下进行研究后，建议同意台湾要求。白宫对此无异议。7月下旬，里根政府将此通知了国会。台湾提出的六条包括了三个方面的内容：第一，关于售台武器，美国在向中国政府作出新承诺的同时，也向台湾方面作出了保证，美国政策的两面性暴露无遗；第二，关于两岸

---

① James Lilley and Jeff Lilley, *China Hands: Nine Decades of Adventure, Espionage and Diplomacy in Asia* (New York: PublicAffairs Books, 2004), p. 248.

② 《邓小平文选》第3卷，人民出版社1995年版，第30页。

③ 中美关系报告编辑小组：《中美关系报告：1981—1983》，台北：中央研究院美国文化研究所，1984年7月版，第129页；参见《邓小平与中美关系，1977—1991》的有关段落。

对话，美国承诺了不干涉、不介入的立场（关于这一点，下面还要谈到）；第三，也是台湾当局最看重的一点，是第五点关于台湾主权的立场。此后，台湾当局曾经一再要求美方重申这六项保证，但并非总能如愿以偿。[①]

美国政府认为美国在《与台湾关系法》中所作出的承诺关系到美国对盟国和朋友的信誉，是美国一定要遵守的。正是从这样一种立场出发，在1996年台湾海峡准危机时期，克林顿政府派遣了两个航母编队驶向台湾海峡。克林顿政府想以此表示，美国说话是算数的，美国是具有实践这种承诺、抵抗对台湾使用武力的能力的，并以此阻遏将来可能的类似行为。[②]

美国一些国会议员一直都希望从立法层面加强美台关系，强化对台军售。在90年代国会中有过几次立法尝试。1993年参议院的《1994—1995财年国务院授权法》中列入了一条：《与台湾关系法》的有关规定“取代”了《八一七公报》的有关规定、指示和政策。但众议院的相关法案中没有这一规定。最后两院达成妥协，将参议院《授权法》中的有关规定改写为一则《声明》，其中说，“《与台湾关系法》优于美国政府的声明，包括公报、规定、指示以及基于此的政策”。[③] 1999年国会关于《加强台湾安全法案》的辩论是国会企图从法律上加强对台售武的又一次努力。这一努力没有成功，国会并不就此罢休。在以后几年的相关法案中，一些国会议员竭力塞进加强对台军售的条款。如在2000财年的《外交工作拨款法》中列入了国务卿要与国会磋商设计一项机制，使国会在决定对台军售中发挥作用。在2001年的此类法案中又列入一条《台湾情况报告要求》：总统须在下一轮美台军售之前30天与国会就此进行磋商。在《2002—2003财年的外交关系授权法》中又列入了售台武器的条款，并有一项修

① 2001年3月8日，鲍威尔国务卿在参议院外交委员会作证时表示，六项保证仍然是“美国经常的和官方的政策”，See Hearing of the Senate Foreign Relations Committee for the Fiscal Year 2002 Foreign Operations Budget, March 8, 2001. 有的美国学者认为，这六点声明是反映美国政策的一种常识的陈述，其实质是从里根政府以来的历届政府都认可的，但也没有必要一再公开加以重申。采访容安澜。

② “The United States Role in the Taiwan Strait Issue” by Richard Bush, Chairman of the Board and Managing Director, September 21, 1999.

③ Martin L. Lasater, *The Changing of the Guard. President Clinton and the Security of Taiwan* (San Francisco: Westview Press, 1995), p. 141.

正案，要求台湾在武器转让方面得到“与非北约盟国同样的待遇”。[①] 国会的这些动作也是布什政府在2001年4月宣布大笔售台武器的一个背景。

在2003年以后，布什政府公开、强烈地反对台湾当局的法理“台独”。但美国仍然决定要向台湾出售武器，以履行对台湾的所谓“安全承诺”。在2007年11月国防部长盖茨（Robert Gates）访问中国时，中方再次提出美国对台军售的问题，盖茨表示，“美国对台军售是与《与台湾关系法》相一致的，如果大陆一方继续建设针对台湾的军事力量，美国也将向台湾继续提供台湾自卫所必需的资源”。[②] 2008年10月，布什政府宣布向台湾出售价值64.63亿美元的武器，2010年1月奥巴马政府又把当时经过审批但尚未出售的一半卖给了台湾。对台军售仍然是对中美关系的严重干扰。

第三，不支持台湾独立，不支持“两个中国”和“一中一台”，不支持台湾加入联合国和由主权国家组成的国际组织，即所谓“三不”政策。历届美国政府就此作过多次类似表态。1971年7月基辛格秘密访华时他在与周恩来总理的第一次会谈中就表示：“关于台湾的政治前途，美国政府不支持‘两个中国’、‘一中一台’的解决方案。”周恩来问：“贵国政府对所谓‘台独’运动持什么态度?”基辛格回答说：“美国政府不支持台独。”[③] 1972年2月尼克松访华时确认了基辛格的表态：美国不曾也不会支持任何台湾“独立”运动。[④] 1995年8月初，克里斯托弗国务卿与钱其琛外长在文莱东盟地区论坛期间会晤时，前者把克林顿总统致江泽民主席的信交给钱外长，克林顿在信中表示，美国将反对和抵制台湾争取“独立”的努力，将不支持“两个中国”或一个中国与一个分离的台湾，将不支持台湾加入联合国。[⑤] 在1997年10月江泽民主席访问美国时，双方达成联合声明，美方重申“坚持一个中国政策，遵守中美三个联合公报的

---

① Shirley A. Kan, *China/ Taiwan: Evolution of the "One China" Policy*, p. 12.

② Center for Naval Analysis, "U. S. to Continue Arms Sales to Taiwan: Pentagon", Sunday, December 23, 2007.

③ "Memorandum of Conversation, Kissinger and Chou Enlai", July 9, 1971, pp. 4 – 5.

④ "Memorandum of Conversation, Nixon and Chou Enlai", February 22, 1972, pp. 5 – 7.

⑤ Warren Christopher, *In the Stream of History. Shaping Foreign Policy for a New Era* (Stanford: Stanford University Press, 1998), p. 298；钱其琛：《外交十记》，世界知识出版社2003年版，第312页。

原则”。[①] 其中没有提到“三不”。但两天后，国务院发言人在新闻发布会上公开宣布了“三不”政策。这是美国政府第一次公开宣示。[②] 当然最有影响的一次表述是克林顿1998年6月访问华期间在上海与上海市民对话时的公开表态。他说：“我曾经有机会重申我们的台湾政策，那就是，不支持台湾独立，或两个中国，或一中一台。另外，我们并不认为台湾应该加入以国家为主体的国际组织。”[③]

对于“三不”为什么用“不支持”而不是用“反对”，“美国在台协会”前理事主席卜睿哲（Richard Bush）的解释是：支持是一端，反对是另一端，不支持是在这两者之间的某个地方。[④] 所以不支持仍然是一种模糊的表述。2002年5月，副国务卿沃尔福威茨在一个场合讲，“‘不支持’台湾独立是我们‘反对台湾独立的另一种说法’”。结果从台湾给美国国务院发来许多电报表示质疑。几天后，他在讲到同一问题时说，“有时候……不如反复说一样的话为好，而不要去做临场发挥。几天前我就有一次这样的教训”。表示他不该说那个话。[⑤]

布什政府在上任之初对中国执行强硬政策，不愿公开认同“三不”政策。2001年3月19日，鲍润石（Richard Boucher）在国务院的一次记者招待会上表示：“如果我们回顾‘三不’政策的整个历史，你会发现，这个政策并不是在所有时候都表达得一模一样的，现在我也不想以此来表达我们的政策。我们坚持一个中国的政策。”[⑥] 但布什政府实际执行的还是“三不”政策，而且在2003年后执行得比以前的历届政府都坚决些。

布什总统本人曾经几次用过“反对台湾独立”的说法。一次是在2002年10月当江泽民主席访问克劳福特牧场两位领导人进行会晤时，另一次是2003年10月在APEC峰会期间会晤胡锦涛主席时，再一次是2003年12月温家宝总理访问美国时。当记者后来追问是否属实时，国务院发

① 《努力建设中美建设性的战略伙伴关系》，第4页。

② *China/ Taiwan: Evolution of the "One China" Policy*, p. 45.

③ 正源：《克林顿访华言行录》，中国社会科学出版社1998年版，第205页。

④ 采访卜睿哲。

⑤ *Rethinking One China*, p. 74.

⑥ See John Tkacik, Jr, "Stating America's Case to China's Hu Jintao: A Primer on US-China - Taiwan Policy," April 26, 2002. *Backgrounder* No. 1543.

言人总是含糊其词地说，“我不去做这种语义学的游戏”，也就是不肯把布什说过的“反对”二字肯定下来。①

实际上，对美国“三不”政策的主要考验发生在布什时期。从2003年下半年起，陈水扁把“台独”活动的重点从渐进式“台独”转向“急独”，“法理台独”。布什政府也把政策重点转向遏制台湾当局的“台独”倾向，陈水扁当局完全失去了美国的信任，美台关系之坏是50多年所没有过的。布什政府的对台湾政策从行动上强化了“三不”，强化了“一个中国”政策，表明在反对“法理台独”方面中美两国有着共同利益。

第四，和平解决台湾问题与两岸对话。从50年代中美大使级会谈以来历届美国政府都一直要求中国政府放弃对台湾使用武力，寻求和平解决台湾问题。在中美关系正常化谈判中美国又提出了类似要求，遭到中方的拒绝。结果在发表建交公报的同时，美中双方各自发表声明，阐述各自立场，即所谓各说各话，但互不驳斥。美国发表声明表示“继续关心台湾问题的和平解决，并期望台湾问题将由中国人自己和平地加以解决”。中国政府则声明，“解决台湾回归祖国、完成国家统一的方式，这完全是中国的内政。”② 卜睿哲解释说，“美国政府对于台湾海峡争议最终解决办法的实质没有看法。我们确实没有。我们所关注的是……过程和环境。对美国来说，重要的是，决定是怎样作出的，而不是决定是什么”。也就是说，台湾是和平统一，还是和平“独立”，是两岸人民自己的事；“美国所坚持的和将要坚持的是，台湾问题必须和平解决”，最后的解决办法必须是两岸人民所共同接受的。而要取得这一结果，必须通过对话。卜睿哲称，“两岸建设性和有意义的对话是解决两岸分歧的最佳途径”。③

布什第二任期的助理国务卿帮办柯庆生（Thomas Christensen）也表示，美国关心的是和平统一的过程，而非其结果；台湾问题的解决方案取

---

① *Rethinking One China*, p. 107 - 109. 笔者也就此询问过一些代表美国主流观点的学者，如容安澜、卜睿哲，他们说，总统本人可能有这样的说法，但作为美国历届政府一贯表述的立场，仍然是“不支持”。

② 《人民日报》1978年2月17日。

③ “US Policy Regarding Taiwan” by Richard Bush, Chairman of the Board and Managing Director, American Institute in Taiwan at a Conference on “The Taiwan Relations Act: the First 20 Years”, September 15, 1998.

决于两岸，美国对统一与否没有立场。[1]

尼克松总统在1972年、卡特总统在1978年、里根总统在1982年在表示希望台湾问题和平解决时，又都公开表示支持两岸的中国人通过对话自己解决台湾问题。里根政府1982年7月下旬对台湾做的所谓“六项保证”中还声明，美国不充当两岸之间的调停人；不会对台湾施加压力，促其与大陆进行谈判。[2] 所以在80年代，美国的政策实际上是对两岸对话“不鼓励、不介入、不调停”的“三不”政策。90年代，两岸关系通过海协会和海基会进行谈判取得进展，克林顿政府对这种谈判表示欢迎，尤其对台湾方面进行鼓励，在1994年的对台政策审议中也说到，“美国对海峡两岸关系的进展表示欢迎”。[3] 在1995—1996年台海危机后，美方意识到，虽然危机过去，但危机的根源仍然存在，克林顿政府敦促两岸恢复对话，以降低海峡的紧张状态，避免新的紧张的出现。在1997年10月两国首脑的会晤中，克林顿又表示台湾问题应由两岸和平地解决，希望“和平解决的时间尽快到来，早来比晚来好”。[4]他敦促两岸扩大交流，展开建设性的对话。1999年7月李登辉提出“两国论”后，克林顿政府更强化了关于两岸对话的表示，他在7月21日白宫的记者招待会上和9月11日APEC首脑会议期间与江泽民的会晤中都强调，美国对两岸关系的政策有三个支柱：“一个中国”政策、和平解决以及两岸对话。[5] 卜睿哲则阐述说，解决台湾问题是两岸自己的事情。美国在终止中东、北爱尔兰和塞浦路斯的冲突方面都曾扮演过中心的角色，但在台湾问题上，美国利益在于在谈判桌旁不占有席位。对话是两岸的事情，美国不会就两岸对话的议题、方式等进行任何限制，美国的责任是创造一种条件，使两岸对话更容易进行。卜睿

---

① Thomas Christensen, lunchoen speech at an international conference on “U. S. -China Relations and Northeast Asian Security”, hosted by the National Committee of American Foreign Policy, November 10, 2006.

② 中美关系报告编辑小组：《中美关系报告：1981—1983》，（台北）中央研究院美国文化研究所1984年版，第129页。

③ “Taiwan Policy Review”, Statement before the Senate Foreign Relations Committee by Winston Lord, September 27, 1994, *US Department of State Dispatch*, Vol. 5, No. 42.

④ Shirley A. Kan, *China/ Taiwan: Evolution of the “One China” Policy*, p. 44; Speech by Richard Bush to the Taiwanese - American Chamber of Commerce of Greater Los Angeles, January 24, 1998.

⑤ Shirley A. Kan, *China/ Taiwan: Evolution of the “One China” Policy*, pp. 44, 49 - 50.

哲把美国的这种立场称为“创造环境的方法”(context-creating approach)。①他甚至说：“美国政策的永恒目标是创造一种环境，使正面的变化可以通过对话和平地发生。”②

2000年2月在中国政府发表《一个中国原则与台湾问题》以后，克林顿政府表示：“我们继续拒绝使用武力作为解决台湾问题的手段。我们也将继续绝对明确地表示，北京与台湾之间的问题必须和平解决，并得到台湾人民的同意。”③

布什政府在敦促两岸进行对话方面的态度有一个微调的过程。2001—2002年，布什政府的政策是向着支持台湾、加强美台关系倾斜的。④ 2002年1月24日，钱其琛副总理在纪念江泽民主席的“八项主张”发表七周年的座谈会上发表的讲话中指出，“台湾当局领导人不接受一个中国原则，不承认‘九二共识’，这是导致两岸关系陷入僵局的症结，也是造成台海局势难以稳定并可能引发危机的根源”。⑤ 正在台湾访问的美国在台协会理事主席卜睿哲于1月28日回应说，“美国赞成和鼓励对话，但无意居间调停，或迫使台湾进行谈判”，“一方为恢复谈判设置先决条件是不具有建设性的，这使另一方怀疑，在讨论开始之前已经等同于在根本性的问题上作出了让步。”⑥ 显然，卜睿哲把“一中原则”和“九二共识”视同大陆的先决条件。随着陈水扁“台独”活动越来越猖獗，两岸关系恶化，紧张升级，危及布什政府的战略部署，布什政府加大了敦促两岸进行对话的力度。2004年4月21日助理国务卿凯利（James Kelly）在众议院国际关系委员会作证全面阐述对台政策时就提出：“对北京这意味着不对台湾使用武力或威胁使用武力；对台北，这意味着在处理两岸关系各个方面保持谨

---

① “The United States Role in the Taiwan Strait Issue” by Richard Bush, Chairman of the Board and Managing Director, September 21, 1999.

② “Electoral Change on Taiwan, Building Peace in the Taiwan Strait” by Richard Bush, Chairman of the Board and Managing Director, American Institute in Taiwan, March 29, 2000.

③ *Rethinking One China*, 73.

④ 见陶文钊《2004年台湾地方领导人选举和美国对台政策》，《美国研究》2004年第4期。

⑤ 姜殿铭、许世铨主编，曹治洲、董平副主编：《台湾2002》，九州出版社2003年版，第425页。

⑥ *China/ Taiwan: Evolution of the “One China” Policy*, p. 14.

慎态度。对双方来说，这意味着不以言辞或行动单方面改变现状。我们以严重关切看待对台湾使用武力，将保持抵御任何寻求武力或以其他方式施加压力的能力。"① 历届美国政府都把阻遏中国政府对台湾使用军事手段作为美国在西太平洋保持强大兵力的理由之一，国防部在2010年《与中国有关的军事与安全事态的报告》中就写道："美国国防部在进行军事力量和全球力量态势的重新布局时保持着足够的能力以对抗北京对台湾使用军事力量和压力。"②

第五，反对单方面改变现状。这个政策本来是美国历届政府的一贯政策，但是台湾当局的法理"台独"活动促使布什政府把它强化了。陈水扁为了准备2004年的竞选，于2003年9月在民进党17周年的党庆会上提出了法理"台独"的时间表：2004年3月与选举同时"完成历史性首次公投"，2006年"催生台湾新宪法"，2007年实施"新宪法"。这一宣示引起国际社会高度关注。布什政府也一再提出公开批评，要求陈水扁实践他所作出的"四不一没有"的承诺。但陈水扁不予理会。非但如此，他还在2003年12月5日接见《纽约时报》记者采访，为他的法理"台独"活动进行辩护，称："举办公投是强化和深化台湾民主的一座里程碑……我们不接受将公投和台湾独立画上等号。"③ 在这种情况下，布什总统利用温家宝总理来访的机会，在12月9日的联合记者招待会上重申，美国的政策是反对海峡两岸任何一方单方面改变台海地区的现状。如果他仅仅说到这里，那么他的表态与以前的总统没有什么区别。但接着，他以异乎寻常坦率的口气批评陈水扁说："台湾领导人的言行表明，他可能作出决定单方面改变现状，对此我们是反对的。"当着中国领导人的面这样严厉责备台湾的领导人，这是比当年克林顿在上海发表"三不"的讲话更具有冲击

① Statement of James Kelly before the Committee on International Relations, House of Representatives, 108 Congress, Second session, April 21, 2004, p. 14.

② The U. S. Department of Defense, *Military and Security Development Involving the People's Republic of China*, 2010, p. 49.

③ 《2008宣布独立？扁：想象力丰富》，《台湾晚报》2003年12月6日。

力的行动。[①] 稍后，12 月 20 日，布什在与胡锦涛主席通电话时又重申，美国不希望海峡两岸任何一方企图片面改变现状。2004 年 2 月 11 日，国务卿鲍威尔（Colin Powell）在众议院国际关系委员会作证时又说，“美国不愿意看到因为公投的举行，而导致两岸改变现状”。[②]

第六，支持台湾的民主化。不论是民主党还是共和党，美国历届政府都认为美国的外交政策应该建筑在美国的价值观之上，都认为推广民主符合美国的国家利益。从 80 年代末以来，台湾社会实现了转型。美国显然认为台湾的民主化是符合美国价值观的，是符合美国利益的，在美国政界对提升美台关系的支持增强了。由于台湾社会的这种变化，美国的政策也有相应的调整。这主要是，在 20 世纪 90 年代后期，美国在公开宣示的对台湾政策中，除了坚持台湾问题和平解决外，还强调最后的解决办法必须是台湾人民所接受的。卜睿哲在 1998 年的一次讲话中说：有人可能会问，台湾的民主体制对于台海的持久和平是有利的还是不利的？答案是清楚的：美国强烈支持台湾的民主，它对台湾的和平和稳定是一个贡献。我们相信，台湾人民是明智的、谨慎的，他们会支持关于台湾未来的负责任的态度。我们当然理解，两岸对话的结果必须得到台湾人民的认可。他们同样相信，任何得到广泛支持的结果都将是更持久的结果。而且我们也相信，台湾的民主化将是中华人民共和国的政治自由化的有用的样板。[③] 他在 1999 年的一次讲话中又说：美国政府“相信，北京与台北达成的任何协议都应该基于互相接受的基础之上……这是因为台湾是一个民主政体。海峡两岸对话所取得的任何协议都必须得到民众的广泛支持，得到台湾民

---

① Office of the White House Press Secretary, “President Bush and Premier Wen Jiabao Remarks to the Press,” December 90, 2003. www. white house. gov/news/releases/2—3/12/20031209 - 2. html. 美国国会研究部的中国问题专家邓凯丽写道，一位前政府官员获悉，陈水扁听到布什的这一表态认为自己被布什出卖了，这与他先前从布什那里得到的鼓励性的信息大相径庭。Kerry Dumbaugh, *Taiwan- U. S. Political Relations: New Strains and Changes* (CRS Report for Congress), October 10, 2006. p. 11.

② 《参考消息》2004 年 2 月 13、17 日。

③ “US Policy Regarding Taiwan” by Richard Bush, Chairman of the Board and Managing Director, American Institute in Taiwan at a Conference on “The Taiwan Relations Act: the First 20 Years”, September 15, 1998.

众认可的协议将是更持久的"。[①] 在别的场合，他强调，"由于台湾是民主政体，任何双方的安排最终都必须为台湾民众所接受"。[②] 在有的场合他则说，"北京与台北所达成的任何协定都必须建筑在彼此接受的基础之上"。[③]

助理国务卿罗德曼（Peter Rodman）2004 年 4 月 21 日在众议院作证时称，"台湾在过去十年中演变成真正多党制的民主社会是美国对台湾防卫重要性的一个证据。它加强了美国看到台湾民主发展和兴旺的决心"。[④]

实际上，从 90 年代末以来，台湾的民主是美国国会议员和领导人经常挂在口头的话题。美国共和党资深参议员卢格（Richard Lugar）就曾撰文说："近年来……台湾人民力图按照美国模式建立他们的政治和经济体制。他们在市场经济的发展、民主选举、公民自由以及政府机制等方面都取得了令人瞩目的进展。多数美国人同意……我们曾经在台湾人民面临困难甚至危险的时候强烈地鼓励他们去拥抱自由，因此我们有道义的责任去支持他们。"[⑤] 布什在 2005 年 11 月访问东亚时还在东京发表讲话，对台湾的民主大加称赞，并以台湾作为大陆的榜样，敦促大陆实现"民主化"。他说："现代的台湾是一个自由、民主和繁荣的社会。通过在各个层面拥抱自由，台湾为它的人民带来了繁荣，并且创造了一个自由和民主的华人社会。"他接着便要求大陆向台湾看齐，称"中国的经济增长必须伴随着人民享受更多的自由"。[⑥]

第七，支持拓展台湾的国际空间。美国政府虽然不支持台湾加入联合国，但却一直支持拓展台湾的国际空间。在 1994 年克林顿政府对台湾政

---

① " The United States Role in the Taiwan Strait Issue" by Richard Bush, Chairman of the Board and Managing Director, September 21, 1999.

② "Electoral Change on Taiwan, Building Peace in the Taiwan Strait" by Richard Bush, Chairman of the Board and Managing Director, American Institute in Taiwan, March 29, 2000.

③ " The United States Role in the Taiwan Strait Issue" by Richard Bush, Chairman of the Board and Managing Director, September 21, 1999. p. 4.

④ Statement of Peter Rodman before the Committee on International Relations, House of Representatives, 108 Congress, Second session, April 21, 2004.

⑤ See Richard Lugar, " Timely Exit for Ambiguity", *The Washington Times*, 17 May 2001, pp. A – 16.

⑥ Terence Hunt, "Bush Urges China to Grant More Freedoms", www.washingtonpost.com/wp-dyn/content/.../AR2005111500090.html.

策审议时就提出，“虽然美国不支持台湾加入由主权国家组成的国际组织，但支持在这些国际组织中让台湾的声音能被听到，并支持台湾加入并非以主权国家为先决条件的国际组织，如世界贸易组织”。[①] 美国支持台湾在亚太经合组织、世界贸易组织、世界卫生组织大会等国际机构中的成员或观察员的资格，国会为此多次通过决议，政府也有多次表示。1990年初，台湾提出加入关贸总协定（GATT）的申请，美国于1991年上半年公开表示支持。1991年6月，31名参议员致函布什总统，要求美国政府支持台湾加入GATT，却反对中国复关。经过中国的据理力争，最后决定中国以主权国家复关，中国台湾以特别关税区加入。1993年9月，参议员达马托（Alfonse D'Amato）向参议院外交关系委员会提出支持台湾“重返”联合国的决议案。此后，参议员利伯曼（Joseph Lieberman）、西蒙（Paul Simon）等又分别先后提出内容更为广泛的支持台湾加入国际组织的提案。[②] 90年代，美国国会中类似议案层出不穷。在布什任内，美国依然积极支持台湾“拓展国际空间”。2002年4月布什签署了支持台湾“参与”世界卫生组织的法案。该法案授权国务卿于5月世卫大会在日内瓦举行时提出支持台湾当局以“观察员”身份参加为期一周的会议，国务卿必须要求美国代表团在世卫大会上执行该计划。[③] 2004年6月14日，布什再次签署S2092号法案，该法案授权国务卿制定相关计划，使台湾在世卫组织年会上取得观察员地位。[④]

从1979年两国关系正常化以来，历届美国政府基本上都保持了“一个中国”政策，虽然不同政府在不同时期的政策倾斜有所不同，也有摇摆，但并没有离开上述政策框架。这既是美国政府的政策，也是美国学术界的主流观点。但国会和一些保守派思想库中却不断发出噪音，要求修改

① “Taiwan Policy Review”, Statement before the Senate Foreign Relations Committee by Winston Lord, September 27, 1994; *U. S. Department of State Dispatch*, Vol. 5, No. 42 (October 17, 1994), pp. 705 - 706.

② 张春：《美国思想库与一个中国政策》，上海人民出版社2007年版，第49—50页。

③ 《布什签署法案公然支持台湾“参与”世界卫生组织》，2002年4月5日。www. chinanews. com. cn/2002 - 04 - 05/26/175665.

④ 《布什不顾中国反对签署法令助台湾成世卫观察员》，2004年6月15日。www. mhedu. sh. cn/cms/data/html/doc/2004 - 06.

从70年代就实行的“一中”政策。1999年7月李登辉发表“两国论”后，克林顿政府明确表示反对这一论调。但参议院外交关系委员会主席赫尔姆斯（Jesse Helms）却在7月21日的听证会上说：李“创造了一个机会，使美国得以摆脱长年以来拘禁美国对华和对台湾政策的北京所鼓吹的一个中国政策”。众议院国际关系委员会主席吉尔曼（Benjamin Gilman）在9月7日致函总统说，有一种“普遍的错觉”，似乎我们正式地承认了北京是包括台湾在内的“一个中国”的首都，“美国无论如何都不能向着北京版本的‘一个中国’靠拢”。①美国保守派智库传统基金会、新保守派智库新美国世纪计划等也在不断制造舆论质疑反对“一个中国”政策，试图颠覆中美之间的“三个公报”，但这也只是少数人的噪音。我们今后在相当长时间内还是要与上述的“一个中国”政策打交道。

（原载《和平与发展》2010年第6期）

① *China/ Taiwan: Evolution of the "One China" Policy*, p. 1.

近年来美国智库关于美国对台湾政策的争论

台湾问题是中美关系中最敏感、最重要的核心问题。中美两国关系正常化30多年来，美国的《与台湾关系法》及其向台湾出售武器的行为一直对中美关系形成干扰，是两国关系发展的一大障碍。近年来，随着中美关系的范围不断拓展，两国共同利益不断深化，美国的一些知名人士和学者开始重新思考台湾问题，引发了关于美国对台湾政策的一场新的争论。

一

较早提出这个问题的有影响的人物是退役海军上将、参谋长联席会议前副主席比尔·欧文斯（Bill Owens）。他在2009年11月撰文说，世界在迅速变化，中国以美国的四到五倍的速度在增长，不用30年，世界将会有旗鼓相当的两个大国。对美中两国关系需要给予坦率和现实的评估。“美中关系的出路不是两面下注，不是相互竞争或者相互戒备，而是合作、公开化和信任”，“美国必须开始像朋友一样对待中国”。《与台湾关系法》是美国向台湾出售武器的依据，但这个法律“不是最符合我们的利益”，“对这个已经过时的法律进行彻底评估是名正言顺的，这将被中国看作是美国为中美关系设置新议程的真诚的尝试”。他还对两国关系，包括军事交流提出了一些具体建议。①

欧文斯将军的文章因为发表在英国报纸上，美国的民众可能不是特别注意。2010年和2011年发表在《外交》这本美国权威杂志上的文章引起

① Bill Owens, “America Must Start Treating China as a Friend”, *Financial Times*, November 17, 2009, http://www.ft.com/cms/s/0/69241506-d3b2-11de-8caf-00144feabdc0.html#ixzz1glpXTEWk.

了更大的关注。《外交》杂志 2010 年第 1 期刊登了波特兰俄勒冈州立大学助理教授布鲁斯·吉雷（Bruce Gilley）的文章《海峡命运并非悲惨——台湾的“芬兰化”如何有益于安全》。他在文章中回顾了冷战中芬兰在美苏之间保持中立对有关各方带来的安全利益，并指出，现在台湾的地位与当时的芬兰非常相似，都是处在两个竞争的大国之间。他论证台湾“芬兰化”对美国的安全利益时指出，其一，当前中美两国间最具爆炸性的问题是台湾，“芬兰化”可以卸下这个问题的引线，从而消除中国对于台湾成为它在本地区实现军事和商业雄心的障碍的担心。其二，从 1949 年以来，台湾一直服务于美国的战略利益。“但这种政策的悲剧性后果是，这恰恰增加了北京被包围和对其海军劣势的担忧，反过来加速了中国的军事建设。”“芬兰化”将使台湾摆脱这个怪圈，使华盛顿和北京之间的这个安全困境得以缓解。其三，这些年来，华盛顿已经有越来越多的担心，台湾是否正成为美国的战略包袱。台湾“芬兰化”也可以消除这种担心。其四，甚至从严格的现实主义观点来说，美国也没有必要把台湾保持在自己的战略轨道上。美国军事上的安全可以通过亚洲别的基地得到保障。总之，“这将服务于美国在亚洲和全球的长期的战略目标”。谈到台湾“芬兰化”的可能性时他说，现在中国大陆寻求与台湾关系的和平发展，在台湾也发展出一种倾向，即不是通过对抗而是通过两岸的整合来寻求安全，因而台湾“芬兰化”是有现实可能性的。①

这篇文章引起了反响。在《外交》杂志 5/6 月号上刊出了两篇文章表示不同意见。台北驻华盛顿经济文化代表处的万斯·张（Vance Chang）撰文强调，1949 年以后海峡两岸关系与“芬兰化”恰恰相反，“与美国的强固的安全伙伴关系”是台湾取得各种成就，包括与大陆的经济合作的“支持的基础”，台湾不能削弱与美国的这种关系。丹麦学者、研究“芬兰化”的专家穆里增（Hans Mouritzen）也对吉雷的建议提出异议，其主要论点是，夹在大国之间的小国不会选择单方面的依靠。今天没有一个小国会放弃合情合理的同盟选择，而以“芬兰化”的要求来限制自己的操作

---

① Bruce Gilley, “Not So Dire Straits. How the Finlandization of Taiwan Benefits U. S. Security”, *Foreign Affairs*, Vol. 89, No. 1, January/February 2010, pp. 48 – 50.

空间。[①]

二

进入2011年，对美国对台湾政策的不同意见更多地表达出来。《外交》双月刊2011年第2期上刊登了乔治·华盛顿大学教授查尔斯·格莱泽（Charles Glaser）的文章《中国的崛起会导致战争吗?》。作者认为，中国的崛起无疑将是21世纪国际关系中最重要的事情，但不能确定的是，这个事件是否会有一个愉快的结果。因此国际关系学界一直就中国的崛起、就美中冲突是否不可避免进行辩论。格莱泽认为，美中两国间并非注定会发生冲突，关键是要破解安全困境：一国增进自己安全的努力会导致另一国安全的削弱。他认为美国的军事优势，尤其是核力量优势、太平洋的阻隔以及目前还算良好的政治关系使中美两国的安全困境得以大大缓解。由于中国把台湾问题看得如此之重，由于美国与中国对于台湾现状的合法性的看法有着如此之大的差异，台湾问题对于两国关系具有特别危险的意义，提出了特别的挑战。"一场因台湾问题引起的危机极易升级为核战争"，"由于各方具有不同的利益和观点，由于华盛顿对于台北的行为控制能力有限，一旦产生危机美国实际上将处于一种被事态拖着走而不是引导事态的地位"。"因此，美国应当考虑收回其对台湾的承诺。此举将消除美中两国间最明显、争议最大的爆发点，并为今后数十年的两国关系铺平道路"。当然，如何降低对台湾的承诺是一个复杂的问题，这种降低应该是一个渐进的过程，而不是一种"剧烈的、高调的断绝"。由于两岸关系过去几年来取得改善，"美国应该有时间和空间来评估和调整其政策"。[②]

格莱泽的文章引起了反响。2011年3月2日，美国企业研究所研究员卜大年（Dan Blumenthal）在《外交政策》网站上发表文章，反驳格莱泽。他认为，第一，奥巴马政府认为中美关系的最大障碍是"误读"，因此提

---

① Vance Chang, "Taipei Is Not Helsinki"; Hans Mouritzen, "The Difficult Art of Finlandization", *Foreign Affairs*, Vol. 89, No. 3, May/June 2010, pp. 128－131.

② Charles Glaser, "Will China's Rise Lead to War?" *Foreign Affairs*, Vol. 90, Issue 2, Mar./Apr. 2011, pp. 87－88.

出了“战略再保障”政策；第二，除了卖给台湾布什政府售台武器清单中剩余的那一半，奥巴马政府并没有做什么别的事情，“基本上放弃了对台湾的承诺”；第三，台湾对中国大陆实行了和解政策，消除了任何可能的“独立的威胁”。但中美关系不仅没有改善，反而变得更差；虽然海峡局势是稳定的，美国在太平洋的军力相对下降，但中国的军力仍然在飞快发展，结果美国只好选择抵制中国的“咄咄逼人的要求”，而“亚洲各国则武装到了牙齿来抵制中国崛起和美国对亚洲承诺的削弱这样双重的危险”。

卜大年接着指出，台湾是亚洲民主和平的重要部分，也是这个地区经济起飞和政治转型的至关重要的一部分。“每当美国尝试要放弃台湾时——在（20 世纪）50 年代、70 年代和 90 年代——我们都发觉，台湾太重要了，不能把它留给中国进行仁慈的照料”。他认为改变台湾现在的地位是非常不利于稳定的。首先，台湾大多数人不愿意改变现状；其次，如果台湾落入中国手中，中国就会把台湾军事化，日本将失去战略纵深，中国将控制南海，并进一步推进到太平洋，“从珍珠港事变以来，美国将第一次遇到对它控制太平洋的挑战”，中美两国间将大大增加冲突的危险；再次，改变现行的政策将在美国掀起一场大辩论，对中国各种各样的不满都会乘机发泄出来，国会将会聚焦于中国带来的种种危险，从而导致中美关系的恶化。①

美台商会会长韩儒伯（Rupert Hammond-Chambers）在 2011 年 3 月 7 日的《华尔街日报》网站上发表短文指出，以放弃台湾来交换中国在别的问题上“更顺从美国的关切和要求”，从而避免两国之间的战争，这样一种观点是“站不住脚的”。台湾是“第一岛屿链”的关键，丧失台湾会导致日本和韩国重新调整本国的安全态势，日本可能会研发核武器。这还会导致西太平洋地区向中国越来越强大的深水海军开放。他认为在台湾问题上，现在中国变得主动，而美国显得被动，这令人担忧。②

3 月 8 日，在美国企业研究所网站上登载了该研究所研究员马札

① Danial Blumenthal, “Rethinking U. S. Foreign Policy towards Taiwan”, http: //shadow. foreignpolicy. com/posts. 2011/03/02/rethinking_ us_ foreign_ policy_ towards_ taiwan.

② Rupert Hammond-Chambers, “Time to Straighten Out American's Taiwan Policy”, March 7, 2011, http: //online. wsj. com/article/SB10001404250748754504404576183831310151722. html.

(Michael Mazza)《为什么台湾是重要的》一文，文章着重论证了台湾对美国的战略重要性，指出，“一个被吞并的台湾无疑将成为军事化的台湾”，从而导致：(1) 在东亚发生冲突的情况下，“这艘不沉的航空母舰”将向中国大陆提供它现在所不具备的战略纵深；(2) 很容易地威胁日本的南部侧翼；(3) 使解放军更容易地控制吕宋海峡，由此得到更大的战略纵深，进而威胁关岛和夏威夷。他认为，“台湾不是冷战的遗产。它现在处于美中两国21世纪战略竞争的前沿。美国长久以来的政策是为亚洲提供安全并促进这里的经济和政治自由化。只有继续培植美台之间的关系并继续武装台湾抵制来自大陆的威胁，美国才有希望继续保证亚洲的和平”。[①]

得克萨斯大学（奥斯汀）国际安全与国际法研究中心研究员威尔·英博登（Will Inbodent）4月1日在《国家利益》杂志网站上发表题为《台湾依然是重要的》一文。他认为两岸的均势现在相当脆弱，台湾许多人对美国对台湾的安全承诺存在不确定感。“台湾的问题不仅仅是美台关系和美中双边关系的问题，它关乎美国在亚洲的战略态势和我们承诺的可靠性。诸如日本、韩国和澳大利亚等美国的盟国，诸如印度、印尼和越南等正在崛起的国家都在密切注意着美国如何对待其朋友，尤其像台湾这样的民主伙伴。”他建议采取种种措施来加强美国与台湾的关系，如同意台湾关于购买F-16C/D战斗机和潜艇的要求，派遣高级官员访台，支持台湾参与更多的国际活动，国会应该增强对台湾的支持，等等。[②]

卡内基国际和平基金会副总裁、前任“美国在台协会”驻台北办事处主任包道格（Douglas Paal）在《外交》双月刊2011年第7/8月号上发表题为《放弃台湾无助两岸和解》的文章，指出，格莱泽的文章有一个没有言明的前提，那就是台湾人民对这一决定没有发言权。他认为以往八位美国总统对台湾奉行了相同的政策是有原因的，那就是它符合美国维持和平、繁荣和稳定的利益。美国对台军售是维护西太平洋和平的重要组成部分。尽管大陆和台湾之间的关系逐步缓和，北京却仍在继续增强针对台北

---

① Michael Mazza, “Why Taiwan Matters”, http: //www. aei. org/article/103283.

② Will Inboden, “ Taiwan Still Matters”, http: //shadow. foreignpolicy. com/posts/2011/04/01/taiwan still matters.

的军事实力。这导致了恶性循环。如果台湾领导人无法求得外部支持，他们的选民就会让他们下台。只有美国有意愿来满足台湾的要求。要打破这个循环，必须从北京选择增强或削弱其军力部署做起，而不是从华盛顿把台湾让给北京开始。①

针对包道格的批评，格莱泽回应说，包道格认为台湾人民在美国决策中应该有更大发言权，但在国际政治中鲜有这样的运作。“尤其是在重要的国家利益受到威胁时，各国会依据自身利益作出外交政策的决定。朋友、盟国和敌人也许不喜欢这些决定，但他们别无选择，只能去适应。”支持世界上的自由和民主，包括台湾在内，确实是美国的利益，“但美国只应该在不会造成严重的安全利益风险的情况下来寻求这些其他的利益”。“鉴于美国对台湾的承诺有潜在的可能造成其与中国关系的紧张，甚至导致严重的危机，美国应该考虑收回这些承诺，虽然不一定终止承诺。”他还提出了减少承诺的几种可能。②

三

对美国的对台政策提出异议的不止一两个学者。2011 年 1 月胡锦涛主席对美国进行了成功的国事访问之后，1 月 22—23 日在弗吉尼亚大学米勒中心举办了为期两天的圆桌讨论会，会议由美国太平洋司令部前总司令、前驻华大使普里赫（Joseph Prueher）主持，与会者包括退休军人，除普里赫外还有前太平洋司令部总司令基廷（Timothy J. Keating），商界人士“联邦快递”（FedEx）亚太区总裁克宁汉（David Cunningham）、国际部总裁达克（Michael Ducker），学者何汉理（Harry Harding）、兰普顿（David Lampton）、前外交官傅立民（Chas Freeman，III）等。会议发表了题为《与中国关系的前景》的报告。报告认为，由于中美两国之间存在着一些不会很快发生变化的分歧，“两国需要在这些带根本性的分歧问题上进行

① Douglas Paal, "Accommodation Will Not Work", *Foreign Affairs*, Vol. 90, No. 4, July/August 2011, pp. 180 – 181.

② Charles Glaser, " Glaser Replies", *Foreign Affairs*, Vol. 90, No. 4, July/August 2011, pp. 181 – 182.

互相调适，而我们是能够做到这一点的”，自尼克松访华以来的中美关系是“持久的谈判”，对于这样的谈判，重要的是彼此都要了解“想要什么”和“应该要什么”。报告列举的中国“想要的”第一项就是美国停止售台武器和促进台湾与大陆和平统一。报告提出，“我们应当以新的眼光看待台湾”，以两岸都能接受的方式解决久已存在的台湾问题是对东亚稳定和中美关系的一项贡献。不幸的是，现在美国售台武器成了恶性循环的一部分，并使这个本来是政治性的问题，并且越来越具经济性的问题，总是在军事领域进行讨论。“台湾问题的解决不是一个军事问题，我们应该在政治、经济和文化层面来讨论这个问题。”“《与台湾关系法》所宣称的目的——‘保持并促进美国人民同台湾人民，以及同中国大陆人民和西太平洋地区所有其他人民之间的广泛、密切和友好的商务、文化和其他关系’——应由有关各方在一个比军事更广阔的背景中来重新加以思考。”当然，像对台政策这样敏感的问题，任何改变都必须经过深思熟虑。报告最后提出了六条建议，其中一条重要建议就是要“以新的眼光看待台湾”：从历史上来说，美国对台湾采取某种保护主义的态度。但现在台湾是一个经济上成功的民主体制，而且与大陆正在缓慢地越来越密切地结合起来。美国在台湾问题上的介入常常是美中两国关系紧张的原因，尤其是在售台武器方面。这是需要加以重新审视的。这种复杂关系是政治的，需要在军事关系以外来加以审视。讨论会并建议美国官方采取认真的措施来打破在对台湾提供武器问题上的恶性循环。①

同年5月，傅立民在一次讨论会上也表示了他对美国对台政策的忧虑。他指出，台湾问题“是唯一可能在中美之间引起战争的问题”，两国在台湾问题上充满了感情色彩的分歧，这与两国之间的合作关系格格不入。对于中国人民解放军来说，美台之间的项目是美国对中国复兴怀有根本敌意的象征，美国继续对台军售、训练台湾军队，并向台湾军队提供咨询是对中国的自豪、民族主义和上升的国力和军事计划的潜在挑战。中国把美国对台政策看作是其实现最终统一的“一个最后的有效的障碍”。中

① *A Way Ahead with China. Steering the Right Course with the Middle Kingdom*, Report from the Miller Center for Public Affairs Roundtable, University of Virginia, http://millercenter.org/policy/chinaroundable.

国在过去几十年中一直是耐心的，但它现在正积极琢磨着如何能最好地把我们在他们看来不起好作用的军事角色从两岸关系中排除掉，以便北京可以与台北谈判解决台湾问题。中国仍会继续强调避免与美国的冲突，但民族自豪感的政治动力或迟或早会促使北京实行一种与现在奉行的力求避免风险的政策不同的政策。“我们已经到了这样一个时刻，不能再用一些手段把台湾问题上的分歧糊弄过去。我们或者解决这些分歧，或者因为不能解决分歧而越来越感受到它们的负面影响。”[①]

四

2011 年 6 月，美国国家政策委员会举办了一场小型讨论会。在这场讨论会上作主旨演讲的有美国国际与战略中心的博斯科（Joseph Bosco）、凯托研究所外交政策研究副主任洛根（Justin Logan）和美台商会会长韩儒伯。博斯科曾在小布什政府中担任国防部中国科科长。他认为美国对台湾的模糊战略不能永远继续下去，现在美国、中国以及台湾都需要“一个战略清晰的宣言”。“华盛顿必须清晰地、毫不含糊地和公开地宣布，它将保卫台湾抵御中国的进攻，正如我们将援助日本和韩国一样。”他认为美国拖延向台湾转让 F－16C/D 战斗机，这向中国和其他国家发出了错误信息，而通过把美国对台湾的承诺清晰化、明确化，美国将向中国和本地区其他国家发出明确信息：美国将不会放弃或者被撵出东亚，中国必须遵守第二次世界大战结束以来的国际规范。[②] 博斯科代表了美国社会中最保守的一部分人的看法，其建议实质上是要使美台关系重新回到中美建交之前的状况，这只能是历史的大倒退，与当前中美关系的现状格格不入。洛根对这种意见表示强烈反对。他认为模糊战略确有负面影响，但也不能用“正式承诺保卫台湾”来解决问题，“这样做风险过高”，这实际上是一项

---

① Ambassador Chas Freeman, “Beijing, Washington and the Shifting Balance of Prestige”, http://sinocism. Com/? p = 2346.

② The Center for National Policy, “Arming Taiwan: Impact on Asian Security”, June 22, 2011, http://centerfor natinalpolicy. org/ht/display/ContentDetails/i/34472.

“可能在近期内将两国拖入冲突的政策”。[①] 韩儒伯在讲话中突出了美国售台武器问题。他认为美国对台售武在过去三年有三个冻结期：第一个冻结期从2008年2月到10月，为期8个月；第二个冻结期从2008年11月到2010年1月，持续15个月；第三个冻结期从2010年2月到2011年6月，共17个月。现在对台售武的“进程被完全打断了”，“我们甚至实际上是在说不准备接受台湾（购买F-16C/D战斗机）的要求”。他认为，F-16C/D战斗机项目、柴油潜水艇项目等“对于我们的工业基地、对于我们的承诺、对于我们的战略灵活性……都是重要的”，国会参众两院不断提出对台售武的“进程被打断”，因而损害了台湾的自我防卫能力，台湾当局也不断提出要求，行政当局不能再拖延了。[②]

2010年1月奥巴马政府把布什政府批准的武器大单中剩下的一半卖给了台湾，此后，台湾还一直在求购新的武器，尤其是F-16C/D型战斗机。奥巴马政府迟迟没有作出决定，这引起了美国保守势力的不满。传统基金会亚洲研究中心主任洛曼（Walter Lohman）2011年2月28日在该基金会网站上发表文章抱怨说，“美台关系今天是全面冻结了”，台湾与大陆打交道是以牢固的美台关系为基础的，马英九已经跨出去了，但美国却没有做它该做的事情。这使台湾对自己的前途感到担心。他认为美国政府在对台关系方面有许多事情要做：首先是要不顾中国方面可能的反对，向台湾出售F-16C/D型战斗机；另外还有：加快与台湾就贸易和投资框架协议（TIFA）进行谈判，就遣返条约进行谈判，提高双方互访层次，加快关于互免签证的谈判，等等。总之，奥巴马政府要尽快“解冻美台关系”。[③]

2011年8月，美国智库“2049项目研究所”发表了一个由卜大年、薛瑞福（Randy Shriver）、石明凯（Mark Stokes）、萧良其（Russell Hiao）和马札署名的题为《21世纪的亚洲盟友》的报告。报告分析了美国的安

① Justin Logan, “Would China Really Just Shrug at U. S. -Sponsored Taiwan Independence?” June 24, 2011, http://nationalinterest.org/blog/the-skeptics/would-china-really-just-shrug-us-sponsored-taiwan-independence-5528.

② The Center for National Policy, “Arming Taiwan: Impact on Asian Security”, June 22, 2011, http://centerfor nationalpolicy.org/ht/display/ContentDetails/i/34472.

③ Walter Lohman, “Defrost the U. S. -Taiwan Relationship”, February 28, 2011, http://www.heritage.org/research/reports/2011/02/defrost-the-us-taiwan-relationship.

全战略与同盟体系，分析了中国崛起对美国战略的挑战，强调了台湾在美国的亚太地区安全体系中的重要地位。报告危言耸听地指出，“如果台湾落入中国手中，亚洲就会被一分两半，美国对太平洋的控制就会受到进一步的危害，南中国海就会成为中国的一个内湖，日本会失去战略纵深，台湾的导弹和情报—侦察基地和港口，加上中国在海南的不断完善的基地设施，将可以使中国开始控制南中国海”。报告还讨论了“保卫台湾的战略与能力”，提出，美国要准备派航母编队去台湾海峡进行空中作战巡逻，派小规模的应急分队去帮助台湾的防卫，一旦大陆进攻台湾，美国和日本应该自愿成为两者之间的阻隔，等等。总之，这个报告旨在完全恢复台湾作为美国安全盟国的地位，复活《美台共同防御条约》。按照报告的建议，美国要大大加强与台湾的安全关系。①

五

2011 年秋季号的《华盛顿季刊》发表了乔治敦大学教授唐耐心（Nancy Tucker）和战略与国际中心研究员葛莱仪（Bonnie Glaser）合写的文章《美国应该放弃台湾吗?》，这篇文章是对比尔·欧文斯、弗吉尼亚大学的圆桌会议和查尔斯·格莱泽等关于美国对台湾政策的意见的一个比较综合和系统的回应，是对“美国为什么不能放弃台湾”的一个全面阐述。文章为此列出了许多理由：第一，“放弃台湾的决定，甚至大幅度减少美国对台湾的支持，都会被越来越自信的中国当作是美国衰落、动摇和不可靠的证据”，2009 年美中联合声明中提到了台湾是中国的核心利益就反映了北京的一种估计：中国可以对美国施压和进行误导；在台湾问题上对中国让步不一定会使中国在其他对美国重要的问题上，如朝鲜和伊朗问题，对美国采取更顺从的态度。第二，在台湾问题上实行“绥靖”风险太高，现行的对台政策得到各种利益集团的支持，军工集团从对台售武中在金钱和就业岗位两方面得到好处，F－16 生产线的关闭将使 43 个州丧失 11000

① Project 2049 Institute, “Asian Alliances in 21st Century”, http://www.project2049.net/.../Asian_ Alliances_ 21st_ Century.pdf.

个就业岗位；放弃台湾以后会发生什么事情也令人担心，无论对于美国的自由派还是保守派来说，台湾都是生气勃勃的民主体，是亚洲政治发展的先驱，如果人们认为中国对台湾施压、对台湾不讲道理、不公平，台湾的命运将破坏美中关系，从而有违美国放弃台湾的初衷。第三，尽管近年来海峡两岸关系改善，但中国人民解放军继续在准备应对台湾海峡的紧急事态，并且发展出反进入和区域拒止的能力来阻遏美国的介入，在台湾问题上的“绥靖”只会助长中国的“军事民族主义”。第四，美台之间的经济贸易关系是十分重要的，台湾是美国第九大贸易伙伴，美国是台湾第三大贸易伙伴，美国是台湾最大的投资者，尤其在美国经济不振的情况下，美国更不能损害美台经贸关系。第五，近年来，由于种种原因，美国社会对台湾的支持削弱了。但如果要改变对台政策，行政当局就必须过国会这一关，包括由 29 名参议员和 145 名众议员组成的台湾连线，最近参众两院都再次表达了“台湾是我们在亚洲最强大的盟友”的立场，2011 年 6 月众议院外交委员会事隔 7 年举行了“为什么台湾是重要的”听证会，委员会主席罗斯莱蒂能（Ileana Ros-Lehtinen）表示要提出加强《与台湾关系法》的议案，这是国会在台湾问题上“重新积极起来”的一个标志。第六，美国对台湾长期的支持对于美国的盟友和朋友来说也是重要的，这“事关美国的信誉”，如果美国政策表现出前后不一，那么美国的盟友和朋友就会感到“美国是靠不住的”，而自己来加强军备，或者转而去投靠中国。最后，作者提出了一系列加强美台关系的建议，包括向台湾出售 F-16C/D 战斗机。[①]

几乎同时，美国企业研究所网站上刊登了戴维森学院教授任雪丽（Shelly Rigger）的文章《为什么放弃台湾帮不了美国与中国?》。任雪丽强调了台湾在现存亚太安全结构中的重要性，指出，现存亚太安全结构符合许多国家的利益，“美国对台湾的行为显示了它对对外援助的态度，包括它的同盟承诺、遵守其义务的意愿。美国如何对待其长期的朋友包括台湾的态度是衡量美国履行其领导角色的承诺的重要尺度”。她援引海军分析

① Nancy Tucker, Bonnie Glaser, “Should the United States Abandon Taiwan?”, *Washington Quarterly*, Fall 2011, pp. 23-37.

中心退休准将麦克维登（Eric McVadon）的话说："一旦美国放弃台湾，美国作为同盟伙伴的信誉以及它在这一地区和全世界作为和平与稳定的堡垒的声誉将会荡然无存。"她还援引对布鲁金斯学会的卜睿哲（Richard Bush，Jr.）的采访说，"如何解决台湾问题对于中国和美国都是重要的考验。对于中国，它将表明中国是一个什么样的大国；对于美国，它将表明美国如何发挥它作为国际体系卫士的作用"。她还强调了美国对台湾政策中的道德因素，称美台之间几十年来共享友谊和合作，为了共同目标作出牺牲，美国对台政策是对美国是否坚持外交政策核心价值——民主、自由和市场经济——的严峻考验。[①]

六

2011 年 10 月，奥巴马政府再次向台湾出售武器，总金额达 58.5 亿美元，其中最主要的是将 140 多架 F-16A/B 战斗机升级。此次军售引起了中国政府的强烈抗议。台湾也表示不满，因为奥巴马政府仍然没有同意出售 F-16C/D 战斗机。此次军售也在美国学术界引起了关于售台武器的新讨论。卡内基基金会资深中国问题专家史文（Michael Swaine）认为，"美国应该考虑自己的国家利益，即便这意味着要修改六项保证。这些保证不是血写的，不是美国的法律。它们是可以修改的，如果我们的国家利益相信，它应该被修改的话"。[②] 他在接受《环球时报》记者采访时也表示，"六项保证不是美国法律，只是政策。现在的问题是，在某种条件下修改这些政策是否更符合美国的利益？在大的趋势显示应该这么做时，美国政府应对这些政策进行重新评估"。他认为，美中之间就台海军事与安全问题取得更多理解，有利于台湾问题的解决或让形势稳定。这不是美国对中国内政的干涉，中国需要承认美国事实上已深深卷入台湾问题，双方应该

① Shelly Rigger, "Why Giving Up Taiwan Will Not Help US with China", American Enterprise Institute, *Asian Outlook*, No. 3, November 29, 2010, http://www.aei.org/article/foreign-and-defense-policy/regional/asia/why-giving-up-taiwan-will-not-help-us-with-china/.

② Zhu Meixin, "Opposition on both Sides of Taiwan Straits", http://jmscintews.edublogs.org/2011/10/24/opposition-to-arms-sales-on-both-sides-of-taiwan-straits.

面对现实。①

同年11月10日的《纽约时报》上发表了哈佛大学肯尼迪学院前国际安全研究员、美国海军陆战队员保罗·凯恩（Paul V. Kane）的文章《为了拯救我们的经济，放弃台湾吧》。他认为，美国的就业机会和财富如今比美国的军事实力更重要。现在美国在台湾已经没有什么战略利益，而海峡两岸则正在实现经济融合，台湾最终将不可避免地并入大陆。既然如此，美国不妨与中国做一笔交易：中国勾销手中持有的1.14万亿美元美国国债，美国则不再向台湾提供军事援助和出售武器，在2015年之前结束现有的美台防务合作。这既能减少美国的债务，也可以使中国省下部分国防经费。②

这个提议不同寻常，遭到一些学者的反对是可想而知的。美国企业研究所研究员马札11月18日在企业研究所的网站上发表题为《不要抛弃台湾》的文章，指出，把台湾“卖”给中国对美国的战略和经济利益是有害的，对台湾人民来说是灾难性的。接着，他基本重复了上述《21世纪的亚洲盟友》报告中关于台湾对美国的战略价值的说法，并称：“把亚太地区的战略优势让给中国不是解决美国所面临问题的方法。”③

七

上面对近年来美国学者关于美国对台湾政策的争论的回顾大概是不完全的，但主要的观点应该已经包括。笔者以为可以得出以下三点初步看法。

第一，提出要对美国对台湾政策进行重新审议的学者和前政府官员，他们的建议虽各种各样，但出发点是一致的，即都认为由于中国的崛起，美中两国的实力差距在缩小，都意识到台湾问题的严重性，都认为美国现

---

① 王恬：“卡内基国际和平基金会高级研究员史文接受《环球时报》专访”，《环球时报》2011年11月17日第7版。

② Paul V. Kane, “To Save Our Economy, Ditch Taiwan”, *The New York Times*, November 10, 2011.

③ Michael Mazza, “Don't Ditch Taiwan”, http://www.american.com/archive/2011/november/dont-ditch-taiwan.

行的对台湾政策不能再继续下去了。笔者也认为其中的有些建议是完全不现实，甚至是荒谬的，如让台湾“芬兰化”、以勾销美国欠中国的债务来换取美停止对台军售等。但这并不重要，重要的是他们不再认可现行的政策，而认为应该重新思考、应该有所改变。

第二，批驳上述建议的学者也有不同的看法，大致分为两类：一类是所谓代表主流的，一类是偏向保守的。唐耐心、葛莱仪和任雪丽的文章大致可以看作是代表主流看法的，“2049 项目”的报告则是保守派的代表。这两派之间有一些相仿的看法，如支持台湾符合美国的价值观，对美国的信誉与声誉的重要性，台湾是美国的重要经济伙伴，售台武器给美国带来的经济利益，等等；这两派之间最大的区别在于：主流学者或者不强调台湾对美国的战略价值，或者根本不认为台湾对美国还有什么战略价值，而偏向保守的学者和政界人士则强调这种价值，“2049 项目”的报告、博斯科的讲话和韩儒伯的文章都把这一点说得非常清楚。

第三，从现在情况看，这场辩论的规模还不大，参加的学者和政界人士也还不多，但重要的是，辩论已经开始，而且笔者认为还会继续下去。有的美国主流学者认为，如格拉泽那样的观点不是美国的主流观点，甚至不是接近主流的观点。① 也许是这样。但既然中国的发展、中国综合国力的增长是不可阻挡的，总有一天，美国为对台售武付出的战略代价将超过其“收益”，到那时，就会有越来越多的美国人，包括政界和学界人士认识到，《与台湾关系法》是过时的、有害的，到那时，美国的《与台湾关系法》就该寿终正寝了。

（原载《现代国际关系》2012 年第 2 期）

---

① 在前述 2011 年 5 月中美两国学者的讨论会上，太平洋论坛主席柯萨如是说。

布什政府的中东政策研究

布什总统两届任期即将结束。人们开始盘点他的政治遗产。正如他的许多前任在任期间提出了“尼克松主义”、“里根主义”一样，布什也提出了自己的主张，被称为“布什主义”。虽然对如何定义布什主义仍有分歧，但学界普遍认为先发制人、单边主义、政权更迭、保持美国在世界上绝对的军事优势、以美国的军事力量推广民主这样一整套主张是布什主义的主要特征。从 2002 年 1 月《国情咨文》提出“邪恶轴心”说确立打击目标，到6 月 1 日布什在西点军校的讲话和 9 月《美国国家安全战略》提出实现目标的手段，到 2003 年 3 月发动伊拉克战争，布什主义从理论走到了实践。[①] 布什主义的最集中表现是对中东的政策，或者说，中东是布什主义的主要试验场，用有的美国学者的话说，“中东处在布什主义的心脏”。[②] 研究布什政府的中东政策有助于深化对布什主义的认识。

冷战后美国对中东的政策可以概括为“东遏两伊，西促和谈”。克林顿政府清楚，阿以/巴以问题是中东问题的核心，是中东局势长期动荡的根源，并为推动中东和平进程作出了一系列努力。及至布什当政，实行“去克林顿化”的政策，也对中东政策进行了大幅度的调整。布什政府的中东战略服务于反恐与民主改造中东这两大互相联系的目标，而其核心的环节是伊拉克，也就是武力改造伊拉克，民主改造整个中东。巴以和平进程问题被置于反恐与民主改造这两个范畴之中，布什政府认为，一旦伊拉

① 如见郝雨凡、赵全胜编：《布什的困境》，时事出版社 2006 年版，第 99—102、299—302 页。前总统卡特把布什主义概括为“政府的原教旨主义趋势”。见吉米·卡特《我们濒危的价值观：美国道德危机》，汤玉明译，刘亚伟校，西北大学出版社 2007 年版，第 82—88 页。

② Mary Buckley and Robert Singh, eds., *The Bush Doctrine and the War on Terrorism* (New York: Routledge, 2006), p. 104.

克实现了民主化，巴勒斯坦问题也会迎刃而解。一直到 2007 年下半年，布什政府实行的都是这样的政策。

伊拉克——先发制人、单边主义和政权更迭战略的试验场

布什任内所做的最主要的事情是打了两场战争：阿富汗战争和伊拉克战争。这两场战争性质不同，阿富汗战争是反恐战争，有联合国安理会的授权，有国际社会的支持。伊拉克战争就大不相同了，它既无联合国的授权，也无国际社会的支持。它是反恐战争的异化。伊拉克是布什主义的主要试验场。先发制人、单边主义、以美国的军事力量在国外推广民主这些办法都在这里得到充分的运用，并在这里碰壁。

布什政府中最热衷于打伊拉克战争的当数新保守派代表人物沃尔福威茨。他对在海湾战争中没有除掉萨达姆一直耿耿于怀。他和切尼在整个 90 年代不断地提出倒萨政策。[①] 其他新保守派支持他的看法。1998 年，美国新保守派组织“新美国世纪”发表了两封关于伊拉克问题的公开信，1 月致克林顿总统，几个月后致国会领袖，这两封内容大致相同的信论证说，对伊拉克的遏制政策既无效，也不可能持久，保护美国及其盟国不受大规模杀伤性武器威胁的唯一方法是推翻萨达姆及其政权。沃尔福威茨在发表这两封信以及游说国会中起了关键作用。虽然在 1998 年 10 月通过了《伊拉克解放法》，但在克林顿政府任内这个政策的实施也仅限于向伊拉克流亡分子提供资助，鼓励他们去推翻萨达姆。这种做法连同在伊拉克设立禁飞区、对敢于挑战禁飞区的伊拉克空军设施实施被称为“沙漠之狐”行动的小规模空中打击一样，自然收效甚微。[②]

“9·11”恐怖袭击对于新保守派来说是千载难逢的机会，使他们可以根据他们的理念来重塑美国外交政策，把他们的理念正式变成美国的国家战略。同样由于“9·11”，原先存在的对外交政策的许多束缚——比如来

① 斯蒂芬·哈尔珀、乔纳森·克拉克：《美国为什么单干?》，邵崇忠等译，辽宁教育出版社 2007 年版，第 171 页；Ivo H. Daalder and James M. Lindsay, *America Unbound. The Bush Revolution in Foreign Policy* (Brookings Institution Press, 2006), pp. 104, 129 - 130.

② *American Unbound*, p. 40.

自民主党领导人的反对——消失了，他们的理念可以畅通无阻，大行其道。[①] 布什本人、拉姆斯菲尔德、沃尔福威茨以及布什的整个战争内阁都坚信，“对恐怖主义的全面战争最终必须把伊拉克作为目标”。[②] 他们不失时机，操纵了话语权，“营造了一个充满不安全因素的国内和国际环境”，在美国公众面前一浪高过一浪地制造“萨达姆威胁论”，把伊拉克列入“邪恶轴心”国家，指控“伊拉克长期以来与恐怖组织有联系，这些恐怖组织有能力也有意愿使用大规模杀伤性武器”，伊拉克“储存生化武器，重建制造生化武器的设施”，用五种不同的方式制造浓缩铀，如此等等。[③] 由于这些新老保守派的误导，美国一时竟有70%以上的民众支持这场战争。沃尔福威茨后来承认，“为了政治上的需要，我们就认定一条，即伊拉克拥有大规模杀伤性武器，因为这是每一个人都能认同的理由”。[④] 这样，依仗“9·11”恐怖袭击所动员起来的美国人民高涨的爱国热情，以及对萨达姆拥有大规模杀伤性武器、支持恐怖主义的指控，布什政府完成了伊拉克战争的国内准备。

伊拉克战争的国际准备则要困难得多。如果能像海湾战争一样得到安理会的授权，美国就师出有名了。为此，2002年9月布什总统亲自在联合国大会上讲话进行伊拉克战争的动员，2003年1月国务卿鲍威尔在安理会两次作长篇发言提供伊拉克有大规模杀伤性武器的“证据”，国际社会仍然没有那么轻信，美国仍然不能组织起一个广泛的国际联合，尤其是美国的一些长期的欧洲盟国如法国和德国对战争都表示了坚决的反对。这与阿富汗战争时美国振臂一呼、世界响应的情况有天壤之别。最后美国只好不顾安理会的反对，单边主义地发动了军事进攻。萨达姆被推翻后，美国专

---

① Mel Gurtov, *Superpower on Crusade. The Bush Doctrine in US Foreign Policy* (Boulder an London: Lynne Rienner Publisher, 2006), pp. 37 – 38.

② *The Bush Doctrine in US Foreign Policy*, p. 62.

③ *We Will Prevail. President George W. Bush on War, Terrorism, and Freedom*, Foreword b Peggy Noonan, Introduction by Jay Nordlinger (New York and London: Continuum, 2003), pp. 191, 218, 223;《美国为什么单干?》，第173—174页。前总统卡特对布什的“邪恶轴心”说评论道：“当一个国家被贴上‘邪恶轴心国’的标签时，其人民就是贱民，不再是谈判的对象了，他们的生命也就不那么重要了。”见《我们濒危的价值观：美国道德危机》，第4页。

④ 《美国为什么单干?》，第169页。

门组织了包括军人、科学家和情报人员的1400人的伊拉克调查小组，对“大规模杀伤性武器”进行了12个月的调查，花费了10亿美元，结果一无所获。[①] 许多美国人感到受了误导和欺骗，包括一些资深的政界人士。

发动伊拉克战争本身是一个错误，在伊拉克的战后重建中，被迅速的军事胜利冲昏头脑的美军占领当局又犯下了一系列致命的错误。美军彻底粉碎了萨达姆的国家机器，却没有以可以运转的新机器来加以替代。美军占领当局遵循国防部的命令全面推行非阿拉伯复兴社会党化的政策，解散该党，宣布其为非法，逮捕其核心成员，禁止该党成员担任公职，甚至在政府下属企业和机构（包括大学、研究机构、医院）工作的复兴社会党员都不能继续留任。[②] 阿拉伯复兴社会党共有200万党员，其中高层干部约2万人，大多是逊尼派。在萨达姆时代，该党控制着国家社会生活的各个方面，撤销了这2万人的职务后，伊拉克的社会生活立即陷入瘫痪，许多涉及民生的行业，如供水、供电、消防、粮食供应、学校、医院，甚至垃圾处理等，都深受影响，严重阻碍了伊拉克的社会稳定和经济恢复。美军占领当局还解散了伊拉克军警，使71万多军官和士兵完全失业。许多前伊拉克士兵走上街头进行抗议，并威胁以暴力对抗临时管理委员会。由于这一政策遭遇强烈反对，后来对25万职业军人按月给予了50到150美元津贴，对其他前正规军士兵给予了一次性补偿。但800名高级军官则被打入另册，不予任何补偿。他们中的许多人掌握着萨达姆时代伊拉克的军事机密，熟悉伊拉克的军事设施，了解伊拉克武器弹药的储藏地点，他们的不满导致大量枪支弹药流失民间，加剧了伊拉克战后的社会动荡。[③] 总之，这种“打击一大片”的政策的后果是极其严重的、深远的，首先，它使伊拉克的失业状况更加恶化，加剧了社会的不安定；其次，它使伊拉克社会战后长期处于无政府状态；再次，由于解散了伊拉克军警，削弱了边境的

① *American Unbound*, pp. 150 – 151.

② L. Paul Bremer, *My Year in Iraq*: *The Struggle to Build a Future of Hope* (Simon and Schuster, 2006), pp. 39, 41.

③ *My Year in Iraq*: *The Struggle to Build a Future of Hope*, pp. 26, 55, 58. 拉姆斯菲尔德居然为伊拉克战后的混乱状态辩护说，这是“自由的混乱”，“自由的人们有自由去犯错误，去犯罪，去做各种错事情”。*American Unbound*, p. 162.

管理，伊斯兰极端分子因此得以轻而易举地越境进入伊拉克，使伊拉克的安全受到灾难性影响。在战后这几年中，伊拉克成了恐怖主义的乐园；最后，更为严重的是，它“为丛驱雀，为渊驱鱼”，疏离了逊尼派，给美军树立了许多本来或许可以避免的敌人。

伊拉克战争以来，伊拉克死亡的人数以数十万计，200 多万难民背井离乡逃亡邻国，这对邻国的社会安定是一个冲击。而在这 200 万人中，有相当一部分是受过良好教育的中产阶级，这些医生、律师、工程师等社会精英本来应该是伊拉克重建的骨干，现在他们流失了。曾担任伊拉克临时政府总理的阿拉维大部分时间也在安曼。他痛心地说：“伊拉克社会的核心已不存在，因为中产阶级都离开了那里。”①

美国为这次战争付出的代价同样是重大的。到 2008 财年终了，美国在伊拉克的花费将达到 5320 亿美元，美军已经死亡了 4100 多人，至今尚有 14 万美军驻扎在那里。更主要的是，美国还付出了精神方面的代价，伊拉克战争销蚀了美国的软国力，使美国的国际形象变得越来越负面。②

伊战以后，学术界对于美国到底为什么要打伊拉克战争已经有许多分析，见仁见智，各抒己见。笔者以为美国发动伊战主要有以下四个原因。

第一，为了确保美国在全球和中东地区的霸权，美国不能容忍萨达姆继续挑战美国。美国打了海湾战争，但萨达姆没有像中央情报局所预见的那样被推翻或暗杀，他活了下来。③ 他对美国不但不服软，而且还对中东地区的亲美国家挥舞大棒，威胁它们不要盲目追随美国，声称，“该地区的任何一个国家如果向侵略军提供设施的话，那么它们将独自担负起对他们的人民和真主所负有的责任，并将承担这一不可饶恕的行动所带来的后果”。④ 这样，萨达姆政权的存在也就威胁到了美国在中东地区的霸权。而

---

① 《环球时报》2007 年 8 月 24 日。

② 根据皮尤中心的调查，在英国，伊拉克战争使美国的支持率从 1999—2000 年的 83% 下降到 2003 年 3 月的 48%，在法国，从 62% 下降到 31%，在德国，喜欢美国的人的比例从 78% 下滑到 25%。见《美国为什么单干?》，第 214 页。更不要说别的国家和地区，尤其是穆斯林国家了。

③ 鲍勃·伍德沃德：《布什的战争》，上海美国研究所、上海市美国学会组译，上海译文出版社 2003 年版，第 352 页。

④ 参见安维华、钱雪梅《美国与“大中东》，世界知识出版社 2006 年版，第 337 页。

如果美国不能有效控制中东，简直难以想象美国的领导地位还会存在。[①]著名的新保守派作家卡普兰和克里斯托夫写道：伊拉克战争“显然远非仅指伊拉克……甚至远非只涉及中东的未来”，它将代表“美国在21世纪的世界扮演何种角色”。在新保守派看来，萨达姆政权是冷战结束后所有与美国外交政策相左的国家的一个象征，而推翻这个政权恰恰“为美国阐明其全球目标和道德标准提供了机会”。[②] 一位前美国驻伊拉克外交官写道：“这场战争的深层次原因是要把美国治下的和平强加给这个地区，在这里培植附庸政权，由它们来控制这里的不安分的人民。”[③]

第二，进一步确保美国在中东的战略控制。中东的地缘战略地位十分重要。第二次世界大战以后，中东一直是美国的重点战略地区，在冷战中也是美苏争夺的主要地区之一。冷战结束后，美国通过建立海湾安全体系开始在中东确立美国不受挑战的军事和政治优势地位。即美国为该地区一系列小而弱的盟国的安全承担责任，而这些盟国则为美国提供有效的政治、财政和基础设施方面的支持。美国与沙特等海湾合作组织国家都订有这样的条约。这种安全体系对美国来说好处甚多。首先，美国在它所要保护的国家中事先准备了足够的基础设施和军事准备，以便对付它认定的威胁；其次，美国只承担很小一部分费用，大部分费用都由这些拥有大量石油美元的国家承担；再次，它还有助于美国阻止盟国从其他国家获得武器，而武器销售的利润十分丰厚。[④]

第三，伊拉克战争也是一场为石油和石油秩序而进行的战争。中东、海湾地区在全球石油储存和产量中都占有很大的份额。石油在中东的政治中历来占有重要位置。一些美国学者辩解说，美国打伊拉克战争不是为了石油，因为美国对中东石油的依赖低于欧洲和别的国家。这是一个事实。但问题不那么简单。伊拉克战争与美国控制中东石油之间有四层关系。一则，便于直接控制伊拉克的石油。伊拉克的石油储藏占世界的10.9%，在

---

① Simon W. Murden, *Islam, the Middle East and the New Global Hegemony* (Lynne Rienner Publisher, Inc., 2002), p. 44.

② 《美国为什么单干?》，第172页。

③ *The Bush Doctrine in US Foreign Policy*, p. 100.

④ 参见赵伟明《中东问题与美国中东政策》，时事出版社2006年版，总序第5页。

沙特阿拉伯之后居第二位。萨达姆实行石油资源国有化政策，阻断了美国企业控制该国石油资源的前程。在伊拉克石油换食品的项目中得到好处的是俄罗斯。推翻萨达姆，取消石油国有化政策，便会有利于美国直接控制伊拉克的石油。二则，美国认为只要萨达姆政权存在，海湾地区就没有石油安全。从70年代末起，时任助理国防部长帮办的沃尔福威茨就警告说，伊拉克可能威胁沙特阿拉伯和科威特的油田。[①] 1991伊拉克对科威特的入侵似乎证实了他的想法，这对冷战后美国的世界霸权确实是一个挑战，美国必须把伊拉克赶出科威特；不仅如此，只要萨达姆政权存在，海湾就没有石油安全。三则，美国更看重对石油供应的政治控制。正如前面所说，其他一些石油消费大国都严重地依赖这一地区的石油，为此各国都希望在中东的石油中占有更多的份额。美国在伊拉克实行政权更迭，扶植一个亲美的政权，就更接近于控制中东的石油，就能掌握世界各国所需要的石油的开关阀门。这样，其他石油消费大国实际上也都必须在某种程度上依赖于华盛顿。[②]四则，继续保持石油美元的统治地位。经过70年代一系列复杂的交涉，1975年美国与沙特达成一项协定，欧佩克承诺只用美元为石油定价。这样所有石油进口国都必须使用美元，也就对美元产生了依赖性需求。石油美元已经成为美国维持其在世界金融体系中的霸权地位的一个重要支柱。2001年11月，伊拉克宣布将使用欧元替代美元对其石油储备进行重新定价，这是第一次有欧佩克成员国敢于违反美元定价规则，在美国看来是大逆不道的事情。如果一大部分石油交易改用欧元或别的货币，更多的国家将不得不增加这些货币的储备，美国将不得不同这些货币直接争夺全球资本，甚至美国自己也不得不持有大量外币储备，那至少将意味着美国金融霸权的削弱，如果不是结束的话。这是美国绝不愿意看到的一种前景。[③]

---

① James Mann, *Rise of the Vulcans. The History of Bush War Cabinet* (New York: Penguin Group, 2004), p. 186.

② 唐宝才主编：《伊拉克战争后动荡的中东》，当代世界出版社2007年版，第36—37页；福斯卡斯、格卡伊：《新美帝国主义：布什的反恐政治和以血换石油》，薛颖译，世界知识出版社2006年版，第8页。该书对石油与伊拉克战争之间的关系进行了深入的分析，令人耳目一新。

③ 《新美帝国主义：布什的反恐政治和以血换石油》，第9、16等页。

第四，拓展美式民主，改造整个中东。这一点将在下一部分中详细分析。

伊拉克将作为布什政府的遗产留给他的后任。虽然在2007年初增兵以后，伊拉克的安全形势有所改善，但这种改善“是脆弱的，可能还会倒退”，“伊拉克的形势是困难的，而且仍将困难”。[①] 现在美伊《美军地位协定》尚未定议。待任总统奥巴马在竞选中表示，要在当政后16个月内撤出美军战斗部队。但伊拉克逊尼派内部的分歧、什叶派内部的分歧、两派的矛盾这些基本问题都没有解决，伊拉克国内形势重新向着低烈度的内战发展这种危险仍然存在，如何在撤军的同时留下一个安全的伊拉克对于奥巴马来说依然是一个严峻的挑战。

美式民主遭遇“水土不服”

美国政府历来重视外交中的意识形态，“把美国的外交政策建筑在美国的价值观之上”是美国决策者的口头禅。克林顿政府把国家安全、经济繁荣和扩展民主作为美国外交的三大支柱。[②] 但布什主义却把美国外交中的意识形态因素强调到了极致。首先，它用非黑即白的两元化世界观看待问题，把复杂的国际关系简单化为善恶之争，世界上只有“对我们好的”和“反对我们的”，只有“爱好自由的”与“仇恨我们所热爱的自由的”。美国是善的代表，与美国对立的则是恶的代表，没有灰色地带。[③] 其次，它认为反恐是一场价值观的斗争。“9·11”以后，布什政府把恐怖袭击明确定义为是对民主和自由的攻击，是对“自由堡垒的进攻”，恐怖主义“攻击美国，就因为我们是自由之乡，是自由的卫士”，反恐是“热爱自由的人们”“铲除世上的邪恶者”的斗争，是“自由和恐惧的交战”，是

① 即将担任美军中央司令部司令的彼得雷乌斯2008年4月在国会作证时作了这样的表示，近日在接受采访时也作了这样的表示。德国《明镜》周刊2008年10月6日，参见《参考消息》2008年10月11日。

② 如见牛军编《克林顿治下的美国》，第30—31页。

③ *American Unbound*, p. 186. “邪恶轴心”说的提出就是这种把世界区分为黑白两色的观念的表示。

“十字军东征”，还把对基地组织和塔利班的军事行动命名为“持久自由”。[①] 再次，它强调民主对美国国家利益的重要性，世界越民主，就越和平，对美国就越友好。在2002年9月出台的《国家安全战略报告》中开宗明义地说：“20世纪自由与专制之间的伟大斗争以自由力量的决定性胜利而告结束。”[②] “9·11”以后不久，布什就宣布，对于中东和平和安全的最大希望在于拓展民主和自由。最后，它强调拓展民主是美国的责任，是美国发挥全球领导责任的一部分。2006年3月出台的《国家安全战略报告》同样承袭了这一基调，报告的第一句话就是：“美国的政策是寻求和支持每一种民族和文化中的民主运动和机制，以达到在我们的世界上结束专制的终极目的。”[③] 它认为由于单极世界的出现，美国不仅应该捍卫自己的民主，更应该向没有实现民主的地区和国家输出民主，这是美国的历史使命。[④]

在美国决策者看来，伊拉克战争与拓展自由和民主之间有以下三层关系。

首先，萨达姆是“一个残忍的独裁者”、“一个嗜杀成性的独裁者”，[⑤]他的政权是一个扼杀自由和民主的暴政，美国推翻萨达姆是“解放”伊拉克人民，把民主和自由带给伊拉克人民，而“自由是人的不可谈判的诉求”，等等。[⑥] 布什政府认为，在萨达姆统治下，占伊拉克人口近80%的什叶派和库尔德人备受压迫，他们一定会欢迎美军去解放他们，就像1944年美军在诺曼底登陆后受到法国人欢迎一样。切尼在2003年3月16日，也就是美军对伊拉克开战前四天接受全国广播公司采访时就曾说，“事实上，我们将受到解放者那样的欢迎”。于是，布什政府把伊拉克战争取名

---

① *We Will Prevail*, pp. 7, 34.

② The White House of the United States, *The National Security Strategy of the United States of America*, September 2002, p. 1.

③ The White House of the United States, *The National Security Strategy of the United States of America*, March 2006, p. 1.

④ *We Will Prevail*, pp. 11 – 17; *Superpower on Crusade*. p. 38. 布什在2001年9月16日讲话中用了“*Crusade*”这个词，数日后，白宫新闻发言人表示，布什因为用了这个词而感到遗憾。但问题是，这不是口误，而恰恰是新保守派们的真实想法。

⑤ *We Will Prevail*, 184.

⑥ *American Unbound*, p. 129; *We Will Prevail*, pp. 192, 226, 229, 241, 245.

为“伊拉克自由行动”。①

其次，要铲除恐怖主义，必须在中东推广民主，拓展自由。布什政府认为，专制和暴政是滋生恐怖主义的土壤，所以是对美国的制度和生活方式的直接威胁。“从长期来看，我们寻求的和平将只可以通过消灭滋长极端主义和谋杀的意识形态的条件才能实现。假如世界上各个地区依然处于绝望和增长的仇恨之中，这将为恐怖主义征募力量创造基础，恐怖主义将继续在今后几十年中在美国和其他自由国家作祟。”而消除暴政的根本方法是推广美国的价值观。② 在美国决策者看来，全球民主化的浪潮几乎没有触及阿拉伯世界，大中东地区在20世纪没有发生什么重大变化，19世纪的政治体制和经济结构仍然保留了下来，包括美国在这一地区的许多盟国都还是专制国家。正因为中东离西方的民主自由太远，伊斯兰极端主义在这里大有市场，这里也成了恐怖主义的温床，对美国构成了威胁。布什政府是怀着“十字军东征”那样的激情和使命感在伊拉克，在整个中东地区推广民主的。

再次，伊拉克的民主化将在中东地区产生示范效应。美国要在中东地区拓展美式民主，在中东各国都受到一定的抵制。对于美国的盟国，美国不能施加太大的压力，而在伊拉克搞政权更迭，把这个“专制国家”变成民主国家，在中东的心脏地区树立一个民主的样板，则可能产生多米诺骨牌效应，“一个新的伊拉克政权将为那一地区的其他国家树立一个激动人心、令人鼓舞的自由的榜样”，“伊拉克可以成为整个中东地区和平、繁荣和自由的榜样”，“民主在伊拉克的成功将成为自由在整个地区的成功的发射台”，成为中东地区传统政治结构坍塌的第一张多米诺骨牌。③

最后，推而广之，中东民主化改造战略是美国在全球推广民主的重要组成部分。“民主”和“自由”是布什政府特别喜欢的两个词。可以不夸张地说，布什的两个《就职演说》和2002年9月、2006年3月的两个

---

① *American Unbound*, p. 170,

② “President Sworn in to Second Term”, http://www.wihtehouse.gov/news/releases/2005120-1.html.

③ *We Will Prevail*, pp. 227, 258; *The National Security Strategy of the United States of America*, March 2006, pp. 13, 36.

《国家安全战略报告》都是拓展民主和自由的宣言书和计划书。在他的第二个就职演说中，他使用了 27 次 freedom，15 次 liberty。国务卿赖斯也声称，拓展民主是美国外交的终极目的，美国的外交“不仅应该反映世界，而且应该寻求改造世界”，因此她把这种外交称作“转型外交”。[①] 美国决策者认为，在 20 世纪 70 年代，全世界还只有 40 个民主国家，冷战结束后，民主化进程大大加速，到 20 世纪末已经有了 120 个民主国家。如果民主改造战略在中东成功，就又能增加 20 几个民主国家，并能对全世界产生极好的示范效应。正如美国副国务卿多布里杨斯基所说的，布什政府决心传播民主价值观始于“我们在阿富汗和伊拉克的努力”，美国还将“坚定地支持各大洲所有国家实现民主”。[②]

布什政府拟订了宏伟的计划：在整个大中东地区，包括 22 个阿拉伯/伊斯兰国家以及土耳其、伊朗、巴基斯坦和阿富汗，推行西方式的民主，实行一系列政治、经济、外交、文化的全面变革，即所谓“大中东计划”。实际上早在美国发动伊拉克战争以前，它就已经向中东国家提出了一个计划。2003 年 11 月 6 日，布什在美国商会全国民主捐赠基金会成立 20 周年纪念大会上提出了“中东自由前瞻战略”。[③] 在随后几个月中，美国外交官穿梭于阿拉伯国家和美国的盟国之间，咨询意见，试探反应。2004 年 6 月，美国把经过修改后的计划在八大国首脑会议上正式推出，冠名为“大中东北非伙伴关系计划”。计划重申了西方国家支持中东国家自由、民主、繁荣的承诺；表示要继续巴以、阿以和平进程，但强调冲突不应该成为改革的障碍，反之改革可以为冲突提供解决办法。计划宣称要恢复伊拉克的和平与稳定；要与有关各国政府、企业界和公民社会建立伙伴关系，并建立部长级的未来论坛。计划列出了政治、社会文化和经济三个方面的具体措施，包括尊重人权和基本自由，尊重多样性；发展教育，降低文盲率，

---

① Condoleezza Rice, “Transformational Diplomacy: Remarks at Georgetown School of Foreign Service”, January 18, 2006, p. 1.

② 多布里杨斯基 2003 年 2 月 9 日在巴尔的摩外交事务理事会的讲话转引自阎文虎《美国对中东民主化改造战略》，《西亚非洲》2005 年第 1 期。

③ “President Bush Discusses Freedom in Iraq and Middle East, Remarks by the President at the 20th Anniversary of the National Endowment for Democracy, United States Chamber of Commerce”, http://www.whitehouse.gov/news/releases/2003/11/20031106-2.html.

尤其是妇女的文盲率，提倡男女平等；创造就业机会，扩大贸易和投资，尤其是区域内贸易，支持金融改革，保障产权，提高透明度，反对腐败，等等。①

但事与愿违，美国在中东拓展民主的努力没有得到任何中东国家真心实意的响应。这个计划的矛头主要是指向中东的温和国家、美国的长期盟友，如埃及、沙特阿拉伯等。由于这个计划旨在培育这些国家的亲美的民主派势力，逐步取代美国认为不民主的现政权，因此引起各国政府的警觉、防范和抵制。刚一得知这个计划，穆巴拉克就“强烈抨击这个由国外提出的准备使用的称做改革的药方”，他对埃及记者说：“我们听到这个计划，似乎这个地区和这些国家都不存在，似乎它们对自己的国土都没有主权。”阿拉伯国家的媒体也纷纷批评这一计划。《开罗时报》发表署名文章说：“美国政府决心要把变化或改革强加［给中东国家］，而这里的民众却怀疑，外国人要求［中东国家］实行民主仅仅是干涉这一地区，并按照西方自己的利益来重新规划这一地区的借口。对伊拉克的占领和对巴勒斯坦人痛苦的漠不关心加深了这种担心。”②

美国计划受到抵制不是偶然的。首先，中东人民与美国在一些根本问题上看法大相径庭。在中东的穆斯林看来，伊斯兰不是恐怖主义的根源，中东也不是恐怖主义的大本营，甚至不是中东对美国构成了威胁，而是美国对中东地区构成了威胁，美国对以色列的偏袒、对伊拉克的制裁、对中东石油资源的夺取才是中东地区反美情绪的真实原因。③ 其次，中东地区的宗教精英力图保持他们在文化领域的地位，以免全球化的冲击，而政治精英则担心这个计划会使他们对权力的控制变得不再牢靠。尽管有的伊斯兰国家表现出与美国合作的积极姿态，但是他们这样做，与其说是顺从美国意愿进行民主化改革，不如说是做做样子，以逃避美国压力拖延民主化

① Department of State, Office of the Spokesman, “A Performance-Based Roadmap to a Permanent Two-State Solution to the Israeli-Palestinian Conflict”, April 30, 2003. http://www.whitehouse.gov/news/releases/2004/06/20040609-30.html.

② *The Bush Doctrine and the War on Terrorism*, pp. 109, 114 – 115.

③ 参见潘忠岐《民主改造中东？解读小布什政府的中东战略构想》，《阿拉伯世界》2005 年第 1 期，第 14 页。

改革。①

大中东计划也遭到美国国内有识之士的批评。布热津斯基指出："美国在欧洲的支持和以色列的认同下去教导阿拉伯世界如何变成现代的民主社会至少引起了自相矛盾的反应。尤其是这一地区对于受到法国人和英国人控制仍然记忆犹新。"②

"民主化"实践的结果也走向美国决策者愿望的反面。在2005至2006年中东的一系列选举中，伊斯兰的强硬派别和极端主义势力发展壮大。在伊朗大选中，美国无可奈何地目睹强硬派领导人内贾德赢得选举，取代了比他温和得多的哈塔米。在埃及选举中，美国敦促穆巴拉克放松执政党对政权的控制，使得穆斯林兄弟会的伊斯兰原教旨主义分子成了议会选举中最大的赢家，他们的议席从15席猛增到88席。更为轰动的是，在2006年1月巴勒斯坦立法委员的选举中，激进势力哈马斯获得新政府的组阁权。在摩洛哥、巴林、科威特、约旦、黎巴嫩等国，伊斯兰的强硬势力都成了选举的大赢家。总之，人们没有看到布什政府所说的民主的"溢出效应"，恰恰相反，美国力图推行的"中东民主化"成了一个"世俗力量衰落、宗教力量兴起"的过程，美式民主在这里遭遇水土不服。

事实表明，民主没有整齐划一的模式，它是从一个国家的历史、文化和社会中自然生发出来的，而不是从外部移栽进去的；它也必须适应一个国家的特定发展阶段，因而是一个不断发展和完善的过程。民主不是可口可乐。可口可乐的原汁都是在亚特兰大总部生产的，公司把它运到世界各地，在那里兑上水，罐装起来，就成了人们日常喝的可口可乐。民主却不是这样，它必须在各个特定的国家的具体情况下生根发芽，与当地的文化、传统、风俗、习惯相结合、相协调，美式民主在中东遭遇水土不服并不意外。诚如法国前外长韦德里纳所说："美国确定的对阿拉伯—穆斯林世界的政策产生的是与所追求的目的相反的结果：它远没有削弱伊斯兰圣战主义，却促使温和的穆斯林走向极端，削弱了我们本应该支持的那些主

① 潘忠岐：《民主改造中东？解读小布什政府的中东战略构想》，《阿拉伯世界》2005年第1期，第15页。

② *The Bush Doctrine and the War on Terrorism*, pp. 109, 115.

张改革、开放与和平的穆斯林的力量。”[①]

对中东和平进程的忽视

在过去几十年中，巴勒斯坦问题一直是中东问题的核心。乔治·沃克·布什当政后把伊拉克问题作为中东政策的核心，而把巴以和平搁置一边，在阿拉伯世界的眼中，这无异于对以色列强硬势力的放纵。“9·11”后，美国为了争取阿拉伯国家对美国反恐的支持，提出了支持巴勒斯坦建国的思想。2001 年 10 月 2 日，布什在白宫会见国会两党领袖时表示，只要以色列的生存权利得到尊重，美国的中东和平计划中始终包含建立“巴勒斯坦国”的设想。他在 11 月 10 日在联大的讲话中说，“美国政府也坚持自己在推动中东和平问题上的承诺，我们正努力朝着实现以色列和巴勒斯坦两国和平共处的那一天迈进”。[②] 2002 年 6 月，布什政府在与以色列和欧盟国家协商之后提出了中东和平新计划，这是后来的“路线图”的雏形，其中包括 2005 年巴勒斯坦建国的目标。[③] 12 月，四方机制（美国、俄罗斯、欧盟、联合国）在华盛顿最后敲定路线图。但当时美国正忙于准备伊拉克战争，路线图没有提上日程。及至伊拉克大规模军事行动结束，2003 年 4 月 30 日，美国驻以色列大使和四方机制特使分别向巴以双方递交了路线图计划。

该计划确定了三个阶段。第一阶段，2002 年下半年至 2003 年 5 月，巴以实现停火，结束暴力冲突，巴方须有效打击恐怖主义，进行全面政治改革；以方须撤离 2000 年 9 月 28 日后占领的巴勒斯坦领土，拆除 2001 年 3 月以后建立的定居点；第二阶段，2003 年 6 月至 2003 年 12 月，巴方完成大选，四方机制组织召开中东问题国际会议，建立拥有临时边界和主要象征的临时巴勒斯坦国；第三阶段，2004 至 2005 年，四方机制将推动巴

---

① 参见安惠侯《紧张战乱又一年》，《阿拉伯世界研究》2007 年第 1 期，第 10 页。

② “President Bush Speaks to the UN”, United Nations General Assembly, New York, November 10, 2001, in John W. Dietrich, ed., *Presidential Speeches with Commentary*, p. 58.

③ 殷罡：《以巴和平进程十年回顾与展望》，杨光主编《中东非洲发展报告（2003—2004）》，社会科学文献出版社 2004 年版，第 98—99 页。

以就边界、耶路撒冷地位、赔偿、难民回归、巴约边界、巴埃边界安全等棘手问题进行谈判，同时，有关各方将推动叙以、黎以谈判，实现阿以关系全面正常化。[1]“路线图”计划首次比较全面地提出了解决巴以问题的计划，肯定了“以土地换和平”的原则，为和平进程确定了新的谈判依据和时间表，尤其是明确提出了2005年实现巴勒斯坦建国和实现“巴以和平共处”这两个并重的目标，以及双方应当承担的义务，是对巴以和平进程的一个推动。

“路线图”得到了巴以双方和阿拉伯国家的积极响应。沙龙针对利库德集团内部和国内的强烈批评意见说：“我想明确地说，我想尽一切所能［与巴勒斯坦方面］达成一项政治协议，因为这对以色列很重要。”阿巴斯宣布停止阿克萨起义，呼吁巴勒斯坦人采用和平手段结束以色列的占领。[2] 2003年6月初在埃及沙姆沙伊赫举行的美阿峰会上，“路线图”计划得到阿拉伯国家的认可和支持。会后，穆巴拉克代表阿拉伯国家发表声明，强调阿拉伯国家将同美国一道，抓住机遇，推动中东和平进程，履行所有有关“路线图”计划的承诺。

布什政府也表现了一定的热情。6月4日，布什在出席了沙姆沙伊赫美阿峰会后宣布，美国愿意帮助巴以尽快实现真正和平，他表示，美国将为一个新的、重组的巴安全机构提供支持和培训，把巴以和平事业作为最优先的事项，并指定赖斯作为他的个人代表，帮助巴以尽快实现真正的和平。[3] 5日，布什又出席了亚哈巴美巴以峰会，为执行“路线图”计划确定实际步骤。此后，美国中东问题特使沃尔夫、国务卿鲍威尔、国家安全事务助理赖斯相继访问以巴，6月28日赖斯的访问还促成双方签订了停火协定：哈马斯、杰哈德、法塔赫三个组织加入了停火协议，宣布在3个月内停止对约旦河西岸、加沙地带以及以境内的以色列人实施武装袭击；以

---

① “A Performance-Based Roadmap to a Permanent Two-State Solution to the Israeli-Palestinian Conflict”, April 30, 2004. http://www.state.gov maintained by the Bureau of Public Affairs.

② 参见孙德刚《中东和平“路线图”浅析》，《西亚非洲》2004年第1期，第20页；殷罡：《以巴和平进程十年回顾与展望》，《中东非洲发展报告（2003—2004）》，第98—99页。

③ “President Meets with Leaders of Jordan, Israel and Palestinian Authority Remarks by President Bush, His Majesty King Abdullah of Jordan, Prime Minister Sharon of Israel, and Prime Minister Abbas of the Palestinian Authority”, June 4, 2004. http://www.whitehouse.gov/news/releases/2003/06/20030604-1.html.

色列则从加沙地带北部和约旦河西岸城市伯利恒撤军，将上述地带的安全事务移交给巴民族权力机构，并停止对巴勒斯坦武装分子的搜捕、打击和定点清除行动。①

但“路线图”本身不是巴以谈判的结果，而是美国和外部世界加给双方的，它有先天不足；巴以内部的强硬派都反对该计划；阿拉法特和总理阿巴斯又政见不同，阿拉法特坚持“和谈”和“起义”并用，阿巴斯是温和派的代表，信奉非暴力主义，选择阿巴斯当总理是阿拉法特在美以强大压力下作出的决定，两人之间又有权力之争。由于这些以及其他原因，“路线图”计划实施起来困难重重。8月底，耶路撒冷再次发生汽车炸弹袭击，造成21人死亡，以色列旋即对袭击进行报复。9月6日，阿巴斯辞去总理职务。阿巴斯辞职是对“路线图”计划的沉重打击。国际上普遍认为，巴勒斯坦内部强硬派又占据了上风。以色列总理府声明，绝不接受阿拉法特或他的亲信领导的巴勒斯坦政府。以外长沙洛姆称，以色列绝不会与阿拉法特进行谈判，因为现在的阿拉法特是“问题制造者，而不是问题解决者”。多名以内阁官员甚至威胁要驱逐阿拉法特。美国认定阿拉法特支持恐怖主义，认定他本人就是巴以和平进程的最大障碍，决意要把他排挤出局。11月6日，布什在一次讲话中公然宣称，“对于巴勒斯坦人民来说，民主之路是通往独立、尊严和进步的唯一途径。那些阻碍和破坏民主改革、放纵仇恨、鼓励暴力的巴勒斯坦领导人，他们根本就不是什么领导人，他们是通向和平和民主的主要障碍，是通向巴勒斯坦人民成功的主要障碍”。②显然，美国决意在巴勒斯坦内部寻找新的和谈掌门人，构建一个没有阿拉法特的巴以和平进程。为了实现这一目标，美国把巴以和平进程搁置起来，转而要求巴勒斯坦建立民主政治体制。在一年中，巴以和平进程不进则退，形势更加恶化。

阿拉法特被困在拉姆安拉，甚至失去了人身自由，2004年11月在内

---

① 《巴以达成撤军协议，巴武装组织将宣布停火三个月》，http://news.tom.com，2003年6月28日。

② “President Bush Discusses Freedom in Iraq and Middle East: Remarks by the President at the 20th Anniversary of the National Endowment for Democracy, United States Chamber of Commerce”, http://www.whitehouse.gov/news/releases/2003/11/20031106-2.html.

外交困中病故，美以把他排挤出局的目的达到了。阿巴斯接任巴民族权力机构主席，美国才又重拾“路线图”计划。2005 年 2 月国务卿赖斯访问中东，分别会见了沙龙、阿巴斯，敦促双方恢复会谈。5 月下旬，阿巴斯访美，受到美方罕见的高规格接待。布什政府不仅再次承诺坚持“路线图”计划，帮助巴勒斯坦实现建国梦想，而且向巴勒斯坦提供了 5000 万美元的直接经济援助，这笔款项可以由巴勒斯坦自治政府直接支配，用于以色列从巴勒斯坦撤离后帮助巴勒斯坦人在那里修建住房和基础设施。这 5000 万美元是美国国会此前已经批准的 2005 年对巴援助 2 亿美元的一部分。布什还要求在下一个财政年度向巴提供 1.5 亿美元。而在过去十年间，美国向巴勒斯坦提供的援助总共不过 2000 万美元。[①] 从 8 月起，沙龙不顾国内反对派的阻挠，坚持实行“单边行动计划”，结束了以色列长达 38 年的对加沙地带的占领，并加紧在以色列与约旦河西岸之间修建隔离墙。一些阿拉伯国家也主动调整与以色列的关系。整个 2005 年，阿以关系出现了少有的较长时间的平静。

但又是好景不长。以色列方面，沙龙在 2006 年 1 月 4 日中风，主张对巴实行强硬政策的奥尔默特当政。巴勒斯坦方面，激进派别哈马斯在 1 月举行的巴立法委员会选举中胜出，在巴历史上首次当政组阁。哈马斯是美国认定的恐怖主义组织，在路线图计划中是被取缔的对象，美国于是提出了承认哈马斯政府的三个条件：拒绝恐怖主义，承认以色列生存的权利，接受迄今在巴以间达成的作为和平基础的国际协定。[②] 哈马斯拒不接受这些条件，美国拒绝以它为对手。美国与以色列联手，企图孤立并推翻民选的哈马斯政府，激化了巴勒斯坦内部两派的争斗，巴以和平进程再次遭遇挫折。

2006 年夏天，又发生了以色列与黎巴嫩真主党的军事冲突，美国支持以色列进攻真主党，更加激起阿拉伯世界的不满。美国在黎以交战期间，加紧向黎巴嫩运送精确制导炸弹，由于美国的支持，以色列战机、导弹、

---

① 李伟建：《美国对中东战略与政策：悖论及影响》，《西亚非洲》2005 年第 6 期，第 44 页。

② “Press Briefing by National Security Advisor Stephen Hadley on President’s Trip to the Middle East”, May 7, 2008, *Washington File*, May 9, 2008, p. 5.

燃油、技术样样不缺。对于国际社会的停火呼吁，布什政府一拖再拖。布什和赖斯都说，不能简单地恢复原状，那是“虚假的和平”，必须有“一个持久的解决办法”。美国国会众参两院也通过支持以色列的决议。由于美国的这种纵容态度，使以色列和真主党的停火拖延了时间。美国这回“拉偏架”是太过分了。

在沙特等阿拉伯国家的调停下，法塔赫与哈马斯于2007年2月达成“麦加协议”，并于3月组成民族联合政府。巴两大派既有政见分歧，又有权力之争，加上美国和伊朗的挑动，两派矛盾日益尖锐，多次爆发流血冲突。自6月起，两派在加沙地带暴力冲突升级，哈马斯武装全面控制了加沙地区。巴民族权力机构主席阿巴斯解除联合政府总理职务，宣布哈马斯武装为“非法”，并另组紧急政府，巴境内形成实际分裂割据局面。

到了2007年，布什政府的中东政策已经走进了死胡同：在对伊拉克增兵3万以后，伊拉克局部安全形势有所好转，但动荡的根源依然存在，战后重建步履维艰；在中东拓展民主的努力效果适得其反；巴以和平进程没有进展，穆斯林世界越来越不满，反美主义越来越强烈；最为严重的问题是，伊朗坐大，伊朗核问题突出，成为对美国在中东地区霸权地位的最主要挑战（详见下文）。

如何走出这盘死棋？美国国内的有识之士一直认为，中东问题的核心是阿以和平问题，尤其是巴以和平。2006年下半年，布什任命了由前国务卿詹姆士·贝克和前国会众议院国际关系委员会主席李·汉密尔顿为两主席的跨党派小组，专门研究伊拉克问题。12月，该研究小组的报告出台，其中强调，除非美国直接应对阿以冲突和地区不稳定问题，美国是不能达到其在中东的目标的。报告敦促布什政府重申它在各个方面对中东和平的承诺，包括“两国方案”的承诺，根据“以土地换和平”的原则立即重开巴以谈判。[①] 中东地区的领导人也一再重申巴以和平进程的极端重要性。约旦国王阿卜杜拉2006年11月27日指出：“当地人仍然认为，除非以色列和巴勒斯坦找到共存途径，否则中东任何地区都没有和平可言。巴以之

① James Baker and Lee Hamilton, *The Iraq Study Group Report*, December 6, 2006, pp. 37 – 39.

间存在的问题，会引发整个中东和阿拉伯世界的不安全、怨恨和不满。”①

中东政策的困境使布什政府领悟到必须调整政策。从 2007 年年中起，布什政府就在酝酿调整对中东的政策。这种调整的取向是：在拓展民主方面减轻对阿拉伯国家的压力，改善与温和的阿拉伯国家的关系；努力推动巴以和平进程，改善与穆斯林世界的关系；把伊朗作为主要的打击对象，在整个大中东地区建立广泛的孤立和遏制伊朗的联盟。而这种转变的分水岭是安纳波利斯会议的举行。

布什第一次提到要举行这次会议是在 7 月 16 日。他在一次讲话中表示要增强巴勒斯坦人民中的温和与和平的力量来建立巴勒斯坦国，实现两国方案，要求巴以双方恢复谈判，“这种谈判必须解决困难问题，支持明确的原则。谈判应该保证，以色列是安全的，相邻的巴勒斯坦国是有生命力的”。② 他希望在他的任期结束之前实现这个目标。为此，布什还表示要加大对巴勒斯坦的援助力度。用助理国务卿韦尔奇的话说，“总统在 7 月份勾画了一幅蓝图，他讲到要做一件事情，能把多个目标结合到一起。”这就是安纳波利斯会议。布什政府把它看作中东政策的“一个转折点”，他还希望通过这次会议动员起国际社会对巴以和平进程的支持。③ 而且既然阿巴斯已经宣布哈马斯为“非法”，成立了紧急政府，美国也可以理所当然地把哈马斯排除在和平进程之外了。

11 月 27 日，布什倡议的“中东问题国际会议”在马里兰州的安纳波利斯举行。布什、阿巴斯、奥尔默特和 49 个国家、地区以及主要国际组织，包括 16 个阿拉伯国家的代表出席了会议。奥尔默特和阿巴斯都表示坚决支持这次会议。阿巴斯在会前表示：“美国、以色列和巴勒斯坦方面都坚持，我们必须在布什总统任期结束之前达成协议。”④在 27 日会议上布什首先致辞，并宣读了巴以达成的《共同谅解文件》。文件除了表示在

---

① 参见安惠侯《紧张战乱又一年》，《阿拉伯世界研究》2007 年第 1 期，第 9 页。

② Merle D. Kellerhanls, Jr. , “Middle East Peace Conference Sets Stage for Formal Talks”, *Washington File*, November 23, p. 3.

③ “Assistant Secretary Welch on Middle East Peace Process”, September 18, 2007, *Washington File*, September 19, 2007, pp. 5, 8.

④ Merle D. Kellerhanls, Jr. , “Middle East Peace Conference Sets Stage for Formal Talks”, *Washington File*, November 23, p. 4.

2008年底前达成协定的决心外，还提出了一些具体措施，如建立谈判的常设委员会，两位总统举行双周会，建立美—巴—以三方机制等。布什在讲话中对巴以阿三方都提出了要求，对巴方的要求主要是打击恐怖主义，拆除恐怖主义的基础设施；对以色列的要求主要是结束1967年以来的对巴勒斯坦领土的占领，拆除非法检查哨，结束定居点的扩张；对阿拉伯国家的要求是强烈支持巴勒斯坦权力机构，实现与以色列关系正常化。①

安纳波利斯会议使巴以和平进程在停顿7年之后得以重启，并提出了在2008年底达成协议、实现巴勒斯坦建国的目标，并且得到了国际社会的支持；但《共同谅解文件》没有法律约束力，阿拉伯方面要求会议就巴以间核心问题达成可操作的框架协议，包括解决问题的具体步骤、行动方案和时间表，但均未能实现。会议没有也不可能在巴以关系上取得突破。②

以安纳波利斯会议为标志，布什政府对巴以问题的政策由过去的片面支持以色列的“一边倒”政策调整为在巴以之间采取较为平衡的政策。一方面，美国要求以色列克制有害和平的行动，反对奥尔默特提出的采取单边行动划定永久性边界的主张，批评以色列在耶路撒冷的建房计划“将为巴以和谈蒙上阴影”，对以色列部分解禁对巴的代征税款表示欢迎，呼吁以色列对巴激进组织发动的火箭袭击保持克制；另一方面又加大了对巴的援助力度，试图在巴以之间扮演一个不偏不倚的“和平使者”的角色。③

10个月来，布什本人两次访问了巴以，切尼也进行了一次访问，赖斯则走访了八次，阿巴斯和奥尔默特也多次到华盛顿会晤布什。但巴以和谈进程却没有取得实质性进展。归结起来有如下原因。

首先，这是巴以问题本身的复杂性所致。巴以冲突延续了几十年，在

① “Remarks by President Bush at Annapolis Conference”, November 27, 2007, *Washington File*, November 28, pp. 7 – 9.

② 参见安惠侯《新形势下中东问题与大国中东政策》，《阿拉伯世界研究》2008年第2期，第5—6页。

③ 参见王勇辉、陈慧《美国在巴以和平进程中的角色调整》，《阿拉伯世界研究》2008年第2期，第60页。在12月17日援助巴勒斯坦国际会议上，美国承诺向巴提供5.55亿美元，用于发展项目、平衡预算、安全改革及救济巴勒斯坦难民，并在以后三年中向巴勒斯坦提供74亿美元的援助。在此之前，布什政府于7月16日宣布向巴提供1.9亿美元援助，包括加沙地带开展人道救援的资金，并另外通过海外私人投资公司向巴勒斯坦公司企业提供2.2亿美元。《布什会晤阿巴斯商讨推动中东和平进程》，新华网2008年4月26日。

涉及巴国领土范围、耶路撒冷归属、难民回归、水资源分配、犹太人定居点等核心问题上，双方分歧严重，积重难返。

其次，负责进行和谈的巴以双方都是弱势政府，内部都有势力强大的反对派。“以色列是我们的家园”领导人利伯曼1月16日宣布该党退出执政联盟，以色列境内掀起了由右翼党派、犹太人定居者等组织的大规模抗议示威活动，指责奥尔默特是出卖上帝应许给以色列之地的“叛徒”。[①]巴勒斯坦依然处于分裂状态。

再次，美国和以色列都决定只与巴勒斯坦的温和派进行谈判，而把实际占领加沙地带的哈马斯排除在外。哈马斯则认为阿巴斯和法塔赫是要借助以色列来搞跨哈马斯，不仅反对阿巴斯要求巴武装力量停止向以色列发射火箭弹的呼吁，还指责阿巴斯企图“搭乘以军的坦克重返加沙”。[②] 而奥尔默特则认为，巴勒斯坦关于打击恐怖主义的承诺是和平进程的“中心关键，是使谈判进程能顺利终结的主轴”。[③] 哈马斯与以色列之间的武装冲突一再使和平进程处于崩溃边缘，谈判要取得进展确乎是太难了。

最后，双方一个具体的分歧是约旦河西岸犹太人定居点问题。路线图的第一阶段要求以色列冻结定居点建设，并拆除2001年3月以后建立的定居点。但安纳波利斯会议后，以色列继续在西岸地区和东耶路撒冷扩建定居点和住宅，引起巴方强烈不满。阿巴斯几次提出，定居点问题是“和平进程的最大障碍”。布什政府也对以色列进行了一些批评，如赖斯在6月中旬访问中东时就说，“当我们需要在各方之间建立互信时，继续建设定居点的活动具有威胁谈判继续前进的危险”。[④] 但美国的批评过于温和，以色列我行我素，不予理睬。

9月，美国由次贷危机引发的金融危机愈演愈烈，布什政府忙于应付金融危机，已经无暇顾及巴以和谈。以色列总理奥尔默特陷入丑闻，利夫

① 《以军打死哈马斯创始人之子，巴以谈判前景未可乐观》，新华网2008年1月17日。

② 《“血腥星期六”恶化巴以局势》，新华网2008年3月4日。

③ “Remarks by President Bush and Prime Minister Olmert in Join Press Availability”, January 9, 2008, *Washington File*, *January* 10, 2008, p. 8.

④ David McKeeby, “Rice Warns Israel on Settlement Expansion”, *Washington File*, June 17, 2008, p. 3.

尼接任，但遭遇组阁危机，以色列将在2009年2月举行大选。在布什任内实现巴勒斯坦建国这个目标是不能实现了。

孤立和遏制伊朗

从1979年伊朗伊斯兰革命以来，美国与伊朗一直处于敌对状态。克林顿政府对伊朗和伊拉克实行"双重遏制"政策，维持了中东地区脆弱的力量均势。布什当政后更强化了对伊朗的遏制。2001年3月，布什签署命令，延长了对伊朗的贸易和投资禁令。尽管伊朗在"9·11"恐怖袭击后即向美国表示支持国际反恐，并采取了诸如关闭与阿富汗的边界、支援北方联盟、允许国际救援物资从伊朗境内远进阿富汗等措施支持美国对塔利班的战争，但美国一直怀疑伊朗参与了恐怖袭击。2002年初，布什在《国情咨文》中把伊朗打入"邪恶轴心"国家之列。在布什政府和新保守派战略家们看来，伊朗从诸多方面威胁了美国在中东的利益和美国盟国的安全。

第一，伊朗支持恐怖主义。作为成功进行过伊斯兰革命的什叶派穆斯林大国，伊朗一直与埃及、约旦、叙利亚、黎巴嫩和巴勒斯坦等国家和地区的伊斯兰运动组织穆斯林兄弟会、真主党、哈马斯和杰哈德等有比较密切的关系，也对周边国家和地区的伊斯兰复兴运动的发展有一定的影响力。而美国的恐怖主义组织名单就包括了上述组织。美国认为伊朗是"全世界对国家恐怖主义最积极的支持者"，把它列为"十大恐怖主义国家"之首。① 直到2008年9月，布什在联合国大会发表演讲时提到了两个支恐国家，伊朗是其中之一。② 第二，伊朗企图开发大规模杀伤性武器，尤其是发展核武器。不论民主党还是共和党政府都认定，伊朗进行核开发的目的是要获得核武器。③ 而在"9·11"后，美国认为面临的"最严重威胁

---

① 高祖贵：《布什政府对伊朗政策的分析》，《西亚非洲》2004年第3期，第46—47页。

② "Remarks by the President to the United Nations General Assembly (September 23, 2008)", *Washington File*, September 24, 2008, p. 10.

③ Robert Kagan and William Kristol, eds., *Present Dangers: Crisis and Opportunity in American Foreign and Defence Policy* (San Francisco: Encounter Books, 2000), pp. 131 - 144.

在于极端主义与技术的结合”，[1] 如果伊朗真的拥有了核武器和运载工具，那恰恰就是这种对美国最严重的威胁。第三，伊朗威胁以色列的生存，并通过支持中东的激进势力破坏中东和平进程，破坏中东和平路线图。第四，在伊拉克战争以后，美国又指责伊朗支持伊拉克的什叶派武装，包括萨德尔的迈赫迪军，破坏伊拉克的稳定。[2] 第五，在推翻了萨达姆政权后，伊朗成为美国控制海湾地区的最大障碍。如果伊朗成为地区大国，那就将威胁美国在这一盛产石油的具有重要战略意义的地区的主导地位，因为伊朗扼守霍尔木兹海峡，中东的石油通道的安全也将受到威胁。第六，如前所述，布什政府是特别看重外交中的意识形态的，伊朗所倡导和坚持的伊斯兰运动的宗旨就是美国的意识形态的敌人。

尽管美国把三个国家确定为“邪恶轴心”，但对它们的政策还是有所区别的。美国不可能对这些国家同时搞政权更迭。对朝鲜，美国在施压的同时准备与现政权打交道；对伊朗，美国对现政权施加压力，并寄希望于改革派来改变政局；对伊拉克则是赤裸裸的政权更迭。[3]

哈塔米执政后，伊朗国内改革派和保守派展开了激烈争夺，国内政治斗争呈现犬牙交错之势，这给美国带来了希望。2002 年 7 月，伊朗各地出现学生示威游行，布什发表声明支持伊朗的学生运动。12 月 20 日，布什在“明日广播”（美国对伊朗开设的波斯语广播节目）的开播式上发表讲话，赞扬抗议活动“代表伊朗民众争取实现自由伊朗的开始，具有积极意义”，并重申对伊朗民主运动和改革运动的支持。美国参众两院则分别在 7 月通过决议，呼吁“美国政府对伊朗而不是伊朗政治人物采取更积极的姿态”。[4] 2003 年 12 月 25 日，伊朗古老的旅游城市巴姆地区发生强烈地震，导致 4 万多人死亡。副国务卿阿米蒂杰破天荒地深夜打电话给伊朗驻联合国大使穆罕默德·贾瓦德·扎里夫表示慰问并协调救援工作。半小时

① *The National Security Strategy of the United States f America*, September 2002, p. 2.

② “Iran Training Iraqi Insurgent Groups, General Says”, July 3, 2007. *Washington File*, July 5, 2007. 2008 年 10 月，位于西点的美国反恐中心发表了一个 80 多页的研究报告，详细列举了 2007 和 2008 年伊朗支持伊拉克武装分子的情况。见 ctc. usma. edu/Iran. Iraq. asp.

③ 采访副总统国家安全事务副助理叶望辉，2002 年 7 月。

④ Kenneth Katzman, *Iran: Current Development and U. S. Policy*, July 25, 2003 (CRS Report), p. 3.

后，扎里夫回电转发了哈梅内伊的感谢。29日，一架满载救援物资的美国军用飞机降落在巴姆，这是1979年伊斯兰革命以来的第一次。布什政府还支持流亡的伊朗人，支持他们在美国成立组织；还加大了对伊朗的宣传力度，2002年12月开通了一天24小时广播的波斯语节目“明日广播”，从2003年10月前后开通了对伊朗的波斯语网络，每天浏览网站的人数达到3000人。“美国之音”从2003年7月起还开通了对伊朗的电视节目。

但伊朗的形势却没有如美国决策者所希望的那样发展。在2005年6月举行的大选中，持强硬的保守派立场的德黑兰市市长艾哈迈迪·内贾德以绝对优势胜出。这既是伊朗内部复杂政治斗争的结果，也是对美国长期打压伊朗的反应。布什政府的“邪恶轴心”论一出，伊朗就立即爆发了声势浩大的持续的抗议活动，此后伊朗公众中的反美主义上升，2003年2月伊朗举行地方选举，保守派在德黑兰获得了比改革派更多的选票，伊朗各地爆发了学生示威，要求哈塔米辞职。美国寄希望于伊朗改革派的政策落空。

内贾德当政后，美伊关系更加紧张。内贾德屡屡语出惊人，2005年10月26日，他就在一次会上说，“以色列应当从地图上抹掉”，“任何承认以色列的人都将陷入伊斯兰国家的怒火之中”；12月14日，他又称纳粹大屠杀为“神话”；2006年1月5日，他又说希望沙龙在中风后死去。①内贾德执政后，布什政府把伊朗当作是对美国最大的威胁。2006年白宫的《国家安全战略报告》写道：“美国所面临的伊朗的威胁比从别的任何一个国家的威胁都大。”②

美伊对抗集中表现在核问题上。伊朗伊斯兰革命以来，美国一改以往帮助伊朗和平利用核能的政策，实行对伊朗的武器禁运，尤其是严格的核出口管制政策，包括一切双重用途的核项目。2003年2月美国通过卫星侦察到伊朗纳坦兹的核设施，国际原子能机构随后进行的核查发现，纳坦兹的核设施已经具有相当规模，核查人员还发现了一些使用过的离心机。又

---

① Kenneth Katzman, *Iran: Current Development and U. S. Policy*, September 24, 2008 (CRS Report), p. 5.

② *National Security Strategy Report of the United States of America*, March 2006, p. 20.

有消息说，巴基斯坦的卡迪尔汗曾经向伊朗出售核设施和核技术。国际原子能机构从2002年以来的历次报告也都说，它不能证实伊朗现在的核项目是用于和平目的的。[①]6月，国际原子能机构对伊朗的核活动进行了激烈批评，6月18日，布什在一次讲话中称，美国绝对“不允许伊朗发展核武器”。[②]美国一方面通过欧盟与伊朗进行谈判，对伊朗施加压力；一方面敦促国际原子能机构对伊朗采取强硬立场，对伊朗核设施进行严格核查。2003年10月，伊朗在美国和国际原子能机构的强大压力下签署了《不扩散核武器条约》附加议定书，接受议定书规定的所谓入侵性检查，并同意关闭过去的核设施。2004年11月，伊朗与欧盟三国在巴黎达成协议，伊朗重申中止一切与浓缩铀有关的活动，以换取欧盟的援助和对发展民用核能的支持。此后，布什政府于2005年3月表示，美国支持但不参加欧盟三国就伊朗核问题与伊朗进行谈判，美国承诺在伊朗准备彻底和永久地放弃浓缩铀计划后，向伊朗提供民用飞机部件，以帮助伊朗改善民用航空业；同时，美国愿意支持伊朗加入世界贸易组织。[③]但美国在伊朗最关心的安全和取消美国封锁和孤立政策方面，没有作出任何承诺。实际上，美欧在解决伊核问题的方法上一直存在分歧。布什政府力主采取强硬的大棒政策，布什在与欧盟领导人的会谈中多次敦促将伊朗核问题提交给联合国安理会，并对伊朗实施制裁。欧盟则主张通过与伊朗接触、对话，向伊朗伸出橄榄枝，以换取伊朗在核问题上让步。[④]2005年5月底，欧盟三国与伊朗达成新协议：伊朗表示暂停核研发活动，但伊没有放弃浓缩铀的权利，欧盟表示将在两个月内提出一项综合计划，以推进与伊朗在技术和核能领域的合作。

从2005年年中起，伊朗在核问题上表现了更加强硬的立场。2005年7月31日，伊朗宣布，由于欧盟没有在限定的日期内提交关于伊朗核问题

① Kenneth Katzman, *Iran: Current Development and U. S. Policy*, September 24, 2008 (CRS Report), p. 18.

② 谭卫兵：《布什会见美国会议员，称不允许伊朗发展核武器》，新华网2003年6月19日。

③ Kenneth Katzman, *Iran: Current Development and U. S. Policy*, September 24, 2008 (CRS Report), pp. 19 – 20.

④ 顾国良：《美国对伊政策——伊朗核和导弹问题》，《美国研究》2006年第1期，第19页。

的一揽子协议，伊朗准备在8月1日重启浓缩铀活动。8月5日，欧盟在向伊朗提交的提议中承认伊朗有和平利用核能的权利，但敦促伊朗放弃与铀浓缩有关的一切活动，改由他国提供核燃料。次日，内贾德刚宣誓就职就宣布拒绝欧盟三国提出的上述一揽子提议。8日，伊朗重新启动了伊斯法罕的铀转化活动，伊朗与欧盟的谈判再次陷入僵局。10月，俄罗斯建议允许伊朗从事铀转化活动，并将铀浓缩活动转移到俄罗斯境内完成，以确保其核技术不会用于军事目的。12月24日，俄罗斯正式向伊朗提出在俄境内与伊建立铀浓缩联合企业的建议，但遭到拒绝。伊朗政府发言人2006年1月2日表示，在伊朗境内进行浓缩铀活动是伊朗在核问题上的原则立场。1月10日，伊朗国家原子能组织副主席塞义迪宣布，伊朗已于当天正式拆除了核燃料研究设施上的封条，伊朗中止了两年多的核燃料研究工作正式恢复。此后，伊朗核问题被提交给联合国安理会。

2006年3月29日，联合国安理会通过一项主席声明；7月31日安理会通过了关于伊朗核问题的第1696号决议；12月23日通过了第1737号决议；2007年3月24日通过了第1747号决议，2008年3月3日通过了第1803号决议。这些决议都要求伊朗立即中止浓缩铀活动，并对伊朗实施了一系列制裁，如全面禁止伊朗出口武器；严格限制向伊朗出口武器；继续对涉及核和导弹项目的个人及实体实施金融制裁和资产冻结，限制对伊朗的金融援助和贷款，禁止涉及核和导弹项目的个人出国旅行等。但伊朗坚持核开发是伊朗的权利，是伊朗的国家利益所在。2007年8月29日，内贾德公开宣称，“伊朗核问题已经结束，伊朗现在是一个核国家”，“占领者的政治力量正在迅速地瓦解，很快我们将看到该地区力量的巨大空缺，我们准备帮助该地区朋友和伊拉克人民填补这个空缺”，等等。[①] 内贾德俨然以地区领导人自居，虽然他说的是大话，美国对此也不能容忍。

2007年12月3日，美国16个情报机构根据截至2007年10月31日以前所获得的情报发表了一份评估报告，其中说，情报机构有“高度的信心”认为，伊朗将核原料最终制造成核武器的研发工作已经于2003年停止，报告还说，这“主要归因于国际社会的核查与施压”，报告估计，伊

① 参见高祖贵《美国对伊朗的战略抉择正在来临》，《和平与发展》2008年第1期，第26页。

朗要到2010年至2015年间才能提炼出武器级浓缩铀。[①] 但这个报告并没有改变美国在伊朗核问题上的立场和做法。布什对这个报告的解释是：报告说明他们过去确实曾经有过这样的项目；对于像伊朗这样一个不透明的国家，核武器项目是很容易重启的；他们由于国际压力放弃了，这一点令人鼓舞，说明国际压力是能奏效的，现在国际社会应当对伊朗施加更大的压力。[②]

美国除了努力敦促欧盟三国、俄罗斯和中国对伊朗施加压力外，还特别重视动员中东国家加入到制裁伊朗的阵营中来。阿拉伯国家，尤其是海湾国家对伊朗的立场是复杂的。一方面，它们对伊朗疑虑很深，尤其对伊朗拥核忧心忡忡。他们主张在中东地区建立无核区，批评美国搞双重标准，纵容以色列发展核武器，同时也不愿意看到以什叶派穆斯林为主体的伊朗这个中东非阿拉伯国家拥有核武器。阿盟秘书长穆萨指出，“任何拥有核武器的中东国家，对这一地区的安全和稳定都是威胁”。[③] 海湾国家国小民弱，没有能力对抗伊朗，不得不依靠美国提供安全保护，接受美国在海湾的军事存在。因此美国动员它们孤立伊朗有一定基础。另一方面，它们毕竟与伊朗毗邻而居，真与伊朗闹翻，成为伊朗的报复对象，对它们的国家安全和经济发展都是危险的。在2007年春，布什政府派遣两个航母编队去海湾，一时美伊剑拔弩张时，海湾国家纷纷发表声明，它们的国家不是进攻伊朗的平台。但布什政府还是不断劝说这些国家领导人在伊核问题上与美国采取一致立场。2005年2月，负责军控和国际安全的美国副国务卿约翰·博尔顿访问了科威特、巴林、阿拉伯联合酋长国等海湾国家，试图游说这些国家领导人对伊朗施压。博尔顿在接受采访时说，伊朗是一个支持恐怖主义的国家，如果它获得核武器，无论是直接使用还是将核武器转让给恐怖主义组织，都是非常危险的。[④]布什2008年1月访问以巴时

① *National Intelligence Estimate*: *Iran*: *Nuclear Intentions and Capabilities*, November 2007. http://www.dni.gov/press_ releases/20071203_ release.pdf.

② “Remarks by President Bush and Prime Minister Olmert in Joint Press Availability”, January 9, 2008. *Washington File*, January 10, 2008.

③ 安惠侯：《紧张战乱又一年》，《阿拉伯世界研究》2007年第1期，第7页。

④ 顾国良：《美国对伊政策——伊朗核和导弹问题》，《美国研究》2006年第1期，第22页。

还向中东国家喊话："伊朗过去是威胁，现在是威胁，如果国际社会不能团结起来阻止伊朗发展制造核武器的技术，它将来仍将是威胁。"①

伊朗坚持要掌握核技术，具有自保和自强的双重目的。一方面，伊拉克战争后，伊朗的周边都是美国驻扎了重兵的国家；美国又仍然把伊朗当作"邪恶轴心"，美国还时不时在海湾地区炫耀武力；伊朗与以色列的关系简直是不共戴天，以色列不但拥有强大的常规武装力量，而且很可能是拥有核武器的国家，以色列还一直在怂恿美国对伊朗进行军事打击。另一方面，拥核也是伊朗谋求海湾乃至中东地区大国地位的需要。伊朗前总统哈塔米曾说："我们想变得强大，强大就意味着拥有先进技术，而核技术是所有技术中最先进的。"② 既然如此，要解决伊朗的核问题就牵涉到美伊关系、中东地缘政治等一系列复杂的问题。

对于以色列要求对伊朗实施军事打击，美国一直予以压制。除了别的许多原因外，一个原因是，只要美军仍然驻扎在伊拉克，这些美军就很容易成为伊朗报复的对象。布什政府一直强烈否认要对伊朗进行军事打击，但也不排除这种可能，如果所有别的遏制伊朗浓缩铀活动的努力都没有效果的话。③

2008 年 6 月，六国向伊朗提交了一个新方案，为伊朗中止浓缩铀活动提出了一些新的刺激性措施，包括政治合作、能源合作等。伊朗起先拒绝了该方案，但随后又表示，或许可以在这个方案基础上谈判六个星期的"冻结对冻结"。布什政府遂决定派副国务卿伯恩斯参加 7 月 19 日在日内瓦举行的谈判。这是布什政府任内美国高官第一次参与有关伊朗核问题的谈判，曾经引起国际社会关于美伊关系可能改善的广泛猜测。但此次会议同样无果而终。9 月 27 日，安理会通过新决议（1835 号决议），重申安理会此前就伊朗核问题通过的决议，敦促伊朗停止浓缩铀活动。10 月 3 日，伊朗驻国际原子能机构特使苏丹尼耶在布鲁塞尔的一次会议上表示，如果伊朗能够得到保证，它的发电站能获得足够的核燃料供应，它愿意考虑中

① "Remarks by President Bush and Prime Minister Olmert in Joint Press Availability", January 9, 2008. *Washington File*, January 10, 2008.

② 曾军：《伊朗核问题及其对美伊关系的影响》，《西亚非洲》2005 年第 2 期，第 23 页。

③ Kenneth Katzman, Iran: U. S. Concerns and Policy Responses. September 24, 2008. CRS Report. p. 1.

止铀浓缩。[1] 对这一表态可以有多种分析。这可能是伊朗在国际压力下作出的缓兵之计，也可能是它释放的试探气球，也可能是对美国新政府的橄榄枝。民主党候选人奥巴马大选胜出后，内贾德去电祝贺，这是1979年以来的第一次。奥巴马在大选中曾经表示，如果他当选总统，只要美国国家利益需要，他可以没有先决条件地会晤伊朗、朝鲜和委内瑞拉的领导人。[2]奥巴马的当选有可能为美伊关系打开了一扇“希望之窗”。

结　语

在对布什政府的中东政策进行了上述分析后，可以得出以下几点结论：

第一，布什政府的中东政策是布什主义的主要表现，经过七八年的实践，这个主义在中东的失败已经非常明显。布什把伊拉克战争作为中东政策的核心，在伊拉克进行了政权更迭的试验，但实践证明这种试验是失败的。即使美国是唯一的超级大国，单边主义、政权更迭这一整套做法也没有可行性。在布什第二任期，美国外交政策已经部分回归多边主义（如欧盟与伊朗的谈判）。在国际形势发生深刻变化的情况下，下一任总统是更不能采取这种做法了。[3] 美国的外交政策必须回归多边主义。

使用武力是处理外交关系的极端手段，是一件十分严重的事情，任何国家都要极其谨慎。冷战结束后，美国对海外使用武力屡屡得手，起先还比较谨慎，后来就变得肆无忌惮。伊拉克战争应该为新保守派这种以武力作为解决外交问题的手段的理念作一个终结。

第二，布什政府中东政策的最根本错误在于发动了伊拉克战争。这场战争对美国的中东政策产生了多方面的深远影响。首先，它削弱了美国的

---

① 《参考消息》2008年10月4日。

② 在共和党候选人麦凯恩与奥巴马2008年9月26日的公开辩论中，麦凯恩嘲笑奥巴马的这种说法“天真幼稚”，两人就此进行了反复辩驳。

③ 在美国提出先发制人的战略时，美国决策者设想，美国的这种战略可能用一次或两次，最多用三次，因为用过一两次后，敌人就不敢再轻举妄动了。2003年11月18日，笔者在华盛顿参加中、美、日三国学者关于东北亚安全的讨论会。会后，国家安全事务副助理哈德利、副国务卿阿米蒂杰以及副国防部长沃尔福威茨接见三国学者，沃尔福威茨当时就是这么说的。

反恐战争。美国在取得对塔利班战争的胜利后，本该乘胜追击，消灭基地组织，穷追猛打塔利班的残余力量。但美国却把主要的精力和资源转移到了伊拉克，而把阿富汗交给了北约。美国在伊拉克耗费的资源数倍于在阿富汗的花费。结果本·拉登迄今在逃，还时不时在电视和网络上亮相，继续号召对美国进行“圣战”。美国对巴基斯坦的政策也没有取得预想的成功，随着穆沙拉夫去职，巴基斯坦可能进入一个新的动荡期，巴阿边境的基地组织可能更加活跃。其次，由于把伊拉克作为中东政策的关键，布什政府在六七年中忽视了巴以和平进程，出现了巴以和平进程长期“休眠”的状况。再次，上述两个因素加在一起，反美主义在中东不是减弱了，而是增强了。虽然美国也曾着力进行公共外交，但美国的形象在中东是变得更差了。正如有的美国学者所说，伊拉克战争损耗了美国的软实力。[①]

第三，布什政府中东政策的另一重要的结果是使伊朗坐大。在大中东地区，逊尼派和什叶派是几百年来不和的一对兄弟。塔利班是逊尼派的极端组织，美国打了阿富汗战争，削弱了逊尼派。在伊拉克历史上，什叶派的政治地位一直被边缘化。这不仅因为他们被那些坚持强硬路线的逊尼派教士看作是异教徒，而且人民还担心他们和伊朗占据统治地位的什叶派之间存在的那种无法割断的自然联系。美国颠覆了萨达姆，把一个逊尼派掌权的国家变成了什叶派主导的国家。本来阿富汗和伊拉克就像伊朗的两个天敌，一左一右地制约着伊朗。现在美国的两场战争打掉了这两个天敌，伊朗在中东地区有了更大的回旋空间，这是美国始料未及的。[②] 伊朗现在挑战美国，可以说是布什政府自作自受。

伊朗核问题是现在两国斗争的焦点，但实际上它只是两国长期对抗的一个恶果。由于两国严重缺乏互信，除非美伊关系有一个根本改善，否则核问题将长期拖下去，再多几个安理会决议恐怕也无济于事。实际上伊朗并非没有与美国改善关系的愿望。伊朗多年来就有这个想法，在克林顿执政的最后一年，这个趋势发展良好。如果不是布什执政后全面改变了克林

---

① 约瑟夫·奈：《美国霸权的困惑》，郑志国等译，世界知识出版社 2002 年版，第 10—11 页。

② *The Bush Doctrine and the War on Terrorism*, p. 105.

顿的政策，美伊关系可能是另一个样子。[①] 美国大，伊朗小；美国强，伊朗弱，在美伊关系上美国应该采取主动。

第四，正在艰难进行中的巴以和谈是布什留给下一任总统的正面的遗产。在过去几十年中，巴勒斯坦问题一直是中东问题的核心，美国对以色列的偏袒已经在阿拉伯人心中种下了不满，甚至是仇恨的种子。美国要挽回在阿拉伯世界的信誉，必须在巴以问题上采取相对平衡的立场。这对下一任美国总统是个挑战，因为支持以色列已经成为美国的战略文化。但如果美国要改变自己在中东的形象，如果美国要减轻穆斯林世界的反美主义，就非得采取比较平衡的立场不可。

要促进巴以和平进程，下一任美国总统还要与阿拉伯国家一起，把哈马斯也纳入到和平进程之中，排除它对进程的干扰，一个分裂的巴勒斯坦是不可能与以色列达成任何认真的协议的，即使达成了也难以实行。

明年1月美国将有一位新总统，他所面临的地缘政治的图谱与八年前小布什上任时是大不一样了，美国已经不再坐享冷战的红利。如果美国决策者改弦更张，回归多边主义，继续与大国合作，与中东国家合作，那么美国的中东政策还是可以有所为的。

（本文定稿时得到中国社会科学院西亚非洲所殷罡教授的指正，
谨此致谢，原载《美国研究》2008年第4期。）

① 杨洪玺：《布什政府中东战略的得失》，《和平与发展》2008年第3期，第21页。